AF715929

Kohlhammer | Deutscher Gemeindeverlag

SCHRIFTENREIHE
DES FREIHERR-VOM-STEIN-INSTITUTES
WISSENSCHAFTLICHE FORSCHUNGSSTELLE
DES LANDKREISTAGES NORDRHEIN-WESTFALEN
AN DER UNIVERSITÄT MÜNSTER

BAND 60

Christian Thiemann

Rechtsprobleme der Marke Sparkasse

Verlag W. Kohlhammer
Deutscher Gemeindeverlag

Die Rechtswissenschaftliche Fakultät der Westfälischen Wilhelms-Universität Münster hat diese Arbeit als Dissertation angenommen.

D 6

2008
Deutscher Gemeindeverlag GmbH
Verlagsort: 70565 Stuttgart
Gesamtherstellung Deutscher Gemeindeverlag GmbH/Verlag W. Kohlhammer GmbH, Stuttgart
Nachdruck, auch auszugsweise, verboten – alle Rechte vorbehalten
Recht zur fotomechanischen Wiedergabe nur mit Genehmigung des Verlages

ISBN 978-3-555-01451-7

Vorwort

Das Sparkassenwesen sieht sich durch veränderte Marktgegebenheiten und die Vorgaben des europäischen Gemeinschaftsrechts beständig herausgefordert und befindet sich in einem kontinuierlichen Prozess der Anpassung. Auch traditionell fest gefügte Strukturen werden zunehmend hinterfragt. Angesichts mancher Entwicklungen, die noch bis vor einigen Jahren für undenkbar gehalten worden wären, stellt sich die Frage, welche Merkmale zum unverzichtbaren Bestand der Marke »Sparkasse« gehören. Diese Frage betrifft die Identität der Sparkassen und damit den Sparkassensektor in seinem Kern.

Das deutsche Recht beantwortet diese Frage jedenfalls teilweise in § 40 Abs. 1 des Kreditwesengesetzes. Die Auslegung und insbesondere die Vereinbarkeit dieser Norm mit dem europäischen Gemeinschaftsrecht sind allerdings anlässlich der im Jahr 2007 erfolgten Veräußerung der Berliner Sparkasse in Streit geraten. Zu einer Privatisierung ist es nicht gekommen, denn das Institut wurde im Rahmen eines offenen Bieterverfahrens letztlich an den Deutschen Sparkassen- und Giroverband veräußert. Ein entsprechender bezeichnungsrechtlicher Präzedenzfall wurde damit vorerst nicht geschaffen. Die grundsätzliche Frage, wer zur Verwendung der Marke »Sparkasse« befugt ist, ist nach wie vor klärungsbedürftig. Aus diesem Anlass unterzieht die vorliegende Untersuchung diese Fragestellung und andere Rechtsprobleme der Marke »Sparkasse« einer umfassenden Betrachtung. Neben den sparkassenrechtlichen und rechtstatsächlichen Grundlagen widmet die Arbeit sich auch den in der öffentlichen Diskussion bislang wenig beachteten Aspekten des privatrechtlichen Schutzes der Marke »Sparkasse«, der im Ausgangspunkt selbständig neben dem öffentlich-rechtlichen Bezeichnungsschutz des § 40 Abs. 1 des Kreditwesengesetzes steht, und zeigt die Wechselwirkungen zwischen beiden Regelungsbereichen auf.

Die Untersuchung wurde im März 2008 abgeschlossen. Sie konnte in der vorliegenden Form nur mit Unterstützung des Westfälisch-Lippischen Sparkassen- und Giroverbandes entstehen. Herr Henning Richerzhagen, stellvertretender Geschäftsführer des Verbandes, stand als Ansprechpartner zur Verfügung, wofür ihm herzlich zu danken ist.

Münster, im April 2008

Professor Dr. Janbernd Oebbecke

Geschäftsführender Direktor
des Freiherr-vom-Stein-Instituts

Vorwort des Verfassers

Die vorliegende Arbeit ist als Dissertation an der Rechtswissenschaftlichen Fakultät der Westfälischen Wilhelms-Universität Münster entstanden. Mein erster Dank gilt dem Geschäftsführenden Direktor des Instituts für öffentliches Wirtschaftsrecht, Herrn Professor Dr. Dirk Ehlers, dem ich durch viele Jahre als Mitarbeiter verbunden bin, für seine vorbildliche Betreuung. Für die Übernahme des Zweitgutachtens danke ich Herrn Professor Dr. Matthias Casper.

Den Rahmen bildete meine Tätigkeit als Wissenschaftlicher Referent am Freiherr-vom-Stein-Institut. Für diese Möglichkeit danke ich dem Träger des Instituts, dem Landkreistag Nordrhein-Westfalen, namentlich dessen Hauptgeschäftsführer Dr. Martin Klein und seinem Vorgänger, Herrn Staatssekretär Dr. Alexander Schink, sehr herzlich. Gleiches gilt für den Geschäftsführenden Direktor des Instituts, Herrn Professor Dr. Janbernd Oebbecke, und die ehemalige Leiterin des Instituts, Frau Dr. Dörte Diemert, die den Entstehungsprozess konstruktiv begleitet haben. Unter den (ehemaligen) studentischen Hilfskräften sind Herr Jan Lüdde, Frau Julia Thöle, Frau Anna Wilde und Frau Hanna Groß hervorzuheben, die zuverlässig bei der Beschaffung der Literatur behilflich waren. Ebenfalls Dank gebührt Frau Hiltrud Martellock für vielfältige organisatorische Unterstützung und Herrn Hans-Jürgen Richard, der die Drucklegung besorgt hat.

Wesentliche Anregungen verdanke ich Herrn Christoph Lepper, LL.M. Ihm gilt mein besonderer Dank für seine stetige Bereitschaft zu kritischer Diskussion.

Zuletzt, aber eigentlich an erster Stelle, ist meine Familie zu nennen. Insbesondere meine Eltern haben meine bisherige Ausbildung in einer Weise unterstützt und in jeder Hinsicht gefördert, die mir ein Vorbild ist. Ihnen ist diese Arbeit gewidmet.

Münster, im April 2008

Christian Thiemann

Inhaltsübersicht

Inhaltsverzeichnis

Abkürzungsverzeichnis

A. A.	Anderer Ansicht
a. a. O.	am angegebenen Ort
ABl.	Amtsblatt (der Europäischen Gemeinschaften bzw. der Europäischen Union)
Abl.; *abl.*	Ablehnend; ablehnend
abgedr.	abgedruckt
Abs.	Absatz
AcP	Archiv für die civilistische Praxis (Zeitschrift)
a. F.	alte Fassung
AG	Aktiengesellschaft
AktG	Aktiengesetz (v. 6.9.1965, in: BGBl. I S. 1089; zuletzt geändert durch Gesetz v. 8.7.2006, in: BGBl. I S. 1426)
Allg. M.	Allgemeine Meinung
Anm.	Anmerkung
AöR	Anstalt des öffentlichen Rechts; Archiv des öffentlichen Rechts (Zeitschrift)
Art.	Artikel
Aufl.	Auflage
BaySpkG	(Bayerisches) Gesetz über die öffentlichen Sparkassen (in der Fassung der Bekanntmachung v. 1.10.1956, in: BayGVBl. S. 187; zuletzt geändert durch Gesetz v. 25.7.2002, in: BayGVBl. S. 324; abgedr. bei *Fischer/Herbst* Nr. 2.2.1)
BB	Der Betriebsberater (Zeitschrift)
Bd.	Band
bearb.	bearbeitet
begr.	begründet
BerlSpkG	Gesetz über die Berliner Sparkasse und die Umwandlung der Landesbank Berlin – Girozentrale – in eine Aktiengesellschaft (v. 28.6.2005, in: GVBl. Berlin S. 346)
BerlVerfGH	Verfassungsgerichtshof des Landes Berlin
Beschl.	Beschluss

BGB	Bürgerliches Gesetzbuch (in der Fassung der Bekanntmachung v. 2.1.2002, in: BGBl. I S. 42; zuletzt geändert durch Gesetz v. 19.4.2006, in: BGBl. I S. 866)
BGBl.	Bundesgesetzblatt
BGH	Bundesgerichtshof
BGHZ	Entscheidungen des Bundesgerichtshofs in Zivilsachen (Sammlung)
BKR	Zeitschrift für Bank- und Kapitalmarktrecht
BReg	Bundesregierung
BremSpkG	Sparkassengesetz für öffentlich-rechtliche Sparkassen im Lande Bremen (in der Fassung der Bekanntmachung v. 12.10.2005, in: GBl. Bremen S. 555; abgedr. bei *Fischer/ Herbst* Nr. 2.4.1)
BT-Drucks.	Bundestagsdrucksache
BVerfG	Bundesverfassungsgericht
BVerfGE	Entscheidungen des Bundesverfassungsgerichts (Sammlung)
BVerwG	Bundesverwaltungsgericht
BVerwGE	Entscheidungen des Bundesverwaltungsgerichts (Sammlung)
bzw.	beziehungsweise
DB	Der Betrieb (Zeitschrift)
dens.	denselben
ders.; *dems.*	derselbe; demselben
d. h.	das heißt
durchg.	durchgehend
d. Verf.	der Verfasser
Diss.	Dissertation
DÖV	Die öffentliche Verwaltung (Zeitschrift)
Drucks.	Drucksachen
DSGV	Deutscher Sparkassen- und Giroverband
DVBl.	Deutsches Verwaltungsblatt (Zeitschrift)
EG	Europäische Gemeinschaft
EGV	Vertrag zur Gründung der Europäischen Gemeinschaft (in der Fassung des Vertrags von Amsterdam v. 2.10.1997, in: BGBl. 1998 II S. 386; zuletzt geändert durch EU-Beitrittsakte 2003 v. 16.4.2003 in: ABl. Nr. L 236 S. 33)

EU	Europäische Union
EuZW	Europäische Zeitschrift für Wirtschaftsrecht
e. V.	eingetragener Verein
f.; *ff.*	folgende
FiWi	Finanzwirtschaft (Zeitschrift)
Fn.	Fußnote
fortgef.	fortgeführt
FS; *FG*	Festschrift, Festgabe
GA	Generalanwalt (beim Europäischen Gerichtshof)
GBl.	Gesetzblatt
GG	Grundgesetz für die Bundesrepublik Deutschland (v. 23.5.1949, in: BGBl. S. 1; zuletzt geändert durch Gesetz v. 28.8.2006, in: BGBl. I S. 2034)
GRUR	Gewerblicher Rechtsschutz und Urheberrecht (Zeitschrift)
GRUR Int.	Gewerblicher Rechtsschutz und Urheberrecht, Internationaler Teil (Zeitschrift)
GVBl.	Gesetz- und Verordnungsblatt
GWB	Gesetz gegen Wettbewerbsbeschränkungen (in der Fassung der Bekanntmachung v. 15.7.2005, in: BGBl. I S. 2114; zuletzt geändert durch Gesetz v. 1.9.2005, in: BGBl. I S. 2676)
Habil.	Habilitationsschrift
Halbs.	Halbsatz
HessSpkG	Hessisches Sparkassengesetz (in der Fassung vom 24.2.1991, in: HessGVBl. 1991 I S. 78; zuletzt geändert durch Gesetz v. 10.4.2007, in: HessGVBl. I S. 252)
HessSpkMuSa	Mustersatzung für kommunale Sparkassen in Hessen (neu gefasst mit Erlass des Hessischen Ministeriums für Wirtschaft, Verkehr und Landesentwicklung v. 27.11.2002; abgedr. bei *Fischer/Herbst* Nr. 2.6.2.1)
HessVGH	Hessischer Verwaltungsgerichtshof
HGB	Handelsgesetzbuch (v. 10.5.1897, in: RGBl. S. 219; zuletzt geändert durch Gesetz v. 14.8.2006, in: BGBl. I S. 1911)
Hrsg.; *hrsg.*	Herausgeber; herausgegeben

insb.	insbesondere
JZ	Juristenzeitung
Kap.	Kapitel
KWG	Gesetz über das Kreditwesen (in der Fassung der Bekanntmachung v. 9.9.1998, in: BGBl. I S. 2776; zuletzt geändert durch Gesetz v. 22.9.2005, in: BGBl. I S. 2809)
lit.	littera (Buchstabe)
LKV	Landes- und Kommunalverwaltung (Zeitschrift)
LT-Drucks.	Landtagsdrucksachen
MarkenG	Gesetz über den Schutz von Marken und sonstigen Kennzeichen (v. 25.10.1994, in: BGBl. I S. 3082; zuletzt geändert durch Gesetz v. 21.6.2006, in: BGBl. I S. 318)
Markenrichtlinie	Erste Richtlinie 89/104/EWG des Rates zur Angleichung der Rechtsvorschriften der Mitgliedstaaten über die Marken (v. 21.12.1988, in: ABl. Nr. L 40 v. 11.2.1989 S. 1)
m. w. N.	mit weiteren Nachweisen
NdsOVG	Niedersächsisches Oberverwaltungsgericht (Lüneburg)
NdsSpkG	Niedersächsisches Sparkassengesetz (v. 6.12.2004, in: NdsGVBl. S. 609; abgedr. bei *Fischer/Herbst* Nr. 2.7.1)
NdsSpkMuSa	Mustersatzung für die Sparkassen in Niedersachsen (nach dem Runderlass des Ministeriums der Finanzen v. 20.6.2006; abgedr. bei *Fischer/Herbst* Nr. 2.7.2.2)
NdsVBl.	Niedersächsische Verwaltungsblätter (Zeitschrift)
NJW	Neue Juristische Wochenschrift
NJW-RR	Neue Juristische Wochenschrift: Rechtsprechungsreport
NordÖR	Zeitschrift für öffentliches Recht in Norddeutschland
Nr.	Nummer; Nummern
NRW	Nordrhein-Westfalen
NVwZ	Neue Zeitschrift für Verwaltungsrecht
NVwZ-RR	Neue Zeitschrift für Verwaltungsrecht: Rechtsprechungsreport
NWVBl.	Nordrhein-Westfälische Verwaltungsblätter (Zeitschrift)

ÖBA	Österreichisches Bankarchiv (Zeitschrift)
ö. K.	Körperschaft des öffentlichen Rechts
OLG	Oberlandesgericht
ORDO	Jahrbuch für Ordnung von Wirtschaft und Gesellschaft
OVG NRW	Oberverwaltungsgericht für das Land Nordrhein-Westfalen
RegE	Regierungsentwurf
RG	Reichsgericht
RGZ	Entscheidungen des Reichsgerichts in Zivilsachen (Sammlung)
RGBl.	Reichsgesetzblatt
RhPfSpkG	Sparkassengesetz für Rheinland-Pfalz (v. 1.4.1982, in: RhPfGVBl. S. 113; zuletzt geändert durch Gesetz v. 22.12.2004, in: RhPfGVBl. S. 545; abgedr. bei *Fischer/Herbst* Nr. 2.9.1)
RL	Richtlinie
Rn.	Randnummer; Randnummern
S.	Seite, Siehe
s.	siehe
SächsÖKG	Gesetz über die öffentlich-rechtlichen Kreditinstitute im Freistaat Sachsen und die Sachsen-Finanzgruppe (= Art. 1 des Gesetzes über das öffentlich-rechtliche Kreditwesen im Freistaat Sachsen v. 13.12.2002, in: SächsGVBl. S. 333; abgedr. bei *Fischer/Herbst* Nr. 2.14)
SächsVBl.	Sächsische Verwaltungsblätter (Zeitschrift)
SächsVerfGH	Verfassungsgerichtshof des Freistaates Sachsen
SchlHA	Schleswig-Holsteinische Anzeigen (Zeitschrift)
SchlHSpkG	Sparkassengesetz für das Land Schleswig-Holstein (in der Fassung v. 9.2.2005, in: SchlHGVBl. S. 111; abgedr. bei *Fischer/Herbst* Nr. 2.11.1).
sog.	so genannter; so genannte; so genanntes
SpkG NRW	Nordrhein-Westfälisches Gesetz über die Sparkassen sowie über die Sparkassen- und Giroverbände (in der Fassung der Bekanntmachung v. 10.9.2004, in: GVBl. NRW S. 521; abgedr. bei *Fischer/Herbst* Nr. 2.8.1)
SpkMuSa NRW	Muster einer Satzung für die Sparkassen in Nordrhein-Westfalen (abgedr. bei *Fischer/Herbst* Nr. 2.8.2.2)

SpkMuSa BW	Satzungsmuster für Sparkassen in Baden-Württemberg (abgedr. bei *Fischer/Herbst* Nr. 2.1.2.2)
Tz.	Textziffer
u.	und
u. a.	und andere
Urt.	Urteil
UWG	Gesetz gegen den unlauteren Wettbewerb (v. 3.7.2004, in: BGBl. I S. 1414; geändert durch Gesetz v. 19.4.2006, in: BGBl. I S. 866)
v.	vom
Verf.	Verfasser
VerfGH	Verfassungsgerichtshof
VerwArch	Verwaltungsarchiv (Zeitschrift)
Vgl.; *vgl.*	Vergleiche; vergleiche
VR	Verwaltungsrundschau (Zeitschrift)
WiVerw	Wirtschaft und Verwaltung (Zeitschrift)
WM	Wertpapiermitteilungen (Zeitschrift)
WuB	Entscheidungssammlung zum Wirtschafts- und Bankrecht
WRP	Wettbewerb in Recht und Praxis (Zeitschrift)
ZBB	Zeitschrift für Bankrecht und Bankwirtschaft
ZfgG	Zeitschrift für das gesamte Genossenschaftswesen
ZfWG	Zeitschrift für Wett- und Glücksspielrecht
ZG	Zeitschrift für Gesetzgebung
ZGR	Zeitschrift für Unternehmens- und Gesellschaftsrecht
ZHR	Zeitschrift für das gesamte Handelsrecht
ZKF	Zeitschrift für Kommunalfinanzen
ZögU	Zeitschrift für öffentliche und gemeinwirtschaftliche Unternehmen
zugl.	zugleich

Einleitung

Das Thema der »Marke Sparkasse« betrifft die Identität der Sparkassen und damit den Sparkassensektor in seinem Kern. Das Sparkassenwesen befindet sich in einem steten Prozess der Veränderung. Entwicklungen, die bis vor einigen Jahren für undenkbar gehalten worden wären, sind heute bereits Realität.[1] Nicht nur die veränderten Marktgegebenheiten,[2] sondern auch das europäische Gemeinschaftsrecht zwingen zu einer kritischen Überprüfung der hergebrachten Strukturen. Den Präzedenzfall bildeten Anstaltslast und Gewährträgerhaftung, mit deren Abschaffung ein grundlegendes, von manchen sogar für verfassungsrechtlich unabdingbar gehaltenes Sparkassencharakteristikum[3] aufgrund des europäischen Beihilferechtes hinfällig wurde.[4]

Umso mehr stellt sich die Frage, wofür die »Marke Sparkasse« steht. Das ist zuletzt, ebenfalls vor dem Hintergrund des europäischen Gemeinschaftsrechts, in Streit geraten. Anlässlich der im Jahr 2007 erfolgten Veräußerung der Berliner Sparkasse ist die Frage aufgeworfen worden, welche Merkmale eine Bank aufweisen muss, damit sie sich »Sparkasse« nennen darf. Die Berliner Sparkasse ist gemeinsam mit ihrer Trägerin, der Landesbank

---

1 In diesem Sinn auch *Oebbecke,* Sparkassentätigkeit als kommunale Selbstverwaltungsaufgabe, in: LKV 2006, 145 (148).

2 Vgl. etwa *Niggemeyer,* Zulässigkeit und Grenzen von Sparkassenfusionen, S. 5 ff.; *Blume,* Sparkassen im Spannungsfeld zwischen öffentlichem Auftrag und kreditwirtschaftlichem Wettbewerb, S. 69 ff.; *B. Claussen,* Teilprivatisierung kommunaler Sparkassen?, S. 51 ff.

3 So etwa *Kemmler,* Keine Anstalt ohne Anstaltslast, in: DVBl. 2003, 100 (103 ff.); *Thode/Peres,* Anstalten des öffentlichen Rechts im Spannungsfeld zwischen deutschem und europäischem Recht, in: VerwArch 89 (1998), S. 439 (450 ff.) m. w. N. – Vgl. auch *Stern,* Anstaltslast und Gewährträgerhaftung im Sparkassenrecht, in: FS Maurer, S. 815 (818): »allgemeiner Rechtsgrundsatz des Verwaltungsrechts zwingender Natur«; *Niemeyer,* Genussrechtskapital von Privaten bei Sparkassen und Landesbanken, S. 142: »Institut des Gewohnheitsrechts«. – A. A. hingegen *BVerwG,* Urt. v. 15.1.1987 – 3 C 3/81, in: BVerwGE 75, 318 (324 f.); *Oebbecke,* Rechtsfragen der Eigenkapitalausstattung der kommunalen Sparkassen, S. 49 ff. m. w. N.; *Koenig,* Begründen Anstaltslast und Gewährträgerhaftung unabhängig von ihrer Kodifizierung tragfähige Kreditmerkmale öffentlicher Finanzinstitute?, in: WM 1995, 821 (825 ff.).

4 Vgl. *Schlierbach/Püttner,* Sparkassenrecht in der Bundesrepublik Deutschland, S. 150 ff.; *Pautsch,* Privatisierung des öffentlichen Bankensektors, S. 103 ff.; *Pehla,* Der Haftungsverbund der Sparkassen-Finanzgruppe, S. 32 ff.; *Quardt,* Zur Abschaffung von Anstaltslast und Gewährträgerhaftung, in: EuZW 2002, 424 (425 f.); *Witte/Rafiqpoor,* Privatisierung öffentlich-rechtlicher Kreditinstitute, in: WM 2003, 1885 (1887 f.); *Wiesel,* Sparkassen und Landesbanken auf dem Prüfstand des europäischen Wettbewerbsrechts, in: ZBB 2002, 288 (289 ff.).

Berlin, ein Tochterunternehmen der Landesbank Berlin Holding AG. Deren Anteile befanden sich bis Mitte des Jahres 2007 mehrheitlich in den Händen des Landes Berlin, das jedoch gezwungen war, sich von seiner Beteiligung in einem »transparenten und diskriminierungsfreien Veräußerungsverfahren« zu trennen. So lautete die Auflage der EG-Kommission anlässlich der umfangreichen Beihilfen, die das Land Berlin der ehemaligen Bankgesellschaft Berlin (heute: Landesbank Berlin Holding AG) infolge fehlgeschlagener Immobiliengeschäfte in den neunziger Jahren gewähren musste.[5] Mögliche Konsequenz war die materielle Privatisierung der Landesbank Berlin Holding AG, die zwangsläufig eine materielle Privatisierung der Berliner Sparkasse zur Folge gehabt hätte.[6]

Schon im Jahr 2003 wurde die Frage gestellt, ob in diesem Fall eine weitere Verwendung der Bezeichnung »Sparkasse« möglich ist. Die Antwort wird maßgeblich durch § 40 Abs. 1 Kreditwesengesetz (KWG) bestimmt. Danach dürfen grundsätzlich nur »öffentlich-rechtliche Sparkassen« die Bezeichnung »Sparkasse« führen.[7] Auf diese Vorschrift aufmerksam gemacht, richtete die EG-Kommission ein erstes Anhörungsschreiben zur Frage ihrer Gemeinschaftsrechtskonformität an die Bundesrepublik Deutschland.[8] Das Verfahren wurde allerdings zunächst nicht weiter betrieben. Erst anlässlich der im Jahr 2007 anstehenden Veräußerung der Berliner Sparkasse griff die Kommission die Frage erneut auf und leitete mit der Abfassung einer »Begründeten Stellungnahme« den nächsten Verfahrensschritt ein, der einem Vertragsverletzungsverfahren vor dem Europäischen Gerichtshof nach Art. 226 Abs. 1 Halbs. 1 EGV vorgeschaltet ist. Darin vertrat die Kommission die Auffassung, der deutsche Schutz der Bezeichnung »Sparkasse« verstoße gegen die Freiheit des Kapitalverkehrs (Art. 56 Abs. 1 EGV) und die Freiheit der Niederlassung (Art. 43 Abs. 1 EGV).[9] Bundesregierung und

5 *EG-Kommission,* Entscheidung v. 18.2.2004 über eine Umstrukturierungsbeihilfe Deutschlands zugunsten der Bankgesellschaft Berlin AG (2005/345/EG), in: ABl. Nr. L 116 v. 4.5.2005, S. 1 ff. (Art. 1 Abs. 2, Art. 2 Abs. 1 lit. b mit Anhang u. Abs. 17 ff. der Gründe).

6 Zur Veräußerung der Berliner Sparkasse im Jahr 2007 und ihren Hintergründen im Einzelnen unten § 3 I. 2. b) bb) (S. 66 ff.).

7 Abdruck von § 40 Abs. 1 KWG im Anhang (S. 265).

8 Vgl. *Süddeutsche Zeitung* v. 23./24.8.2003 S. 25 (»EU stellt Rolle der Sparkassen in Frage«); *Frankfurter Allgemeine Zeitung* v. 22.8.2003 S. 12 (»EU-Vorbehalte gegen den Namen Sparkasse«).

9 *EG-Kommission,* Mit Gründen versehene Stellungnahme v. 28.6.2006 gemäß Artikel 226 des Vertrags zur Gründung der Europäischen Gemeinschaft, gerichtet an die Bundesrepublik Deutschland wegen Beschränkungen der Niederlassungsfreiheit und

Kommission traten daraufhin in intensiv geführte Verhandlungen.[10] Auch der deutsche Bundestag befasste sich mit der Angelegenheit und unterstützte die Bundesregierung durch Beschluss »in ihrer Auffassung, dass der Schutz der Bezeichnung ›Sparkasse‹ im Sinne des § 40 KWG den gemeinschaftsrechtlichen Anforderungen entspricht«.[11] Ende des Jahres 2006 wurde ein politischer Kompromiss erzielt: Bundesregierung und Kommission erklärten übereinstimmend, § 40 Abs. 1 KWG solle künftig stets in einer Weise angewendet werden, »die nicht gegen die Niederlassungsfreiheit und den freien Kapitalverkehr verstößt«. Der eigentliche Gehalt des Kompromisses erstreckte sich lediglich auf den beihilferechtlichen Sonderfall der Berliner Sparkasse, für den ausdrücklich festgehalten wurde, »dass dem Schutz der Bezeichnung ›Sparkasse‹ gemäß § 40 Kreditwesengesetz das höherrangige, direkt anwendbare Gemeinschaftsrecht – insbesondere die Beihilfeentscheidung der Kommission – vorgeht«. Das habe zur Folge, dass § 40 Abs. 1 KWG der weiteren Nutzung des Namens »Berliner Sparkasse« nicht entgegenstehe.[12]

Zu einer materiellen Privatisierung der Berliner Sparkasse ist es im Ergebnis nicht gekommen. Im Juni 2007 wurde das Institut an den Deutschen Sparkassen- und Giroverband veräußert, der seitdem über eine eigens gegründete Trägergesellschaft nahezu 100 % der Anteile hält.[13] Die grundsätzliche

---

des freien Kapitalverkehrs aufgrund des Verbots, nach einer Privatisierung die Bezeichnung »Sparkasse« zu tragen, Vertragsverletzung Nr. 2002/4930, Az. K (2006) 2527, unveröffentlicht, S. 6 ff.

10 Zum Ablauf der Auseinandersetzung zwischen Bundesregierung und Kommission im Einzelnen *Henneke/Wohltmann,* Grundsätzliches zur aktuellen Diskussion um § 40 KWG, in: Der Landkreis 2006, 790 (793 ff.); *Wohltmann,* Die Auseinandersetzung um § 40 KWG, in: ZG 2007, 259 (261 ff.).

11 Gemeinsamer Beschlussantrag von CDU/CSU- und SPD-Fraktion, in: BT-Drucks., 16/2748 v. 26.9.2006, S. 3 (unter II. 6.). Dazu die Beratung, in: BT-Plenarprotokoll 16/55 v. 29.9.2006 S. 5393 ff. Zur Auffassung der Bundesregierung s. die Antwort auf die parlamentarische Anfrage Nr. 22, in: BT-Drucks., 16/3386 v. 10.11.2006, S. 17.

12 Vgl. *EG-Kommission,* Pressemitteilung IP/06/1992 v. 6.12.2006 (»Einigung im Sparkassenstreit«); *Bundesministerium der Finanzen,* Pressemitteilung Nr. 146/2006 v. 6.12.2006 (»Einigung im Sparkassenstreit«).

13 Vgl. *Landesbank Berlin Holding AG* (Hrsg.), Zwischenbericht zum 30. Juni 2007, unter: http://www.lbb-holding.de (Stand: 5.2.2008), S. 7; *Handelsblatt* v. 15.6.2007 S. 1 (»Sparkassen siegen in Berlin: Deutscher Sparkassen- und Giroverband erhält den Zuschlag für die Landesbank Berlin Holding AG«); *Financial Times Deutschland* v. 15.6.2007 S. 1 (»Sparkassen gewinnen Berlin Poker«). – Als Anteilseignerin fungiert die »Erwerbsgesellschaft der S-Finanzgruppe mbH & Co. KG«, die insgesamt 98,6 % der Anteile auf sich vereint. Die restlichen 1,4 % der Anteile

Frage, ob sich ein privatisiertes Institut »Sparkasse« nennen darf, ist weiter ungeklärt. Im Hinblick auf den Begriff der »öffentlich-rechtlichen Sparkasse« in § 40 Abs. 1 Nr. 1 KWG wird dies im Schrifttum überwiegend verneint.[14] Die Diskussion geht bislang allerdings ausschließlich vom Modell einer privaten Sparkassen-Aktiengesellschaft aus, bei der schon die privatrechtliche Rechtsform als solche gegen eine Subsumtion unter den Begriff der »öffentlich-rechtlichen« Sparkasse spricht. Daher wird vorgeschlagen, die öffentlich-rechtliche Organisationsform der Sparkasse im Privatisierungsfall beizubehalten und den privaten Investor mit der Trägerschaft zu beleihen.[15] Für dieses »Holding-Beleihungsmodell«, nach dessen Muster auch die Berliner Sparkasse umstrukturiert wurde, hat sich die Frage nach der Bezeichnungsbefugnis neu gestellt.[16]

Kontrovers beurteilt wird ebenfalls, ob § 40 Abs. 1 KWG mit dem europäischen Gemeinschaftsrecht vereinbar ist.[17] Durch die Übereinkunft zwischen Bundesregierung und Kommission ist eine Klärung nicht herbeigeführt worden.[18] Die Zusage der Bundesregierung, § 40 Abs. 1 KWG nur im Einklang mit dem europäischen Gemeinschaftsrecht anzuwenden, geht über eine Anerkennung des ohnehin selbstverständlichen Anwendungsvorrangs des Gemeinschaftsrechts nicht hinaus und lässt die eigentliche Frage nach der Vereinbarkeit offen. Dementsprechend unterschiedlich wurde das

---

befinden sich im Streubesitz; vgl. die Darstellung der Eigentümerstruktur unter: http://www.lbb.de (Stand: 5.2.2008).

14 Zu den verschiedenen Auffassungen mit Nachweisen unten § 4 III. 1. b) (S. 108 f.).

15 Zu den verschiedenen Modellen für eine Privatisierung mit Beibehaltung der öffentlich-rechtlichen Organisationsform und ihrer rechtlichen Zulässigkeit im Einzelnen unten § 3 I. 2. (S. 61 ff.).

16 Für eine Subsumtion unter § 40 Abs. 1 Nr. 1 KWG *P. M. Huber,* Öffentlich-rechtliche Sparkassen in Privatrechtsform?, in: FS R. Schmidt, S. 487 ff. – Dagegen *Wohltmann,* Die Auseinandersetzung um § 40 KWG, in: ZG 2007, 259 (274 ff.).

17 Dafür *R. Fischer,* in: Boos/Fischer/Schulte-Mattler, Kreditwesengesetz, § 40 Rn. 11; *Vogel,* Schutz der Bezeichnung »Sparkasse« und europäische Grundfreiheiten, in: ZBB 2007, 130 ff. – A. A. *Witte/Gregoritza,* § 40 KWG auf dem Prüfstand des Europarechts, in: WM 2007, 151 ff.; *Geschwandtner/Bach,* Bezeichnungsschutz für Sparkassen, in: NJW 2007, 129 ff.; *Brenncke,* Zur Europarechtskonformität des Bezeichnungsschutzes für Sparkassen, in: ZBB 2007, 1 ff.

18 Ebenso *Geschwandtner/Bach,* Bezeichnungsschutz für Sparkassen, quo vadis?, in: NJW 2007, 129 (129); *Witte/Gregoritza,* Der Bezeichnungsschutz öffentlich-rechtlicher Sparkassen nach § 40 KWG auf dem Prüfstand des Europarechts, in: WM 2007, 151 (152); *Brenncke,* Zur Europarechtskonformität des Bezeichnungssschutzes für Sparkassen, in: ZBB 2007, 1 (3); *Wohltmann,* Die Auseinandersetzung um § 40 KWG, in: ZG 2007, 259 (270 f.).

Verhandlungsergebnis eingestuft.[19] Nach Auffassung der Kommission sollen die Details »von Fall zu Fall« geklärt werden.[20] Im Wiederholungsfall ist daher mit einer Fortsetzung der Auseinandersetzung zu rechnen.[21] Außerdem wirft der Kompromiss die Frage auf, ob die Verwaltung überhaupt dazu befugt ist, ein parlamentarisches Gesetz nicht anzuwenden, wenn zwar seine Vereinbarkeit mit dem Gemeinschaftsrecht umstritten ist, die Gemeinschaftsrechtswidrigkeit und damit der Vorrang des Gemeinschaftsrechts aber nicht zweifelsfrei sind.[22] Es drohe, so die Befürchtung, eine »faktische Aushöhlung« des § 40 Abs. 1 KWG am Willen des Gesetzgebers vorbei.[23] Ungeklärt sind auch die Auswirkungen des allgemeinen Kennzeichenrechts auf die Bezeichnungsproblematik. Neben der Bezeichnung »Sparkasse« geht es insoweit auch um das Sparkassen-Logo. Angesichts des wirtschaftlichen Wertes, den diese Kennzeichen darstellen, verwundert es nicht, dass im Fall der Berliner Sparkasse die rechtlichen Möglichkeiten ausgeschöpft wurden und die Landesbank Berlin Holding AG im Vorfeld der Veräußerung die zivilrechtlichen Nutzungsrechte in einem Prozess vor dem Landgericht Berlin für sich reklamiert hat.[24]

---

19 Einerseits *Financial Times Deutschland*/Luttmer u. a. v. 28.11.2006 S. 9 (»Bund obsiegt im Sparkassenstreit«); andererseits *Financial Times Deutschland* v. 7.12.2006 S. 31 (»Sieg für Brüssel«); ferner *Handelsblatt*/Landgraf v. 7.12.2006 S. 8 (»Streit ohne Sieger«). – S. auch den gemeinsamen Beschlussantrag von CDU/CSU-und SPD-Fraktion, in: BT-Drucks. 16/3805 v. 13.12.2006: Der Erhalt des Drei-Säulen-Systems sei gesichert worden. Der Bundestag »begrüße« daher »das erreichte Ergebnis«. Dagegen den Beschlussantrag der Fraktion DIE LINKE, in: BT-Drucks., 16/3797 v. 13.12.2006: Dem öffentlich-rechtlichen Sparkassensektor »drohe eine Schwächung«. Der Sparkassen-Bezeichnungsschutz sei nicht dauerhaft abgesichert. Dazu die Beratung der Anträge, in: BT-Plenarprotokoll 16/73 v. 14.12.2006 S. 7343 ff.; *DieSparkassenZeitung* v. 22.12.2006 S. 9 (»Bundestag begrüßt Einigung«).

20 Vgl. *Handelsblatt*/Scheerer/Köhler v. 7.12.2006 S. 23 (»EU-Kommission beendet Sparkassenstreit«).

21 So auch *Wohltmann,* Auseinandersetzung um § 40 KWG vorerst beendet, in: Der Landkreis 2007, 7 (8).

22 Vgl. *Wohltmann,* Auseinandersetzung um § 40 KWG vorerst beendet, in: Der Landkreis 2007, 7 (8); *dens.,* Die Auseinandersetzung um § 40 KWG, in: ZG 2007, 259 (271 ff.).

23 Beschlussantrag der Fraktion DIE LINKE, in: BT-Drucks., 16/3797 v. 13.12.2006, S. 1 u. 3.

24 Vgl. *Handelsblatt*/Drost v. 20.12.2006 S. 22 (»Schlappe für die Sparkassen: Gericht weist Klage zum Schutz des roten S-Logos ab«); *Süddeutsche Zeitung* v. 21.12.2006 S. 34 (»Schlappe für die Sparkassen: LBB bleibt Verbandsmitglied und kann mit Marke werben«); *DieSparkassenZeitung* v. 22.12.2006 S. 9 (»Urteil im Markenstreit: LBB darf Rechte weiter nutzen«); *Handelsblatt*/Drost v. 7.5.2007 S. 25 (»Gericht lockert Schutz der Marke ›Sparkasse‹«); *Süddeutsche Zeitung* v. 8.5.2007

Die Untersuchung nimmt diese Entwicklungen zum Anlass, die Rechtsprobleme der »Marke Sparkasse« einer grundsätzlichen Betrachtung zu unterziehen. Darunter sollen die Bezeichnung »Sparkasse« und das Sparkassen-S als die wesentlichen Kennzeichen der Sparkassen verstanden werden.[25] Den Ausgangspunkt bilden die Sparkassen selbst als die Kennzeichnungsobjekte der Marke Sparkasse, auf deren grundlegende Strukturen (§ 1) im Verlauf der weiteren Untersuchung immer wieder zurückzukommen sein wird. Daran schließt sich eine Betrachtung der Marke Sparkasse unter dem Gesichtspunkt ihrer unternehmerischen Funktion für die Sparkassen-Finanzgruppe an (§ 2). An ihr zeigt sich die Bedeutung, die der rechtliche Schutz der Bezeichnung »Sparkasse« und des Sparkassen-S hat. Es werden Konstellationen aufgezeigt, in denen die Reichweite dieses Schutzes fraglich sein kann (§ 3) und die im weiteren Fortgang der Untersuchung einer rechtlichen Bewertung anhand der für die Kennzeichenverwendung maßgeblichen Rechtsnormen unterzogen werden. Insbesondere zählt hierzu der Fall der Berliner Sparkasse, deren neu gebildete Rechtskonstruktion aufgrund ihrer prinzipiellen Bedeutung einer genaueren Betrachtung bedarf. Auf dieser Basis wird die für die Verwendung der Bezeichnung »Sparkasse« zentrale Norm des § 40 Abs. 1 KWG analysiert (§ 4). Dabei wird insbesondere der Kreis der Bezeichnungsbefugten durch Konkretisierung der einfach-rechtlichen Begriffe der »öffentlich-rechtlichen Sparkasse« und des »anderen Unternehmens« ermittelt, bevor die Frage der Vereinbarkeit der Vorschrift mit dem europäischen Gemeinschaftsrecht untersucht wird. Der letzte Teil ist dem Schutz der Bezeichnung »Sparkasse« und des Sparkassen-S durch das allgemeine Kennzeichenrecht gewidmet (§ 5). Im Konfliktfall ist entscheidend, wer Inhaber der entsprechenden Kennzeichenrechte ist. Besonderes Augenmerk gilt daher der Frage, in welchem Verhältnis die Kollektivzeichenrechte des Deutschen Sparkassen- und Giroverbands zu den Nutzungsinteressen der einzelnen Sparkassen stehen.

S. 32 (»Rückschlag für die Sparkassen: Aufgabe und nicht Rechtsform entscheidet über die Marke«).

25 Näher zum Begriff »Marke Sparkasse« unten § 2 vor I. (S. 37 f.).

§ 1 Grundstrukturen der Sparkassen

Eine Legaldefinition des Sparkassenbegriffs gibt es nicht.[1] Das Bundesrecht verwendet den Begriff »Sparkasse« gelegentlich, insbesondere in § 1807 Abs. 1 Nr. 5 BGB und § 10 Abs. 2a Nr. 4 KWG, setzt ihn aber stets voraus.[2] Die Regelung des Schutzes der Bezeichnung »Sparkasse« in § 40 Abs. 1 KWG kommt einer Definition zumindest nahe. Ihr lässt sich entnehmen, dass ein Institut, das sich »Sparkasse« nennen will, grundsätzlich durch seine »Öffentlich-Rechtlichkeit« (Nr. 1) sowie durch »eine am Gemeinwohl orientierte Aufgabenstellung« und die Beschränkung der wesentlichen Geschäftstätigkeit auf das Sitzgebiet (Nr. 3) gekennzeichnet sein muss. Letztlich setzt aber auch diese Vorschrift den Sparkassenbegriff durch ihre selbstbezügliche Formulierung voraus, wenn sie die Befugnis zur Verwendung der Bezeichnung »Sparkasse« grundsätzlich den öffentlich-rechtlichen »Sparkassen« vorbehält.

Nach Art. 30 und Art. 70 Abs. 1 GG liegt die Kompetenz zur Regelung des Sparkassenorganisationsrechts bei den Ländern. Ihre Eigenstaatlichkeit umfasst insbesondere die Kompetenz zur Regelung der Organisation der öffentlichen Verwaltung, zu der auch die Sparkassen, mit Ausnahme der freien Sparkassen,[3] zählen.[4] Einen bundesweit in allen Einzelheiten feststehenden Sparkassenbegriff kann es daher nicht geben. Seine Konkretisierung muss an der Entwicklung und dem gegenwärtigen Stand des Sparkassensektors ansetzen und die verfassungsrechtlichen Vorgaben berücksichtigen, die der Gestaltungsfreiheit des Landesgesetzgebers Grenzen ziehen. Zu unterscheiden ist grundsätzlich zwischen den staatlich getragenen Sparkassen auf der einen Seite, die den ganz überwiegenden Regelfall bilden (I.),

1 Ebenso *Schlierbach/Püttner,* Sparkassenrecht in der Bundesrepublik Deutschland, S. 40; *Blume,* Sparkassen im Spannungsfeld zwischen öffentlichem Auftrag und Wettbewerb, S. 17; *Brzoska,* Die öffentlich-rechtlichen Sparkassen zwischen Staat und Kommunen, S. 15; *Schmitt-Wellbrock,* Freie Sparkassen und Regionalprinzip, S. 61; *Stolzenburg,* Die rechtliche Sonderstellung der Freien Sparkassen im deutschen Sparkassenwesen, S. 2; *Zuber,* Der Gemeinnützigkeitsbegriff im deutschen Sparkassenrecht, S. 1.

2 Zum Begriff der »öffentlichen Sparkasse« in § 1807 Abs. 1 Nr. 5 BGB näher im Zusammenhang mit dem Begriff der »öffentlich-rechtlichen Sparkasse« in § 40 Abs. 1 Nr. 1 KWG unten § 4 III. vor 1. (S. 105 f.); zum Begriff der »öffentlich-rechtlichen Sparkasse« in § 10 Abs. 2a Nr. 4 KWG unten § 4 III. 1. b) aa) (3) (S. 113).

3 Zu den freien Sparkassen unten § 1 II. (S. 31 ff.).

4 Zur Gesetzgebungskompetenz der Länder für das Sparkassenorganisationsrecht näher unten § 4 II. 1. (S. 101 ff.).

und den privat getragenen so genannten »freien« Sparkassen auf der anderen Seite, die als historisch bedingter Sonderfall einzuordnen sind (II.).

I. Sparkassen als staatliche Einrichtungen

Im Jahr 2006 gab es in der Bundesrepublik insgesamt 457 Sparkassen. In der ganz überwiegenden Mehrheit (450) handelte es sich um staatliche Einrichtungen (1.).[5] Ihre organisatorische Stellung steht in einem unmittelbaren, verfassungsrechtlich geprägten Zusammenhang zu den Merkmalen der Gemeinwohlbindung (2.) und der regionalen Bindung (3.), die die Tätigkeit der Sparkassen in inhaltlicher Hinsicht kennzeichnen.

1. Kommunale und andere staatliche Sparkassenträger

Im Schrifttum wird unter dem Begriff der »Sparkasse« einhellig eine »rechtsfähige, von Gemeinden oder Gemeindeverbänden getragene Anstalt des öffentlichen Rechts« verstanden.[6] Auf den ganz überwiegenden Regelfall trifft das zu. Die Sparkassengesetze der Länder gehen im Grundsatz übereinstimmend davon aus, dass nur Gemeinden, Kreise oder von diesen gebildete Zweckverbände Träger von Sparkassen sein können.[7] Es gibt aber auch andere staatliche Sparkassenträger (a.). Da einer Entkommunalisierung durch die Garantie der kommunalen Selbstverwaltung (Art. 28 Abs. 2

---

5 *DSGV,* Sparkassenfinanzgruppe in Zahlen, unter: http://www.dsgv.de (Stand: 14.6.2008).

6 So *Brzoska,* Die öffentlich-rechtlichen Sparkassen zwischen Staat und Kommunen, S. 15; ebenso *v. Mutius,* in: Püttner (Hrsg.), Handbuch der kommunalen Wissenschaft und Praxis, 2. Aufl., S. 453 (456); *Schlierbach/Püttner,* Sparkassenrecht in der Bundesrepublik Deutschland, S. 40; *Kurze,* Probleme und Verbesserungsmöglichkeiten der Eigenkapitalausstattung kommunaler Sparkassen, S. 57; *Röper,* Die Wettbewerbsfunktion der deutschen Sparkassen und das Subsidiaritätsprinzip, S. 21; *Zuber,* Der Gemeinnützigkeitsbegriff im deutschen Sparkassenrecht, S. 1. – Ferner die Charakterisierungen von *Blume,* Sparkassen im Spannungsfeld zwischen öffentlichem Auftrag und kreditwirtschaftlichem Wettbewerb, S. 17 ff.; *B. Claussen,* Teilprivatisierung kommunaler Sparkassen?, S. 29 ff.; *Pautsch,* Privatisierung des öffentlichen Bankensektors, S. 20 ff.; *Scheike,* Rechtliche Voraussetzungen für die materielle Privatisierung kommunaler Sparkassen, S. 32 ff., sowie speziell zum Begriff der »öffentlich-rechtlichen Sparkasse« in § 40 Abs. 1 Nr. 1 KWG *R. Fischer,* in: Boos/Fischer/Schulte-Mattler, Kreditwesengesetz, § 40 Rn. 6; *Samm,* in: Beck/Samm, Kreditwesengesetz, § 40 Rn. 24; *Reischauer/Kleinhans,* Kreditwesengesetz, § 40 Anm. 3; *Bähre/Schneider,* Kreditwesengesetz, § 40 Anm. 3.

7 Vgl. § 1 Abs. 1 Satz 1 SpkG NRW; § 1 Abs. 1 Satz 1 NdsSpkG; § 1 SpkG BW; Art. 1 Abs. 1 BaySpkG; § 1 Abs. 1 HessSpkG; § 1 Abs. 1 RhPfSpkG; § 1 Abs. 1 SchlHSpkG.

Satz 1 GG) Schranken gezogen sind, muss es jedoch aus verfassungsrechtlicher Sicht beim Regelfall der kommunalen Sparkasse bleiben (b.).

a) Nicht kommunale staatliche Sparkassenträger

Die Fälle, in denen die Sparkassengesetze der Länder die Sparkassenaufgabe nicht kommunalen staatlichen Trägern zuweisen, sind teilweise historisch bedingt (aa.), beruhen aber überwiegend auf neueren sparkassenrechtlichen Entwicklungen (bb.).

aa) Historisch bedingte Fallgestaltungen

In der Geschichte des Sparkassensektors hat es Sparkassen, die nicht von Gemeinden, sondern von anderen staatlichen Trägern getragen wurden, immer schon gegeben.[8] Beispielsweise war das Land Hessen bis zum Jahr 1991 Träger der Nassauischen Sparkasse, bevor das Institut auf den »Sparkassenzweckverband Nassau« übertragen und dadurch kommunalisiert wurde.[9] Bis heute nimmt die Baden-Württembergische Bank (BW-Bank) nach § 2 Abs. 5 des Gesetzes über die Landesbank Baden-Württemberg »auf dem Gebiet der Landeshauptstadt Stuttgart die Aufgaben einer Sparkasse« wahr.[10] Sie ist eine unselbständige Tochter der Landesbank Baden-Württemberg (LBBW), deren Träger wiederum insbesondere das Land Baden-Württemberg und der Sparkassen- und Giroverband Rheinland-Pfalz sind.[11] Allerdings tritt die BW-Bank in ihrer Funktion als Sparkasse nicht als »Sparkasse« auf. Darin liegt der wesentliche Unterschied zur

---

8 Vgl. *Ashauer,* Von der Ersparungscasse zur Sparkassen-Finanzgruppe, S. 41 u. 88 ff.; *Perdelwitz/Fabricius/Kleiner,* Preußisches Sparkassenrecht, S. 165 f.; *Kleiner,* Das Recht der öffentlichen Sparkassen, S. 3.

9 Vgl. §§ 29, 30 HessSpkG u. § 1 Abs. 3 Satz 1 der Satzung der Nassauischen Sparkasse (abgedr. bei *Fischer/Herbst* Nr. 2.6.2.10); zum geschichtlichen Hintergrund *Ashauer,* Von der Ersparungscasse zur Sparkassen-Finanzgruppe, S. 89.

10 § 2 Abs. 5 des Gesetzes über die Landesbank Baden-Württemberg (abgedr. bei *Fischer/Herbst* Nr. 4.1.1); *Landesbank Baden-Württemberg* (Hrsg.), Geschäftsbericht 2005, unter: http://www.lbbw.de (Stand: 17.6.2008), S. 68; *Blume,* Sparkassen im Spannungsfeld von öffentlichem Auftrag und kreditwirtschaftlichem Wettbewerb, S. 142 f.; zum geschichtlichen Hintergrund *Ashauer,* Von der Ersparungscasse zur Sparkassen-Finanzgruppe, S. 78.

11 Träger der Landesbank Baden-Württemberg wiederum sind das Land Baden-Württemberg (35,611 %), der Sparkassenverband Baden-Württemberg (35,611 %) und der Sparkassen- und Giroverband Rheinland-Pfalz (4,932 %); ferner die Landeshauptstadt Stuttgart (18,932 %) und die Landeskreditbank Baden-Württemberg (4,932 %); vgl. *Landesbank Baden-Württemberg* (Hrsg.), Geschäftsbericht 2005, unter: http://www.lbbw.de (Stand: 17.6.2008), S. 68.

Braunschweigischen Landessparkasse, die als unselbständige Abteilung der Norddeutschen Landesbank geführt wird und die Sparkassenfunktion im Raum Braunschweig wahrnimmt.[12] Der Staatsvertrag über die Norddeutsche Landesbank bestimmt, dass die Landesbank »die Braunschweigische Landessparkasse unter ihrer bisherigen Bezeichnung als besondere Abteilung« fortführt.[13] Die Norddeutsche Landesbank tritt also in Braunschweig zugleich als »Sparkasse« auf. Sie wird ihrerseits von den Ländern Niedersachsen und Sachsen-Anhalt, dem Niedersächsischen Sparkassen- und Giroverband und den Sparkassenbeteiligungsverbänden Sachsen-Anhalt und Mecklenburg-Vorpommern getragen.[14] Eine Kommunalisierung durch die Gründung einer eigenen Sparkasse der Stadt Braunschweig, die anstelle der Braunschweigischen Landessparkasse treten sollte, wurde allerdings bereits erwogen.[15]

Die Berliner Sparkasse war, bis zu ihrer Umgestaltung zu Beginn des Jahres 2006, in ihrer Struktur mit der Braunschweigischen Landessparkasse vergleichbar. Ursprünglich war das Institut eine eigenständige rechtsfähige Anstalt des öffentlichen Rechts. Im Jahr 1990 wurde im Zuge der Wiedervereinigung die Landesbank Berlin gegründet.[16] Bis dahin übte die Berliner Sparkasse die Funktion einer Girozentrale selbst aus.[17] Das Institut wurde in die Landesbank integriert, die das Sparkassengeschäft in einer besonderen, rechtlich unselbständigen Abteilung unter der Bezeichnung »Berliner Sparkasse« weiterführte (§ 3 Abs. 6 Satz 1 Berliner Landesbank-

---

12 Zum geschichtlichen Hintergrund *Ashauer,* Von der Ersparungscasse zur Sparkassen Finanzgruppe, S. 41; eingehend *Nierhaus,* Rechtsprobleme der Gründung einer kommunalen Sparkasse, S. 7 ff.

13 § 13 Abs. 1 Satz 1 des Staatsvertrags über die Norddeutsche Landesbank zwischen den Ländern Niedersachsen, Sachsen-Anhalt und Mecklenburg-Vorpommern (abgedr. bei *Fischer/Herbst* Nr. 4.6.3).

14 Vgl. § 3 Abs. 1 des Staatsvertrags über die Norddeutsche Landesbank sowie *Norddeutsche Landesbank* (Hrsg.), Geschäftsbericht 2005, unter: http://www.nordlb.de (Stand: 17.6.2008), S. 6, 11 u. 139.

15 Vgl. dazu *Financial Times Deutschland*/Luttmer v. 8.9.2006 S. 21 (»Braunschweig ändert Pläne für Sparkasse«); *Handelsblatt* v. 8./9./10.9.2006 S. 28 (»Braunschweig sucht Partner für geplante Sparkasse«); *Oebbecke,* Sparkassentätigkeit als kommunale Selbstverwaltungsaufgabe, in: LKV 2006, 145 (147); eingehend *Nierhaus,* Rechtsprobleme der Gründung einer kommunalen Sparkasse, S. 13 ff.

16 Vgl. § 1 Abs. 1 des Gesetzes über die Landesbank Berlin – Girozentrale –. Ursprüngliche Fassung v. 27.9.1990 (GVBl. Berlin S. 2115). Später in der Fassung der Neubekanntmachung v. 3.12.1993 (GVBl. Berlin S. 626). Zuletzt geändert durch Gesetz v. 2.12.2004, in: GVBl. Berlin S. 494. – Zum 1.1.2006 außer Kraft getreten durch das neue Berliner Sparkassengesetz (§ 15 Abs. 2 Satz 1 BerlSpkG).

17 *Schlierbach/Püttner,* Sparkassenrecht in der Bundesrepublik Deutschland, S. 304.

gesetz). Die Landesbank Berlin tritt seitdem, ebenso wie die Norddeutsche Landesbank in Braunschweig, zugleich als »Sparkasse« auf. Bis zum Jahr 2007 konnte die darin liegende Ausnahme vom Prinzip der kommunalen Sparkassenträgerschaft in erster Linie auf die Stadtstaatsqualität von Berlin zurückgeführt werden. In den anderen Stadtstaaten Hamburg und Bremen gibt es eine vergleichbare Konstellation nicht, denn die Hamburgische Sparkasse und die Sparkasse Bremen sind freie Sparkassen.[18] Seit der Veräußerung an den Deutschen Sparkassen- und Giroverband liegt aber ein weiterer »echter« Fall nicht kommunaler staatlicher Sparkassenträgerschaft vor.[19]

bb) Neuere sparkassenrechtliche Entwicklung

Wie die Entwicklung der Berliner Sparkasse zeigt, lässt sich die Konstellation nicht kommunaler staatlicher Sparkassenträgerschaft nicht ausschließlich historisch erklären.[20] In den Sparkassengesetzen der Länder gibt es noch weitere Fälle. Bislang nur theoretische Bedeutung hat die Regelung, dass die kommunalen Träger ihre Sparkasse freiwillig auf den jeweiligen regionalen Sparkassen- und Giroverband übertragen können oder ihnen die Trägerschaft von der Aufsichtsbehörde entzogen und auf den Verband übertragen werden kann, wenn anders die Erfüllung des öffentlichen Auftrags nicht sichergestellt werden kann.[21] Teilweise wird die Errichtung einer solchen »Verbandssparkasse« auch für diejenigen Gemeinden für zulässig erklärt, für die keine eigene Sparkasse besteht.[22] § 30 NdsSpkG sieht außerdem, allerdings subsidiär, die Übertragung auf »andere juristische Personen des öffentlichen Rechts« vor. Auf dieser Grundlage könnte beispielsweise die Norddeutsche Landesbank Trägerin weiterer Sparkassen werden.

Ebenfalls in die Kategorie der nicht kommunalen staatlichen Sparkassenträger fällt die »Sachsen-Finanzgruppe«. Nach §§ 49 und 50 des Gesetzes über die öffentlich-rechtlichen Kreditinstitute im Freistaat Sachsen und die

---

18 S. dazu unten § 1 II. vor 1. (S. 31).

19 Zur Umgestaltung von Landesbank und Sparkasse durch das zum 1.1.2006 in Kraft getretene Berliner Sparkassengesetz und zur Veräußerung an den Deutschen Sparkassen- und Giroverband unten § 3 I. 2. b) bb) (S. 66 ff.).

20 In diesem Sinn aber *R. Fischer,* in: Boos/Fischer/Schulte-Mattler, Kreditwesengesetz, § 40 Rn. 6.

21 Vgl. § 9 SpkG BW; Art. 26 ff. BaySpkG; § 29 NdsSpkG.

22 So Art. 28 BaySpkG; § 2 Abs. 1 Nr. 4 SpkG BW.

Sachsen-Finanzgruppe (SächsÖKG)[23] handelt es sich dabei um eine Körperschaft des öffentlichen Rechts, die in Sachsen als zentraler Sparkassenträger fungiert. Die kommunalen Träger können ihre Sparkassen in die Gruppe einbringen und werden im Gegenzug am Stammkapital beteiligt. Bislang haben acht sächsische Kommunen von dieser Option Gebrauch gemacht. Anteilseigner der Gruppe sind die ehemaligen kommunalen Träger (78 %) und der Freistaat Sachsen (22 %).[24] Die unter dem Dach der Sachsen-Finanzgruppe zusammengefassten Sparkassen sind damit bei strenger Betrachtung keine ausschließlich kommunalen Einrichtungen mehr. Insgesamt weist die Organisation allerdings eine dezentrale Struktur auf. Die einzelnen Sparkassen agieren weitgehend eigenständig,[25] weshalb auch von einer »zweckverbandsähnlichen Verbundorganisation ohne Konzerncharakter« gesprochen wird.[26] Die ursprünglichen Planungen sahen demgegenüber eine zentralistischere Struktur vor. Der »Sachsen-Finanzverband« sollte gegenüber den Verbandssparkassen über weitreichende Einwirkungsbefugnisse in Gestalt von Devolutiv-, Letztentscheidungs- und Durchgriffsrechten verfügen. Das Ergebnis wäre eine echte gemischt kommunal-staatliche Aufgabenwahrnehmung gewesen.[27] Das entsprechende Gesetz ist jedoch im Jahr 2001 an einem Volksentscheid gescheitert,[28] so dass die zunächst vorgesehene starke Zentralisierung nur in der heute gültigen, abgemilderten Form realisiert werden konnte.

---

23 Art. 1 des Gesetzes über das öffentlich-rechtliche Kreditwesen im Freistaat Sachsen v. 13.12.2002, in: SächsGVBl. S. 333 (abgedr. bei *Fischer/Herbst* Nr. 2.14.).

24 Vgl. *Sachsen-Finanzgruppe* (Hrsg.), Geschäftsbericht 2005, Konzernstruktur und Anteilsverhältnisse, unter: http://www.sachsen-finanzgruppe.de (Stand: 17.6.2008).

25 Im Einzelnen §§ 49 ff. SächsÖKG sowie insbesondere § 56 SächsÖKG zu den Einwirkungsbefugnissen der Sachsen-Finanzgruppe auf die Verbandssparkassen.

26 So *D. Schmidt,* Sparkassenwissen für Verwaltungsräte, S. 79 ff., 82 f.; vgl. auch *Thode,* Künftige Struktur des öffentlich-rechtlichen Kreditwesens im Freistaat Sachsen, in: ZKF 2003, 329 (334 f.).

27 Vgl. *SächsVerfGH,* Urt. v. 23.11.200 – Vf. 62-II-99, in: DVBl. 2001, 293 (295 f., 299 ff.); Anm. *F. Becker,* Die Neuordnung der sächsischen Sparkassenorganisation, in: LKV 2001, 201 (201 f.); *dens.,* Zu den verfassungs- und verwaltungsrechtlichen Problemen eines staatlich-kommunalen Kondominiums: Der Sachsen-Finanzverband, in: SächsVBl. 2001, 109 ff.; *Schladebach,* Die Neuordnung des sächsischen Sparkassenrechts, in: LKV 2000, 389 ff.; *Thode,* Sächsische Verbundlösung, in: FiWi 1998, 274 (275 ff.); *D. Schmidt,* Sparkassenwissen für Verwaltungsräte, S. 77 ff.; *Blume,* Sparkassen im Spannungsfeld zwischen öffentlichem Auftrag und Wettbewerb, S. 145 ff.

28 Vgl. zu den Hintergründen *Thode,* Künftige Struktur des öffentlich-rechtlichen Kreditwesens im Freistaat Sachsen, in: ZKF 2003, 329 (332 f.).

Zuletzt wurde in das hessische Sparkassengesetz im Rahmen seiner Novellierung im Jahr 2007 die Option für eine nicht kommunale staatliche Sparkassenträgerschaft aufgenommen.[29] Die öffentlich-rechtliche Organisationsform der hessischen Sparkassen (§ 1 Abs. 1 HessSpkG) ist unverändert geblieben. Neu ist die Möglichkeit, gemäß § 3 Abs. 4 HessSpkG Stammkapitalanteile zu bilden. Diese können nach § 20a Abs. 1 HessSpkG durch öffentlich-rechtlichen Vertrag auf andere staatliche Träger übertragen werden, wobei der Kreis der Erwerber auf andere hessische Sparkassen, deren Träger oder die Landesbank Hessen-Thüringen beschränkt ist. Einzige Voraussetzung ist, dass die Übertragung »den geschäftspolitischen Interessen der Sparkasse dient, deren Anteile übertragen werden«. Durch die Übertragung geht die Trägerschaft über, so dass die Landesbank Hessen-Thüringen ebenfalls Trägerin von Sparkassen sein kann.

b) Kommunale Sparkassenträgerschaft als verfassungsrechtlicher Regelfall

Verfassungsrechtliche Grenzen für eine Entkommunalisierung der Sparkassen ergeben sich aus der Garantie der kommunalen Selbstverwaltung (Art. 28 Abs. 2 Satz 1 GG). Das Sparkassengeschäft wird traditionell als eine »Angelegenheit der örtlichen Gemeinschaft« angesehen.[30] Den Gemeinden kann daher die Sparkassenträgerschaft nur im Rahmen des Gesetzesvorbehalts des Art. 28 Abs. 2 Satz 1 GG entzogen werden. Gründe der Wirtschaftlichkeit und Effizienzsteigerung genügen als solche allerdings nicht, soweit sie die notwendigen Nebenfolgen der verfassungsrechtlich gerade gewollten Kleinräumigkeit der Verwaltung sind.[31] Zulässig wäre eine Entziehung der Sparkassenträgerschaft zugunsten anderer staatlicher

---

29 Hessisches Sparkassengesetz in der Fassung vom 24.2.1991, in: HessGVBl. I S. 78; zuletzt geändert durch Gesetz v. 10.4.2007, in: HessGVBl. I S. 252.

30 *BVerfG,* Beschl. v. 14.4.1987 – 1 BvR 775/84, in: BVerfGE 75, 192 (199 f.); *SächsVerfGH,* Urt. v. 23.11.2000 – Vf. 62-II-99, in: DVBl. 2001, 293 (294 f.); *VerfGH NRW,* Urt. v. 11.7.1980 – VerfGH 8/79, in: NJW 1980, 2699 (2699); *Stern/Burmeister,* Die kommunalen Sparkassen, S. 64 ff.; *v. Mutius,* in: Püttner (Hrsg.), Handbuch der kommunalen Wissenschaft und Praxis, 2. Aufl., Bd. 5, S. 453 (460); *Pieroth,* in: Jarass/Pieroth, Grundgesetz, Art. 28 Rn. 13; *Oebbecke,* Sparkassentätigkeit als kommunale Selbstverwaltungsaufgabe, in: LKV 2006, 145 (148); *Nierhaus,* Zur kommunalen Bindung und Aufgabenstellung der Sparkassen, in: DÖV 1984, 662 (665); *ders.,* Rechtsprobleme der Gründung einer kommunalen Sparkasse, S. 20 ff.

31 *BVerfG,* Beschl. v. 23.11.1988 – 2 BvR 1619, 1628/83, in: BVerfGE 79, 127 (153) – Rastede; *BVerfG,* Beschl. v. 7.2.1991 – 2 BvL 24/84, in: BVerfGE 83, 363 (382 f.).

Träger daher erst dann, »wenn anders eine ordnungsgemäße Aufgabenerfüllung nicht sicherzustellen wäre«.[32] Dem tragen beispielsweise die sparkassenrechtlichen Regelungen über die »Verbandssparkasse« Rechnung, denn sie setzen für die Übertragung der Sparkassenträgerschaft auf den jeweiligen Sparkassenverband voraus, dass anders die Erfüllung des öffentlichen Auftrags nicht gewährleistet werden kann.[33]

Vom unfreiwilligen Entzug ist die freiwillige Übertragung der Sparkassenträgerschaft auf einen anderen staatlichen Träger zu unterscheiden. Beispiele finden sich im sächsischen Sparkassenrecht für die Sachsen-Finanzgruppe (§ 50 Abs. 1 SächsÖKG) und im hessischen Sparkassenrecht für die Landesbank Hessen-Thüringen (§ 20a Abs. 1 HessSpkG). In diesem Fall ist die Garantie der kommunalen Selbstverwaltung als subjektives Schutzrecht nicht betroffen. Allerdings dient die Selbstverwaltungsgarantie neben dem Schutz der Gemeinde selbst auch dem »politisch-demokratischen Gesichtspunkt der Teilnahme der örtlichen Bürgerschaft an der Erledigung ihrer öffentlichen Aufgaben«.[34] Unter diesem Gesichtspunkt enthält sie ein Prinzip dezentraler (nämlich kommunaler) Aufgabenwahrnehmung.[35] Dabei handelt es sich um eine Zielsetzung objektiv-rechtlicher Art, über die zu disponieren die einzelne Gemeinde nicht befugt ist.[36] Auch die freiwillige Übertragung einer Sparkassenträgerschaft bedarf damit einer Rechtfertigung am Maßstab des Art. 28 Abs. 2 Satz 1 GG. Es gelten die Kriterien, die das Bundesverfassungsgericht in seiner *Rastede*-Rechtsprechung formuliert hat, entsprechend. Eine freiwillige Übertragung kommt daher nicht schon dann in Betracht, wenn dadurch eine wirtschaftlichere oder effizientere Betriebsführung ermöglicht werden soll, sondern erst dann, wenn anders die Erfüllung des öffentlichen Auftrags nicht mehr langfristig gesichert werden

---

32 Vgl. *BVerfG,* Beschl. v. 23.11.1988 – 2 BvR 1619, 1628/83, in: BVerfGE 79, 127 (153) – Rastede.

33 Vgl. § 9 SpkG BW; Art. 26 ff. BaySpkG; § 29 NdsSpkG.

34 So *BVerfG,* Beschl. v. 23.11.1988 – 2 BvR 1619, 1628/83, in: BVerfGE 79, 127 (153) – Rastede. – S. auch bereits *BVerfG,* Beschl. v. 12.7.1960 – 2 BvR 373, 442/60, in: BVerfGE 11, 266 (275 f.), nach dem die kommunale Selbstverwaltung der »Aktivierung der Beteiligten für ihre eigenen Angelegenheiten« dient.

35 *BVerfG,* Beschl. v. 23.11.1988 – 2 BvR 1619, 1628/83, in: BVerfGE 79, 127 (150) – Rastede; *BVerfG,* Beschl. v. 7.2.1991 – 2 BvL 24/84, in: BVerfGE 83, 363 (382); *Tettinger,* in: v. Mangoldt/Klein/Starck, Grundgesetz, Art. 28 Rn. 159; *Nierhaus,* in: Sachs, Grundgesetz, Art. 28 Rn. 31; *Oebbecke,* Zweckverbandsbildung und kommunale Selbstverwaltungsgarantie, S. 59 ff.

36 *SächsVerfGH,* Urt. v. 23.11.2000 – Vf. 62-II-99, in: DVBl. 2001, 293 (297).

kann.[37] Da es sich um eine geschäftspolitische Entscheidung mit prognostischem Charakter handelt, ist der einzelnen Gemeinde ein Einschätzungsspielraum zuzubilligen. Es muss aber mindestens substantiiert dargelegt werden, warum eine Übertragung zur langfristigen Sicherung des öffentlichen Auftrags erforderlich ist. Allgemeine geschäftspolitische Erwägungen genügen nicht. Vor diesem Hintergrund muss insbesondere § 20a Abs. 1 Satz 1 HessSpkG restriktiv interpretiert werden, der die freiwillige Übertragung einer kommunalen Sparkasse auf die Landesbank Hessen-Thüringen schon dann zulässt, wenn »dies den geschäftspolitischen Interessen der Sparkasse dient, deren Anteile übertragen werden«. Dieser Vorbehalt muss in verfassungskonformer Weise so verstanden werden, dass eine Übertragung nur dann zulässig ist, wenn anderenfalls die Erfüllung des öffentlichen Auftrags nicht mehr langfristig gesichert wäre.

Die Entkommunalisierung von Sparkassen zugunsten anderer staatlicher Träger ist also im Ergebnis erheblichen Schranken unterworfen, gleich ob sie freiwillig oder unfreiwillig erfolgt. Der Typus der kommunalen Sparkasse ist daher der verfassungsrechtlich geforderte Regelfall und die sonstige staatliche Trägerschaft die rechtfertigungsbedürftige Ausnahme. Ausgeschlossen ist eine nicht kommunale staatliche Sparkassenträgerschaft aus verfassungsrechtlicher Sicht aber nicht. Zum einen ist eine Rechtfertigung aus Gründen der langfristigen Sicherung der Aufgabenerfüllung möglich. Zum anderen ist es denkbar, dass das Sparkassengeschäft dem Schutzbereich und damit zugleich den Schranken der kommunalen Selbstverwaltungsgarantie entwächst, wenn man davon ausgeht, dass es eine »durchaus beobachtbare Tendenz zur Entörtlichung von Bankgeschäften« gibt.[38] Der Begriff der »Sparkasse« kann daher nicht auf kommunale Träger begrenzt werden, auch wenn dieser Typus ganz vorherrschend ist.

---

37 So auch *SächsVerfGH,* Urt. v. 23.11.2000 – Vf. 62-II-99, in: DVBl. 2001, 293 (299 ff.), der dies für den »Sachsen-Finanzverband« unter Berücksichtigung des Beurteilungsspielraums bejaht hat, der dem Gesetzgeber aufgrund der prognostischen Natur der Fragestellung zukommt.

38 So *SächsVerfGH,* Urt. v. 23.11.2000 – Vf. 62-II-99, in: DVBl. 2001, 293 (294 f.), der daher zu dem Schluss gelangt, das Sparkassengeschäft sei derzeit »noch« dem kommunalen Wirkungskreis zuzurechnen.

2. Gemeinwohlbindung der Sparkassen

Das Sparkassenrecht bezeichnet die Sparkassen gelegentlich ausdrücklich als »gemeinnützige« Einrichtungen.[39] Der Begriff der »Gemeinnützigkeit« ist ein unbestimmter und ausfüllungsbedürftiger Begriff, der nicht mehr als »dem allgemeinen Nutzen dienend« oder »Ausrichtung auf das Gemeinwohl« bedeutet.[40] Die Gemeinwohlorientierung der Sparkassen ergibt sich sowohl aus der Bindung an den sparkassentypischen öffentlichen Auftrag (a.)[41] als auch aus der Tatsache, dass die Sparkassengewinne für öffentliche Zwecke verwendet werden (b.)[42].

a) Bindung der Sparkassen an einen öffentlichen Auftrag

Von Verfassungs wegen muss jedes staatliche Handeln öffentlichen Zwecken dienen, das heißt der Staat ist als solcher dem Gemeinwohl verpflichtet.[43] Das gilt auch für die staatliche Wirtschaftstätigkeit, unter die das Sparkassengeschäft fällt. Mit Recht wird aus der Verpflichtung des Staates auf öffentliche Zwecke überwiegend abgeleitet, dass sich staatliche Wirtschaftstätigkeit an öffentlichen Sachzwecken orientieren und diesen die Gewinnerzielung unterordnen muss.[44] Nach anderer Ansicht soll hingegen

---

39 So § 2 Abs. 1 HessSpkG, der die Sparkassen als »dem gemeinen Nutzen dienende Wirtschaftsunternehmen« beschreibt. – Vgl. auch § 1 Abs. 1 Satz 1 SpkMuSa NRW, § 1 BaySpkMuSa sowie § 1 Abs. 3 NdsSpkMuSa, die von einer »dem gemeinen Nutzen dienenden rechtsfähigen Anstalt des öffentlichen Rechts« bzw. »gemeinnützigen Anstalt des öffentlichen Rechts« sprechen.

40 Eingehend *Isensee,* in: Isensee/Kirchhof (Hrsg.), Handbuch des Staatsrechts, Bd. 3, § 57 Rn. 17 ff.; vgl. auch *Schlierbach/Püttner,* Sparkassenrecht in der Bundesrepublik Deutschland, S. 60; *Güde,* Geschäftspolitik der Sparkassen, S. 39.

41 Deutlich in diesem Sinn § 2 Abs. 2 Satz 7 RhPfSpkG: »Mit ihrer Aufgabenerfüllung dienen die Sparkassen dem Gemeinwohl.« – Ebenso *Schlierbach/Püttner,* Sparkassenrecht in der Bundesrepublik Deutschland, S. 60 ff.; *Blume,* Sparkassen im Spannungsfeld zwischen öffentlichem Auftrag und kreditwirtschaftlichem Wettbewerb, S. 31 f.; *Hedrich,* Die Privatisierung der Sparkassen, S. 39; *Schöpe,* Zum öffentlichen Auftrag der Sparkassen, in: ZögU 1987, 189 (190).

42 Dies hervorhebend *Zuber,* Der Gemeinnützigkeitsbegriff im deutschen Sparkassenrecht, S. 50 u. 75 ff.

43 Statt vieler *Ehlers,* in: Erichsen/Ehlers (Hrsg.), Allgemeines Verwaltungsrecht, § 1 Rn. 28; *ders.,* Verwaltung in Privatrechtsform, S. 86 f.; *Püttner,* Die öffentlichen Unternehmen, S. 128 f.; *Scharpf,* Die Konkretisierung des öffentlichen Zwecks, in: VerwArch 96 (2005), S. 485 (486 f.).

44 *Ehlers,* Recht der öffentlichen Unternehmen, S. 72 f.; *ders.,* Rechtsprobleme der Kommunalwirtschaft, in: DVBl. 1998, 497 (499 f.); *Schmidt-Aßmann,* Verfassungsschranken der Kommunalwirtschaft in: FS Ulmer, S. 1015 (1018); *Grawert,* Zuständigkeitsgrenzen der Kommunalwirtschaft, in: FS Blümel, S. 119 (125 f.); *Henneke,*

auch das Erwirtschaften von Gewinnen als solches ein möglicher öffentlicher Zweck sein, kämen diese doch (mittelbar) öffentlichen Zwecken zugute, wenn sie zur Erfüllung von Staatsaufgaben verwendet würden.[45] Gegen ein so großzügiges Verständnis spricht allerdings, dass es eine Entgrenzung staatlicher Wirtschaftstätigkeit bedeuten würde, ließe sich staatliches Wirtschaften allein schon durch das Motiv der Gewinnerzielung legitimieren. Das verfassungsrechtliche Erfordernis eines öffentlichen Zwecks verlöre seine limitierende Kraft und liefe praktisch leer, denn auf das Motiv der Gewinnerzielung könnte sich der Staat in jedem Fall berufen.[46] Um das verfassungsrechtliche Erfordernis eines öffentlichen Zwecks nicht praktisch leerlaufen zu lassen, muss es daher dahingehend präzisiert werden, dass mit der staatlichen Wirtschaftstätigkeit unmittelbar öffentliche Sachzwecke verfolgt werden müssen. Das bedeutet nicht, dass die Erzielung von Gewinnen unzulässig ist. Sie muss nur funktional auf besondere öffentliche Sachzwecke bezogen, das heißt deren Erfüllung dienlich sein. Ein darüber hinausgehendes Motiv der Kapitalvermehrung, etwa zur Entlastung der öffentlichen Haushalte, ist dem Staat von Verfassungs wegen versagt.

Diejenigen Sachzwecke, die die Tätigkeit der Sparkassen legitimieren, werden mit dem Begriff des »öffentlichen Auftrags« der Sparkassen zusammenfassend bezeichnet. Im Mittelpunkt steht die Aufgabe, im jeweiligen Geschäftsgebiet die Versorgung mit kreditwirtschaftlichen Leistungen zu gewährleisten.[47] Dadurch werden die Sparkassen verpflichtet, eine flächenmäßig ausreichende Infrastruktur bereitzustellen und prinzipiell jedem den

---

Gewinnerzielung als Legitimation kommunalwirtschaftlicher Betätigung?, in: NdsVBl. 1998, 273 (282 f.); *Ruffert,* Aufsicht über die kommunale wirtschaftliche Betätigung, in: VerwArch 92 (2001), S. 27 (41 f.); *Mann,* Öffentliche Unternehmen im Spannungsfeld von öffentlichem Auftrag und Wettbewerb, in: JZ 2002, 819 (820 f.); *Schink,* Wirtschaftliche Betätigung kommunaler Unternehmen,in: NVwZ 2002, 129 (134); *Rennert,* Der Selbstverwaltungsgedanke im kommunalen Wirtschaftsrecht, in: JZ 2003, 385 (390); *Scharpf,* Die Konkretisierung des öffentlichen Zwecks, in: VerwArch 96 (2005), S. 485 (490 f.).

45 So etwa *Otting,* Neues Steuerungsmodell und rechtliche Betätigungsspielräume der Kommunen, S. 142 f. u. 161 ff.; *Hellermann,* Örtliche Daseinsvorsorge und gemeindliche Selbstverwaltung, S. 153 f. u. 207 f.; *Jarass,* Kommunale Wirtschaftsunternehmen und Verfassungsrecht, in: DÖV 2002, 489 (490 f.); *Cremer,* Gewinnstreben als öffentliche Unternehmen legitimierender Zweck, in: DÖV 2003, 921 (922).

46 Zu diesem und zu weiteren Argumenten s. nur *Ehlers,* in: Wurzel/Schraml/Becker (Hrsg.), Rechtspraxis der kommunalen Unternehmen, Teil B Rn. 42.

47 § 3 Abs. 1 SpkG NRW; § 6 Abs. 1 Satz 1 SpkG BW; § 1 Satz 1 BaySpkO; § 2 Abs. 1 Satz 1 HessSpkG; § 4 Abs. 1 Satz 1 NdsSpkG; § 2 Abs. 1 RhPfSpkG; § 2 Satz 1 SchlHSpkG.

Zugang zu Bankdienstleistungen zu eröffnen.[48] Als Zielgruppe wird allgemein »die Bevölkerung« genannt.[49] Teilweise werden darüber hinaus bestimmte Bevölkerungsgruppen besonders hervorgehoben, wie etwa die »wirtschaftlich schwächeren Bevölkerungskreise«.[50] Weiteres Profil erlangt die Versorgungsaufgabe, indem sie auch auf »die Wirtschaft«, insbesondere »den Mittelstand« bezogen wird.[51] Insofern ist die Stärkung der regionalen Wirtschaftsstrukturen ein weiterer, mittelbarer Sparkassenzweck, der teilweise sogar als Hauptnutzen der Sparkassen angesehen wird.[52] Zumeist erstreckt sich die Versorgungsaufgabe darüber hinaus auf den Träger selbst beziehungsweise »die öffentliche Hand«,[53] wobei es insofern nur um die Versorgung als solche geht (»Hausbankenfunktion«), nicht aber um die Gewährung von Sonderkonditionen.[54]

Neben die Versorgungsaufgabe treten häufig weitere Aspekte wie die »Sparförderung«[55], die »Wirtschaftserziehung der Jugend«[56] und die

---

48 Vgl. auch die ausdrückliche Regelung eines Kontrahierungszwangs in § 5 SpkVO NRW; § 5 BaySpkO; § 2 Abs. 4 RhPfSpkG; § 4 Abs. 2 HessSpkMuSa; § 8 SchlHSpkMuSa (A).

49 § 3 Abs. 1 SpkG NRW; § 6 Abs. 1 Satz 1 SpkG BW; § 1 Satz 1 BaySpkO; § 4 Abs. 1 Satz 1 NdsSpkG; § 2 Abs. 2 Satz 2 RhPfSpkG; § 2 Satz 1 SchlHSpkG.

50 So § 3 Abs. 2 Satz 4 SpkG NRW. – Vgl. auch Art. 2 Abs. 1 Satz 1 BaySpkG (diejenigen »Bevölkerungsschichten, aus denen die Spareinlagen stammen«); § 2 Abs. 2 HessSpkG (die »Arbeitnehmer«).

51 § 3 Abs. 1 u. Abs. 2 Satz 4 SpkG NRW; § 6 Abs. 1 Satz 1 SpkG BW; § 1 Satz 1 BaySpkO; § 2 Abs. 2 HessSpkG; § 4 Abs. 1 Satz 1 NdsSpkG; § 2 Abs. 2 Sätze 2 und 4 RhPfSpkG; § 2 Satz 1 SchlHSpkG.

52 So dezidiert *Henneke/Wohltmann,* Grundsätzliches zur aktuellen Diskussion um § 40 KWG, in: Der Landkreis 2006, 790 (791), nach denen der öffentliche Auftrag »im Kern darauf gerichtet [ist], die wirtschaftliche Entwicklung der jeweiligen Region des kommunalen Trägers zu unterstützen.« – Vgl. auch *Oebbecke,* Das Europarecht als Katalysator der Sparkassenpolitik, in: VerwArch 93 (2002), S. 278 (283), nach dem der Nutzen der Sparkassen »vor allem ... in der Kreditgewährung an den Mittelstand und den daraus resultierenden Struktureffekten gesehen [wird].«

53 § 3 Abs. 1 SpkG NRW a. E.; § 6 Abs. 1 Satz 1 SpkG BW; § 1 Satz 1 BaySpkO; § 2 Abs. 2 HessSpkG; § 2 Abs. 2 Satz 2 RhPfSpkG.

54 *Blume,* Sparkassen im Spannungsfeld zwischen öffentlichem Auftrag und kreditwirtschaftlichem Wettbewerb, S. 55; *Brümmerhoff/Lehmann,* Öffentlich-rechtliche Sparkassen oder wie gemeinnützig ist der öffentliche Auftrag?, in: ZögU 2000, 131 (134); *Möschel,* Die Privatisierung der öffentlich-rechtlichen Kreditinstitute im Streit der Meinungen, in: FS Fikentscher, S. 574 (580).

55 § 3 Abs. 2 Satz 2 SpkG NRW; § 6 Abs. 1 Satz 3 SpkG BW; Art. 2 Abs. 1 Satz 2 BaySpkG; § 2 Abs. 2 HessSpkG; § 2 Abs. 2 Satz 3 RhPfSpkG.

56 So § 6 Abs. 1 Satz 1 SpkG BW; § 2 Abs. 2 Satz 3 RhPfSpkG (»Erziehung junger Menschen zu eigenverantwortlichem wirtschaftlichem Verhalten«); § 3 Abs. 2 Satz 2 SpkG NRW (»Förderung des eigenverantwortlichen Verhaltens der Jugend in wirtschaftlichen Angelegenheiten«).

Finanzierung von Verbraucher- und Schuldnerberatungsstellen[57]. An diesen Punkten scheint der ursprüngliche Sparkassengedanke, das mit erzieherisch-aufklärerischem Anspruch verfolgte Konzept der »Hilfe zur Selbsthilfe«,[58] in besonderem Maße durch. Neueren Datums ist hingegen die häufig den Sparkassen besonders zugewiesene Aufgabe, den Wettbewerb im Kreditwesen zu stärken.[59] Kritisch ist anzumerken, dass es sich insofern um eine weitgehend inhaltsleere Bestimmung handelt, denn die Sparkassen sind, wie jedes andere Wirtschaftsunternehmen auch, Marktteilnehmer und sorgen damit bereits durch ihre Existenz als solche für Wettbewerb. Teils wird daher die Wettbewerbssicherung als besonderer öffentlicher Sachzweck ganz abgelehnt.[60] Jedenfalls trägt sie kaum zur Bestimmung des inhaltlichen Profils der Sparkassen bei. Die neben die Versorgungsaufgabe (mit ihren verschiedenen Aspekten) tretenden weiteren Gegenstände des öffentlichen Auftrags sind in den Sparkassengesetzen der Länder uneinheitlich geregelt und stehen ihrer Bedeutung nach im Hintergrund. Allein die Aufgabe der Versorgung von Bevölkerung und Wirtschaft mit geld- und kreditwirtschaftlichen Leistungen ist damit als unabdingbares Sparkassenmerkmal zu qualifizieren, in dem sich die verfassungsrechtliche Gemeinwohlbindung des Staates in sparkassentypischer Weise aktualisiert.

b) Gemeinnützige Verwendung der Sparkassengewinne

Im Zuge der Auseinandersetzung zwischen Bundesregierung und Kommission um die Gemeinschaftsrechtskonformität des § 40 Abs. 1 KWG spielte unter anderem das Sparkassencharakteristikum der gemeinnützigen Gewinn-

57 § 3 Abs. 2 Satz 3 SpkG NRW; § 2 Abs. 2 Satz 5 RhPfSpkG.

58 Vgl. *Ashauer,* Von der Ersparungscasse zur Sparkassen-Finanzgruppe, S. 53; *Wysocki,* Untersuchungen zur Wirtschafts- und Sozialgeschichte der deutschen Sparkassen im 19. Jahrhunderts, S. 35 ff.; *Trende,* Geschichte der deutschen Sparkassen, S. 19 ff.

59 § 3 Abs. 2 Satz 1 SpkG NRW; § 6 Abs. 1 Satz 1 SpkG BW; § 1 Satz 1 BaySpkO; § 4 Abs. 1 Satz 1 NdsSpkG; § 2 Abs. 2 Satz 1 RhPfSpkG; § 2 Satz 1 SchlHSpkG. – In das nordrhein-westfälische Sparkassenrecht eingefügt im Jahr 1994, vgl. den Abdruck der Regierungsbegründung bei *Heinevetter/Engau/Menking,* Sparkassengesetz Nordrhein-Westfalen, 3. Aufl., Vorbemerkungen, Anm. 7.2 (S. 16).

60 So für das kommunale Wirtschaftsrecht im Allgemeinen *OLG Düsseldorf,* Urt. v. 29.5.2001 – 20 U 152/00, in: NVwZ 2002, 248 (250); *Schmidt-Aßmann/Röhl,* in: Schmidt-Aßmann (Hrsg.), Besonderes Verwaltungsrecht, Kap. 1 Rn. 20. – A. A. *Ehlers,* Recht der öffentlichen Unternehmen, S. 71 f.; *ders.,* in: Wurzel/Schraml/Becker (Hrsg.), Rechtspraxis der kommunalen Unternehmen, Teil B Rn. 42.

verwendung eine entscheidende Rolle.[61] Der Vorschlag der Bundesregierung, die Bezeichnung »Sparkasse« privaten Investoren zugänglich zu machen, wenn die erzielten Gewinne vollständig oder zumindest ganz überwiegend gemeinnützigen Zwecken zugutekommen, wurde von der Kommission als zu weitgehend für einen notwendigerweise gewinnorientierten privaten Investor angesehen.[62] Vor diesem Hintergrund stellt sich die Frage, inwieweit die gemeinnützige Gewinnverwendung tatsächlich charakteristisch für die Sparkassen ist. Die Sparkassen und ihre Träger sind schon aufgrund der Staatlichkeit zur gemeinnützigen Verwendung der Sparkassengewinne verpflichtet, denn die verfassungsrechtliche Verpflichtung des Staates auf das öffentliche Interesse ist eine umfassende und erstreckt sich auch auf die Verwendung der dem Staat zur Verfügung stehenden Mittel.[63] Eine gemeinwohlbezogene Verwendung in diesem Sinne liegt allerdings auch dann vor, wenn die Überschüsse unspezifisch in den Haushalt des Trägers eingestellt werden und der Finanzierung seiner allgemeinen Aufgaben zugute kommen (»gemeinnützige Gewinnverwendung im weiteren Sinn«).

Das Sparkassenrecht geht zumeist über diese verfassungsrechtliche Vorgabe hinaus und verlangt, dass die Überschüsse, nach Bildung der notwendigen Rücklagen, für »gemeinnützige Zwecke« zu verwenden sind.[64] Damit sind besondere öffentliche Zwecke im Sinne des steuerrechtlichen Gemeinnützigkeitsbegriffs (§ 52 Abs. 1 AO) gemeint,[65] so dass ein unspezifisches Einstellen in den allgemeinen Haushalt ausgeschlossen ist (»gemeinnützige

61 Zur Auseinandersetzung zwischen Bundesregierung und Kommission um die Gemeinschaftsrechtskonformität des § 40 Abs. 1 KWG s. bereits die Einleitung (S. 2 ff.).

62 Vgl. *Henneke/Wohltmann,* Grundsätzliches zur aktuellen Diskussion um § 40 KWG, in: Der Landkreis 2006, 790 (797 ff.); *Wohltmann,* Die Auseinandersetzung um § 40 KWG, in: ZG 2007, 259 (267 f.); *Geschwandtner/Bach,* Bezeichnungsschutz für Sparkassen, quo vadis?, in: NJW 2007, 129 (131).

63 So mit Recht *Lepper,* Die Verwendung und insbesondere die Ausschüttung von Sparkassengewinnen, S. 152.

64 § 28 Abs. 4 u. 5 SpkG NRW; § 31 Abs. 5 u. 6 SpkG BW; § 29 Abs. 3 Satz 1 BaySpkO; § 16 Abs. 4 HessSpkG; § 24 Abs. 3 i. V. m. § 4 Abs. 1 Satz 2 NdsSpkG; § 28 Abs. 5 SchlHSpkG.

65 *Schlierbach/Püttner,* Sparkassenrecht in der Bundesrepublik Deutschland, S. 273 f.; *Lepper,* Die Verwendung und insbesondere die Ausschüttung von Sparkassengewinnen, S. 99 ff.

Gewinnverwendung im engeren Sinn«).[66] Mittelbar wird dadurch die Konzentration der Sparkassen auf den öffentlichen Auftrag befördert, indem von vornherein verhindert wird, dass sie von Seiten des Trägers unzulässigerweise in die Rolle eines allgemeinen Finanzierungsinstruments gedrängt werden.[67] In die Kategorie der gemeinnützigen Gewinnverwendung für besondere öffentliche Zwecke fallen auch diejenigen Gewinnanteile, die der Aufrechterhaltung des Sparkassengeschäfts selbst dienen, denn diese kommen dem öffentlichen Auftrag der Sparkasse unmittelbar zugute, der seinerseits als besonderer öffentlicher Zweck anzusehen ist. Das Sparkassenrecht sieht insoweit vor, dass die Gewinne vorrangig zur Bildung von Rücklagen – dem Umfang nach abhängig von der bereits bestehenden Kapitalisierung – einzusetzen sind (»gesetzliche Mindestsicherheitsrücklage«). Daneben können teilweise weitere Anteile zur Bildung so genannter »freier Rücklagen« eingesetzt werden.[68] Dem öffentlichen Auftrag als besonderem öffentlichen Sachzweck kommen ebenfalls (mittelbar) diejenigen Gewinnanteile zugute, die die Sparkassen an Private auskehren, die am Sparkassengeschäft still beteiligt werden können.[69] Die Ausschüttung an den stillen Gesellschafter steht in einem Gegenseitigkeitsverhältnis zu dessen Einlage. Sie hat daher eine Finanzierungsfunktion und dient deshalb mittelbar der Erfüllung des öffentlichen Auftrags.

Teilweise sehen die Sparkassengesetze der Länder, insbesondere dort, wo sie sich an kapitalgesellschaftsähnlichen Strukturen orientieren, eine Bindung der Sparkassengewinne an besondere öffentliche Zwecke nicht mehr vor. Das gilt für diejenigen rheinland-pfälzischen und hessischen Institute,

---

66 Vgl. hierzu insbesondere § 52 Abs. 1 Satz 2 AO (Abgabenordnung in der Fassung der Bekanntmachung vom 1.10.2002, in: BGBl. I S. 3866; zuletzt geändert durch Gesetz v. 5.9.2006, in: BGBl. I S. 2098): »Eine Förderung der Allgemeinheit liegt nicht allein deswegen vor, weil eine Körperschaft ihre Mittel einer Körperschaft des öffentlichen Rechts zuführt.«

67 In diesem Sinn auch *Lepper,* Die Verwendung und insbesondere die Ausschüttung von Sparkassengewinnen, S. 153 f., sowie aus historischer Sicht *Wysocki,* Untersuchungen zur Wirtschafts- und Sozialgeschichte der deutschen Sparkassen im 19. Jahrhundert, S. 163 f.

68 S. etwa § 28 Abs. 2 u. 3 SpkG NRW; § 16 Abs. 1-3 HessSPkG. Ohne die Möglichkeit freier Rücklagen auch § 31 Abs. 2-4 SpkG BW; § 29 Abs. 2 u. 3 BaySpkO; § 24 Abs. 1 u. 2. NdsSpkG; § 20 RhPfSpkG; § 28 Abs. 1-3 SchlHSpkG; ferner *Schlierbach/Püttner,* Sparkassenrecht in der Bundesrepublik Deutschland, S. 269 ff.; *Lepper,* Die Verwendung und insbesondere die Ausschüttung von Sparkassengewinnen, S. 82 ff.

69 Zu den sparkassenrechtlichen Regelungen, die eine stille Beteiligung Privater vorsehen, näher unten § 3 II. 2. (S. 86 f.).

deren Träger von der Option Gebrauch gemacht haben, Stammkapital für die von ihnen getragene Sparkasse zu bilden.[70] Auch die Träger der sächsischen Sparkassen sind bei der Verwendung der Sparkassengewinne an besondere öffentliche Zwecke nicht gebunden.[71] In diesen Fällen bleibt es bei der allgemeinen verfassungsrechtlichen Gemeinwohlbindung der kommunalen Anteilseigner beziehungsweise Träger. Von der gemeinnützigen Gewinnverwendung, insbesondere derjenigen für besondere öffentliche Zwecke, sind im Übrigen die Spendenaktivitäten der Sparkassen während des Geschäftsjahres zu unterscheiden. Dabei handelt es sich um so genannte »Aufwandsspenden«, die nicht aus dem erst nach Ablauf des Geschäftsjahres feststehenden Gewinn erbracht werden, sondern während des Geschäftsjahres als »Betriebsausgaben« den Gewinn von vornherein mindern.[72] Äußerlich gesehen liegt eine Verwechslung nahe, zumal die Spendenaktivitäten der Sparkassen großen Umfang haben[73] und dementsprechend in der Sparkassenwerbung kommuniziert werden. Rechtsdogmatisch besteht jedoch ein entscheidender Unterschied. Zwar verleihen die Aufwandsspenden der Gemeinwohlverpflichtung der Sparkassen sichtbaren Ausdruck. Für ihre Qualifizierung als »gemeinnützig« im Rechtssinne sind sie aber ohne Belang. Allein aus dem gesellschaftlichen Engagement als solchem, mag es auch großen Umfang haben und fester Bestandteil der »Unternehmensphilosophie« sein, lässt sich nicht auf die »Gemeinnützigkeit« eines Unternehmens im Rechtssinn schließen. Auch private Unternehmen können freiwilliges gesellschaftliches Engagement als Teil ihrer langfristigen unternehmerischen Strategie begreifen, ohne dass sie deshalb als »gemeinnützig« zu bezeichnen wären. Daran zeigt sich, dass von einer Gemeinnützigkeit im Rechtssinn nur auszugehen ist, wenn die Gemeinwohlverpflichtung durch entsprechende rechtliche Bindungen institutionalisiert ist.[74] Für die Qualifikation der Sparkassen als »gemeinnützig« kommt es

---

70 Vgl. § 20 Abs. 1 RhPfSpkG; § 16 Abs. 5 Satz 1 HessSpkG.

71 Vgl. §§ 27, 60 Abs. 3 SächsÖKG.

72 Näher *Lepper,* Die Verwendung und insbesondere die Ausschüttung von Sparkassengewinnen, S. 106 ff.

73 Der Deutsche Sparkassen- und Giroverband hat für das Jahr 2006 unter dem Stichwort »Gesellschaftliches Engagement der Sparkassen« eine Gesamtsumme von 415 Mio. Euro ausgewiesen, darunter Kulturförderung (150 Mio. Euro), soziale Projekte (100 Mio. Euro), Sportförderung (70 Mio. Euro), Wissenschaftsförderung (27 Mio. Euro) und Umweltförderung (6 Mio. Euro); vgl. http://www.dsgv.de (Stand: 17.06.2008).

74 So auch *Zuber,* Der Gemeinnützigkeitsbegriff im deutschen Sparkassenrecht, S. 64 f.

demnach gerade nicht auf die freiwilligen Aufwandsspenden an, mögen diese auch ihrer tatsächlichen Bedeutung nach im Vordergrund stehen,[75] sondern allein auf die bestehenden rechtlichen Bindungen in der Frage der Überschussverwendung.

Im Ergebnis ist also die Gewinnverwendung der Sparkassen nur insoweit unabdingbar gemeinnützig, als die Überschüsse aufgrund der Staatlichkeit der Sparkassen von Verfassungs wegen öffentlichen Zwecken – einschließlich der Bildung von Rücklagen für das Sparkassengeschäft selbst und der Finanzierung der allgemeinen Aufgaben des Trägers – zugutekommen müssen. Das ergibt sich aus der Staatlichkeit als solcher, so dass es sich zwar um ein Sparkassencharakteristikum, nicht aber um ein eigenständiges Element des Sparkassenbegriffs handelt. Kein allgemeingültiges Gemeinnützigkeitsmerkmal sind die Aufwandsspenden während des Geschäftsjahres und die Verwendung der Gewinne für besondere öffentliche Zwecke im Sinne des steuerrechtlichen Gemeinnützigkeitsbegriffs (§ 52 Abs. 1 AO), denn entsprechende Bindungen sind weder verfassungsrechtlich vorgegeben noch den Sparkassengesetzen einheitlich zu entnehmen.

3. Regionale Bindung der Sparkassen

Ebenso wie die Gemeinwohlbindung ist die regionale Bindung ein Charakteristikum, das die Tätigkeit der Sparkassen in inhaltlicher Hinsicht kennzeichnet. Sie beansprucht nicht nur einfach-rechtlich, sondern von Verfassungs wegen Geltung (a.). Die Sparkassengesetze der Länder können das so genannte »Regionalprinzip« daher zwar ausformen und konkretisieren (b.), nicht aber grundsätzlich abschaffen. Insbesondere hat das sparkassenrechtliche Regionalprinzip wegen seines verfassungsrechtlichen Hintergrunds auch, was gelegentlich bestritten wird, vor dem europäischen Kartellrecht Bestand (c.).

a) Verfassungsrechtliche Geltung des Regionalprinzips

Häufig findet sich die Feststellung, das Regionalprinzip sei durch Art. 28 Abs. 2 Satz 1 GG, der den Gemeinden die Kompetenz für die »Angelegen-

75 Nach *Lepper,* Die Verwendung und insbesondere die Ausschüttung von Sparkassengewinnen, S. 118, stellt die Gewährung von Aufwandsspenden sogar die Regel und die Ausschüttung von Gewinnen an den Gewährträger (mit der Folge ihrer gemeinnützigen Verwendung) die Ausnahme dar.

heiten der örtlichen Gemeinschaft« gewährleistet, »grundgesetzlich geboten«.[76] Daran ist zunächst zutreffend, dass der räumliche Wirkungsbereich der Sparkassen durch die Verbandskompetenz ihres Trägers begrenzt wird. Teils wird demgegenüber die Auffassung vertreten, die wirtschaftliche Betätigung der Gemeinden, worunter auch das Sparkassengeschäft fällt, sei nicht an kompetenzielle Grenzen gebunden, da diese ihrem Sinn und Zweck nach nur für hoheitliches Handeln Geltung beanspruchen würden.[77] Dem kann jedoch nicht gefolgt werden, denn Staatshandeln, gleich in welcher Form, beruht stets auf der Wahrnehmung von Kompetenzen und nicht auf der Wahrnehmung (grundrechtlicher) unternehmerischer Freiheit.[78] Nur so weit ein Träger von Staatsgewalt zum Handeln durch Verfassung oder Gesetz ermächtigt wird, ist er legitimiert, tätig zu werden. Ein Bereich kompetenzfreien Staatshandelns ist damit ausgeschlossen. Von Verfassungs wegen ist den Gemeinden nur die Kompetenz zur Wahrnehmung der örtlichen Angelegenheiten zugewiesen. Prinzipiell ist allerdings durchaus

---

76 So *v. Mutius,* in: Püttner (Hrsg.), Handbuch der kommunalen Wissenschaft und Praxis, 2. Aufl., Bd. 5, S. 453 (462); ebenso *Stern/Nierhaus,* Das Regionalprinzip im öffentlich-rechtlichen Sparkassenwesen, S. 56; *Raskin,* Das Regionalprinzip und (neue) elektronische Vertriebswege im Retailbanking, S. 58 f.; *B. Claussen,* Teilprivatisierung kommunaler Sparkassen?, S. 160; *Nierhaus,* Zur kommunalen Bindung und Aufgabenstellung der Sparkassen, in: DÖV 1984, 662 (665). – Von einer einfach-rechtlichen »Konkretisierung« des »in Art. 28 Abs. 2 GG verankerten« bzw. des »allgemeinen kommunalverfassungsrechtlichen Regionalgrundsatzes« sprechen *OVG NRW,* Urt. v. 18.12.1981 – 15 A 190/80, in: DVBl. 1982, 504 (505); *RhPfOVG,* Beschl. v. 8.11.1991 – 7 B 11766/91.OVG, in: WM 1993, 58 (58); *Grawert,* Zuständigkeitsgrenzen der Kommunalwirtschaft, in: FS Blümel, S. 119 (128); *Merten,* Sparkassenrechtliches Regionalprinzip und kommunale Neugliederung, in: DVBl. 1983, 1140 (1140); ferner *Oebbecke,* Sparkassentätigkeit als kommunale Selbstverwaltungsaufgabe, in: LKV 2006, 145 (146), der von einer »kommunalverfassungsrechtlichen Wurzel« spricht.

77 *Wieland,* Kommunalwirtschaftliche Betätigung unter veränderten Wettbewerbsbedingungen, in: Henneke (Hrsg.), Optimale Aufgabenerfüllung im Kreisgebiet, S. 193 (196 ff.); *Hellermann,* Örtliche Daseinsvorsorge und gemeindliche Selbstverwaltung, S. 157 f.; *Moraing,* Kommunales Wirtschaftsrecht vor dem Hintergrund der Liberalisierung der Märkte, in: WiVerw 1998, 233 (244 f.).

78 Vgl. *Ehlers,* Die Lehre von der Teilrechtsfähigkeit juristischer Personen des öffentlichen Rechts, S. 20 f.; *dens.,* in: Wurzel/Schraml/Becker (Hrsg.), Rechtspraxis der kommunalen Unternehmen, Teil B Rn. 45; *Erichsen,* Kommunalrecht Nordrhein-Westfalen, S. 273 f.; *Heilshorn,* Gebietsbezug der Kommunalwirtschaft, S. 63 ff.; *Grawert,* Zuständigkeitsgrenzen der Kommunalwirtschaft, in: FS Blümel, S. 119 (129); *Henneke,* Gewinnerzielung als Legitimation kommunalwirtschaftlicher Betätigung, in: NdsVBl. 1998, 273 (278); *Schink,* Wirtschaftliche Betätigung kommunaler Unternehmen, in: NVwZ 2002, 129 (135 f.); *Heintzen,* Zur Tätigkeit kommunaler Unternehmen außerhalb der Gebietsgrenzen, in: NVwZ 2000, 743 (743 f.).

vorstellbar, dass der Gesetzgeber diesem verfassungsrechtlichen Kompetenztitel weitere einfach-rechtliche Kompetenztitel zur Seite stellt und so den gemeindlichen Aktionsradius, also etwa auch den Aktionsradius der Sparkassen, in räumlicher Hinsicht erweitert.[79] Im Hinblick darauf wird die Aussage, das Regionalprinzip sei grundgesetzlich geboten, mit Recht als »missverständlich und verkürzend«[80] bezeichnet.

Zu berücksichtigen ist allerdings, dass der einfach-rechtlichen Zulassung überörtlicher Betätigung eine Reihe verfassungsrechtlicher Schranken gezogen ist. Zum einen wirkt die Garantie der kommunalen Selbstverwaltung (Art. 28 Abs. 2 Satz 1 GG) als subjektiv-rechtliches Schutzrecht zugunsten derjenigen Kommunen, auf deren Gebiet sich die exterritoriale Aktivität vollziehen würde.[81] Zum anderen wäre die kommunale Selbstverwaltungsgarantie auch in ihrer objektiv-rechtlichen Dimension betroffen, denn exterritoriale gemeindliche Aktivitäten stünden im Widerspruch zum Prinzip dezentraler Aufgabenwahrnehmung, wie es in Art. 28 Abs. 2 Satz 1 GG zum Ausdruck kommt.[82] Mit Recht wird in diesem Sinn betont, dass die Verbandskompetenz der Gemeinden nicht zur beliebigen Disposition des

---

79 So im Ausgangspunkt übereinstimmend *Ehlers,* Die Lehre von der Teilrechtsfähigkeit juristischer Personen des öffentlichen Rechts, S. 21; *ders.,* in: Wurzel/Schraml/Becker (Hrsg.), Rechtspraxis der kommunalen Unternehmen, Teil B Rn. 44; *Uechtritz/Otting,* in: Hoppe/Uechtritz (Hrsg.), Handbuch kommunale Unternehmen, § 6 Rn. 23; *Oebbecke,* Die örtliche Begrenzung kommunaler Wirtschaftstätigkeit, in: ZHR 164 (2000), S. 375 (388); *Schink,* Wirtschaftliche Betätigung kommunaler Unternehmen, in: NVwZ 2002, 129 (136); *Kühling,* Probleme grenzüberschreitender Wirtschaftsbetätigung der Gemeinden, in: NJW 2001, 177 (179); *Heintzen,* Zur Tätigkeit kommunaler Unternehmen außerhalb der Gebietsgrenzen, in: NVwZ 2000, 743 (744); *Jarass,* Kommunale Wirtschaftsunternehmen und Verfassungsrecht, in: DÖV 2002, 489 (498); *Papier,* Kommunale Daseinsvorsorge, in: DVBl. 2003, 686 (688).

80 *Schepers,* Internet-Banking und sparkassenrechtliches Regionalprinzip, S. 63.

81 *Ehlers,* Die Lehre von der Teilrechtsfähigkeit juristischer Personen des öffentlichen Rechts, S. 22; *ders.,* in: Wurzel/Schraml/Becker (Hrsg.), Rechtspraxis der kommunalen Unternehmen, Teil B Rn. 47; *Uechtritz/Otting,* in: Hoppe/Uechtritz (Hrsg.), Handbuch kommunale Unternehmen, § 6 Rn. 23; *Heilshorn,* Gebietsbezug der Kommunalwirtschaft, S. 165 ff.; *Schink,* Wirtschaftliche Betätigung kommunaler Unternehmen, in: NVwZ 2002, 129 (136); *Kühling,* Probleme grenzüberschreitender Wirtschaftsbetätigung der Gemeinden, in: NJW 2001, 177 (179). – Zurückhaltender *Jarass,* Kommunale Wirtschaftsunternehmen und Verfassungsrecht, in: DÖV 2002, 489 (500), nach dem das Selbstverwaltungsrecht anderer Kommunen erst betroffen ist, wenn die gemeindliche Konkurrenz die (mittelbar-faktische) Eingriffsschwelle überschreitet.

82 Zur objektiv-rechtlichen Dimension der kommunalen Selbstverwaltungsgarantie s. bereits oben § 1 I. 1. b) (S. 14 f.).

Gesetzgebers steht, »weil Kompetenzen im Nebeneinander pluraler Verwaltungsträger je exklusiv sind«.[83] Schließlich dient die Beschränkung auf die örtlichen Angelegenheiten auch dem Schutz der Gemeinden »vor sich selbst«,[84] denn bei weiterreichenden exterritorialen Aktivitäten bestünde das Risiko der Überforderung und, im äußersten Fall, der Handlungsunfähigkeit der Gemeinde. Auch dieser übergeordnete Zweck der örtlichen Begrenzung steht nicht zur Disposition von Gesetzgeber und Gemeinde. Neben der Selbstverwaltungsgarantie steht schließlich das Demokratieprinzip einer einfach-rechtlichen Zulassung gemeindlicher Expansion entgegen. Auch wirtschaftliches Staatshandeln bedarf der demokratischen Legitimation. Diese kann vom Gemeindevolk aber nur für die auf das Gemeindegebiet bezogenen Aktivitäten vermittelt werden (»Prinzip der Selbstbetroffenheit«).[85]

Der einfach-rechtlichen Zulassung exterritorialer gemeindlicher Wirtschaftstätigkeit stünden also eine Reihe verfassungsrechtlicher Schranken entgegen. Gründe, die deren Durchbrechung rechtfertigen könnten, sind nicht ersichtlich. Insbesondere wären weder die Zulassung von Wettbewerb noch die Ermöglichung effizienterer Betriebsgrößen als solche Zwecke, die ein exterritoriales Tätigwerden legitimieren könnten, denn das Nebeneinander kleinerer Einheiten ist die verfassungsrechtlich gewollte Konsequenz der kommunalen Selbstverwaltungsgarantie, wie auch das Bundesverfassungsgericht betont hat.[86] Der Feststellung, außerhalb des Art. 28 Abs. 2 GG sei

---

83 So *Löwer,* in: von Münch/Kunig, Grundgesetz, Bd. 2, Art. 28 Rn. 37a; in diesem Sinn ferner *Oebbecke,* Die örtliche Begrenzung kommunaler Wirtschaftstätigkeit, in: ZHR 164 (2000), 375 (388); *Knauff,* Globale Kommunalwirtschaft?, in: VR 2005, 145 (146); der Sache nach auch *Schink,* Wirtschaftliche Betätigung kommunaler Unternehmen, in: NVwZ 2002, 129 (136).

84 *Schmidt-Aßmann,* Die Garantie der kommunale Selbstverwaltung, in: FS 50 Jahre BVerfG, Bd. 2, S. 803 (811); *Löwer,* Die Stellung der Kommunen im liberalisierten Strommarkt, in: NWVBl. 2000, 241 (244 f.); *Schepers,* Internet-Banking und sparkassenrechtliches Regionalprinzip, S. 55.

85 *Ehlers,* Die Lehre von der Teilrechtsfähigkeit juristischer Personen des öffentlichen Rechts, S. 21; *ders.,* in: Wurzel/Schraml/Becker (Hrsg.), Rechtspraxis der kommunalen Unternehmen, Teil B Rn. 47; *Heilshorn,* Gebietsbezug der Kommunalwirtschaft, S. 108 ff. u. 170 ff.; *Oebbecke,* Die örtliche Begrenzung kommunaler Wirtschaftstätigkeit, in: ZHR 164 (2000), 375 (388 f.); *Schmidt-Aßmann,* Verfassungsschranken der Kommunalwirtschaft, in: FS Ulmer, S. 1015 (1023); *Löwer,* Die Stellung der Kommunen im liberalisierten Strommarkt, in: NWVBl. 2000, 241 (244).

86 *BVerfG,* Beschl. v. 23.11.1988 – 2 BvR 1619, 1628/83, in: BVerfGE 79, 127 (153) – Rastede; *BVerfG,* Beschl. v. 7.2.1991 – 2 BvL 24/84, in: BVerfGE 83, 363 (382 f.).

eine Legitimationsbasis für kommunales Handeln nicht ersichtlich,[87] ist daher zuzustimmen. Im Ergebnis trifft es zu, dass das sparkassenrechtliche Regionalprinzip ein Gebot des Verfassungsrechts ist. Das würde auch für eine Sparkasse gelten, die nicht auf kommunaler Ebene, sondern auf der Ebene der Länder angesiedelt wäre.[88] Das Territorialitätsprinzip gilt nicht nur für die Gemeinden, sondern auch für die Bundesländer selbst, denn aus dem Bundesstaatsprinzip folgt, dass die Landeshoheit nur innerhalb der räumlichen Grenzen eines Landes ausgeübt werden darf.[89] Auch eine »Landessparkasse« wäre daher an die Grenzen des jeweiligen Bundeslandes gebunden.[90] Das Regionalprinzip würde für sie ebenfalls von Verfassungs wegen gelten, wenn auch in größerem räumlichen Maßstab.

b) Sparkassenrechtliche Ausprägung des Regionalprinzips

Die Sparkassengesetze der Länder stellen im Zusammenhang mit dem öffentlichen Auftrag ausdrücklich klar, dass dieser auf »das Geschäftsgebiet« bezogen ist.[91] Das Geschäftsgebiet einer Sparkasse ist grundsätzlich mit dem Gebiet ihres Trägers identisch.[92] Insbesondere dürfen Zweigstellen grundsätzlich nur auf dessen Gebiet errichtet werden.[93] Teilweise kennen

---

87 So *Tettinger,* in: von Mangoldt/Klein/Starck, Grundgesetz, Art. 28 Rn. 173.

88 Zu den Sparkassen in nicht kommunaler staatlicher Trägerschaft und zu den Grenzen einer Entkommunalisierung oben § 1 I. 1. (S. 9 ff.).

89 *BVerfG,* Beschl. v. 15.3.1960 – 2 BvG 1/57, in: BVerfGE 11, 6 (19); ferner *Isensee,* in: Isensee/Kirchhof (Hrsg.), Handbuch des Staatsrechts, Bd. IV, § 98 Rn. 33, der von einem »bundesstaatlichen Gebietskonzept« spricht, sowie *Ehlers,* Die Lehre von der Teilrechtsfähigkeit juristischer Personen des öffentlichen Rechts, S. 19, der das Territorialitätsprinzip als »notwendige Konsequenz eines gegliederten Staatswesens« beschreibt.

90 So auch für die Landesbanken *F. Becker,* Die Vernetzung der Landesbanken, S. 365 ff., 367, 369; *D. Baumann,* Die sachlichen und räumlichen Grenzen der Verbandskompetenz öffentlich-rechtlicher Kreditinstitute, S. 136 ff., 137.

91 Vgl. etwa § 3 Abs. 1 SpkG NRW, der von der Aufgabe der geld- und kreditwirtschaftlichen Versorgung »insbesondere des Geschäftsgebiets« spricht.

92 So ausdrücklich § 2 Abs. 1 RhPfSpkG; § 2 Abs. 1 Satz 1 BaySpkO; § 1 Abs. 1 Satz 3 HessSpkMuSa; § 14 Abs. 1 Satz 1 SchlHSpkMuSa (A). – Vgl. auch *Stern/Nierhaus,* Das Regionalprinzip im öffentlich-rechtlichen Sparkassenwesen, S. 10 f. u. 145 ff., die die grundsätzliche Identität von Geschäftsgebiet und Trägergebiet – angesichts des verfassungsrechtlichen Hintergrunds mit Recht – als »Selbstverständlichkeit« bezeichnen.

93 Vgl. § 1 Abs. 2 Sätze 1 u. 2 SpkG NRW; § 2 Abs. 4 Satz 1 BaySpkO; § 1 Abs. 3 Satz 1 HessSpkG; § 4 Abs. 2 Satz 1 NdsSpkG; § 1 Abs. 3 Satz 1 RhPfSpkG; ferner *Stern/Nierhaus,* Das Regionalprinzip im öffentlich-rechtlichen Sparkassenwesen, S. 13 ff.; *Raskin,* Das Regionalprinzip und (neue) elektronische Vertriebswege im Retailbanking, S. 75 ff.

die Sparkassengesetze bei Vorliegen besonderer Umstände die Möglichkeit der Erweiterung des Geschäftsgebiets über das Trägergebiet hinaus[94] oder der Errichtung von Zweigstellen außerhalb des eigentlichen Geschäftsgebiets.[95] Die Bedeutung dieser Tatbestände ist jedoch wegen des verfassungsrechtlichen Hintergrunds des Regionalprinzips marginal. Allenfalls kommt eine Überschreitung der Grenzen des Trägergebietes in historisch bedingten Gemengelagen in Betracht. Zu Recht wird daher im Hinblick auf die sparkassenrechtlichen Ausnahmebestimmungen für das Regionalprinzip konstatiert, dass in der Praxis keine Umstände ersichtlich sind, die geeignet sind, als »besondere Gründe« eine Durchbrechung des Regionalprinzips zu rechtfertigen, so dass die entsprechenden Tatbestände als »obsolet« anzusehen sind.[96]

Hinsichtlich der Frage, wann ein Geschäft einen hinreichenden Bezug zum Geschäftsgebiet hat, differenzieren die Sparkassengesetze nach dem Geschäftsgegenstand. Für das Passivgeschäft bestehen keine Beschränkungen, das heißt Spareinlagen dürfen auch von Exterritorialen angenommen werden.[97] Aus verfassungsrechtlicher Sicht bestehen gegen die entsprechenden Regelungen keine Bedenken. Verfassungsrechtlich ist lediglich gefordert, dass die geschäftlichen Aktivitäten der Sparkassen auf das jeweilige Gemeindegebiet bezogen sein müssen. Entscheidend hierfür ist, dass auch im Passivgeschäft die Angebotsstruktur auf das Trägergebiet ausgerichtet ist.[98] Zudem müssen die Sparkassen ihre Einzelwerbung »so weit wie möglich« auf das Geschäftsgebiet beschränken, das heißt ihre Werbemittel so auswählen, dass überregionale Streueffekte weitestgehend vermieden

94 Vgl. § 3 Abs. 5 SpkVO NRW; § 2 Abs. 1 Satz 2 BaySpkO; § 1 Abs. 1 Satz 4 HessSpkMuSa; § 14 Abs. 1 Satz 1 SchlHSpkMuSa (A).

95 Vgl. § 1 Abs. 2 Satz 3 SpkG NRW; § 2 Abs. 2 Satz 1 SpkG BW; § 2 Abs. 4 Satz 2 BaySpkO; § 4 Abs. 2 Satz 2 NdsSpkG; § 1 Abs. 3 Sätze 2 u. 3 RhPfSpkG.

96 So *Stern/Nierhaus,* Das Regionalprinzip im öffentlich-rechtlichen Sparkassenwesen, S. 80 ff., 86, 88, 196 f.; zustimmend *Raskin,* Das Regionalprinzip und (neue) elektronische Vertriebswege im Retailbanking, S. 80 f., 107 f.

97 Vgl. etwa § 2 Abs. 3 Satz 1 RhPfSpkG: »Die Sparkassen nehmen von jedem Spareinlagen in Euro an.« – *Schepers,* Internet-Banking und sparkassenrechtliches Regionalprinzip, S. 114 ff.; *Raskin,* Das Regionalprinzip und (neue) elektronische Vertriebswege im Retailbanking, S. 98 ff.; *Stern/Nierhaus,* Das Regionalprinzip im öffentlich-rechtlichen Sparkassenwesen, S. 201; *Güde,* Geschäftspolitik der Sparkassen, S. 42.

98 Vgl. *Güde,* Geschäftspolitik der Sparkassen, S. 42; *Stern/Nierhaus,* Das Regionalprinzip im öffentlich-rechtlichen Sparkassenwesen, S. 201.

werden.[99] Ist diesen Erfordernissen Genüge getan, dann besteht ein hinreichender Bezug der geschäftlichen Aktivitäten zum Gemeindegebiet, so dass die Entgegennahme von Einlagen Exterritorialer verfassungsrechtlich unbedenklich ist. Für das Aktivgeschäft gilt hingegen eine strikte Bindung an das Geschäftsgebiet. Kreditvergaben an Personen mit Sitz oder Niederlassung außerhalb des Geschäftsgebiets sind nur ausnahmsweise zulässig, wenn ein besonderer Anknüpfungspunkt im Geschäftsgebiet gegeben ist (so genannter »Anknüpfungsgrundsatz«).[100] Auch diese Ausnahme begegnet verfassungsrechtlichen Bedenken nicht, denn dem Erfordernis eines hinreichenden Bezugs zum Gemeindegebiet ist Genüge getan, wenn ein besonderer Anknüpfungspunkt im Geschäftsgebiet besteht.

Die Sparkassengesetze der Länder gehen also im Ergebnis von einer (nahezu) strikten Bindung der geschäftlichen Aktivitäten der Sparkassen an das Gebiet ihres Trägers aus. Der gelegentlich geäußerten Auffassung, das sparkassenrechtliche Regionalprinzip sei überholt und seine Abschaffung nur eine Frage der Zeit,[101] ist angesichts des verfassungsrechtlichen Hintergrunds des Regionalprinzips zu widersprechen. Die entsprechenden Bestimmungen stehen nicht zur Disposition des Gesetzgebers und sind daher unabdingbares Sparkassencharakteristikum.

---

99 Vgl. § 3 Abs. 7 SpkG NRW; § 2 Abs. 5 BaySpkO; § 4 Abs. 2 NdsSpkG; ferner *Stern/Nierhaus,* Das Regionalprinzip im öffentlich-rechtlichen Sparkassenwesen, S. 183; *Schepers,* Internet-Banking und sparkassenrechtliches Regionalprinzip, S. 122 ff.; *Raskin,* Das Regionalprinzip und (neue) elektronische Vertriebswege im Retailbanking, S. 123 ff.

100 Vgl. § 3 Abs. 1 Satz 2 u. Abs. 2 SpkVO NRW; § 9 Abs. 2 HessSpkMuSa; § 14 Abs. 1 SchlHSpkMuSa (A); § 8 NdsSpkMuSa; § 8 RhPfSpkMuSa; ferner *Stern/Nierhaus,* Das Regionalprinzip im öffentlich-rechtlichen Sparkassenwesen, S. 202 ff.; *Schepers,* Internet-Banking und sparkassenrechtliches Regionalprinzip, S. 91 ff.; *Raskin,* Das Regionalprinzip und (neue) elektronische Vertriebswege im Retailbanking, S. 103 ff.

101 So etwa *Samm,* in: Beck/Samm, Kreditwesengesetz, § 40 Rn. 10: Es sei »nur eine Frage der Zeit (und des Wettbewerbsdrucks)«, bis auch auf der Sparkassenebene das »zwar traditionelle, landesrechtlich jedoch abänderbare Regionalprinzip« aufgeben bzw. relativiert werde. – Vgl. auch den saarländischen Wirtschaftsminister *Georgi,* der der Auffassung ist, das Regionalprinzip müsse abgeschafft werden; zitiert nach *Handelsblatt* v. 11.5.2006 S. 29 (»Streit im Saarland um die Sparkassen«), sowie *Handelsblatt*/Köhler v. 8.5.2006 S. 27 (»Saarland will Sparkassen die Tür zum Ausland öffnen: Wirtschaftsminister Georgi hält Regionalprinzip für überholt«).

c) Regionalprinzip und europäisches Kartellrecht

Die Vereinbarkeit des sparkassenrechtlichen Regionalprinzips mit dem europäischen Kartellrecht, insbesondere mit Art. 81 Abs. 1 lit. c und Art. 86 Abs. 1 EGV, wird teilweise bezweifelt.[102] Auch die neuere Rechtsprechung zur Beschränkung der Tätigkeit der Lotteriegesellschaften der Länder nimmt im Anschluss an das Bundeskartellamt an, das Regionalprinzip im Lotteriestaatsvertrag verstoße gegen das europäische Kartellrecht.[103] Nach Art. 81 Abs. 1 lit. c EGV sind »Vereinbarungen zwischen Unternehmen« unzulässig, die auf eine Aufteilung der Märkte zielen. Als eine solche kartellrechtswidrige Absprache kann das sparkassenrechtliche Regionalprinzip nicht angesehen werden, denn es beruht nicht auf einer freiwilligen Übereinkunft der Sparkassen, sondern beansprucht von Verfassungs wegen Geltung und steht daher nicht zur Disposition der Sparkassen beziehungsweise des zuständigen Landesgesetzgebers.[104] Dieser Gesichtspunkt erweist sich auch im Zusammenhang mit Art. 86 Abs. 1 EGV als ausschlaggebend. Danach ist es den Mitgliedstaaten der Europäischen Gemeinschaft, also auch der Bundesrepublik Deutschland, untersagt, »in Bezug auf öffentliche Unternehmen« kartellrechtswidrige Maßnahmen im Sinne des Art. 81 Abs. 1 EGV zu treffen. Davon könnte nur dann die Rede sein, wenn das sparkassenrechtliche Regionalprinzip allein auf einfach-gesetzlicher Festschreibung in den Sparkassengesetzen der Länder beruhen würde, denn nur dann könnte es als kartellrechtswidrige Gebietsaufteilung durch die Bundesländer speziell mit Bezug auf die Sparkassen als öffentliche Unternehmen gesehen werden. Das ist jedoch nicht der Fall, denn das Regionalprinzip ist in erster Linie Ausdruck verfassungsrechtlicher Bindungen, die in umfassender Weise für jedes Staatshandeln Geltung beanspruchen und nicht spezifisch auf die Reglementierung der staatlichen Wirtschaftstätigkeit zur Schaffung eines Gebietskartells gerichtet sind. Das sparkassenrechtliche Regionalprinzip beruht daher nicht, wie Art. 86 Abs. 1 EGV voraussetzt, auf einer Maßnahme, die einen speziellen Bezug zur Tätigkeit öffentlicher Unternehmen hat. Im Ergebnis verstößt es daher ebenso wenig wie die regionale

---

102 *Gimple,* Das Regionalprinzip der Deutschen kommunalen Sparkassen bei der Zweigstellenerrichtung im EG-Ausland, S. 116 ff.

103 Vgl. *OLG Düsseldorf,* Beschl. v. 23.10.2006 – VI-Kart 15/06 (V), in: juris Rn. 84 ff.; insoweit bestätigt durch *BGH,* Beschl. v. 8.5.2007 – KVR 31/06, in: NJW-RR 2007, 1491 (1493 ff.).

104 Zum sparkassenrechtlichen Regionalprinzip als Ausdruck der allgemeinen verfassungsrechtlichen Bindungen des staatlichen Trägers in kompetenzieller Hinsicht s. oben § 1 I. 3. a) (S. 23 ff.).

Bindung jeder anderen staatlichen Tätigkeit im Allgemeinen gegen das europäische Kartellrecht.[105]

II. Freie Sparkassen

Neben den staatlichen und insbesondere kommunalen Sparkassen, die die ganz überwiegende Mehrheit bilden (450), gibt es sechs privat getragene, so genannte »freie« Sparkassen. Zu ihnen zählen insbesondere die großen Sparkassen in den Stadtstaaten Hamburg und Bremen.[106] Die vier anderen freien Sparkassen – die Sparkasse zu Lübeck AG, die Sparkasse Mittelholstein AG, die Bordesholmer Sparkasse AG und die Spar- und Leihkasse zu Bredstedt AG – sind kleinere Institute. Sie befinden sich alle in Schleswig-Holstein, was auf die besonders starke geschichtliche Tradition des freien Sparkassenwesens in den ehemaligen Herzogtümern Schleswig und Holstein zurückzuführen ist.[107] Ihre geringe Zahl und die auffällige geographische Konzentration kennzeichnen die freien Sparkassen als Sondertatbestände. Ihre Rolle erschließt sich aus der geschichtlichen Entwicklung, die der Sparkassensektor in Deutschland genommen hat (1.). Ihr Sonderstatus äußert sich darin, dass sie keinen sparkassenrechtlichen Bindungen unterliegen, sondern sich nur aufgrund ihrer traditionellen Verwurzelung in den Sparkassensektor einfügen (2.).

1. Historisch bedingte Sonderrolle der freien Sparkassen

Die Existenz der freien Sparkassen geht auf den Ursprung der Sparkassenidee in Deutschland zurück, die im ausgehenden 18. Jahrhundert zunächst maßgeblich durch private Initiative aus sozial-karitativ aufklärerischem

105 Ebenso *Schepers,* Internet-Banking und sparkassenrechtliches Regionalprinzip, S. 143 ff.; für die öffentliche Wirtschaftstätigkeit im Allgemeinen auch *Ehlers,* in: Wurzel/Schraml/Becker (Hrsg.), Rechtspraxis der kommunalen Unternehmen, Teil B Rn. 16; im Zusammenhang mit den staatlichen Lotteriegesellschaften ferner *Dietlein,* Ist der Bundesstaat kartellrechtswidrig?, in: ZfWG 2006, 197 (198 ff.); *Ristelhuber/Schmitt,* Lotto im Internet – Das Recht oder die Pflicht zum Wettbewerb, in: ZfWG 2007, 261 (266 ff.).

106 Die »Hamburger Sparkasse AG« ist gemessen an der Bilanzsumme die größte deutsche Sparkasse, die »Die Sparkasse Bremen AG« die neuntgrößte; vgl. *DSGV,* Sparkassenrangliste 2007, unter: http://www.dsgv.de (Stand: 17.6.2008).

107 Vgl. *Ashauer,* Von der Ersparungscasse zur Sparkassen-Finanzgruppe, S. 79; *Trende,* Geschichte der deutschen Sparkassen, S. 235 ff.; *Schmitt-Wellbrock,* Freie Sparkassen und Regionalprinzip S. 144; *Brzoska,* Die öffentlich-rechtlichen Sparkassen zwischen Staat und Kommunen, S. 85 mit Fn. 29.

Antrieb mit entfaltet wurde. In der Periode der »Ursparkassen« (1778 bis 1808) hielten sich private und staatliche Gründungen die Waage: Zu verzeichnen sind drei privat getragene Sparkassen und drei Sparkassen, die den damaligen Ausprägungen des Staates zuzurechnen sind.[108] In der ersten Hälfte des 19. Jahrhunderts begannen die damaligen Länder jedoch zunehmend, den Sparkassengedanken aufzugreifen, wenn auch in regional unterschiedlicher Intensität.[109] Insbesondere in Preußen bildete sich rasch der Typus der kommunalen Sparkasse heraus. Den Anstoß gaben die Stein'schen Kommunalreformen, aufgrund derer den Gemeinden in Gestalt der Preußischen Städteordnung im Jahr 1808 der Sache nach das Recht der Selbstverwaltung verliehen wurde.[110] Als erste kommunale Sparkasse wurde in Preußen im Jahr 1818 die Berliner Sparkasse gegründet.[111] Als erste sparkassenrechtliche Kodifikation überhaupt erging im Jahr 1838 das »Preußische Sparkassenreglement«.[112] Dieses regelte nicht nur die Rechtsverhältnisse der kommunalen Sparkassen in Preußen, sondern entfaltete auch prägende Wirkung für die nachfolgende Sparkassengesetzgebung, weshalb es anschaulich als »Grundgesetz des deutschen Sparkassenwesens« bezeichnet wird.[113] Teils blieb das Preußische Sparkassenreglement bis weit in das 20. Jahrhundert in Kraft. So wurde es beispielsweise in

108 Zu den ersten Sparkassengründungen im Einzelnen *Ashauer,* Von der Ersparungscasse zur Sparkassen-Finanzgruppe, S. 51 ff.; *Trende,* Geschichte der deutschen Sparkassen, S. 29 ff.; *Mura,* Entwicklungslinien der deutschen Sparkassengeschichte, S. 26 f.

109 Näher *Ashauer,* Von der Ersparungscasse zur Sparkassen-Finanzgruppe, S. 77 ff. u. 89 ff.; *Trende,* Geschichte der deutschen Sparkassen, S. 81 ff.; *Klüpfel,* in: DSGV (Hrsg.), Entwicklungslinien der deutschen Kreditwirtschaft, S. 112 (113 f.).

110 Zur Herausbildung der kommunalen Selbstverwaltung durch die Stein'schen Kommunalreformen *Menger,* Entwicklung der Selbstverwaltung im Verfassungsstaat der Neuzeit, in: FG v. Unruh, S. 25 ff.; *Burg,* Freiherr vom Stein – europäische und nationale Aspekte der Reform von Staat und Gesellschaft zu Beginn des 19. Jahrhunderts, in: VerwArch 86 (1995), S. 495 (503 f.); *Erichsen,* Kommunalrecht Nordrhein-Westfalen, S. 7 f.

111 Eingehend *Trende,* Geschichte der deutschen Sparkassen, S. 83 ff.

112 Abgedruckt bei *Perdelwitz/Fabricius/Kleiner,* Preußisches Sparkassenrecht, S. 57 ff.

113 So *Mura,* Entwicklungslinien der deutschen Sparkassengeschichte, S. 27. – Zur Vorbildwirkung des Preußischen Sparkassenreglements ferner *Ashauer,* Von der Ersparungscasse zur Sparkassen-Finanzgruppe, S. 94; *Schlierbach/Püttner,* Sparkassenrecht in der Bundesrepublik Deutschland, S. 21 f.; ausführlich *Trende,* Geschichte der deutschen Sparkassen, S. 103 ff. – Zur Entwicklung des Sparkassenrechts in den anderen deutschen Ländern *Ashauer* a. a. O. S. 156 ff.; *Trende* a. a. O. S. 293 ff.; eingehend auch *Schmitt-Wellbrock,* Freie Sparkassen und Regionalprinzip, S. 141 ff.

Nordrhein-Westfalen erst durch das am 1.4.1958 in Kraft getretene Sparkassengesetz abgelöst.[114]

Mitte des 19. Jahrhunderts wurde in Preußen das Ziel einer möglichst flächendeckenden Versorgung definiert und das Netz der kommunalen Sparkassen durch planmäßige Gründungsaktivitäten ausgebaut.[115] Mit dem Aufschwung des kommunalen Sparkassenwesens ging die Gründung privater Sparkassen rasch zurück. Bereits im Jahr 1836 hatte sich das ursprünglich ausgeglichene Verhältnis deutlich zugunsten der staatlichen Einrichtungen verschoben: Für diesen Zeitpunkt werden 203 staatliche und 78 private Sparkassen verzeichnet.[116] Für das Jahr 1903 wird das Zahlenverhältnis mit 3236 zu 42 angegeben.[117] Zunehmend wurden private Sparkassen aufgegeben oder kommunalisiert.[118] Der maßgebliche Grund wird darin gesehen, dass die kommunalen beziehungsweise staatlichen Sparkassen in der öffentlichen Wahrnehmung in Bezug auf die Sicherheit der Einlagen als vertrauenswürdiger galten, denn diese hing bei den privaten Sparkassen allein von der Person ihrer Gründer ab.[119] Im Jahr 1957 gab es noch 13 privat getragene Sparkassen.[120] Für das Jahr 2005 wurden noch sieben »freie« Institute verzeichnet.[121] Mittlerweile ist deren Zahl allerdings auf sechs zurückgegangen. Die Frankfurter Sparkasse, ehemals freies Institut,

---

114 Vgl. *Heinevetter/Engau/Menking,* Sparkassengesetz Nordrhein-Westfalen, 3. Aufl., Vorbemerkungen, Anm. 1.

115 *J. Hoffmann,* in: Peters (Hrsg.), Handbuch der kommunalen Wissenschaft und Praxis, 1. Aufl., Bd. 3, S. 741 (746).

116 *Ashauer,* Von der Ersparungscasse zur Sparkassen-Finanzgruppe, S. 76.

117 *Kleiner,* Das Recht der öffentlichen Sparkassen, S. 3 (unter Abzug der 77 österreichischen Vereinssparkassen).

118 Zu (vergeblichen) Kommunalisierungsversuchen am Beispiel der heute noch bestehenden freien Sparkassen *Schmitt-Wellbrock,* Freie Sparkassen und Regionalprinzip, S. 97, 107, 111, 113 f., 117 u. 125.

119 *Klüpfel,* in: DSGV (Hrsg.), Entwicklungslinien der deutschen Kreditwirtschaft, S. 112 (113); *J. Klein,* Das Sparkassenwesen in Deutschland und Frankreich, S. 34.

120 Vgl. die Übersicht bei *J. Hoffmann,* in: Peters (Hrsg.), Handbuch der kommunalen Wissenschaft und Praxis, 1. Aufl., S. 741 (742). – Zur Geschichte dieser 13 freien Sparkassen im Einzelnen *Stolzenburg,* Die rechtliche Sonderstellung der Freien Sparkassen im deutschen Sparkassenwesen, S. 11 ff., sowie eingehend *Schmitt-Wellbrock,* Freie Sparkassen und Regionalprinzip, S. 95 ff.

121 *Verband freier Sparkassen* (Hrsg.), Geschäftsbericht 2005, unter: http://www.verband-freier-sparkassen.de (Stand: 17.6.2008), S. 4 f.

wurde im Jahr 2005 von der Landesbank Hessen-Thüringen übernommen und wird seitdem als deren Tochterunternehmen geführt.[122]

2. Gemeinwohlorientierung und Regionalität der freien Sparkassen

Die historisch bedingte Sonderrolle, die die freien Sparkassen einnehmen, äußert sich in rechtlicher Hinsicht darin, dass sie den sparkassenrechtlichen Bindungen an den öffentlichen Auftrag und das Regionalprinzip nicht unterworfen sind.[123] Das ist zwingend, wenn man die Reichweite der Gesetzgebungskompetenz der Länder für das Sparkassenrecht berücksichtigt. Diese beruht auf der grundsätzlichen Zuweisung der Gesetzgebungskompetenz an die Länder in Art. 30 und Art. 70 Abs. 1 GG und leitet sich aus dem Gedanken ab, dass diese aufgrund ihrer Eigenstaatlichkeit befugt sein müssen, die Organisation und die Aufgaben der Landesverwaltung durch Gesetz zu regeln.[124] Daher sind die Länder für das Sparkassenrecht nur gesetzgebungsbefugt, soweit es sich bei den Sparkassen um staatliche Einrichtungen handelt, denn nur dann sind sie Teil der Verwaltung des jeweiligen Landes. Bei den freien Sparkassen handelt es sich hingegen um privat getragene Einrichtungen, denen der öffentliche Auftrag nicht zur Wahrnehmung als staatliche Aufgabe übertragen worden ist.[125] Daher sind die Länder nicht befugt, die Rechtsverhältnisse der freien Sparkassen zu regeln, so dass diese den sparkassenrechtlichen Bindungen von vornherein

---

122 *Landesbank Hessen-Thüringen* (Hrsg.), Geschäftsbericht 2005, S. 12 f. u. 55; *Handelsblatt*/Köhler v. 17.5.2005 S. 23 (»Helaba kauft Frankfurter Sparkasse«); *Handelsblatt*/Köhler v. 11.3.2005 S. 30 (»Helaba bringt 925 Millionen Euro für die Frankfurter Sparkasse auf«); vgl. auch *Schuster/Sohns,* Zur Veräußerung von Sparkassen, in: ZBB 2006, 342 (347 f.).

123 Für das Regionalprinzip *BVerwG* Urt. v. 14.2.1984 – 1 C 81/78, in: BVerwGE 69, 11 (14 ff.); *HessVGH,* Urt. v. 13.7.1989 – 6 UE 2124/85, in: WM 1989, 1463 (1464 f.); *Ossenbühl,* Grundfragen zum Rechtsstatus der Freien Sparkassen, S. 80 ff. u. 118 ff.; *Schmitt-Wellbrock,* Freie Sparkassen und Regionalprinzip, S. 88 ff.; *Schlierbach/Püttner,* Das Sparkassenrecht in der Bundesrepublik Deutschland, S. 315.

124 Zur Gesetzgebungskompetenz der Länder für die Regelung des Sparkassenorganisationsrechts näher unten § 4 II. 1. (S. 101 f.).

125 *BVerwG,* Urt. v. 14.2.1984 – 1 C 81/78, in: BVerwGE 69, 11 (22); *HessVGH,* Urt. v. 13.7.1989 – 6 UE 2124/85, in: WM 1989, 1463 (1465); *Ossenbühl,* Grundfragen zum Rechtsstatus der Freien Sparkassen, S. 33 ff.; *Stolzenburg,* Die rechtliche Sonderstellung der Freien Sparkassen im deutschen Sparkassenwesen, S. 36 ff.; *Schlierbach/Püttner,* Das Sparkassenrecht in der Bundesrepublik Deutschland, S. 98 f. – A. A. noch *BVerwG,* Beschl. v. 15.8.1972 – 1 B 55/72, in: Weides/Bosse (Hrsg.), Rechtsprechung zum Sparkassenrecht, Bd. 1, S. 256 (261 f.).

nicht unterworfen sein können.[126] Praktisch betrifft dies allein das Land Schleswig-Holstein als das einzige Flächenland, in dem es noch heute sowohl kommunale als auch (vier) freie Sparkassen gleichermaßen gibt. Das schleswig-holsteinische Sparkassengesetz enthält in den §§ 33 ff. einige Bestimmungen, die die Rechtsverhältnisse der schleswig-holsteinischen freien Sparkassen regeln sollen. Konsequenterweise müssen diese Regelungen, da insoweit eine Gesetzgebungskompetenz des Landes Schleswig-Holstein nicht besteht, als verfassungswidrig angesehen werden.[127]

Aufgrund ihrer traditionellen Verwurzelung fügen sich die freien Sparkassen dennoch weitgehend in den Sparkassensektor ein. Das beruht jedoch nicht auf zwingenden rechtlichen Vorgaben, sondern auf dem historisch gewachsenen Selbstverständnis der freien Sparkassen. Aufgrund dessen halten sie sich weitgehend an die sparkassenrechtlichen Grundprinzipien, wenn auch lediglich im Sinne einer freiwilligen Selbstverpflichtung. Im Detail zeigen sich allerdings Unterschiede insbesondere beim Regionalprinzip. Die Satzungsbestimmungen, die die Selbstverpflichtung der freien Sparkassen auf das Regionalprinzip zum Ausdruck bringen, sind beispielsweise deutlich großzügiger formuliert als die entsprechenden Bestimmungen für die kommunalen Sparkassen in den Sparkassengesetzen der Länder.[128] In den Satzungen der Hamburger Sparkasse und der Sparkasse Bremen heißt es lediglich, der »Schwerpunkt der Geschäftstätigkeit« müsse in der »Metropolregion Hamburg« beziehungsweise in der »Region Bremen« liegen.[129]

---

126 *BVerwG,* Urt. v. 14.2.1984 – 1 C 81/78, in: BVerwGE 69, 11 (21 ff.); *HessVGH,* Urt. v. 13.7.1989 – 6 UE 2124/85, in: WM 1989, 1463 (1464 f.); *Ossenbühl,* Grundfragen zum Rechtsstatus der Freien Sparkassen, S. 87 ff.; *Schmitt-Wellbrock,* Freie Sparkassen und Regionalprinzip, S. 256 f.; *Stolzenburg,* Die rechtliche Sonderstellung der Freien Sparkassen im deutschen Sparkassenwesen, S. 28 f.

127 Vgl. auch *R. Fischer,* Anm. zu HessVGH, Urt. v. 14.2.1984, 1 C 81/78, in: WuB III A. § 1 HessSparG 1.90, der jedoch vorschlägt, die Landeskompetenz für das Sparkassenrecht nicht aus der Landesorganisationskompetenz für die Verwaltung herzuleiten, sondern das Sparkassenrecht aufgrund der historischen Entwicklung als eigenes Rechtsgebiet anzusehen, das sich auch auf die Regelung der Rechtsverhältnisse der freien Sparkassen erstreckt.

128 Zur einfach-rechtlichen Ausformung des Regionalprinzips in den Sparkassengesetzen der Länder s. oben § 1 I. 3. b) (S. 27 ff.).

129 § 2 Abs. 2 Satz 1 der Satzung der Hamburger Sparkasse AG und § 2 Abs. 2 Satz 1 der Satzung der Sparkasse Bremen AG, abgedr. bei *Fischer/Herbst* Nr. 2.5.1.1 bzw. 2.4.2.2.

Auch im Übrigen wird das Regionalprinzip weniger strikt gehandhabt.[130] So hat beispielsweise die Frankfurter Sparkasse – was für eine kommunale Sparkasse undenkbar wäre – eine bundesweit tätige Direktbank (»Bank 1822«) gegründet, die mittlerweile mit dem Institut auf die Landesbank Hessen-Thüringen übergegangen ist. Es zeigt sich also, dass sich die freien Sparkassen zwar grundsätzlich in den Sparkassensektor einfügen, ihre Tätigkeit aber aufgrund der historisch bedingten Sonderrolle nicht nur rechtsdogmatisch, sondern auch rechtspraktisch grundsätzliche Unterschiede zur Tätigkeit der staatlich getragenen Sparkassen aufweist.

III. Zusammenfassende Betrachtung

Der Begriff der »Sparkasse« steht nach der historischen Entwicklung, die der Sparkassensektor im Verlauf des 19. Jahrhunderts genommen hat, für ein staatlich getragenes Kreditinstitut. Ganz überwiegend handelt es sich bei den Sparkassen um kommunale Einrichtungen. Allerdings hat es immer schon (und zuletzt wieder zunehmend) andere staatliche Sparkassenträger gegeben, so dass der Begriff der »Sparkasse« nicht auf die kommunalen Kreditinstitute verengt werden kann, auch wenn dieser Typus ganz vorherrschend ist. Die inhaltlichen Sparkassencharakteristika der Gemeinwohlbindung und der Regionalität stehen in einem unmittelbaren verfassungsrechtlichen Zusammenhang mit dem Sparkassenmerkmal der Staatlichkeit. Aus den verfassungsrechtlichen Bindungen der Staatstätigkeit in sachlicher Hinsicht folgt, dass dem Sparkassengeschäft öffentliche Zwecke zugrunde liegen müssen, was sich sowohl in der sparkassenrechtlichen Ausformung des öffentlichen Auftrags als auch in der Verwendung der Sparkassengewinne für (allgemeine oder besondere) öffentliche Zwecke äußert. Aus den verfassungsrechtlichen Bindungen der Staatstätigkeit in räumlicher Hinsicht folgt, dass das Sparkassengeschäft zwingend an die Grenzen des Gebietes des staatlichen Trägers gebunden ist. Auf dieser Grundlage kann der Begriff der »Sparkasse«, vom Sonderfall der freien Institute abgesehen, definiert werden als ein staatlich getragenes Kreditinstitut, das die Aufgabe hat, die Versorgung mit kreditwirtschaftlichen Leistungen aller Art im Gebiet des Trägers zu gewährleisten.

130 Vgl. *Handelsblatt* v. 22.3.2006 S. 23 (»Streit unter norddeutschen Sparkassen«); ferner der den Grundsatzurteilen *BVerwG,* Urt. v. 14.2.1984 – 1 C 81/78, in: BVerwGE 69, 11 ff. (zur Hamburger Sparkasse), und *HessVGH,* Urt. v. 13.7.1989 – 6 UE 2124/85, in: WM 1989, 1463 ff. (zur Frankfurter Sparkasse), zugrunde liegende Sachverhalt.

§ 2 Die Marke Sparkasse

Im Schrifttum ist die »Marke Sparkasse« zu einem gängigen Begriff geworden.[1] In dieser Untersuchung sollen darunter die Bezeichnung »Sparkasse« und das Sparkassen-S als die wesentlichen Kennzeichen der Sparkassen verstanden werden. Unter den Begriff der »Marke« im Rechtssinn fallen nach der Systematik des Markengesetzes allerdings nur solche Kennzeichen, die auf Produkte, das heißt Waren oder Dienstleistungen, hinweisen (§ 3 Abs. 1 MarkenG).[2] Mindestens ebenso dienen die Bezeichnung »Sparkasse« und das Sparkassen-S aber der Kennzeichnung der Sparkassen selbst. In dieser Funktion handelt es sich rechtlich gesehen um »Unternehmenskennzeichen« (§ 5 Abs. 2 MarkenG).[3] Der Begriff der »Marke« ist also, im rechtlichen Sinn verstanden, zu eng. Gleichwohl sollen die Bezeichnung »Sparkasse« und das Sparkassen-S im Rahmen dieser Untersuchung weiterhin zusammenfassend als »Marke Sparkasse« bezeichnet werden, weil dieser Begriff üblich geworden ist.

Demgegenüber geht der ökonomische Markenbegriff weit über den Aspekt der Kennzeichnung hinaus. Er ist allerdings nicht klar umrissen. Es existiert eine so große Vielzahl von Begriffsbestimmungen, dass von einer »regelrechten Sprachverwirrung« gesprochen wird.[4] So wird beispielsweise das Markenimage in den Mittelpunkt gerückt, wenn die Marke als »ein in der Psyche des Konsumenten verankertes, unverwechselbares Vorstellungsbild

---

1 Vgl. etwa *Schuster/Sohns,* Zur Veräußerung von Sparkassen, in: ZBB 2006, 342 (346); *Oebbecke,* Das Europarecht als Katalysator der Sparkassenpolitik, in: VerwArch 93 (2002), S. 278 (285); *dens.,* Brauchen wir noch Sparkassen?, in: Der Gemeindehaushalt 2001, 169 (172); *Scheike,* Rechtliche Voraussetzungen für die materielle Privatisierung kommunaler Sparkassen, S. 83; *Wittmann,* Der Sparkassenverbund, S. 236 f.; *DSGV* (Hrsg.), Die Marke Sparkasse, durchg.; *dens.* (Hrsg.), Strategie der Sparkassen Finanzgruppe: Strategische Leitlinien und konkrete Handlungsfelder, S. 10; *W. Brecht,* »Erlebnis Marke Sparkasse« als durchgängiges Konzept, in: Sparkasse 2003, Sonderheft Markenprojekt, S. 6 ff.; *Szallies,* Der Markenstatus der Sparkasse im Zeichen der Sympathie, a. a. O., S. 10 ff.; *Gerlach,* Moderne Finanzierungsstrategie für einen Sparkassenverband, in: Kreditwesen 2005, 125 (127).

2 Zum Begriff der »Marke« im Rechtssinn s. auch im Zusammenhang mit den privatrechtlichen Kennzeichenrechten unten § 5 I. 1. a) (S. 194).

3 Tatsächlich erfüllen die Bezeichnung »Sparkasse« und das Sparkassen-S eine Doppelfunktion, denn sie sind sowohl »Unternehmenskennzeichen« als auch »Marken« im Sinne des Markengesetzes; dazu im Einzelnen § 5 I. 1. a) (S. 194 ff.).

4 So *Bruhn,* Begriffliche Grundlagen der Marke und der Markenführung, in: ders. (Hrsg.), Handbuch Markenführung, S. 3 (5). – Vgl. neben den sogleich angeführten Beispielen auch den Überblick bei *Baumgarth,* Markenpolitik, S. 2 ff.; *Esch,* Strategie und Technik der Markenführung, S. 18 ff.

von einem Produkt oder einer Dienstleistung«[5] umschrieben wird. Ähnlich, aber unter Einbeziehung der ökonomischen Markenfunktion, wird formuliert, die Marke sei ein »Name, Begriff, Zeichen oder Symbol, eine Gestaltungsform oder eine Kombination aus diesen Bestandteilen, welches bei den relevanten Nachfragern bekannt ist und im Vergleich zu Konkurrenzangeboten ein differenzierendes Image aufweist, welches zu Präferenzen führt«.[6] Andere verstehen unter einer Marke »ein Nutzenbündel mit spezifischen Merkmalen (in Form von Kommunikation, Kundendienst, Verpackungsgestaltung, technischen Innovationen etc.), die dafür sorgen, dass sich dieses Nutzenbündel gegenüber anderen Nutzenbündeln, welche dieselben Basisbedürfnisse erfüllen, aus Sicht relevanter Zielgruppen nachhaltig differenziert«.[7] Noch umfassender fällt die Charakterisierung von Marken aus als »Leistungen, die neben einer unterscheidungsfähigen Markierung durch ein systematisches Absatzkonzept im Markt ein Qualitätsversprechen geben, das eine dauerhaft werthaltige, nutzenstiftende Wirkung erzielt und bei der relevanten Zielgruppe in der Erfüllung der Kundenerwartungen einen nachhaltigen Erfolg im Markt realisiert beziehungsweise realisieren kann«.[8]

Die »Marke« ist aus unternehmerischer Sicht also nicht nur das bloße Kennzeichen, sondern umfassendes Konzept der Absatzförderung. Das Kennzeichen stellt lediglich einen Teilbereich des »Corporate Design« dar, das wiederum lediglich der formell-symbolhafte Ausdruck der Marke ist. In diesem Sinn wird von einer »optischen Umsetzung der Unternehmensidentität« gesprochen.[9] Wie die genannten Begriffsbestimmungen verdeutlichen, ist aus Unternehmenssicht entscheidend, dass eine hinreichende Unterscheidung von der Konkurrenz (»Markendifferenzierung«) erreicht wird (I.). Im Idealfall genießt die Marke dadurch ein besonderes Vertrauen bei ihren Adressaten, auf dem der mit der Marke angestrebte Kundenbindungseffekt beruht (II.). Grundlage der Markenpositionierung ist zum einen die Integration der kommunikativen Aktivitäten, die bei der Marke Sparkasse aufgrund der dezentralen Struktur des Sparkassenverbunds auf besondere Schwierigkeiten stößt (III.). Zum anderen bedarf es eines wirksamen rechtlichen Schutzes der Markenzeichen, um einen unbefugten Zugriff Dritter auf die

---

5 *Meffert,* Marketing, S. 847.

6 *Baumgarth,* Markenpolitik, S. 5.

7 *Burmann/Blinda/Nitschke,* Konzeptionelle Grundlagen des identitätsbasierten Markenmanagements, S. 3.

8 *Bruhn,* Begriffliche Grundlagen der Marke und der Markenführung, in: ders. (Hrsg.), Handbuch Markenführung, S. 3 (21).

9 So *Meffert,* Marketing, S. 707.

Kennzeichen zu verhindern und die Markenidentität nach außen zu schützen (IV.).

I. Differenzierungsfunktion der Marke Sparkasse

Im Idealfall bildet der Markenadressat eine »Markenpräferenz« aus, die eine Art »Vorverkaufseffekt« hat. Insofern stellt eine starke Marke ein wichtiges Kundenbindungsinstrument dar.[10] Angesichts der insbesondere im Bankenmarkt abnehmenden Kundenloyalität[11] hat dieses Ziel eine hohe Bedeutung.[12] Dabei kommt der Marke Sparkasse zugute, dass sie einen sehr hohen Bekanntheitsgrad erreicht hat.[13] Die Markenkenntnis bildet allerdings nur den Ausgangspunkt. Wie Untersuchungen zeigen, haben fast alle großen Banken in Deutschland einen hohen Bekanntheitsgrad.[14] Gleichwohl, so wird konstatiert, ist es ihnen nicht gelungen, eine starke Markenposition aufzubauen.[15]

---

10 Vgl. *Meffert,* Marketing, S. 848; *Bruhn,* Marketing, S. 145; *dens.,* Begriffsabgrenzungen und Erscheinungsformen von Marken, in: dens. (Hrsg.), Handbuch Markenführung, S. 3 (29); *Burmann/Blinda/Nitschke,* Konzeptionelle Grundlage des identitätsbasierten Markenmanagements, S. 1; *Bröcher/Hoffmann/Sabel,* Der Schutzbereich des Markenrechts unter besonderer Berücksichtigung ökonomischer Aspekte, S. 11. – Speziell für den Bankensektor *Meyer/Maier,* Alle Banken sind gleich. Was leisten Marken?, in: Absatzwirtschaft, Sondernr. 10/1997, 102 (105); *Kittinger-Rosanelli/Baminger,* Markenmanagement in österreichischen Banken, in: ÖBA 2006, 11 (11).

11 Vgl. etwa *Handelsblatt*/Otto v. 29.8.2003 S. 21 (»Bankkunden gehen immer öfter fremd«).

12 *Meyer/Maier,* Alle Banken sind gleich. Was leisten Marken?, in: Absatzwirtschaft, Sondernr. 10/1997, 102 (102 f.); *Jacob/Schubert,* Bankenmarkt im Umbruch: Markenbildung als Voraussetzung für zukünftigen Erfolg, in: Consart Management Consultants (Hrsg.), Strategisches Markenmanagement für Banken, S. 13 ff.

13 Eine im Jahr 2006 im Auftrag des Deutschen Sparkassen- und Giroverbands durchgeführte Untersuchung des Meinungsforschungsinstituts »Infratest« weist die Marke Sparkasse als bekannteste Marke im Finanzdienstleistungssektor in Deutschland mit einem Bekanntheitsgrad von knapp 90 % aus, vgl. *DSGV* (Hrsg.), Pressemitteilung Nr. 52/2006 v. 18.7.2006, unter: http://www.dsgv.de (Stand: 17.6.2008).

14 Vgl. die im Auftrag der Verlagsgesellschaft »Gruner + Jahr« regelmäßig durchgeführte Untersuchung »Markenprofile«, die für das Jahr 2005 Bekanntheitsgrade von 97 % (Sparkassen), 93 % (Volks- und Raiffeisenbanken), 92 % (Deutsche Bank), 90 % (Postbank), 88 % (Dresdner Bank), 86 % (Commerzbank), 78 % (Citibank) und 68 % (Hypovereinsbank) ausweist. – Vgl. *Gruner + Jahr* (Hrsg.), Markenprofile 11 (2005), Teil »Banken & Geldanlagen«, unter: http://www.gujmedia.de (Stand: 17.6.2008), S. 8.

15 Vgl. *Meyer/Maier,* Alle Banken sind gleich. Was leisten Marken?, in: Absatzwirtschaft, Sondernr. 10/1997, 102 (102 f.), die einen »Einheitsbrei deutscher Kreditinstitute« und »erheblichen Nachholbedarf in der Markenführung« konstatieren;

Eine Marke trägt zur Präferenzbildung beim Kunden nur bei, wenn sie einen spezifischen »Kundennutzen« repräsentiert,[16] so dass eine hinreichende Unterscheidung von der Konkurrenz (»Markendifferenzierung«) erreicht wird. Es muss sich um »Leistungsmerkmale« handeln, die für den Kunden »wichtig und wahrnehmbar« sind und, soll der Wettbewerbsvorteil ein nachhaltiger sein, »von den Konkurrenten nicht schnell eingeholt werden können«.[17] Die besondere Schwierigkeit im Bankenmarkt ist, dass Bankdienstleistungen als solche nur schwer differenzierbar sind. Das liegt zum einen daran, dass sie, wie jede Dienstleistung, immateriell sind.[18] Zum anderen lassen sich durch besondere Produktgestaltungen kaum langfristige Wettbewerbsvorteile erzielen, da diese von der Konkurrenz jederzeit imitiert oder durch anderweitige Gestaltungen substituiert werden können.[19] Dementsprechend, so wird festgestellt, sind Produkte und Leistungen von Banken in den vergangenen Jahren zunehmend austauschbar geworden.[20] Daher hat das Image des Unternehmens selbst im (Bank-)Dienstleistungsbereich bei der Leistungsbeurteilung durch den Kunden eine entscheidende Bedeutung.[21] Dabei basiert der überlegene Kundennutzen der Marke auf dessen so genannten »Kernkompetenzen«.[22] Dem liegt die Erkenntnis zugrunde, dass der wirtschaftliche Erfolg eines Unternehmens nicht nur von unternehmensexternen Faktoren geprägt wird (»market based

---

ferner *Jacob/Schubert,* Bankenmarkt im Umbruch: Markenbildung als Voraussetzung für zukünftigen Erfolg, in: Consart Management Consultants (Hrsg.), Strategisches Markenmanagement für Banken, S. 13 (15).

16 *Burmann/Blinda/Nitschke,* Konzeptionelle Grundlagen des identitätsbasierten Markenmanagements, S. 21; vgl. auch *Baumgarth,* Markenpolitik, S. 116, der von »Relevanz« spricht; ferner *Bruhn,* Begriffliche Grundlagen der Marke und der Markenführung, in: ders. (Hrsg.), Handbuch Markenführung, S. 3 (21), der von einer »werthaltigen nutzenstiftenden Wirkung« spricht.

17 *Meffert,* Marketing, S. 851.

18 *Meyer/Maier,* Alle Banken sind gleich. Was leisten Marken?, in: Absatzwirtschaft, Sondernr. 10/1997, 102 (104 f.).

19 *Knaese,* Kernkompetenzen im strategischen Management von Banken, S. 62; *Zmunda/Börner,* Kernkompetenzmanagement bei Sparkassen, S. 42.

20 *Knaese,* Kernkompetenzen im strategischen Management von Banken, S. 62; *Kittinger Rosanelli/Baminger,* Markenmanagement in österreichischen Banken, in: ÖBA 2006, 11 (11); *Szallies,* Der Markenstatus der Sparkasse im Zeichen der Sympathie, in: Sparkasse 2003, Sonderheft Markenprojekt, S. 10 (10 f.); *Güde,* Geschäftspolitik der Sparkassen, S. 403; *Badde/Lüke,* in: DSGV (Hrsg.), Die Marke Sparkasse, S. 63 (63).

21 Vgl. *Meffert,* Marketing, S. 1171; *Bruhn,* Marketing, S. 35; *R. Schreiner,* Die Dienstleistungsmarke, S. 62 f. m. w. N.

22 *Burmann/Blinda/Nitschke,* Konzeptionelle Grundlagen des identitätsbasierten Markenmanagements, S. 21.

view«), sondern vor allem durch unternehmensspezifische einzigartige Ressourcen und Fähigkeiten bestimmt wird, die möglichst nicht imitierbar und nicht substituierbar sind (»ressource based view«).[23] Da das Produkt und die Marke auf einer marktgerechten Kombination dieser Unternehmensressourcen beruhen, bildet deren Identifikation beziehungsweise Entwicklung den Kern der Markenführung.[24]

Das Differenzierungspotential der Marke Sparkasse erschließt sich damit vor allem aus den für den Sparkassensektor spezifischen Strukturen. Inhaltlich geprägt wird die Geschäftstätigkeit der Sparkassen insbesondere durch die Merkmale der Gemeinwohlorientierung und der regionalen Bindung. Die Besonderheit besteht darin, dass es sich nicht lediglich um eine aus freiem (und damit widerruflichem) unternehmerischem Entschluss gewählte geschäftspolitische Ausrichtung handelt, sondern um institutionelle Merkmale, die durch die verfassungsrechtlichen Bindungen ihrer Träger vorgeprägt sind.[25] Dieser institutionelle Charakter der sparkassentypischen geschäftspolitischen Ausrichtung trägt wesentlich dazu bei, dass es sich um spezifische Unternehmenseigenschaften handelt, die nicht einfach imitiert oder substituiert werden können. Daher werden Gemeinwohlorientierung und Regionalität mit Recht als Hauptdifferenzierungskriterien der Marke Sparkasse angesehen.[26] Die Sparkassen haben sich diese Ansätze unter anderem

---

23 Vgl. dazu im Einzelnen *Bea/Haas,* Strategisches Management, S. 26 ff.; *Welge/Al-Laham,* Strategisches Management, S. 49 ff., 252 ff. – Speziell für den Bankensektor *Knaese,* Kernkompetenzen im strategischen Management von Banken, S. 13 ff., 24; *Börner,* Strategisches Bankmanagement: Ressourcen- und markorientierte Strategien von Universalbanken, S. 72 ff.

24 *Burmann/Meffert,* in: Meffert/Burmann/Koers (Hrsg.), Markenmanagement, S. 37 (41).

25 Zu den verfassungsrechtlichen Grundlagen für die sparkassencharakteristische geschäftspolitische Ausrichtung s. für den öffentlichen Auftrag oben § 1 I. 2. a) (S. 16 f.) und für das Regionalprinzip oben § 1 I. 3. a) (S. 23 ff.).

26 Vgl. *DSGV* (Hrsg.), Strategie der Sparkassen-Finanzgruppe: Strategische Leitlinien und konkrete Handlungsfelder, unter: http://www.dsgv.de (Stand: 17.6.2008), S. 10; *Zmunda/Börner,* Kernkompetenzmanagement bei Sparkassen, S. 47 f.; *G. A. Schröder,* Lokalität als Differenzierungsmerkmal und Kundenbindungsinstrument für Sparkassen, in: Kommunalwirtschaft, Sonderausgabe »Die Sparkassen im kommunalen Raum«, S. 102 ff.; *Schulz/Weissenberger,* Ein neuer Markenauftritt für die Sparkassen, in: Sparkasse 2003, Sonderheft Markenprojekt, 3 (5). – In diese Richtung weisen auch Untersuchungen, die im Rahmen eines vom Deutschen Sparkassen- und Giroverband initiierten, auf Systematisierung der Markenpflege abzielenden »Markenprojekts« durchgeführt wurden: Genannt werden überwiegend Merkmale, die sich entweder dem Oberbegriff der »Gemeinwohlorientierung« oder dem der »Lokalität« zuordnen lassen, vgl. *Brandmeyer,* Der Genetische Code der Marke Sparkasse, in: DSGV (Hrsg.), Die Marke Sparkasse, S. 18 ff.; zur Methode:

in einer zentral vom Deutschen Sparkassen- und Giroverband gesteuerten Kampagne unter dem Oberthema »Sparkassen. Gut für Deutschland« zunutze gemacht.[27] Dabei wurde auch die institutionelle Seite des Sparkassenprofils als dessen Basis hervorgehoben.[28]

1. Gemeinwohlorientierung als Differenzierungsmerkmal

Die Gemeinwohlorientierung in Form der Ausrichtung auf den sparkassentypischen öffentlichen Auftrag lässt eine besondere Berücksichtigung der Interessen derjenigen Zielgruppen erwarten, die vom öffentlichen Auftrag besonders genannt werden.[29] Für diese wird ein spezifischer Kundennutzen geschaffen. Zudem bietet beispielsweise die Versorgungsaufgabe einen Anknüpfungspunkt für die Positionierung der Sparkassen als »für alle Kundengruppen offene Kreditinstitute«, wie der Deutsche Sparkassen- und Giroverband das »Selbstverständnis« der Sparkassen-Finanzgruppe formuliert.[30] Soweit der öffentliche Auftrag den Mittelstand als Zielgruppe besonders hervorhebt, folgt daraus zunächst ein spezifischer Kundennutzen für den Mittelstand selbst. Daraus ergeben sich weitere Effekte – wie die Stärkung der regionalen Wirtschaftsstrukturen, der Erhalt oder die Schaffung von Arbeitsplätzen –, die sich (jedenfalls potentiell) als mittelbarer Nutzen für jeden Bewohner der entsprechenden Region darstellen. Überdies beinhaltet das Prinzip der »Gemeinwohlorientierung« einen »symbolischen« beziehungsweise »emotionalen Zusatznutzen«, von dem ebenfalls ein

---

M. Schmidt, Der Genetische Code der Marke, in: A. Schimansky (Hrsg.), Der Wert der Marke, S. 312 ff. – Ferner *Szallies,* Der Markenstatus der Sparkasse im Zeichen der Sympathie, in: Sparkasse 2003, Sonderheft Markenprojekt, 10 ff.; *Mang/Achilles,* Der Beitrag der Marke zu einer zukunftsorientierten Markenpolitik, in: DSGV (Hrsg.), Die Marke Sparkasse, S. 12 ff.; *W. Brecht,* Ein positives Image durch eine starke Marke, a. a. O., S. 23 (24 f.); *H. P. Krämer,* Die Entwicklung der Marke Sparkasse, a. a. O. S. 6 (7 f.); *Weissenberger,* Die Marke Sparkasse wird erneuert, in: Sparkassenmarkt 5/2002, 10 f.

27 Vgl. die Darstellung der Anzeigenmotive, unter: http://www.gutfuerdeutschland.de (Stand: 17.6.2008).

28 Durch Aussagen wie: »Öffentlich-rechtlich bedeutet: für alle da sein.« oder »Die öffentliche Rechtsform stellt sicher, dass die Belange aller Bürgerinnen und Bürger im Vordergrund stehen.«

29 Zum öffentlichen Auftrag der Sparkassen, seinen Teilaspekten und Zielgruppen im Einzelnen aus rechtlicher Sicht bereits oben § 1 I. 2. a) (S. 17 ff.).

30 *DSGV* (Hrsg.), Strategie der Sparkassen-Finanzgruppe: Strategische Leitlinien und konkrete Handlungsfelder, unter: http://www.dsgv.de (Stand: 17.6.2008), S. 8.

Kundenbindungseffekt ausgeht.[31] Hierzu rechnet insbesondere die den staatlichen Sparkassen eigene gemeinwohlbezogene Verwendung der Gewinne.[32] Darunter fällt auch das freiwillige soziale Engagement der Sparkassen in Form der so genannten »Aufwandsspenden« während des Geschäftsjahres, das in der öffentlichen Wahrnehmung am ehesten mit dem Begriff der »Gemeinwohlorientierung« verknüpft ist.[33] Das Auftreten der Sparkassen als »regionale Förderer« kann ein im Geschäftsverkehr entscheidungserheblicher Umstand sein, der in besonderer Weise geeignet ist, die Gemeinwohlorientierung als Eigenschaft der Marke Sparkasse nach außen zu verdeutlichen. In diesem Sinn hat auch die EG-Kommission im Zuge der Auseinandersetzung um die Gemeinschaftsrechtskonformität des § 40 Abs. 1 KWG betont, dass »die Tatsache, dass eine Sparkasse in ihrer Region Investitionen vornimmt«, die Entscheidung der Verbraucher beeinflussen kann.[34]

2. Regionalität als Differenzierungsmerkmal

Die Kundennutzendimension des Merkmals der Regionalität erschließt sich aus der damit verbundenen physischen Nähe (»Omnipräsenz«) der Sparkassen. Sie lässt eine besondere Kenntnis und Berücksichtigung der örtlichen Strukturen erwarten, im Idealfall einhergehend mit personeller Kontinuität und einer persönlich geprägten Kundenbeziehung.[35] In diesem Sinne wird der Vorteil des Örtlichkeitsprinzips in der »lokalen Verwurzelung der

31 Vgl. *Burmann/Blinda/Nitschke,* Konzeptionelle Grundlagen des identitätsbasierten Markenmanagements, S. 8 f.; ferner insbesondere das Beispiel bei *Burmann/Meffert,* in: Meffert/Burmann/Koers (Hrsg.), Markenmanagement, S. 37 (62 f.), sowie *Meffert,* Marketing, S. 854; *Bröcher/Hoffmann/Sabel,* Der Schutzbereich des Markenrechts unter besonderer Berücksichtigung ökonomischer Aspekte, S. 19 f. m. w. N.

32 Zur gemeinnützigen Gewinnverwendung aus rechtlicher Sicht s. bereits oben § 1 I. 2. b) (S. 20 ff.).

33 Zu den Aufwandsspenden im Einzelnen und ihrer Bedeutung für die Qualifizierung der Sparkassen als gemeinnützig im Rechtssinn s. bereits oben § 1 I. 2. b) (S. 22 f.).

34 *EG-Kommission,* Mit Gründen versehene Stellungnahme v. 28.6.2006 gemäß Artikel 226 des Vertrags zur Gründung der Europäischen Gemeinschaft, gerichtet an die Bundesrepublik Deutschland wegen Beschränkungen der Niederlassungsfreiheit und des freien Kapitalverkehrs aufgrund des Verbots, nach einer Privatisierung die Bezeichnung »Sparkasse« zu tragen, Vertragsverletzung Nr. 2002/4930, Az. K (2006)2527, unveröffentlicht, S. 8.

35 Vgl. auch *Wollschläger,* Schlüsselfaktoren für die Kundenbindung sind der persönliche Kontakt und ganzheitliche Beratungskompetenz, in: DieSparkassenZeitung v. 24.6.2005, Beilage »Erfolgsfaktor Kundenorientierung«, S. B3.

Mitarbeiter« gesehen, »die diese dabei begünstigen kann, Informationen zu gewinnen und Informationsvorteile aufzubauen, Kundenbedürfnisse aufzudecken sowie kundenindividuelle Problemlösungen zu entwickeln«.[36] Im Übrigen weist die Ortsnähe, ebenso wie die Gemeinwohlorientierung, eine emotionale Komponente auf.[37] Dass diese Aspekte auch die Erschließung neuer Geschäftsfelder ermöglichen können, hat sich am Beispiel des so genannten »Private Banking«, das heißt der Betreuung größerer Privatvermögen, gezeigt. Traditionell verfügen die Sparkassen auf diesem Segment nicht über eine starke Ausgangsposition.[38] Noch Mitte der neunziger Jahre wurde den Sparkassen teils sogar ein »wertpapierfeindliches Image« zugeschrieben.[39] Insoweit ist ein Wandel eingetreten, wobei die Erfolge insbesondere mithilfe der aus dem Örtlichkeitsprinzip abgeleiteten Nutzendimensionen erzielt werden konnten.[40] Dieses Beispiel zeigt, dass die traditionell geprägten Kernkompetenzen der Sparkassen auch außerhalb der angestammten Geschäftsfelder wirksam werden können.

3. Verbundkompetenz als Differenzierungsmerkmal

Es gehört zur Markenstrategie des Deutschen Sparkassen- und Giroverbands, die Sparkassen-Finanzgruppe als zusammengehörigen Unternehmensverbund zu positionieren. Neben den Sparkassen zählen dazu zahlreiche andere Unternehmen, insbesondere die Landesbanken, die Landesbausparkassen, die öffentlichen Versicherer und die Dekabank.[41] Erklärtes Ziel ist es, die »profilierten Produktmarken der Verbundpartner zur Kompetenzver-

---

36 So *Zmunda/Börner,* Kernkompetenzmanagement bei Sparkassen, S. 48.

37 Vgl. *Schulz/Weissenberger,* Ein neuer Markenauftritt für die Sparkassen, in: Sparkasse 2003, Sonderheft Markenprojekt, 3 (5).

38 *Zmunda/Börner,* Kernkompetenzmanagement bei Sparkassen, S. 56 f.; *Riestenpatt,* Private Banking: Die Geldvermehrer, in: Sparkasse 2/2006, 8 (11); *Frickel,* Private Banking: Wenn's um viel Geld geht, in: Sparkasse 10/2005, 18 (19).

39 So (im Jahr 1995) *Güde,* Geschäftspolitik der Sparkassen, S. 398.

40 S. insbesondere *Handelsblatt*/Köhler v. 12.5.2005 S. 23 (»Sparkassen für Millionäre: Im Taunus vertrauen die meisten reichen Familien dem roten S«); *Riestenpatt,* Private Banking: Die Geldvermehrer, in: Sparkasse 2/2006, 8 ff. Ferner *Kolarik,* Private-Banking: eine Positionierung der Sparkassen im Geschäft mit den wohlhabenden Kunden, in: Kommunalwirtschaft 2005, Sonderausgabe »Sparkassen im kommunalen Raum«, 76 (78 f.); *Frickel,* Private Banking: Wenn's um viel Geld geht, in: Sparkasse 10/2005, 18 f.; *Wesseling,* Die Sparkassen Private Banking Agenda 2005 ff., in: Kreditwesen 2005, 583 ff.

41 Zur Struktur der Sparkassen-Finanzgruppe im Einzelnen *Wittmann,* Der Sparkassenverbund, S. 19 ff.; *Wesseling,* Öffentliche Unternehmen im Allfinanzverbund, S. 31 ff.

längerung der Sparkassen« zu nutzen.[42] Angestrebt ist damit eine so genannte »Markenanreicherung«.[43] Diese soll zum einen dadurch erreicht werden, dass im Rahmen der gemeinsamen Sparkassenwerbung die Zusammengehörigkeit der Sparkassen mit den anderen Verbundunternehmen hervorgehoben wird. Zum anderen ist ein so genanntes »Co-Branding« vorgesehen, das heißt die Verbindung zweier eigenständiger Marken auf einer gemeinsamen Leistung.[44] Die Verbundunternehmen sollen ihre Zugehörigkeit zur Gruppe dadurch dokumentieren, dass sie ihre eigenen Signets um den Hinweis »Unternehmen der Sparkassen-Finanzgruppe« und/oder das Sparkassen-S ergänzen.[45] Auf diese Weise ist es möglich, die Kompetenz der Verbundmarken auf die Marke Sparkasse zu transferieren. Aber auch umgekehrt kann die Stärke der Marke Sparkasse zugunsten der anderen Verbundmarken wirken. So wird beispielsweise in Bezug auf die öffentlichen Versicherer konstatiert, dass diese mehr von der Marke Sparkasse profitierten, »als dass sie umgekehrt auf die Marke Sparkasse einzahlen«.[46]

Rechtlich erzwingbar ist dieses »Co-Branding« nicht. Es liegt in der Hand des jeweiligen Verbundunternehmens, die formellen Elemente der Marke Sparkasse in das eigene Markenbild zu integrieren. Die Praxis zeigt ein durchaus unterschiedliches Bild. Einige Unternehmen setzen den Hinweis auf die Sparkassen konsequent um, wie beispielsweise die Landesbausparkassen, die sich bereits seit dem Jahr 1971 als »die Bausparkasse der Sparkassen« bezeichnen.[47] Insbesondere im Bereich der Landesbanken sind allerdings noch deutliche Unterschiede auszumachen: Teils ist das Sparkassen-S in die Markensymbolik integriert, teils erfolgt das »Co-Branding« durch räumlich abgesetzte Zusätze im Rahmen der Werbung, teils fehlt es aber auch an entsprechenden Hinweisen. Einschränkend ist überdies hinzu-

---

42 So *DSGV* (Hrsg.), Strategie der Sparkassen-Finanzgruppe: Strategische Leitlinien und konkrete Handlungsfelder, unter: http://www.dsgv.de (Stand: 17.6.2008), S. 10 f. u. 18.

43 Vgl. dazu *Baumgarth,* Markenpolitik, S. 176 ff.

44 Vgl. *Baumgarth,* Markenpolitik, S. 178 ff.

45 *Schulz/Weissenberger,* Ein neuer Markenauftritt für die Sparkassen, in: Sparkasse 2003, Sonderheft Markenprojekt, 3 (5 f.).

46 So *Szallies,* Leistungsmarken profitieren von starker Dachmarke, in: DieSparkassen-Zeitung v. 1.4.2005, S. 12; für die Landesbausparkassen vgl. auch *Badde/Lüke,* Zwei Marken: ein Versprechen, in: DSGV (Hrsg.), Die Marke Sparkasse, S. 63 ff.

47 Vgl. *Badde/Lüke,* Zwei Marken: ein Versprechen, in: DSGV (Hrsg.), Die Marke Sparkasse, S. 63 ff.; *Szallies,* Leistungsmarken profitieren von starker Dachmarke, in: DieSparkassenZeitung v. 1.4.2005, S. 12.

zufügen, dass es sich aus Sicht der Sparkassen bei der verbundmäßigen Einbindung um eine notwendige Kompetenz handelt, deren Differenzierungspotential jedoch eher gering ausgeprägt ist. Sie leistet keine signifikante Unterscheidung zur Konkurrenz, da beispielsweise Großbanken ein entsprechendes Leistungsangebot ebenfalls, nämlich im Konzern, realisieren können.[48]

II. Vertrauensfunktion der Marke Sparkasse

Aus ökonomischer Sicht ist die Vertrauensstellung einer Marke Ausdruck ihrer aus Kundensicht wahrgenommenen Kernkompetenzen. Diese führen zu einer entsprechenden »Qualitätsvermutung«, die die wesentliche Ursache für den von der Marke ausgehenden Kundenbindungseffekt ist. Dieser ist maßgeblich mit der komplexitätsreduzierenden Funktion von Vertrauen zu erklären, denn die mit einer Marke verbundene »Qualitätsvermutung« erleichtert dem Kunden das Handeln oder ermöglicht es teilweise sogar erst, weil sie hilft, das »Kaufrisiko« zu reduzieren und Informationskosten zu ersparen.[49] Dem wird bei Dienstleistungen eine im Vergleich zu Konsumgütern gesteigerte Bedeutung beigemessen, da die Immaterialität eine vorherige Qualitätsprüfung erschwert und deshalb mit einem gesteigerten »Kaufrisiko« einhergeht.[50] Der Bereich der Bankdienstleistungen darf als besonders vertrauenssensibel gelten, da die gesteigerte Komplexität der Produkte hinzukommt.[51]

48 *Zmunda/Börner,* Kernkompetenzmanagement bei Sparkassen, S. 49 f. u. 59; vgl. auch *Szallies,* Der Markenstatus der Sparkasse im Zeichen der Sympathie, in: Sparkasse 2003, Sonderheft Markenprojekt, 10 (13), der von einer notwendigen Kompetenz »ohne starken Markentreibereffekt« spricht.

49 Vgl. *Bruhn,* Begriffsabgrenzungen und Erscheinungsformen von Marken, in: ders. (Hrsg.), Handbuch Markenführung, S. 3 (33); *Burmann/Meffert,* in: Meffert/Burmann/Koers (Hrsg.), Markenmanagement, S. 37 (47 f.); *Meffert,* Marketing, S. 847 f.; *Meyer/Maier,* Alle Banken sind gleich. Was leisten Marken?, in: Absatzwirtschaft, Sondernr. 10/1997, 102 (106); *Tscheulin/Römer,* Zur Bedeutung von Vertrauen bei öffentlichen Dienstleistungen, in: ZögU 2006, 442 (443 ff.); *Bröcher/Hoffmann/Sabel,* Der Schutzbereich des Markenrechts unter besonderer Berücksichtigung ökonomischer Aspekte, S. 12 ff. m. w. N.

50 *Meffert,* Marketing, S. 1163; *Burmann/Schleusener/Weers,* in: Meffert/Burmann/Koers (Hrsg.), Markenmanagement, S. 411 (415 f.).

51 *Knaese,* Kernkompetenzen im strategischen Management von Banken, S. 60; *Zmunda/Börner,* Kernkompetenzmanagement bei Sparkassen, S. 42.

Wie verschiedene Untersuchungen zeigen, wird der Marke Sparkasse besonderes Vertrauen entgegengebracht.[52] Historisch gesehen gründet sich die Vertrauensstellung der Sparkassen darauf, dass die Einlagen bei staatlichen Trägern als besonders sicher angesehen wurden. Das führte zu einem starken Rückgang privat getragener Sparkassen in der ersten Hälfte des 19. Jahrhunderts und hat maßgeblich dazu beigetragen, dass der Sparkassensektor, von den übrig gebliebenen sechs freien Sparkassen abgesehen, staatlich ist.[53] Der Aspekt der Einlagensicherheit und das darauf bezogene Vertrauen waren auch der Grund, aus dem der Gesetzgeber die Bezeichnung »Sparkasse« anlässlich der Bankenkrise im Jahr 1931 erstmals einem besonderen gesetzlichen Schutz unterstellte.[54] Die Einlagensicherheit als ursprünglich tragender Gesichtspunkt kann das besondere Vertrauen, das den Sparkassen heute noch entgegengebracht wird, nicht mehr erklären. Zum einen sind Anstaltslast und Gewährträgerhaftung seit dem Jahr 2005 entfallen, das heißt eine unbedingte staatliche Einstandspflicht besteht nicht mehr.[55] Zum anderen musste auch schon zuvor bezweifelt werden, dass die Sicherheit der Einlagen angesichts der heutigen Verhältnisse auf dem Bankenmarkt tatsächlich ein wesentliches Differenzierungskriterium ist.

---

52 Nach der Untersuchung »Markenprofile« (vgl. dazu oben Fn. 14) haben die Sparkassen unter den Banken den höchsten Sympathiewert (d. h. 65 % der Befragten stuften die Sparkassen als »sympathisch« ein) und die höchste Abschlussbereitschaft (d. h. für 62 % der Befragten kam eine Kundenbeziehung zu den Sparkassen prinzipiell in Betracht), womit die Sparkassen ihre Markenbekanntheit im Vergleich zu den anderen Banken am besten ausschöpfen konnten, vgl. *Gruner + Jahr* (Hrsg.), Markenprofile 11 [2005], unter: http://www.gujmedia.de (Stand: 17.6.2008), S. 10, 12 u. 20. – Vgl. auch die seit dem Jahr 2001 jährlich durchgeführte Studie »European Trusted Brands«, die die Marke Sparkasse für das Jahr 2008 zum achten Mal in Folge als am vertrauenswürdigsten eingestufte deutsche Bankenmarke ausweist, unter: http://www.rdtrustedbrands.com (Stand: 17.6.2008). – Ferner die Erhebung von *Reinelt,* Der Beitrag der Sparkassen zum kommunalen Gemeinwohl, S. 149 ff.; die auf Schleswig-Holstein bezogene Erhebung, in: *DSGV* (Hrsg.), Fakten, Analysen, Positionen Nr. 12 (»Die Menschen in Schleswig-Holstein wollen eigenständige Sparkassen behalten«), unter: http://www.dsgv.de (Stand: 17.6.2008), S. 9; s. auch *Szallies,* Der Markenstatus der Sparkasse im Zeichen der Sympathie, in: Sparkasse 2003, Sonderheft Markenprojekt, 10 (11); *H. P. Krämer,* Die Entwicklung der Marke Sparkasse, in: DSGV (Hrsg.), Die Marke Sparkasse, S. 6 (9).

53 Zur geschichtlichen Entwicklung des Sparkassensektors im 19. Jahrhundert und zur Bedeutung des mit der Staatlichkeit verbundenen Vertrauens in diesem Zusammenhang s. bereits oben § 1 II. 1. (S. 31 ff.).

54 Zur Einführung eines Bezeichnungsschutzes für den Begriff »Sparkasse« anlässlich der Bankenkrise im Jahr 1931 im Einzelnen unten § 4 I. (S. 96 f.).

55 Zum Wegfall von Anstaltslast und Gewährträgerhaftung im Jahr 2005 s. die Einleitung (S. 1) mit Fn. 1.

Systeme, die die Sicherheit der Einlagen weitgehend gewährleisten, sind heute auch für die Genossenschaftsbanken und die privaten Geschäftsbanken obligatorisch.[56] Daher bestanden schon vor dem Wegfall von Anstaltslast und Gewährträgerhaftung keine wesentlichen Unterschiede in Bezug auf die Einlagensicherheit mehr, so dass diese ohnehin nicht mehr als die wesentliche Vertrauensgrundlage anzusehen waren.[57]

Die Vertrauensstellung der Sparkassen lässt sich nicht auf eine einzelne Ursache reduzieren. Grundsätzlich ist davon auszugehen, dass sich die historisch in einem längeren Prozess erworbene Vertrauensstellung unabhängig von einzelnen Ursachen verfestigt hat und bis in die heutige Zeit fortwirkt. Aus wirtschaftswissenschaftlicher Sicht ist das Vertrauen Ausdruck der inhaltlichen Kernkompetenzen der Sparkassen, das heißt ihrer regionalen und gemeinwohlbezogenen Ausrichtung. Insoweit erweist sich die staatliche Trägerschaft als nach wie vor vertrauensbildender Faktor: Zum einen ist sie wesentliche Grundlage der für die Sparkassen charakteristischen geschäftspolitischen Ausrichtung. Sie verleiht den Merkmalen des Gemeinwohlbezugs und der regionalen Ausrichtung erst die ihnen eigene Differenzierungskraft, weil sie diese nicht als selbst gewählte und damit jederzeit änderbare, sondern als institutionell verfestigte Sparkasseneigenschaften erscheinen lässt. Zum anderen ist mit der Staatlichkeit die Erwartung einer demokratischen Legitimation und Kontrolle verbunden, die ihrerseits als vertrauensbildender Faktor wirkt.[58] Die Vertrauensstellung der Sparkassen beruht also einerseits auf geschichtlicher Tradition und andererseits auf der Staatlichkeit der Sparkassen und den mit ihr institutionell verbundenen sparkassentypischen Kernkompetenzen.

III. Markendifferenzierung und integrierte Kommunikation

Die Differenzierung einer Marke setzt eine hinreichend stabile Markenführung und Kontinuität des kommunikativen Auftritts voraus. Um ein diffuses Unternehmensbild zu vermeiden und die Gesamtwirkung der Kommunikation angesichts steigender Informationsdichte und zunehmenden Werbe-

---

56 Zu den Einlagensicherungssystemen von Sparkassen, Genossenschaftsbanken und privaten Geschäftsbanken im Vergleich *Pehla,* Der Haftungsverbund der Sparkassen-Finanzgruppe, S. 129 ff.

57 In diesem Sinn auch *Zmunda/Börner,* Kernkompetenzmanagement bei Sparkassen, S. 47.

58 *Reinelt,* Der Beitrag der Sparkassen zum kommunalen Gemeinwohl, S. 149 ff.

drucks zu erhöhen, bedarf es einer möglichst weitgehenden Abstimmung der kommunikativen Aktivitäten.[59] Dieses Ziel begegnet aufgrund der Struktur der Sparkassen-Finanzgruppe besonderen Schwierigkeiten. Anders als bei einem Konzern handelt es sich nicht um eine hierarchische Organisationsform mit einem Unternehmen an der Spitze, das in der Lage wäre, entsprechende Maßnahmen zu diktieren, sondern um ein Netzwerk grundsätzlich gleichgeordneter Unternehmen. Der Willensbildungsprozess geht von den einzelnen Sparkassen aus und vollzieht sich daher, anders als in Konzernstrukturen, dezentral »von unten nach oben«.[60] Es wurden jedoch Mechanismen entwickelt, durch die sowohl die inhaltliche (1.) als auch die formale Integration des kommunikativen Auftritts der Sparkassen (2.) weitgehend gewährleistet ist.

1. Inhaltliche Integration der Kommunikation

Unter der inhaltlichen Integration der Unternehmenskommunikation versteht man die thematische Abstimmung der kommunikativen Aktivitäten einschließlich ihrer zeitlichen Koordination. Zum einen geht es darum, welche Themen überhaupt kommuniziert werden sollen und welche »Tonalität« die gemeinsame Kommunikation haben soll. Zum anderen müssen die einzelnen Kommunikationsmaßnahmen durch die Verwendung einheitlicher Slogans, »Kernbotschaften« oder Schlüsselbilder miteinander verbunden werden.[61] Für die Sparkassen wird dies durch die gemeinsame Sparkassenwerbung erreicht, deren Koordination in den Händen des »Zentralen Werbeausschusses«, einer auf der Ebene des Deutschen Sparkassen- und Giroverbands angesiedelten Einrichtung, liegt. Die gemeinsame Sparkassenwerbung ist im Verbandsrecht nicht ausdrücklich geregelt. Es gilt die allgemeine Bestimmung des § 13 Abs. 1 Satz 1 der Satzung des Deutschen Sparkassen- und Giroverbands, nach der der Vorstand »Ausschüsse einsetzen und zu deren Mitgliedern auch solche Personen bestellen kann, die dem Vorstand nicht

---

59 *Meffert,* Marketing, S. 855; *Bruhn,* Marketing, S. 242 f.

60 Vgl. *Wittmann,* Der Sparkassenverbund, S. 75 f.; *Wesseling,* Öffentliche Unternehmen im Allfinanzverbund, S. 120; *Grichnik/Börner,* Bankwirtschaftliche Verbundsysteme als strategische Netzwerke zwischen Markt und Hierarchie, S. 8 f.; *Langschied,* Der Sparkassenverbund, S. 143 ff., 155 f.; *Kuhr,* Die kommunalen Sparkassen in der Bundesrepublik Deutschland, S. 62 f.

61 *Bruhn,* Marketing, S. 243 f.; *Esch,* Moderne Markenführung, S. 720 ff.

angehören«.[62] Auf dieser Grundlage wurde der Zentrale Werbeausschuss eingerichtet. Ihm gehören auch Repräsentanten der regionalen Werbeausschüsse an. Dadurch wird dem für die Sparkassen-Finanzgruppe typischen Dezentralitätsprinzip Rechnung getragen.[63] Eingesetzt wurde der Ausschuss bereits mit Gründung des Deutschen Sparkassen- und Giroverbands im Jahr 1924.[64] Heute ist er eine feste verbandsrechtliche Institution, wie § 12 der Markensatzung des Verbandes indirekt bestätigt, der ausdrücklich auf den Zentralen Werbeausschuss Bezug nimmt und ihm die Kompetenz zuweist, »im Rahmen der ihm durch den Vorstand zugewiesenen Kompetenzen über Art und Umfang des Einsatzes der Marken« des Verbandes zu bestimmen.[65]

Dem Zentralen Werbeausschuss obliegt die »gedankliche Führung«[66] der gemeinsamen Sparkassenwerbung. Er legt die Kampagnenmotive und Themenzyklen fest. Das Themenspektrum wird durch Rückfragen bei den regionalen Verbänden und den einzelnen Sparkassen ermittelt. Auf dieser Grundlage werden inhaltliche Leitlinien einschließlich der dazugehörigen gestalterischen Instrumente für die Umsetzung ausgearbeitet. Innerhalb dieses formalen Rahmens liegt die weitere Ausgestaltung in den Händen der regionalen Sparkassenverbände. Unter diesem Überbau werden schließlich die einzelnen Sparkassen tätig, die die konkreten Anzeigenmotive auswählen und innerhalb des formalen Rasters gestalten.[67] Um die Schlagkraft der gemeinsamen Sparkassenwerbung zu erhöhen, wird überdies eine Vereinheitlichung des Dienstleistungsangebots der Sparkassen einschließlich der Konditionen gefordert. Defizite werden vor allem in einem »teilweise unübersehbaren Produktdschungel« gesehen. Eine »weitgehende Harmonisierung der Produkte« sei erforderlich, um das Preis-Leistungsverhältnis

---

62 Satzung des Deutschen Sparkassen- und Giroverbandes e. V., Bonn, in der Fassung v. 12.12.1985, zuletzt geändert durch Beschl. der Mitgliederversammlung v. 18.12.2003; abgedr. bei *Fischer/Herbst* Nr. 5.2.11.

63 *Güde,* Geschäftspolitik der Sparkassen, S. 399.

64 *Niemöhlmann,* Vom Spar-Appell zum Marken-Logo, in: Sparkasse Neuss (Hrsg.), 175 Jahre Sparkasse Neuss, S. 13; *Güde,* Geschäftspolitik der Sparkassen, S. 391; vgl. auch *Weschke/Klinke,* Das Marketing der frühen Jahre, in: Sparkasse 12/2004, S. 14 f.

65 Abdruck von § 12 der Markensatzung des Deutschen Sparkassen- und Giroverbands im Anhang (S. 268). – Zur Markensatzung des Deutschen Sparkassen- und Giroverbands im Einzelnen im Zusammenhang mit den privatrechtlichen Kennzeichenrechten unten § 5 II. (S. 206 ff.).

66 So *Güde,* Geschäftspolitik der Sparkassen, S. 399.

67 Vgl. auch *DieSparkassenZeitung* v. 29.7.2005 S. 7 (»Neues Gestaltungsraster ›Multipicture‹: Einheitlich kraftvoll und doch individuell«).

besser zu verdeutlichen.[68] Aufgrund der Eigenständigkeit der Sparkassen begegnet die Umsetzung allerdings kartellrechtlichen Bedenken. Zwar wurden im Jahr 2005 in zunächst drei Produktkategorien entsprechende »Leuchtturmprodukte« entwickelt.[69] Nach Auffassung des Bundeskartellamts verstießen die zugrunde liegenden Preisabsprachen jedoch gegen das Kartellrecht, weshalb die entsprechenden Initiativen wieder eingestellt wurden.[70]

2. Formale Integration der Kommunikation

Neben die inhaltliche tritt die formale Integration der Unternehmenskommunikation, die auf die äußerliche Vereinheitlichung der visuellen Erscheinung des Unternehmens durch Einhaltung definierter Gestaltungsprinzipien (»Corporate Design«) zielt. Dadurch wird der Wiedererkennungswert erhöht, so dass die inhaltlichen Verbindungslinien der Unternehmenskommunikation besser zutage treten und der »Lerneffekt« beim Adressaten vergrößert wird.[71] Im Sinne der Markendifferenzierung fungiert das »Corporate Design« als optische Umsetzung der Unternehmensidentität.[72] Insbesondere für dezentral organisierte Unternehmensnetzwerke, zu denen auch der Verbund der Sparkassen zählt, wird darin ein besonders wichtiges Mittel zur Verwirklichung eines integrierten Markenauftritts gesehen.[73] Gegenstand der formalen Integration der Kommunikation ist die Vereinheitlichung sämtlicher äußerer Erscheinungsformen des Unternehmens. Dazu zählen insbesondere die kennzeichenmäßigen Erscheinungsformen der Marke – das heißt die Verwendung einheitlicher Logos, Slogans, Schrifttypen, Größen und Farben –, aber auch die Vereinheitlichung der weiteren formalen Er-

---

68 So der Vorstandsvorsitzende der Sparkasse Köln-Bonn *G. A. Schröder,* Notwendigkeiten und Möglichkeiten – Die Sparkassen im Markt, Rede anlässlich der Strategietagung der Sparkassen-Finanzgruppe v. 7.11.2005, unter: http://www.sparkasse-koelnbonn.de (Stand: 17.6.2008), S. 6 f.

69 Vgl. *DSGV* (Hrsg.), Märkte 2005 (Jahresbericht), S. 43 ff.; Verband freier Sparkassen (Hrsg.), Jahresbericht 2005, S. 41 f.; ferner den Präsidenten des Westfälisch-Lippischen Sparkassen- und Giroverbands *Gerlach,* Interview »Wir sind bewaffnet«, in: Sparkasse 8/2005, 16 f.

70 *Handelsblatt*/Knipper/Köhler v. 9.10.2006 S. 31 (»Sparkassen kritisieren Kartellamt«).

71 Vgl. *Bruhn,* Marketing, S. 243 f.; *Esch,* Moderne Markenführung, S. 720 ff.

72 *Meffert,* Marketing, S. 707.

73 *Meyer/Maier,* Alle Banken sind gleich. Was leisten Marken?, in: Absatzwirtschaft, Sondernr. 10/1997, 102 (107).

scheinungsformen des Unternehmens, wie beispielsweise der Verpackungen, Drucksachen, des Büromaterials sowie der Außen- und Innenarchitektur.[74]

Die Entwicklung der sparkassentypischen Markensymbolik geht auf den Deutschen Sparkassen- und Giroverband zurück. Mit der Einführung der gemeinsamen Sparkassenwerbung im Jahr 1924 wurde zunächst ein aus den Buchstaben »DSGV« stilisierter Hermeskopf als gemeinsames Erkennungszeichen der Sparkassen verwendet. Dieser wurde nach dem Zweiten Weltkrieg durch das im Jahr 1938 im Auftrag des Verbandes entworfene Sparkassen-S abgelöst.[75] Im Jahr 1972 wurde das Sparkassen-S optisch überarbeitet und zugleich das sparkassentypische Rot als charakteristischer Farbton etabliert.[76] Gleichwohl war der Auftritt der Sparkassen noch uneinheitlich, da Richtlinien für den konkreten Einsatz der Symbole fehlten.[77] Zahlreiche, insbesondere größere Sparkassen behielten ihre gewohnte Farbgebung bei.[78] Im Rahmen eines vom Deutschen Sparkassen- und Giroverband initiierten und mit Beginn des Jahres 2003 umgesetzten »Markenprojekts« wurde daher besonderer Wert auf die Ausarbeitung eines gruppenweiten »Corporate Design« gelegt. Unter anderem wurden das Sparkassen-S erneut optisch überarbeitet, eine neue Sparkassenschrift entwickelt, Regeln für den Einsatz dieser Kennzeichen formuliert und einheitliche Konzepte für die Filialgestaltung entwickelt.[79] Außerdem wurden in den Jahren 2002

---

74 *Bruhn,* Marketing, S. 244; *Meffert,* Marketing, S. 707. – Vgl. zu letzterem auch *Burmann/Meffert,* in: Meffert/Burmann/Koers (Hrsg.), Markenmanagement, S. 73 (95), die betonen, dass der »Kommunikation und Präsentation der Marke am Point of Sale« beispielsweise durch Gebäudeausstattung, Innenarchitektur und Farben für die Umsetzung der Markenidentität eine hohe Bedeutung zukomme.

75 In der ursprünglichen Form war am oberen Rand des »S« ein Einwurfschlitz gezeichnet, der den an sich nicht zum Buchstaben gehörenden, oberhalb befindlichen Punkt als Münze und den Buchstaben selbst als stilisierte Spardose erkennen lies. Erst mit der graphischen Überarbeitung des Sparkassen-S im Jahr 1972 entfiel der Einwurfschlitz, wodurch dieses im Wesentlichen seine heutige Form erhalten hat.

76 Für alles: *Niemöhlmann,* Vom Spar-Appell zum Marken-Logo, in: Sparkasse Neuss (Hrsg.), 175 Jahre Sparkasse Neuss, S. 13.

77 Vgl. *Mang/Achilles,* in: DSGV (Hrsg.), Die Marke Sparkasse, S. 12 (14 f.); *W. Brecht* a. a. O. S. 23 (25 f.); *Güde,* Geschäftspolitik der Sparkassen, S. 404.

78 Vgl. dazu die Nachweise unten Fn. 83.

79 *W. Brecht,* »Erlebnis Marke Sparkasse« als durchgängiges Konzept, in: Sparkasse 2003, Sonderheft Markenprojekt, 6 ff.; *Maag,* Die neue Schrift Sparkassen schafft Einzigartigkeit und Identifikation, a. a. O., 20 ff.; *C. Schulz,* Auf dem Weg zu einem klaren Markenbild, in: DieSparkassenZeitung v. 1.4.2005, S. 11; *Weissenberger/Bopp,* Die Sparkassen erhalten ein moderneres Erscheinungsbild, in: Sparkassenmarkt 2003, Sonderheft Kommunikation, 10 f.; *Weissenberger,* Die Marke Sparkasse wird erneuert, in: Sparkassenmarkt 5/2002, 10 f. – Vgl. auch *W. Brecht* a. a. O.

und 2004 die Bezeichnung »Sparkasse« und das Sparkassen-S in verschiedenen Formen als Kollektivmarken zugunsten des Deutschen Sparkassen- und Giroverbands in das Markenregister eingetragen.[80] Damit konnten den Sparkassen die neuen Gestaltungsregeln rechtsverbindlich vorgeschrieben werden, denn nach § 102 Abs. 1 Nr. 5 MarkenG kann der Inhaber einer Kollektivmarke Bedingungen für die Benutzung in einer Markensatzung regeln. Darunter fallen insbesondere Bedingungen, die die optische Gestaltung der Kennzeichen einschließlich ihrer Verwendung in der Werbung betreffen.[81] Auf dieser Grundlage bestimmt § 8 Abs. 1 der Markensatzung des Deutschen Sparkassen- und Giroverbands, dass die Kollektivmarken nur benutzt werden dürfen, wenn die im Anhang definierten Gestaltungsregeln beachtet werden.[82] Mittlerweile haben sich zahlreiche Institute dem überarbeiteten »Corporate Design« angeschlossen. Insbesondere wurden individuelle Farbgebungen durch das charakteristische Sparkassen-Rot ersetzt.[83]

3. Integration und Dezentralität

Die weitgehende Integration der kommunikativen Aktivitäten der Sparkassen begegnet teilweise verbundpolitischen Bedenken: Durch die »faktische Dominanz der Verbände auf dem Gebiet des Marktauftritts« zeichne sich

---

S. 6 (7 f.), der von einer »durchgängigen Erlebniskette in der Markenkommunikation« spricht; ferner *dens.*, Markentypische Filialgestaltung, in: DieSparkassenZeitung v. 1.4.2005, S. 14; *Oexner/Opitz/Dieter,* Das Markenbild an und in Geschäftsstellen, in: DSGV (Hrsg.), Die Marke Sparkasse, S. 37 ff.; *Skaruppe/Kraatz,* Architektur als Element der Markenprägung, a. a. O., S. 52 ff.; *Bopp,* Leitlinien für die Innengestaltung von Geschäftsstellen, in: DieSparkassenZeitung v. 3.6.2005, Beilage Nr. 5, S. B1 f.

80 Zu den Kollektivmarkenrechten des Deutschen Sparkassen- und Giroverbands an der Bezeichnung »Sparkasse« und am Sparkassen-S unten § 5 I. (S. 192 ff.).

81 *Wüst,* in: Ekey/Klippel, Markenrecht, § 102 MarkenG Rn. 15; *Fezer,* Markenrecht, § 102 MarkenG Rn. 9.

82 Zu den nach der Markensatzung geltenden Benutzungsbedingungen für die Kollektivmarken des Deutschen Sparkassen- und Giroverbands und zu ihrer Durchsetzung unten § 5 II. 4. (S. 226 ff.).

83 Vgl. *DieSparkassenZeitung* v. 24.11.2006 S. 1 (»Neues ›S‹ dreht seine Runden«); *Handelsblatt* v. 7.3.2006, S. 26 (»Fraspa jetzt in Rot«); *Süddeutsche Zeitung* v. 12.4.2006 S. 26 (»Frankfurter Sparkasse ändert ihr Logo«); *Sparkasse* 6/2005 S. 15 (»Corporate Design: Marke in Bewegung«); *Sparkasse* 5/2005 S. 15 (»Mit neuem Logo ist es nicht getan«); *Bormann,* Die Sparkasse Kiel bekennt Farbe: Aus Blau wird Rot, in: DieSparkassenZeitung v. 1.4.2005, S. 12; *Sparkasse* 3/2005 S. 13 (»Vom Image profitieren: Die Sparkasse KölnBonn wechselt ihr Erscheinungsbild«); *H. Müller,* Überraschende Erfahrung mit der Umstellung auf die neue Marke, in: Sparkasse 2003, Sonderheft Markenprojekt, 24 f.; *H. Schwarz,* Von Blau zu Rot: ein Erfahrungsbericht, in: DSGV (Hrsg.), Die Marke Sparkasse, S. 44 ff.

eine »Quasi-Konzernstruktur« ab, durch die der dezentrale Charakter immer mehr in den Hintergrund trete.[84] Alternativen gibt es allerdings nicht. Die zentral gesteuerte Kooperation der Sparkassen auf dem Gebiet der Werbung ist eine zur Positionierung im Wettbewerb und damit zur Erfüllung des öffentlichen Auftrags notwendige Maßnahme. Dem Dezentralitätsprinzip wird innerhalb der Koordinationsmechanismen Rechnung getragen, die ihrerseits in personeller und prozeduraler Hinsicht Elemente der Willensbildung »von unten nach oben« enthalten.[85] In rechtlicher Hinsicht stellt sich der gemeinsame Außenauftritt der Sparkassen als eine zulässige, über die Verbandsstrukturen vermittelte Form der interkommunalen Kooperation dar, die von Art. 28 Abs. 2 Satz 1 GG gewährleistet wird. Zwar verlangt die Selbstverwaltungsgarantie, dass die Sparkassenaufgabe möglichst dezentral auf kommunaler Ebene durchgeführt wird.[86] Dieses Prinzip wird aber durch die nur punktuelle Zentralisierung auf dem Gebiet der Werbung nicht wesentlich beeinträchtigt. Diese geringfügige Einbuße wird durch die Erfordernisse des öffentlichen Auftrags gerechtfertigt, dessen Erfüllung langfristig nur gesichert werden kann, wenn sich die Sparkassen gemeinsam am Markt positionieren, wozu es einer zentralen Koordination bedarf.[87] Im Ergebnis steht der gemeinsame Marktauftritt der Sparkassen sowohl verbundpolitisch als auch rechtlich im Einklang mit dem Dezentralitätsprinzip.

IV. Markenführung und Markenschutz

Eine erfolgreiche Markenführung setzt Markenschutz voraus, denn dieser verhindert einen unbefugten Zugriff Dritter auf die Kennzeichen und schützt so die Markenidentität nach außen. Für die Bezeichnung »Sparkasse« und das Sparkassen-S gibt es zwei Schutzmechanismen: Sie sind, wie jedes andere im geschäftlichen Verkehr verwendete Kennzeichen, privatrechtlich

84 *Wittmann,* Der Sparkassenverbund, S. 246.

85 Zu Elementen der Dezentralität im Rahmen der gemeinsamen Sparkassenwerbung oben § 2 III. 1. (S. 50); zur wechselseitigen Rücksichtnahmepflicht bei der Verwaltung der Kollektivzeichen aus rechtlicher Sicht unten § 5 II. 1. (S. 207 ff.).

86 Zum Dezentralitätsprinzip als objektiv-rechtlicher Dimension der Selbstverwaltungsgarantie oben § 1 I. 1. b) (S. 14 f.).

87 Mit vergleichbarer Argumentation für die Vereinbarkeit des zentralen Finanzportals der Sparkassen im Internet mit dem aus Art. 28 Abs. 2 Satz 1 GG folgenden objektiv-rechtlichen Dezentralitätsprinzip *Schepers,* Internet-Banking und sparkassenrechtliches Regionalprinzip, S. 191 ff., 204 ff.

durch das Markengesetz geschützt.[88] Die Bezeichnung »Sparkasse« wird außerdem öffentlich-rechtlich durch § 40 Abs. 1 KWG geschützt.[89] Beide Regelungsbereiche sind nebeneinander anwendbar, denn sie dienen unterschiedlichen Zwecken. Der privatrechtliche Kennzeichenschutz zielt auf die Zuordnung der Kennzeichenrechte im Sinne vermögenswerter gewerblicher Schutzrechte. Der öffentlich-rechtliche Schutz reglementiert die Verwendung der Bezeichnung »Sparkasse« dagegen allein unter dem Gesichtspunkt des Verkehrsschutzes.[90] Es bestehen allerdings Wechselwirkungen. Insbesondere muss allen Instituten, die nach § 40 Abs. 1 KWG »Sparkasse« sind, die Verwendung dieser Bezeichnung auch privatrechtlich gestattet sein.[91]

Dem Kennzeichenschutz wird aus Sicht der Markenführung eine hohe Bedeutung beigemessen.[92] Der Grund liegt auf der Hand: Sobald Dritte Zugriff auf die Kennzeichen haben, ist eine geordnete Markenprofilierung nicht mehr möglich, weil es an der dazu erforderlichen »Profilierungshoheit« des Unternehmens fehlt. Das einheitliche Markenbild geht bei Verwendung der Kennzeichen durch Dritte verloren. Die Folge ist eine »Erosion des Markenwertes«[93] im Sinne der Brauchbarkeit der Marke als absatzwirtschaftliches Instrument. Versteht man unter einer Marke »ein in der Psyche des Konsumenten verankertes, unverwechselbares Vorstellungsbild«,[94] steht letztlich sogar die Markeneigenschaft als solche auf dem Spiel. Daran zeigt sich die Bedeutung der Auseinandersetzung um den

---

88 Zum Schutz der Bezeichnung »Sparkasse« und des Sparkassen-S durch das Markengesetz unten § 5 (S. 191 ff.).

89 Vgl. auch *Oebbecke,* Das Europarecht als Katalysator der Sparkassenpolitik, in: VerwArch 93 (2002), S. 278 (285), der daher von der Marke Sparkasse als einer »gesetzlich administrierten Marke« spricht; zum Schutz der Bezeichnung »Sparkasse« durch § 40 Abs. 1 KWG unten § 4 (S. 95 ff.).

90 Zu den unterschiedlichen Schutzzwecken und zur parallelen Anwendbarkeit von § 40 Abs. 1 KWG und Markengesetz unten § 5 vor I. (S. 191 ff.).

91 Zur Bedeutung des § 40 Abs. 1 KWG für die privatrechtliche Reglementierung der Kennzeichenverwendung durch den Deutschen Sparkassen- und Giroverband unten § 5 II. 1. b) (S. 209 f.).

92 *Burmann/Meffert,* Managementkonzept der identitätsorientierten Markenführung, in: Meffert/Burmann/Koers (Hrsg.), Markenmanagement, S. 73 (97); *Baumgarth,* Markenpolitik, S. 10; *H. Schröder,* Markenschutz-Controlling vor dem Hintergrund des Markengesetzes, in: Köhler/Majer/Wiezorek (Hrsg.), Erfolgsfaktor Marke, S. 309 (310 f.).

93 So *Burmann/Meffert,* in: Meffert/Burmann/Koers (Hrsg.), Markenmanagement, S. 73 (99)

94 So *Meffert,* Marketing, S. 847; näher zum wirtschaftswissenschaftlichen Markenbegriff oben § 2 vor I. (S. 37 f.).

Schutz der Bezeichnung »Sparkasse« und des Sparkassen-S. Sollten diese Kennzeichen Dritten zugänglich werden, die außerhalb der bislang relativ homogenen Strukturen des Sparkassensektors stehen, hätte dies unmittelbar Rückwirkungen auf den Wert der Marke Sparkasse als Kundenbindungsinstrument. Im äußersten Fall, das heißt bei großflächiger Verwendung der Bezeichnung »Sparkasse« oder des Sparkassen-S durch Dritte, ginge die Markeneigenschaft im ökonomischen Sinn ganz verloren.

§ 3 Strukturänderungen als Auslöser kennzeichenrechtlicher Probleme

Die Frage nach der Befugnis zur Verwendung der Bezeichnung »Sparkasse« und des Sparkassen-S stellt sich für den Fall der materiellen Privatisierung (I.), der formellen Privatisierung und der privaten Minderheitsbeteiligung an Sparkassen (II.). Außerdem sind Bezeichnungskonflikte im Verhältnis der Sparkassen untereinander sowie bei grenzüberschreitenden Sparkassenaktivitäten denkbar (III.). Der Regelungsgehalt des § 40 Abs. 1 KWG und des privatrechtlichen Kennzeichenschutzes kann nur ermittelt werden, wenn zunächst unabhängig von der kennzeichenrechtlichen Problematik die (sparkassen-)rechtlichen Grundlagen dieser Konstellationen geklärt sind.

I. Materielle Privatisierung von Sparkassen

Grundsätzlich setzt eine Privatisierung eine privatrechtliche Organisationsform voraus, denn eine öffentlich-rechtliche Organisationsform ist als solche nicht veräußerbar (1.). Im Hinblick auf den Begriff der »öffentlich-rechtlichen Sparkasse« in § 40 Abs. 1 Nr. 1 KWG wird allerdings vorgeschlagen, die öffentlich-rechtliche Organisationsform mittelbar durch Vorschaltung einer privatrechtlichen Holding zu privatisieren (2.).

1. Sparkassenprivatisierung mit Rechtsformwechsel

Die Veräußerung von Sparkassen wird grundsätzlich schon durch ihre öffentlich-rechtliche Rechtsform verhindert. Zunächst müsste die Sparkasse in eine Rechtsform mit handelbaren Anteilen, insbesondere eine Aktiengesellschaft, umgewandelt werden. Diese wiederum könnten Gegenstand eines Veräußerungsvorgangs sein (»Share deal«). Die Sparkassengesetze der Länder sehen eine solche Option bislang nicht vor. Die Existenzberechtigung eines staatlichen Sparkassensektors ist allerdings immer wieder Gegenstand der Diskussion. Seine Öffnung für private Investoren wird insbesondere mit dem Argument gefordert, der öffentliche Auftrag habe angesichts einer umfassenden Versorgung durch private Kreditinstitute keine Funktion mehr, so dass es nicht mehr gerechtfertigt sei, wenn der Staat, in Form der

Sparkassen, am Bankenmarkt präsent sei.[1] Dabei handelt es sich zunächst nur um ein ordnungspolitisches Argument. Die Debatte um die Existenzberechtigung des Sparkassensektors in seiner heutigen Form weist aber auch eine rechtliche Dimension auf, denn staatliche Wirtschaftstätigkeit ist von Verfassungs wegen nur zulässig, wenn sie besonderen öffentlichen Sachzwecken dient.[2] Allerdings verfügt der Staat bei der Definition seiner Handlungszwecke über einen nur beschränkt kontrollierbaren Einschätzungsspielraum. Das gilt insbesondere auch für die Definition derjenigen Sachzwecke, die mit staatlicher Wirtschaftstätigkeit verfolgt werden. Sie sind, wie das Bundesverwaltungsgericht formuliert, »der Beurteilung durch den Richter weitgehend entzogen« und »eine Frage sachgerechter [Kommunal-] Politik«.[3] Daher würde der öffentliche Auftrag erst dann die Tätigkeit der

---

1 Überblick über die ordnungspolitische Diskussion m. w. N. bei *H. Müller,* Fortentwicklung des Sparkassensektors, in: ZögU 2005, 327 (336 f.); *Henneke,* Entwicklungsperspektiven kommunaler Sparkassen im Zentrum der Rechts- und ordnungspolitischen Diskussion, in: Der Landkreis 2004, 13 ff.; *Hedrich,* Die Privatisierung der Sparkassen, S. 63 ff.; *Güde,* Geschäftspolitik der Sparkassen, S. 35 ff.; *J. Klein,* Das Sparkassenwesen in Deutschland und Frankreich, S. 323 ff. – Speziell am öffentlichen Auftrag äußern Kritik etwa die *Monopolkommission* (vgl. zu dieser §§ 44 ff. GWB), Neuntes Hauptgutachten 1990/91, in: BT-Drucks. 12/3031 v. 13.7.1992, Tz. 52; *Möschel,* Privatisierung der Sparkassen, in: WM 1993, 93 (94 ff.); *ders.,* Die Privatisierung öffentlich-rechtlicher Kreditinstitute im Streit der Meinungen, in: FS Fikentscher, S. 574 (575 ff.); *ders.,* Privatisierung öffentlich-rechtlicher Kreditinstitute, in: WM 1999, 1455; *Beuthien,* Öffentliche Kreditwirtschaft zwischen Marktanpassung und Strukturwandel, in: WM 2004, 1467 (1468 f.); *Geschwandtner/Bach,* Bezeichnungsschutz für Sparkassen, quo vadis?, in: NJW 2007, 129 (131 f.); *Hedrich* a. a. O. S. 223 ff.; *Pautsch,* Privatisierung des öffentlichen Bankensektors, S. 151 ff.; *Finzel/Thuy,* Privatisierung der Sparkassen, in: ORDO 47 (1996), S. 241 (252 ff.) – Für die Berechtigung des öffentlichen Auftrags hingegen etwa *SächsVerfGH,* Urt. v. 23.11.2000 – Vf. 62-II-99, in: DVBl. 2001, 293 (295); *Blume,* Sparkassen im Spannungsfeld zwischen öffentlichem Auftrag und Wettbewerb, S. 63 ff.; *D. Schmidt,* Sparkassenwissen für Verwaltungsräte, S. 117 ff.; *H. Berndt,* Die gegenwärtige und künftige Funktionen des öffentlichen Sparkassenwesens in Deutschland, in: Henneke (Hrsg.), Kommunale Aufgabenerfüllung in Anstaltsform, S. 77 ff.; *Rehm,* Öffentlichrechtliche Sparkassen: Privatisierung, weil erfolgreich im Wettbewerb?, in: WM 1993, 133 ff.; *B. Pieper,* Ist das Drei-Säulen-System des Bankensektors nicht mehr zeitgemäß?, in: Der Landkreis 2006, 811 ff.; *F. Allen/R. H. Schmidt,* Der gute Pharao des Finanzsystems, in: Die Zeit v. 21.7.2005, S. 25. – Vgl. ferner zur volkswirtschaftlichen Perspektive *Brümmerhoff/Lehmann,* Wie gemeinnützig ist der öffentliche Auftrag?, in: ZögU 2000, 131 ff.; *Neuberger/Schindler,* Nutzen und Kosten des öffentlichen Auftrags bei Sparkassen und Landesbanken, in: ZögU, Beiheft 27 (2001), 86 ff.

2 Zum verfassungsrechtlichen Erfordernis eines öffentlichen Sachzwecks als Legitimationsgrundlage für die staatliche Wirtschaftstätigkeit oben § 1 I. 2. a) (S. 16 f.).

3 So für die kommunale wirtschaftliche Betätigung *BVerwG,* Urt. v. 22.2.1972 – 1 C 24/69, in: BVerwGE 39, 329 (334). – Ferner *Ehlers,* Rechtsprobleme der Kommunalwirtschaft, in: DVBl. 1998, 497 (498 f.); *Schmidt-Aßmann/Röhl,* in: Schmidt-Aßmann

Sparkassen nicht mehr legitimieren können, wenn die politische Entscheidung, sich auf dem Bankenmarkt zu engagieren, einer vernünftigen Grundlage entbehren würde, weil die Prognosen, die dieser Entscheidung zugrunde liegen, offensichtlich fehlerhaft sind oder auf falschen Tatsachen beruhen. Angesichts des *Status quo* auf dem Bankenmarkt ist das im Hinblick auf den öffentlichen Auftrag der Sparkassen nicht der Fall.[4]

Die Diskussion um die Existenzberechtigung der Sparkassen hat damit einen ausschließlich ordnungspolitischen Charakter. Ein Privatisierungsgebot lässt sich dem Verfassungsrecht nicht entnehmen. Dasselbe gilt für das europäische Gemeinschaftsrecht, denn nach Art. 295 EGV ist es allein Sache der Mitgliedstaaten, über Gegenstand und Umfang der öffentlichen Wirtschaftstätigkeit zu entscheiden. Die Entscheidung der Bundesrepublik, das heißt im Innenverhältnis der Länder und Gemeinden, im Sparkassengeschäft tätig zu sein, ist damit dem Anwendungsbereich des Gemeinschaftsrechts entzogen.[5] Umgekehrt existiert aber auch kein Privatisierungsverbot: Entsprechende Versuche, insoweit das Sozialstaatsprinzip heranzuziehen,[6] sind als zu weitgehend abzulehnen.[7] Die Herbeiführung des Privatisierungsfalls ist damit eine politische Entscheidung auf der Ebene der Länder.

Anlässlich des Falls der Sparkasse Stralsund, die auf Betreiben ihres Trägers an einen privaten Investor veräußert werden sollte, wurde diskutiert, ob die Privatisierung einer Sparkasse auch ohne Änderung der Sparkassengeset-

(Hrsg.), Besonderes Verwaltungsrecht, Kap. 1 Rn. 120; *Uechtritz/Otting,* in: Hoppe/Uechtritz (Hrsg.), Handbuch Kommunale Unternehmen, § 6 Rn. 44; *Schink,* Wirtschaftliche Betätigung der Kommunen, in: NVwZ 2002, 129 (133); *Ruffert,* Grundlagen und Maßstäbe einer wirkungsvollen Aufsicht über die kommunale wirtschaftliche Betätigung, in: VerwArch 92 (2001), S. 27 (37) m. w. N.

4 Näher dazu *Thiemann,* Die Sparkassen zwischen öffentlichem Auftrag und Wettbewerb, in: Oebbecke/Ehlers/Klein u. a. (Hrsg.), Perspektiven für Sparkassen und Genossenschaftsbanken, S. 5 (10 f.).

5 Zum Regelungsgehalt des Art. 295 EGV und seiner Anwendung auf die Sparkassen unten § 4 VII. 1. (S. 151 ff.).

6 So *Stern/Burmeister,* Die kommunalen Sparkassen, S. 107 ff.

7 *Oebbecke,* Rechtsfragen der Eigenkapitalausstattung der kommunalen Sparkassen, S. 53 ff.; *B. Claussen,* Teilprivatisierung kommunaler Sparkassen?, S. 139 ff.; *Pautsch,* Privatisierung des öffentlichen Bankensektors, S. 193 ff.; *Niggemeyer,* Zulässigkeit und Grenzen von Sparkassenfusionen, S. 373. – Vgl. auch *Schmidt-Aßmann/Röhl,* in: Schmidt-Aßmann (Hrsg.), Besonderes Verwaltungsrecht, Kap. 1 Rn. 122, nach denen das Sozialstaatsprinzip »allenfalls in Extremfällen« eingreift.

ze in Form eines so genannten »Asset deals« möglich ist.[8] Anders als der »Share deal«, der die Übertragung der Anteile am Unternehmen zum Gegenstand hat, setzt der »Asset deal« einen Rechtsformwechsel nicht voraus, denn bei ihm ist nicht der Rechtsträger selbst Gegenstand der Veräußerung, sondern die das Unternehmen in seiner Gesamtheit konstituierenden Wirtschaftsgüter werden einzeln auf den Erwerber übertragen.[9] Abgesehen von den (lösbaren) technischen Schwierigkeiten in der Abwicklung, die sich aus der Drittbeteiligung der Sparkassenkunden und der Notwendigkeit, das Bankgeheimnis zu wahren, ergeben,[10] stellt sich die Frage, ob ein solcher »Asset deal« bei einer kommunalen Sparkasse überhaupt zulässig wäre. Das wird mit der Begründung verneint, das geltende Recht sehe eine Sparkassenprivatisierung nicht vor. Es bestehe daher ein »Privatisierungsverbot«, das in unzulässiger Weise umgangen würde.[11] Dagegen spricht allerdings, dass der »Asset deal« im Ergebnis nicht zu einer echten Privatisierung führt, so dass eine Umgehungsgestaltung nicht vorliegt. Der kommunale Träger macht sich lediglich zunutze, dass es sich bei der Sparkassenaufgabe um eine freiwillige Selbstverwaltungsaufgabe handelt. Eine Einstellung des Sparkassengeschäfts ist daher möglich. Das Recht hierzu ist von der kommunalen Selbstverwaltungsgarantie umfasst. Gleiches gilt für das Recht, im Anschluss an die Auflösung der Sparkasse die verbliebenen Vermögensgegenstände an einen Dritten zu veräußern. Aus diesem Grund wird der »Asset deal« in Bezug auf kommunale Sparkassen ganz überwiegend für zulässig gehalten.[12] Für die Sparkasse Stralsund wurde er gleichwohl nicht

---

8 Zum Sachverhalt im Fall der Sparkasse Stralsund s. *H. Meyer,* Stralsund und das Sparkassenrecht, in: NJW 2004, 1700 ff.; *Th. Koch,* Kommunale Finanzkrise und Verkauf kommunaler Sparkassen, in: NVwZ 2004, 578 (578 f.); *Geerlings,* Sparkasse Stralsund – Trojanisches Pferd des deutschen Sparkassenwesens?, in: NordÖR 2004, 181 (181); *Pautsch,* Zur rechtlichen Zulässigkeit des Verkaufs kommunaler Sparkassen, in: DÖV 2005, 990 (990 f.); *N. Meier,* Ist der Verkauf einer Sparkasse rechtlich zulässig?, in: VR 2006, 193 (193 f.); *Niggemeyer,* Zulässigkeit und Grenzen von Sparkassenfusionen, S. 365 f.

9 Vgl. nur *Klumpp,* in: Beisel/Klumpp (Hrsg.), Der Unternehmenskauf, Kap. 4 Rn. 16 ff.; *Schröcker,* Unternehmenskauf und Anteilskauf nach der Schuldrechtsreform, in: ZGR 2005, 63 (65).

10 Näher dazu *Schuster/Sohns,* Zur Veräußerung von Sparkassen, in: ZBB 2006, 342 (345 f.).

11 So die Landesregierung von Mecklenburg-Vorpommern im Fall Stralsund, vgl. *H. Meyer,* Stralsund und das Sparkassenrecht, in: NJW 2004, 1700 (1701).

12 *Schuster/Sohns,* Zur Privatisierung von Sparkassen, in: ZBB 2006, 342 (344 ff.); *Pautsch,* Zur rechtlichen Zulässigkeit des Verkaufs kommunaler Sparkassen, in: DÖV 2005, 990 (994); *Bredow/Schick/Liebscher,* Privatisierung öffentlich-rechtlicher Sparkassen, in: BKR 2004, 102 (103 ff.); *N. Meier,* Ist der Verkauf einer

realisiert, denn das Sparkassengesetz Mecklenburg-Vorpommern wurde aus Anlass dieses Falls eigens um eine Vorschrift ergänzt, nach der die Zwangsfusion einer Sparkasse mit einer anderen Sparkasse Vorrang vor ihrer Auflösung hat.[13] Damit war dem »Asset deal«, der die Auflösung der Sparkasse voraussetzt, die Grundlage entzogen.

2. Mittelbare Privatisierung der öffentlich-rechtlichen Organisationsform

Im Hinblick auf den Begriff der »öffentlich-rechtlichen Sparkasse« in § 40 Abs. 1 Nr. 1 KWG wird vorgeschlagen, die öffentlich-rechtliche Organisationsform im Privatisierungsfall beizubehalten und die Sparkasse der Leitungsmacht einer privatrechtlich verfassten Holding zu unterstellen, deren Anteile wiederum Gegenstand des Veräußerungsvorgangs sein können. Das Ergebnis ist eine mittelbare »Privatisierung der öffentlich-rechtlichen Organisation«.[14] Die Unterordnung der öffentlich-rechtlichen Organisationsform erfolgt zum einen durch Abschluss eines konzernrechtlichen Beherrschungs- und Gewinnabführungsvertrags (§ 291 Abs. 1 Satz 1 AktG). Zum anderen wird die privatrechtliche Holding an der öffentlich-rechtlichen Organisationsform entweder still beteiligt (a.) oder mit der Trägerschaft beliehen (b.). Angesichts der rechtlichen Komplexität dieser Konstruktionen stellt sich nicht nur die Frage nach Sinn und Zweck (c.), sondern auch nach der rechtlichen Zulässigkeit (d.).

Sparkasse rechtlich zulässig?, in: VR 2006, 193 (196); *Niggemeyer,* Zulässigkeit und Grenzen von Sparkassenfusionen, S. 367 ff. – A. A. hingegen *Geerlings,* Sparkasse Stralsund – Trojanisches Pferd des deutschen Sparkassenwesens, in: NordÖR 2004, 181 (184 f.), der damit argumentiert, dass die aufgelöste Sparkasse dem öffentlichen Auftrag nicht mehr nachkommen könne, dabei jedoch übersieht, dass es sich um eine freiwillige Selbstverwaltungsaufgabe handelt.

13 §§ 28 Abs. 6, 29 Abs. 1 Satz 1 SpkG Meckl.-Vorp., eingefügt durch Gesetz v. 4.3.2004, in: GVBl. Meckl.-Vorp. S. 98. – Die Verfassungsmäßigkeit der vorrangigen Zwangsfusion bejahen *Niggemeyer,* Zulässigkeit und Grenzen von Sparkassenfusionen, S. 381 ff.; *H. Meyer,* Stralsund und das Sparkassenrecht, in: NJW 2004, 1700 (1702); *Th. Koch,* Kommunale Finanzkrise und Verkauf kommunaler Sparkassen, in: NVwZ 2004, 578 (580). – A. A. hingegen *Pautsch,* Zur rechtlichen Zulässigkeit des Verkaufs kommunaler Sparkassen, in: DÖV 2005, 990 (994), der von einem »offenkundigen Verstoß gegen die kommunale Selbstverwaltungsgarantie« spricht.

14 So *Stober,* Grundlagen der Beleihung, in: Wolff/Bachof/Stober, Verwaltungsrecht, Bd. 3, § 90 Rn. 5. – Vgl. auch *T. Fett,* Öffentlich-rechtliche Anstalten als abhängige Konzernunternehmen, S. 68 f. u. 263: »mittelbare Privatisierung«; *Helmrich/Schick,* Die beliehene Sparkassen-Holding AG, in: BKR 2003, 882 (888): »wirtschaftliche Privatisierung«.

a) Mittelbare Privatisierung durch stille Beteiligung

Im Jahr 1989 wurde mit der »Deutschen Siedlungs- und Landesrentenbank« (DSL-Bank) erstmals eine öffentlich-rechtliche Organisationsform durch stille Beteiligung einer privatrechtlichen Holding AG teilprivatisiert.[15] Die DSL-Bank selbst blieb eine Anstalt des öffentlichen Rechts und wurde durch § 4 Abs. 1 des DSL-Bank-Gesetzes ermächtigt, »Personen des privaten Rechts und Personengesellschaften« bis zu 49 % des Grundkapitals als stille Gesellschafter mit »mitunternehmerischen Rechten« zu beteiligen. Mittlerweile wurde das Institut allerdings in eine Aktiengesellschaft umgewandelt.[16]

Die Bankgesellschaft Berlin wurde im Jahr 1994 nach einem ähnlichen Modell organisiert.[17] Ausgangspunkt war die Gründung der Landesbank Berlin nach der Wiedervereinigung im Jahr 1990. Die bis zu diesem Zeitpunkt rechtlich selbständige Berliner Sparkasse wurde in die Landesbank integriert, die das Sparkassengeschäft in einer besonderen, aber rechtlich unselbständigen Abteilung weiterführte. Damit war die Landesbank Berlin zugleich Landesbank und Sparkasse.[18] Im Jahr 1994 wurde die Bankgesellschaft Berlin AG gegründet, der auch die Landesbank untergeordnet wurde. Die öffentlich-rechtliche Organisationsform der Landesbank wurde beibehalten und das Institut durch Änderung des Landesbankgesetzes ermächtigt, »Unternehmensverträge im Sinne des Aktiengesetzes abzuschließen« und sich »einer juristischen Person des Privatrechts« zu unterstellen, soweit das Land Berlin »mehrheitlich an dieser beteiligt ist und sein Einfluss bei der

---

15 Vgl. dazu *O. Schmidt,* Das DSL-Bank-Modell, S. 57 ff.; *B. Gärtner,* Finanzielle Beteiligung Privater an Anstalten des öffentlichen Rechts, S. 29 ff.; *Thode,* Veräußerung öffentlich-rechtlicher Versicherungsunternehmen in der Bundesrepublik Deutschland, S. 218 ff.; *B. Claussen,* Teilprivatisierung kommunaler Sparkassen?, S. 212 ff.

16 Vgl. das Gesetz über die Umwandlung der Deutschen Siedlungs- und Landesrentenbank in eine Aktiengesellschaft v. 16.12.1999, in: BGBl. I S. 2441; dazu die Regierungsbegründung, in: BT-Drucks., 14/1672 v. 29.9.1999, S. 7 ff.

17 Vgl. dazu *LAG Berlin,* Beschl. v. 27.10.1995 – 6 TaBV 1/95, in: AG 1996, 140 ff.; *Bezzenberger/Schuster,* Die öffentliche Anstalt als abhängiges Konzernunternehmen, in: ZGR 1996, 481 (484 ff.); *Neumann/Rux,* Einbindung öffentlich-rechtlicher Einrichtungen in einen privaten Konzern?, in: DB 1996, 1659 ff.; *F. Becker,* Perspektiven für eine organisatorische Verflechtung der Bankgesellschaft Berlin und der Norddeutschen Landesbank, in: NdsVBl. 2002, 57 (58); *T. Fett,* Öffentlich-rechtliche Anstalten als abhängige Konzernunternehmen, S. 89 ff.

18 Zur Gründung der Landesbank im Jahr 1990 und zur Integration der Berliner Sparkasse oben § 1 I. 1. a) aa) (S. 10 f.).

Erteilung von Weisungen gegenüber der Landesbank gewährleistet ist«.[19] Auf dieser Grundlage schlossen Landesbank und Bankgesellschaft einen »Vertrag über eine stille Gesellschaft zur Begründung einer einheitlichen Leitung«.[20] Im Ergebnis war die Bankgesellschaft damit »wirtschaftlich als 100 %-Anteilseignerin« anzusehen, wie die EG-Kommission nach dem geschäftlichen Scheitern im Zuge des anschließend durchgeführten Beihilfeverfahrens feststellte.[21]

Nach diesem Modell wurden im Jahr 1999 auch die »Berliner Wasserbetriebe« umstrukturiert. § 2 Abs. 2 des Gesetzes zur Teilprivatisierung der Berliner Wasserbetriebe ermächtigt die Berliner Wasserbetriebe, eine Anstalt des öffentlichen Rechts, »Unternehmensverträge im Sinne des Aktiengesetzes oder vergleichbare Verträge« abzuschließen und sich einer juristischen Person des Privatrechts zu unterstellen, »wenn das Land Berlin mehrheitlich an dieser beteiligt ist und sein Einfluss bei der Erteilung von Weisungen gegenüber den Berliner Wasserbetrieben gewährleistet ist«.[22] Die Formulierung stimmt wörtlich mit § 6 Abs. 4 des Landesbankgesetzes überein, so dass die Rechtskonstruktion wegen dieser Parallelität auch als »Berliner Modell« bezeichnet wird.[23]

b) Mittelbare Privatisierung durch Beleihung

Bei DSL-Bank, Landesbank Berlin und Berliner Wasserbetrieben ging es jeweils nur um eine private Minderheitsbeteiligung. Eine vollständige Privatisierung wäre aus Rechtsgründen nicht möglich gewesen, denn das Demokratieprinzip verlangt, dass die öffentlich-rechtliche Organisationsein-

---

19 § 6 Abs. 4 des Gesetzes über die Landesbank Berlin – Girozentrale –; ursprüngliche Fassung v. 27.9.1990 (GVBl. Berlin S. 2115); § 6 Abs. 4 Landesbankgesetz eingefügt in der Fassung der Neubekanntmachung v. 3.12.1993 (GVBl. Berlin S. 626); zuletzt geändert durch Gesetz v. 2.12.2004, in: GVBl. Berlin S. 494.

20 Zur Vertragsgestaltung im Einzelnen *T. Fett,* Öffentlich-rechtliche Anstalten als abhängige Konzernunternehmen, S. 91 ff.

21 *EG-Kommission,* Entscheidung v. 18.2.2004 über eine Umstrukturierungsbeihilfe Deutschlands zugunsten der Bankgesellschaft Berlin AG (2005/345/EG), in: ABl. Nr. L 116 v. 4.5.2005, S. 1 ff. (Abs. 12 der Gründe).

22 Gesetz zur Teilprivatisierung der Berliner Wasserbetriebe v. 17.5.1999, in: GVBl. Berlin S. 183.

23 Zur Rechtskonstruktion im Fall der Berliner Wasserbetriebe *BerlVerfGH,* Urt. v. 21.10.1999 – VerfGH 42/99, in: NVwZ 2000, 794 ff.; *J. Hecker,* Privatisierung unternehmenstragender Anstalten des öffentlichen Rechts, in: VerwArch 92 (2001), S. 261 (263 ff.); *Wolfers,* Privatisierung unter Wahrung der Rechtsform: Der Modellfall Berliner Wasserbetriebe, in: NVwZ 2000, 765 (765); *Bechtolsheim/Abend,* Teilprivatisierung der Berliner Wasserbetriebe, in: LKV 2000, 337 ff.

heit als Träger von Staatsgewalt mindestens mehrheitlich staatlich beherrscht ist.[24] Daher wird vorgeschlagen, die Holding AG ihrerseits demokratisch zu legitimieren und sie mit der Trägerschaft an der öffentlich-rechtlichen Organisationsform zu beleihen (»Holding-Beleihungsmodell«).[25] In der Rechtspraxis finden sich dafür einige Beispiele (aa.). Insbesondere wurde die Berliner Sparkasse im Jahr 2005 nach diesem Muster umstrukturiert (bb.).

aa) Anwendungsfälle des Holding-Beleihungsmodells

Das Holding-Beleihungsmodell wird in der Rechtspraxis bislang vorwiegend unter verwaltungsorganisatorischen Gesichtspunkten eingesetzt, wobei dadurch zumindest grundsätzlich auch eine Privatisierungsoption eröffnet ist. Das gilt beispielsweise für die Bayerische Landesbank. Die Trägerschaft an der Landesbank, einer Anstalt des öffentlichen Rechts, kann nach Art. 3 Abs. 1 Satz 2 des Bayerischen Landesbankgesetzes »auf eine juristische Person des Privatrechts durch öffentlich-rechtlichen Vertrag (Beleihung)« übertragen werden.[26] Auf dieser Grundlage wurde die »BayernLB Holding AG« gegründet und mit der Trägerschaft beliehen. Deren Anteilseigner wiederum sind, je zur Hälfte, das Land Bayern und der Sparkassenverband Bayern.[27] Eine vergleichbare Option eröffnet das rheinland-pfälzische Sparkassenrecht für die Landesbank Rheinland-Pfalz. Träger der Landesbank, ebenfalls Anstalt des öffentlichen Rechts, »sollen« nach § 26 Abs. 2 Satz 1 RhPfSpkG grundsätzlich juristische Personen des öffentlichen Rechts sein. Bislang ist das der Fall, denn die Landesbank Rheinland-Pfalz wird von der Landesbank Baden-Württemberg (LBBW) getragen, die 100 % der

---

24 Zu den Grenzen, die sich aus dem Demokratieprinzip für die Unterordnung einer öffentlich-rechtlichen Organisationsform unter eine privatrechtliche Holding ergeben, unten § 3 I. 2. d) dd) (S. 76 ff.).

25 Dafür *T. Fett,* Öffentlich-rechtliche Anstalten als abhängige Konzernunternehmen, S. 250 ff.; *Wolfers/Kaufmann,* Private als Anstaltsträger, in: DVBl. 2002, 507 (508 ff.); *Helmrich/Schick,* Die beliehene Sparkassen-Holding AG: Ein Modell für die Zukunft, in: BKR 2003, 882 ff.; *Kost/Geerling,* Rechtliche Vorgaben für Restrukturierungen im Sparkassensektor, in: BKR 2003, 690 (695 f.); *Bredow/Schick/Liebscher,* Privatisierung öffentlich-rechtlicher Sparkassen: Gegenwärtige Gestaltungsoptionen, in: BKR 2004, 102 (103); *Schuster/Sohns,* Zur Veräußerung von Sparkassen, in: ZBB 2006, 342 (353, 350 f.); *H. Müller,* Fortentwicklung des Sparkassensektors, in: ZögU 2005, 327 (353).

26 Gesetz über die Bayerische Landesbank in der Fassung der Bekanntmachung v. 1.2.2003, in: BayGVBl. S. 54; zuletzt geändert durch Gesetz v. 10.4.2007, in: BayGVBl. S. 267; abgedr. bei *Fischer/Herbst* Nr. 4.2.1.

27 *BayernLB,* Kurzprofil, unter: http://www.bayernlb.de (Stand: 17.6.2008).

Anteile hält und ihrerseits eine Anstalt des öffentlichen Rechts ist.[28] Nach § 26c Abs. 3 Satz 1 RhPfSpkG können aber auch juristische Personen des Privatrechts als Träger fungieren, wenn sie durch das Land beliehen werden. Dann läge ein weiterer Anwendungsfall des Holding-Beleihungsmodells vor.

Die Börsen bilden die einzige Konstellation, in der das Holding-Beleihungsmodell bislang tatsächlich zu einer privat getragenen öffentlich-rechtlichen Anstalt geführt hat. Nach § 2 Abs. 1 des Börsengesetzes (BörsG) sind die Börsen »teilrechtsfähige Anstalten des öffentlichen Rechts«.[29] Von der Börse selbst ist der Börsenträger zu unterscheiden, der nach § 5 Abs. 1 BörsG durch die Erteilung der Börsenerlaubnis »als Träger der Börse zu deren Errichtung und Betrieb verpflichtet« wird. Dem wird entnommen, dass mit der Erteilung der Börsenerlaubnis eine Beleihung mit der Börsenträgerschaft einhergeht.[30] Der Börsenträger seinerseits kann durchaus vollständig in privater Hand sein, wie das Beispiel der Frankfurter Wertpapierbörse zeigt, die seit dem Jahr 1990 unter anderem von der ihrerseits börsennotierten Deutschen Börse AG getragen wird.[31] Die Vorteile dieser Struktur werden insbesondere darin gesehen, dass die öffentlich-rechtliche Rechtsform der Börse eine hoheitliche Regulierung des Marktgeschehens durch einseitige Eingriffe gegenüber den Marktteilnehmern ermöglicht.[32] Das betrifft beispielsweise ihre Zulassung zum Börsenhandel und deren Widerruf, die als Verwaltungsakte zu qualifizieren sind[33] und daher einseitig-hoheitliche Maßnahmen darstellen.

28 Satzung der Landesbank Rheinland-Pfalz in der Fassung v. 17.1.2007, Präambel, unter: http://www.lrp.de (Stand: 17.6.2008); § 1 Abs. 1 Satz 1 des Gesetzes über die Landesbank Baden-Württemberg v. 11.11.1998 (GBl. BW S. 589) in der Fassung v. 19.7.2005, unter: http://www.lbbw.de (Stand: 17.6.2008).

29 Börsengesetz v. 16.7.2007, in: BGBl. I S. 1330; zuletzt geändert durch Gesetz v. 21.12.2007, in: BGBl. I. S. 3089.

30 *Kümpel,* Bank- und Kapitalmarktrecht, S. 2293 ff.

31 Nach § 2 Abs. 1 Satz 1 der Börsenordnung für die Frankfurter Wertpapierbörse mit Stand vom 1.11.2007, unter: http:/www.deutsche-boerse.com (Stand: 5.2.2008), sind Träger der Frankfurter Wertpapierbörse die »Deutsche Börse AG« und die »Scoach Europa AG« (beide Frankfurt am Main); zur Frankfurter Wertpapierbörse als Beispiel für das Holding-Beleihungsmodell s. auch *Helmrich/Schick,* Die beliehene Sparkassen-Holding AG: Ein Modell für die Zukunft, in: BKR 2003, 882 (882 f.).

32 *Kümpel,* Bank- und Kapitalmarktrecht, S. 2328 ff. u. 2430 ff.

33 *Kümpel,* Bank- und Kapitalmarktrecht, S. 2434 f.

bb) Insbesondere: Die Umstrukturierung der Berliner Sparkasse

Mit der Umstrukturierung der Berliner Sparkasse durch das zu Beginn des Jahres 2006 in Kraft getretene Berliner Sparkassengesetz wurde das Holding-Beleihungsmodell erstmals auf eine Sparkasse angewendet mit dem Ziel, ihre Privatisierung zu ermöglichen.[34] Bis zu diesem Zeitpunkt war die Berliner Sparkasse eine rechtlich unselbständige Abteilung der Landesbank Berlin. Die Landesbank, eine Anstalt des öffentlichen Rechts, war damit in Berlin zugleich Landesbank und Sparkasse. Sie war ihrerseits der Bankgesellschaft Berlin AG untergeordnet, die als beherrschendes Unternehmen an der Landesbank still beteiligt war.[35] Die Anteile an der Bankgesellschaft wiederum befanden sich zu 81 % im Besitz des Landes Berlin und zu weiteren 10 % im Besitz der Norddeutschen Landesbank (NordLB). Die übrigen Anteile waren in Privatbesitz, davon 2 % im Besitz der »Gothaer Finanzholding AG« und weitere 7 % in Streubesitz.[36] In den neunziger Jahren geriet die Bankgesellschaft durch fehlgeschlagene Immobiliengeschäfte in eine finanzielle Schieflage.[37] Das Land Berlin musste erhebliche Beihilfen leisten, die von der EG-Kommission nur unter der Voraussetzung genehmigt wurden, dass die Bundesrepublik Deutschland sicherstellt, dass sich das Land Berlin bis Ende des Jahres 2007 von seiner 81-prozentigen Beteiligung in einem »transparenten und diskriminierungsfreien Veräußerungsverfahren« trennt.[38]

---

34 Gesetz über die Berliner Sparkasse und die Umwandlung der Landesbank Berlin – Girozentrale – in eine Aktiengesellschaft v. 28.6.2005, in: GVBl. Berlin S. 346. – In Kraft getreten zum 1.1.2006 (§ 15 Abs. 1). Zugleich wurde damit das vorher gültige Landesbankgesetz außer Kraft gesetzt (§ 15 Abs. 2). – S. auch *Preussner,* Der Gesetzentwurf über die Berliner Sparkasse, in: BKR 2005, 309 ff.; *Schuster/Sohns,* Zur Veräußerung von Sparkassen, in: ZBB 2006, 342 (349 ff.).

35 Zur Rechtskonstruktion von Bankgesellschaft Berlin, Landesbank Berlin und Berliner Sparkasse vor der Umgestaltung durch das neue Berliner Sparkassengesetz oben § 3 I. 2. a) (S. 62 f.).

36 *Landesbank Berlin* (Hrsg.), Geschäftsbericht 2005, unter: http://www.lbb.de (Stand: 17.6.2008), S. 121.

37 Vgl. dazu *EG-Kommission,* Entscheidung v. 18.2.2004 über eine Umstrukturierungsbeihilfe Deutschlands zugunsten der Bankgesellschaft Berlin AG (2005/345/EG), in: ABl. Nr. L 116 v. 4.5.2005, S. 1 ff. (Abs. 17 ff. der Gründe); journalistische Aufarbeitung bei *M. D. Rose,* Eine ehrenwerte Gesellschaft: Die Bankgesellschaft Berlin, S. 54 ff., sowie *Financial Times Deutschland*/Luttmer v. 19.1.2007 S. 19 (»Geschichte eines Bankenskandals«).

38 *EG-Kommission,* Entscheidung v. 18.2.2004 über eine Umstrukturierungsbeihilfe Deutschlands zugunsten der Bankgesellschaft Berlin AG, (2005/345/EG), in: ABl. Nr. L 116 v. 4.5.2005, S. 1 ff. (Art. 1 Abs. 2 und Art. 2 Abs. 1 lit. b mit Anhang).

Diese Bedingung konnte nicht ohne weiteres erfüllt werden. Da die Landesbank Berlin eine Anstalt des öffentlichen Rechts war, verlangte das Demokratieprinzip, dass die Anteile am beherrschenden Unternehmen mindestens mehrheitlich in staatlicher Hand sein mussten.[39] Ein diskriminierungsfreies Veräußerungsverfahren, bei dem auch ein privater Investor hätte zum Zuge kommen können, wäre damit von vornherein ausgeschlossen gewesen. Durch die Umstrukturierung wurde dieses Hemmnis beseitigt und die Landesbank in eine Aktiengesellschaft umgewandelt (§ 10 Abs. 1 BerlSpkG). Die Bankgesellschaft, zwischenzeitlich umfirmiert in »Landesbank Berlin Holding AG«,[40] ist beherrschendes Unternehmen geblieben, denn sie gilt nach § 10 Abs. 2 BerlSpkG als Gründerin der Landesbank und hat deren Grundkapital übernommen. Zu einer Privatisierung ist es im Ergebnis allerdings nicht gekommen, denn im Rahmen des im Jahr 2007 durchgeführten Bieterverfahrens hat letztlich der Deutsche Sparkassen- und Giroverband den Zuschlag erhalten, der seitdem über eine eigens gegründete Tochtergesellschaft nahezu 100 % der Anteile hält.[41] Anteilseigner der Landesbank Berlin Holding AG sind jetzt die »Erwerbsgesellschaft der S-Finanzgruppe mbH & Co. KG« und die »Beteiligungsgesellschaft der S-Finanzgruppe mbH & Co. KG«, die insgesamt 98,6 % der Anteile auf sich vereinen. Die restlichen 1,4 % befinden sich nach wie vor in Streubesitz.[42]

Von der Umstrukturierung war auch die Berliner Sparkasse betroffen. Nach § 3 Abs. 1 BerlSpkG ist das Institut jetzt eine »teilrechtsfähige Anstalt des öffentlichen Rechts«. Trägerin ist nach wie vor die Landesbank, die nach § 3 Abs. 2 BerlSpkG mit der Trägerschaft beliehen wurde. Erklärtermaßen sollte an der organisatorischen Einbindung der Sparkasse in die Landesbank

---

39 Zu den Grenzen, die sich aus dem Demokratieprinzip für die Unterordnung einer öffentlich-rechtlichen Organisationsform unter eine privatrechtliche Holding ergeben, ausführlich unten § 3 I. 2. c) dd) (S. 76 ff.).

40 *Handelsblatt* v. 30.8.2006 S. 23 (»Bankgesellschaft Berlin heißt jetzt Landesbank Berlin«); vgl. auch die entsprechende Ankündigung in *Landesbank Berlin* (Hrsg.), Geschäftsbericht 2005, unter: http://www.lbb.de (Stand: 17.1.2006), S. 4.

41 *Landesbank Berlin Holding AG* (Hrsg.), Zwischenbericht zum 30. Juni 2007, unter: http://www.lbb-holding.de (Stand: 5.2.2008), S. 7; *Handelsblatt* v. 15.6.2007 S. 1 (»Sparkassen siegen in Berlin: Deutscher Sparkassen- und Giroverband erhält den Zuschlag für die Landesbank Berlin Holding AG«); *Financial Times Deutschland* v. 15.6.2007 S. 1 (»Sparkassen gewinnen Berlin Poker«).

42 *Landesbank Berlin Holding AG,* Eigentümerstruktur, unter: http://www.lbb-holding.de (Stand: 24.6.2008).

nichts geändert werden.[43] Dementsprechend sind die konkreten Organisationsstrukturen ausgestaltet: In sachlicher Hinsicht beschränkt sich die Teilrechtsfähigkeit nach § 3 Abs. 4 BerlSpkG darauf, die Bezeichnung »Berliner Sparkasse« zu verwenden. Die Vermögensgegenstände bleiben nach § 3 Abs. 3 Satz 3 BerlSpkG der Landesbank zugeordnet, die auch allein aus den im Namen der Berliner Sparkasse begründeten Verbindlichkeiten berechtigt und verpflichtet wird. In organisatorischer Hinsicht beschränkt sich die Eigenständigkeit auf den Sparkassenbeirat (§ 7 Abs. 1 Satz 1 BerlSpkG). Der für die Geschäftsführung zuständige Vorstand muss hingegen nach § 6 Abs. 2 Satz 1 Halbs. 2 BerlSpkG zwingend mit dem Vorstand der Landesbank identisch sein. Gegenüber seiner Leitungsmacht fällt die Kompetenz des Sparkassenbeirats, der nach § 7 Abs. 1 Satz 1 BerlSpkG auf eine »sachverständige Beratung« beschränkt ist, kaum ins Gewicht. Faktisch nimmt damit die Landesbank nach wie vor die Geschäfte einer Sparkasse in Berlin wahr. Die Verselbständigung der Berliner Sparkasse ist so geringfügig, dass sie bei materiell-organisatorischer Betrachtung der konkreten Organisationsstrukturen weiterhin als unselbständige Abteilung der Landesbank Berlin erscheint. Ihr wurde lediglich im Hinblick auf den Begriff der öffentlich-rechtlichen Sparkasse in § 40 Abs. 1 Nr. 1 KWG das »Rechtskleid« des Öffentlich-Rechtlichen übergezogen.

c) Sinn und Zweck einer mittelbaren Privatisierung öffentlich-rechtlicher Organisationsformen

Ein bestimmter Grund, der es als generell vorteilhaft erscheinen ließe, an der öffentlich-rechtlichen Organisationsform im Privatisierungsfall festzuhalten, ist nicht erkennbar. Die Überlegung, die öffentlich-rechtliche Organisationsform nehme die Angst vor der Privatisierung,[44] kann angesichts der Komplexität der zugrunde liegenden Rechtskonstruktionen nicht überzeugen. Im Übrigen wird als Vorzug öffentlich-rechtlicher Organisationsformen im Allgemeinen angesehen, dass sie einer staatlichen Steuerung besser zugänglich seien als privatrechtliche Organisationsformen, denen die Tendenz zur Verselbständigung und Entfernung von der zugrunde liegenden öffentlichen

43 Regierungsentwurf zum BerlSpkG, in: Drucks. Abgeordnetenhaus Berlin, 15/3802 v. 29.3.2005, S. 8 f. u. 10; vgl. auch *Landesbank Berlin* (Hrsg.), Geschäftsbericht 2005, unter: http://www.lbb.de (Stand: 17.1.2006), S. 4, nach dem trotz der Umstrukturierung »die Zukunft der Berliner Sparkasse innerhalb der Landesbank« gesichert worden sei.

44 *Helmrich/Schick,* Die beliehene Sparkassen-Holding AG, in: BKR 2003, 882 (888).

Aufgabenstellung innewohne.[45] Dieser Steuerungsvorteil kann allerdings nicht mehr zur Geltung kommen, wenn eine privatrechtliche Organisationsform als beherrschendes Unternehmen vorgeschaltet ist, denn dann kommt es maßgeblich auf deren Steuerungsfähigkeit an.

Sinnhaft wird die mittelbare Privatisierung nur vor dem Hintergrund der Besonderheiten des Einzelfalls. Entweder wird die öffentlich-rechtliche Organisationsform beibehalten, weil sie ein hoheitliches Handeln ermöglicht. In diese Kategorie fallen die Börsen, deren öffentlich-rechtliche Organisationsform der einseitig-hoheitlichen Regulation des Marktgeschehens dient.[46] Oder die öffentlich-rechtliche Organisationsform wird beibehalten, um negative Rechtsfolgen zu vermeiden, die sich aus einer bestimmten Rechtsnorm im Einzelfall ergeben würden, die damit als »faktisches Privatisierungshindernis« wirkt. So wird etwa die Beibehaltung der öffentlich-rechtlichen Organisationsform der Berliner Wasserbetriebe damit erklärt, dass es im Berliner Recht eine Rechtsnorm gab, die den Arbeitnehmern bei einem Rechtsformwechsel einen Beschäftigungsanspruch gewährt hätte.[47] Im Fall der Sparkassen wirkt § 40 Abs. 1 KWG als faktisches Privatisierungshemmnis, weil danach grundsätzlich nur »öffentlich-rechtliche Sparkassen« zur Verwendung der Bezeichnung »Sparkasse« befugt sind. Der Sinn einer mittelbaren Privatisierung besteht also bezogen auf die Sparkassen allein darin, in Übereinstimmung mit dem Wortlaut des § 40 Abs. 1 Nr. 1 KWG die weitere Verwendung der Bezeichnung »Sparkasse« zu ermöglichen.[48] Besonders deutlich wird dies im Fall der Berliner Sparkasse: Im Jahr 1990 wurde das Institut als unselbständige Abteilung in die

---

45 *Ehlers,* Recht der öffentlichen Unternehmen, S. 108 f.; *ders.,* Die Entscheidung der Kommunen für eine öffentlich-rechtliche oder privatrechtliche Organisationsform ihrer Einrichtungen und Unternehmen, in: DÖV 1986, 897 (901, 904 f.); *Burgi,* in: Erichsen/Ehlers, Allgemeines Verwaltungsrecht, § 9 Rn. 19; *Scholz/Pitschas,* Kriterien für die Wahl der Rechtsform, in: Püttner (Hrsg.), Handbuch der kommunalen Wissenschaft und Praxis, 2. Aufl., Bd. 5, S. 128 (147); *Pielow,* Neue Rechtsformen für kommunale Unternehmen, in: FS K. Ipsen, S. 725 (736 f.); *Erbguth/Stollmann,* Erfüllung öffentlicher Aufgaben durch private Rechtssubjekte?, in: DÖV 1993, 798 (801).

46 Zu den Börsen als Beispiel für das Holding-Beleihungsmodell oben § 3 I. 2. b) aa) (S. 65).

47 *Hecker,* Privatisierung unternehmenstragender Anstalten des öffentlichen Rechts, in: VerwArch 92 (2001), S. 261 (264); *Wolfers,* Privatisierung unter Wahrung der öffentlich-rechtlichen Rechtsform: Der Modellfall Berliner Wasserbetriebe, in: NVwZ 2000, 765 (765); zu den Berliner Wasserbetrieben oben § 3 I. 2. a) (S. 63).

48 *Beuthien,* Öffentliche Kreditwirtschaft zwischen Marktanpassung und Strukturwandel, in: WM 2004, 1467 (1472); *Helmrich/Schick,* Die beliehene Sparkassen-Holding AG, in: BKR 2003, 882 (888).

Landesbank integriert, so dass die Landesbank selbst Sparkasse war. Das war wegen der öffentlich-rechtlichen Organisationsform der Landesbank bezeichnungsrechtlich unproblematisch. Bei ihrer Unterordnung unter die Bankgesellschaft im Jahr 1994 hätte es nahe gelegen, die Landesbank in eine Aktiengesellschaft umzuwandeln. Dann aber wäre die Bezeichnungsbefugnis gefährdet gewesen, so dass die öffentlich-rechtliche Organisationsform beibehalten wurde.[49] Im Jahr 2005 wurde die Landesbank schließlich doch in eine Aktiengesellschaft umgewandelt. Um gleichwohl die Bezeichnungsbefugnis zu erhalten, sollte zumindest die Berliner Sparkasse öffentlich-rechtlich bleiben, weshalb § 3 Abs. 1 BerlSpkG die entsprechende Abteilung zur teilrechtsfähigen Anstalt des öffentlichen Rechts erklärt, ohne dass sich ihre organisatorische Einbindung der Sache nach geändert hat.

d) Zulässigkeit und Grenzen des Holding-Beleihungsmodells

Das öffentliche Recht ist das Sonderrecht des Staates.[50] Öffentlich-rechtliche Organisationsformen sind daher dem Staat vorbehalten, so dass sich die Frage stellt, ob es rechtlich zulässig ist, wenn öffentlich-rechtliche Organisationsformen teilweise oder vollständig mittelbar privatisiert und der Leitungsmacht einer privatrechtlichen Holding unterstellt werden.

aa) Vereinbarkeit mit dem Prinzip der Rechtsformklarheit

Im Sinne der Rechtsformklarheit könnte eine derartige Vermischung öffentlich-rechtlicher und privatrechtlicher Rechtsformen von vornherein als

---

49 Vgl. *EG-Kommission,* Entscheidung der Kommission vom 18.2.2004 über eine Umstrukturierungsbeihilfe Deutschlands zugunsten der Bankgesellschaft Berlin AG (2005/345/EG), in: ABl. Nr. L 116 v. 4.5.2005, S. 1 ff. (Rn. 62 der Gründe), die ebenfalls feststellt, dass »ein KWG-einheitliches Institut« nur deshalb nicht geschaffen werden konnte, weil »wegen § 40 KWG der Name ›Berliner Sparkasse‹ ... verloren gegangen wäre.« – In gleichem Sinn *Bezzenberger/Schuster,* Die öffentliche Anstalt als abhängiges Konzernunternehmen, in: ZGR 1996, 481 (487); *T. Fett,* Öffentlich-rechtliche Anstalten als abhängige Konzernunternehmen, S. 25. – Anders hingegen *Neumann/Rux,* Einbindung öffentlich-rechtlicher Einrichtungen in einen privaten Konzern?, in: DB 1996, 1659 (1659), die argumentieren, dass die bei der Landesbank Beschäftigten von Beamten und Angestellten des öffentlichen Dienstes zu »Angestellten des Bankgewerbes« geworden wären, wofür »umfangreiche Ausgleichsmaßnahmen« hätten geleistet werden müssen.

50 Vgl. statt vieler *Ehlers,* in: Erichsen/Ehlers (Hrsg.), Allgemeines Verwaltungsrecht, § 3 Rn. 11 ff. m. w. N., *dens.,* Verwaltung in Privatrechtsform, S. 30 ff., sowie *Wolff/Bachof/Stober,* Verwaltungsrecht, Bd. 1, § 22 Rn. 25 f., die vom öffentlichen Recht als dem »Amtsrecht des Staates« sprechen.

unzulässig anzusehen sein. Im Gesellschaftsrecht wird eine vergleichbare Fragestellung unter dem Stichwort »Typenzwang« beziehungsweise »Typengesetzlichkeit« diskutiert. Ursprünglicher Anlass war das Aufkommen der GmbH & Co. KG, die gleichfalls eine Vermischung von im Ausgangspunkt konträren Organisationsformen darstellt, heute aber allgemein anerkannt und gesetzgeberisch bestätigt ist. Nach der Idee des »Typenzwangs« soll es unzulässig sein, eine Rechtsform durch vertragliche Gestaltungen so umzugestalten, dass sie sich dem ursprünglichen gesetzgeberischen Leitbild nicht mehr zuordnen lässt.[51] In diesem Sinn wird das Konzept des »Typenzwangs« anschaulich als »Bollwerk gegen die immer neuen Phantasieprodukte der Kautelarjurisprudenz« umschrieben.[52] Mit diesem Ansatzpunkt ließe sich argumentieren, es sei mit dem Wesen der öffentlich-rechtlichen Organisationsformen generell nicht vereinbar, diese privatrechtlichen Organisationsformen unterzuordnen. Eine organisatorische Notwendigkeit hierzu ist nicht ohne weiteres erkennbar, denn die Rechtsordnung stellt für die Unterordnung von Organisationsformen grundsätzlich die Mittel des Konzernrechts (§§ 291 ff. AktG) zur Verfügung.

Soweit entsprechende Bedenken im Schrifttum aufgegriffen werden, werden sie mit unterschiedlicher Begründung im Ergebnis als nicht durchgreifend angesehen. Teils wird schlicht auf die gesellschaftsrechtliche Dispositionsfreiheit verwiesen.[53] Damit wird die Problematik allerdings zu einseitig aus gesellschaftsrechtlicher Perspektive betrachtet, denn die Frage nach dem Wesensgehalt stellt sich gerade nicht für die beherrschende privatrechtliche Organisationsform, sondern vor allem für die untergeordnete öffentlich-rechtliche Organisationsform. In Bezug auf diese kann mit der gesellschaftsrechtlichen Dispositionsfreiheit nicht argumentiert werden. Teils wird eine Verletzung des Prinzips der Typengesetzlichkeit mit der Überlegung verneint, dass nur solche Umgestaltungen unzulässig seien, die einen »substantiellen Ordnungsgehalt« betreffen, was bei der Vermischung öffentlich-rechtlicher und privatrechtlicher Organisationsformen jedoch nicht der Fall sei.[54] Dieser Schlussfolgerung kann ebenfalls nicht ohne weiteres zugestimmt werden: Bei der Verknüpfung öffentlich-rechtlicher und privatrecht-

51 *K. Schmidt,* Gesellschaftsrecht, S. 111 ff. m. w. N.

52 So *K. Schmidt,* Gesellschaftsrecht, S. 112.

53 *T. Fett,* Öffentlich-rechtliche Anstalten als abhängige Konzernunternehmen, S. 79 f.; *B. Gärtner,* Finanzielle Beteiligung Privater an Anstalten des öffentlichen Rechts, S. 42.

54 So *B. Claussen,* Teilprivatisierung kommunaler Sparkassen?, S. 221 f.

licher Organisationsformen stehen durchaus »substantielle Ordungsgehalte« auf dem Spiel, denn zum einen wird dadurch die grundsätzliche Zweiteilung von öffentlichem Recht und privatem Recht in Frage gestellt und zum anderen wirft die Einbindung Privater in eine Anstalt des öffentlichen Rechts erhebliche Probleme aus der Sicht des Demokratieprinzips auf.[55] Im Ergebnis ist es gleichwohl zutreffend, die Idee des Typenzwangs beziehungsweise das Prinzip der Rechtsformklarheit nicht als durchgreifendes Hindernis anzusehen. Ein klarer Prüfungsmaßstab ergibt sich daraus nicht. Daher bietet das Prinzip der Rechtsformklarheit keine überzeugende Grundlage, auf der die Vermischung öffentlich-rechtlicher und privatrechtlicher Organisationsformen prinzipiell abgelehnt werden könnte. Das Prinzip der Rechtsformklarheit als solches bildet keinen eigenständigen Prüfungsmaßstab, an dem die entsprechenden Rechtskonstruktionen gemessen werden können. Maßgeblich ist vielmehr, ob eine Umgehung bestimmter einzelner Ordnungsprinzipien vorliegt.[56] Insoweit stellt sich bei der Unterordnung einer öffentlich-rechtlichen Anstalt unter eine privatrechtliche Organisationsform insbesondere die Frage nach der Vereinbarkeit mit dem Demokratieprinzip. Dieses, nicht aber ein abstraktes Prinzip der Rechtsformklarheit, bildet den konkreten Prüfungsmaßstab.

bb) Vereinbarkeit mit der Anstaltsform

Ebenso wenig ergeben sich aus dem Anstaltsbegriff selbst grundsätzliche Einwände. Teils wird die Auffassung vertreten, es stehe im Widerspruch zum Wesen einer Anstalt des öffentlichen Rechts, wenn diese ein abhängiges Unternehmen sei, da der Sinn und Zweck rechtsfähiger Anstalten darin bestehe, öffentliche Aufgaben effektiver durch eine Organisationsform wahrnehmen zu können, die sich gerade durch ihre Verselbständigung auszeichne.[57] Gegen diese Betrachtungsweise spricht jedoch ebenfalls, dass aus einem abstrakten Wesensgehalt des Anstaltsbegriffs mangels Bestimmbarkeit nichts hergeleitet werden kann. Der Begriff der Anstalt des öffentlichen Rechts ist ein offener Begriff. Er ist organisatorisch weder verfassungsrechtlich noch verwaltungsrechtlich in einer bestimmten Weise

---

55 Zu den sich aus dem Demokratieprinzip ergebenden Schranken für die Einbeziehung Privater in eine Anstalt des öffentlichen Rechts unten § 3 I. 2. d) dd) (S. 76 ff.).

56 So auch bezogen auf die gesellschaftsrechtliche Problematik *K. Schmidt,* Gesellschaftsrecht, S. 119 f.

57 *LAG Berlin,* Beschl. v. 27.10.1995 – 6 TaBV 1/95, in: AG 1996, 140 (142).

determiniert.[58] Grundlegend ist allein die Definition als »Bestand von Mitteln, sächlichen wie persönlichen, welche in der Hand eines Trägers öffentlicher Verwaltung dauerhaft einem besonderen öffentlichen Zwecke zu dienen bestimmt sind«.[59] Der Begriff der Anstalt ist damit in erster Linie funktionsbezogen (»einem besonderen öffentlichen Zwecke zu dienen bestimmt«). In organisatorischer Hinsicht setzt er lediglich ein Mindestmaß an Verselbständigung voraus (»Bestand von Mitteln«). Konkrete Organisationsstrukturen gibt der Anstaltsbegriff als solcher damit nicht vor. Es ist Sache des Trägers, diese – in den Grenzen des Demokratieprinzips – durch oder aufgrund Gesetzes auszugestalten und an die Bedürfnisse anzupassen, die sich aus der jeweils zu erfüllenden öffentlichen Aufgabe ergeben.[60] Diese Offenheit des Anstaltsbegriffs hat zur Folge, dass »praktisch jede beliebige Verwaltungseinheit unter ihn subsumiert werden kann«.[61] Angesichts dessen wird zu Recht darauf hingewiesen, dass es »müßig« sei, die Gestaltungsfreiheit des Gesetzgebers »aus einem ominösen ›Wesen der Anstalt‹ heraus« eingrenzen zu wollen.[62] Der Gedanke des Wesensgehalts ist als Prüfungsmaßstab jedenfalls dann unbrauchbar, wenn es, wie im Fall der Anstalt des öffentlichen Rechts, an einem definierten organisatorischen Typus fehlt. Im Ergebnis steht also der Anstaltsbegriff als solcher der

58 *BerlVerfGH,* Urt. v. 21.10.1999 – VerfGH 42/99, in: NVwZ 2000, 794 (795).

59 Vgl. *Burgi,* in: Erichsen/Ehlers (Hrsg.), Allgemeines Verwaltungsrecht, § 7 Rn. 13; *Maurer,* Allgemeines Verwaltungsrecht, § 23 Rn. 46; grundlegend *Otto Mayer,* Deutsches Verwaltungsrecht, Bd. 2, 1. Aufl. 1896, S. 318; später: 3. Aufl. 1924, S. 268.

60 *Maurer,* Allgemeines Verwaltungsrecht, § 23 Rn. 51; *M. Müller,* in: Wolff/Bachof/Stober, Verwaltungsrecht, Bd. 3, § 88 Rn. 6 f.; *J. Wolf,* Anstalt des öffentlichen Rechts als Wettbewerbsunternehmen, S. 95 f.; *Berg,* Die öffentlichrechtliche Anstalt, in: NJW 1985, 2294 (2295); *Krebs,* Die öffentlichrechtliche Anstalt, in: NVwZ 1985, 609 (613); *Siekmann,* Die verwaltungsrechtliche Anstalt – eine Kapitalgesellschaft des öffentlichen Rechts?, in: NWVBl. 1993, 361 (361 f., 364, 367); *F. Becker,* Die landesrechtliche »Kapitalgesellschaft des öffentlichen Rechts« in der bundesstaatlichen Kompetenzordnung, in: DÖV 1998, 98 (99). – Vgl. auch speziell für Sparkassen und Landesbanken *D. Schmidt,* Sparkassenwissen für Verwaltungsräte, S. 88 f., sowie *H. Müller,* Fortentwicklung des Sparkassensektors, in: ZögU 2005, 327 (347).

61 *Krebs,* Die öffentlichrechtliche Anstalt, in: NVwZ 1985, 609 (613).

62 *F. Becker,* Die landesrechtliche »Kapitalgesellschaft des öffentlichen Rechts«, in: DÖV 1998, 97 (99).

Unterordnung einer Anstalt des öffentlichen Rechts unter eine privatrechtliche Organisationsform nicht entgegen.[63]

cc) Vereinbarkeit mit der Kompetenzordnung

Es wird allerdings zum Teil die Auffassung vertreten, dem Landesgesetzgeber sei es aus kompetenziellen Gründen verwehrt, seine Anstalten zu »Kapitalgesellschaften des öffentlichen Rechts« umzufunktionieren, da die Regelung des Kapitalgesellschaftsrechts Sache des Bundes sei.[64] Dieser Einwand ist im Ausgangspunkt auf den Fall bezogen, dass der Landesgesetzgeber durch Gesetz handelbare Anteile an der Anstalt selbst bildet. Das Ergebnis ist in diesem Fall eine unmittelbare Kapitalisierung der öffentlich-rechtlichen Organisationsform, die sich dadurch der Rechtsform der Aktiengesellschaft annähert. Bei der Unterordnung einer öffentlich-rechtlichen Organisationsform unter eine privatrechtliche Holding wird die öffentlich-rechtliche Organisationsform hingegen nur mittelbar, über die privatrechtliche Holding, kapitalisiert. Der kompetenzielle Einwand müsste allerdings auch in dieser Konstellation als durchgreifend angesehen werden, denn das Ergebnis, die faktische Kapitalisierung der öffentlich-rechtlichen Organisationsform, ist das gleiche.[65]

Zutreffend ist, dass die Länder zur Normierung von Kapitalgesellschaftsrecht nicht befugt sind, denn der Bund hat das Kapitalgesellschaftsrecht auf der Grundlage seiner konkurrierenden Kompetenz für das »Handelsrecht« aus Art. 74 Abs. 1 Nr. 11 GG durch den Erlass entsprechender Organisa-

---

63 Ebenso *BerlVerfGH,* Urt. v. 21.10.1999 – VerfGH 42/99, in: NVwZ 2000, 794 (795); *F. Becker,* Die landesrechtliche »Kapitalgesellschaft des öffentlichen Rechts«, in: DÖV 1998, 97 (99); ferner *ders.,* Die Vernetzung der Landesbanken, S. 244 ff.; *Hecker,* Privatisierung unternehmenstragender Anstalten des öffentlichen Rechts, in: VerwArch 92 (2001), S. 261 (270 f.); *Wolfers,* Privatisierung unter Wahrung der öffentlich-rechtlichen Rechtsform, in: NVwZ 2000, 765 (765); *Siekmann,* Die verwaltungsrechtliche Anstalt – eine Kapitalgesellschaft des öffentlichen Rechts?, in: NWVBl. 1993, 361 (367); *Gärtner,* Finanzielle Beteiligung Privater an Anstalten des öffentlichen Rechts, S. 9; *Thode,* Veräußerung öffentlich-rechtlicher Versicherungsunternehmen in der Bundesrepublik Deutschland, S. 222; *T. Fett,* Öffentlich-rechtliche Anstalten als abhängige Konzernunternehmen, S. 73 ff.

64 *F. Becker,* Die landesrechtliche »Kapitalgesellschaft des öffentlichen Rechts« in der bundesstaatlichen Kompetenzordnung, in: DÖV 1998, 97 (102 ff.); *ders.,* Die Vernetzung der Landesbanken, S. 254 ff.; *Siekmann,* Die verwaltungsrechtliche Anstalt – eine Kapitalgesellschaft des öffentlichen Rechts?, in: NWVBl. 1993, 361 (370).

65 So auch *J. Hecker,* Privatisierung unternehmenstragender Anstalten des öffentlichen Rechts, in: VerwArch 92 (2001), 261 (271 f.).

tionsgesetze, insbesondere des Aktiengesetzes und des GmbH-Gesetzes, abschließend geregelt.[66] Die Kapitalisierung einer Anstalt des öffentlichen Rechts im Einzelfall stellt jedoch keine Regelung des Kapitalgesellschaftsrechts dar, sondern ist dem öffentlichen Organisationsrecht zuzuordnen. Dieses wiederum fällt gemäß Art. 30 und Art. 70 Abs. 1 GG in die Kompetenz der Länder, deren Eigenstaatlichkeit die Kompetenz zur Regelung der Organisation der öffentlichen (Landes-)Verwaltung umfasst. Daher bestehen aus kompetenzieller Sicht keine Bedenken, wenn die Länder eine Anstalt des öffentlichen Rechts durch Gesetz einer privatrechtlichen Holding unterordnen. Dagegen wird eingewandt, für die Abgrenzung von Kapitalgesellschaftsrecht (Bundesrecht) und öffentlichem Organisationsrecht (Landesrecht) könne nicht entscheidend sein, ob es sich um eine öffentlich-rechtliche oder eine privatrechtliche Organisationsform handele. Maßgeblich müsse der materielle Gehalt sein, damit nicht unter dem »Etikett des Öffentlich-Rechtlichen« faktisch Kapitalgesellschaftsrecht geschaffen und zwingende Kompetenznormen umgangen werden könnten.[67] Durchgreifend ist dieser Einwand nicht. Die Bundeskompetenz für das Kapitalgesellschaftsrecht betrifft lediglich die abstrakt-generelle Schaffung einer Organisationsform durch unspezifisches allgemeines Organisationsgesetz wie beispielsweise das Aktiengesetz oder das GmbH-Gesetz. Damit ist die faktische Kapitalisierung einer bestimmten Anstalt, die der Landesgesetzgeber im Hinblick auf die zugrunde liegende Aufgabenstellung im einzelnen Fall vorsieht, nicht vergleichbar. Dadurch wird nicht abstrakt-generell eine neue Organisationsform geschaffen und daher die Bundeskompetenz für das Kapitalgesellschaftsrecht nicht in unzulässiger Weise umgangen.[68] Im Ergebnis steht also die bundesstaatliche Verteilung der Gesetzgebungs-

---

66 *Maunz,* in: Maunz/Dürig, Grundgesetz, Art. 74 Rn. 54; *Oeter,* in: von Mangoldt/Klein/Stark, Grundgesetz, Art. 74 Rn. 97. – Im Ergebnis auch *Rengeling,* in: Bonner Kommentar zum GG, Art. 74 Rn. 55, der die Bundeskompetenz für »Gesetze über Rechtsformen« allerdings aus Art. 74 Abs. 1 Nr. 1 GG (»Bürgerliches Recht«) herleitet.

67 *Siekmann,* Die verwaltungsrechtliche Anstalt – eine Kapitalgesellschaft des öffentlichen Rechts?, in: NWVBl. 1993, 361 (369); ebenso *F. Becker,* Die landesrechtliche »Kapitalgesellschaft des öffentlichen Rechts« in der bundesstaatlichen Kompetenzordnung, in: DÖV 1998, 97 (103), der von »Etikettenschwindel« spricht.

68 So auch *J. Hecker,* Privatisierung unternehmenstragender Anstalten des öffentlichen Rechts, in: VerwArch 92 (2001), 261 (272), allerdings mit der Einschränkung, dass ein kompetenzieller Übergriff nur so lange nicht vorliege, wie die Holding AG mehrheitlich in öffentlicher Hand sei. Diese Einschränkung kann jedoch nicht überzeugen, denn es gilt die Organisationsform als solche kompetenziell zuzuordnen, wofür die Frage, wer die Anteilseigner sind, keine Rolle spielt.

kompetenzen der Unterordnung öffentlich-rechtlicher unter privatrechtliche Organisationsformen nicht entgegen.

dd) Vereinbarkeit mit dem Demokratieprinzip

Schranken für die Einbeziehung Privater in die Steuerung einer Anstalt des öffentlichen Rechts ergeben sich allein aus dem Demokratieprinzip. Die Steuerung einer Anstalt des öffentlichen Rechts muss demokratisch legitimiert sein, denn Anstalten des öffentlichen Rechts sind als öffentlich-rechtliche Organisationseinheiten Teil der mittelbaren Staatsverwaltung und üben daher »Staatsgewalt« im Sinne von Art. 20 Abs. 2 Satz 1 GG aus.[69] Das gilt unabhängig davon, ob die Anstalt selbst ihrerseits öffentlich-rechtlich oder, wie die Sparkassen, ausschließlich privatrechtlich handelt.[70]

(1) Erfordernis eines hinreichenden Legitimationsniveaus

Der nach Art. 20 Abs. 2 Satz 1 GG erforderliche Zurechnungszusammenhang zwischen Volk und Anstaltshandeln wird in sachlich-inhaltlicher Hinsicht durch die vom Parlament beschlossenen Gesetze einschließlich der darauf bezogenen Aufsichts- und Weisungsbefugnisse der übergeordneten Behörden hergestellt. Darüber hinaus muss der konkret handelnde Amtswalter in personell-organisatorischer Hinsicht durch eine ununterbrochene Kette von Ernennungs- und Berufungsakten legitimiert sein, die auf einen unmittelbar parlamentarisch verantwortlichen Amtsträger rückführbar ist. Im Zusammenspiel von sachlich-inhaltlicher und personell-organisatorischer

---

69 *BerlVerfGH,* Urt. v. 21.10.1999 – VerfGH 42/99, in: NVwZ 2000, 794 (794 f.); für die kommunalen Sparkassen *VerfGH NRW,* Urt. v. 15.9.1986 – VerfGH 17/85, in: NVwZ 1987, 211 (212 f.); ferner *Schmidt-Aßmann,* Verwaltungslegitimation als Rechtsbegriff, in: AöR 116 (1991), S. 329 (343); *Burgi,* in: Erichsen/Ehlers (Hrsg.), Allgemeines Verwaltungsrecht, § 9 Rn. 22; *J. Hecker,* Privatisierung unternehmenstragender Anstalten des öffentlichen Rechts, in: VerwArch 92 (2001), S. 261 (273 f.); *Wolfers/Kaufmann,* Private als Anstaltsträger, in: DVBl. 2002, 507 (510); *Siekmann,* Die verwaltungsrechtliche Anstalt – eine Kapitalgesellschaft des öffentlichen Rechts, in: NWVBl. 1993, 361 (368); *T. Fett,* Öffentlich-rechtliche Anstalten als abhängige Konzernunternehmen, S. 95 ff.

70 Neben den Nachweisen in Fn. 69 s. nur *Ehlers,* in: Erichsen/Ehlers (Hrsg.), Allgemeines Verwaltungsrecht, § 5 Rn. 7; *dens.,* Staatsgewalt in Ketten, in: FS E. Stein, S. 125 (137 f.); *Böckenförde,* in: Isensee/Kirchhof (Hrsg.), Handbuch des Staatsrechts, Bd. 1, § 22 Rn. 12 f. – A. A. *Britz,* Die Mitwirkung Privater an der Wahrnehmung öffentlicher Aufgaben durch Einrichtungen des öffentlichen Rechts, in: VerwArch 92 (2000), S. 418 (428 ff.), die nur »regelnde Entscheidungen« als legitimationsbedürftig ansieht.

Legitimation muss ein insgesamt hinreichendes Legitimationsniveau erreicht werden.[71] Besondere Bedeutung kommt dabei der personell-organisatorischen Legitimation zu.[72] Gerade an dieser fehlt es, wenn Private, die als solche demokratisch nicht legitimiert sind, in die Steuerung einer Anstalt des öffentlichen Rechts einbezogen werden. Das Demokratieprinzip verlangt allerdings nicht, dass alle an einer Entscheidung Beteiligten über eine individuelle demokratische Legitimation verfügen.[73] Ausreichend ist, dass zum einen die Mehrheit der Mitglieder in einem Entscheidungsgremium demokratisch legitimiert ist und sich zum anderen bei jeder einzelnen Entscheidung die Mehrheit, die die konkrete Entscheidung trägt, ihrerseits aus einer Mehrheit demokratisch legitimierter Mitglieder zusammensetzt (»Prinzip der doppelten Mehrheit«).[74] In diesen Grenzen können auch Private, sei es unmittelbar oder mittelbar, in die Steuerung einer Anstalt des öffentlichen Rechts einbezogen werden. Vereinfacht gesagt kommt es darauf an, dass die »Entscheidungsherrschaft« der demokratisch legitimierten

---

71 Zu diesen Anforderungen *BVerfG,* Urt. v. 31.10.1990 – 2 BvF 3/89, in: BVerfGE 83, 60 (72); *BVerfG,* Beschl. v. 24.5.1995 – 2 BvF 1/92, in: BVerfGE 93, 37 (66 f.); *BVerfG,* Beschl. v. 5.12.2002 – 2 BvL 5, 6/98, in: BVerfGE 107, 59 (87); *BVerwG,* Beschl. v. 17.12.1997 – 6 C 2/97, in: BVerwGE 106, 64 (73 f.). – Ferner *Ehlers,* Staatsgewalt in Ketten, in: FS E. Stein, S. 125 (133 ff.); *Burgi,* in: Erichsen/Ehlers (Hrsg.), Allgemeines Verwaltungsrecht, § 6 Rn. 28; *Böckenförde,* in: Isensee/Kirchhof (Hrsg.), Handbuch des Staatsrechts, Bd. 1, § 22 Rn. 16 u. 21 f.; *Herzog,* in: Maunz/Dürig, Grundgesetz, Art. 20, Abschnitt II Rn. 46 ff.; *Pieroth,* in: Jarass/Pieroth, Grundgesetz, Art. 20 Rn. 9a u. 10; *Schmidt-Aßmann,* Verwaltungslegitimation als Rechtsbegriff, in: AöR 116 (1991), S. 329 (357 ff.).

72 Vgl. *Ehlers,* Staatsgewalt in Ketten, in: FS E. Stein, S. 125 (139): »überragende Bedeutung«.

73 So aber *VerfGH NRW,* Urt. v. 15.9.1986 – VerfGH 17/95, in: NVwZ 1987, 211 (212 f.), im Hinblick auf die Mitbestimmung bei kommunalen Sparkassen; *Herzog,* in: Maunz/Dürig, Grundgesetz, Art. 20, Abschnitt II Rn. 54 f.; *Oebbecke,* Weisungs- und unterrichtungsfreie Räume in der Verwaltung, S. 92; *F. Becker,* Die Vernetzung der Landesbanken, S. 390 f.

74 Grundlegend *BVerfG,* Beschl. v. 24.5.1995 – 2 BvF 1/92, in: BVerfGE 93, 37 (72), im Hinblick auf die Mitbestimmung im öffentlichen Dienst; daran anschließend *BVerfG,* Beschl. v. 5.12.2002 – 2 BvL 5, 6/98, in: BVerfGE 107, 59 (88); *BVerwG,* Beschl. v. 17.12.1997 – 6 C 2/97, in: BVerwGE 106, 64 (75). – Speziell im Fall der Berliner Wasserbetriebe ebenso *BerlVerfGH,* Urt. v. 21.10.1999 – VerfGH 42/99, in: NVwZ 2000, 794 (795 f.); zustimmend auch *Britz,* Die Mitwirkung Privater an der Wahrnehmung öffentlicher Aufgaben durch Einrichtungen des öffentlichen Rechts, in: VerwArch 92 (2000), S. 418 (432); ebenso auch bereits *Böckenförde,* in: Isensee/Kirchhof (Hrsg.), Handbuch des Staatsrechts, Bd. 1, § 22 Rn. 19.

Amtsträger[75] gewahrt bleibt. Deshalb sind grundsätzlich nur private Minderheitsbeteiligungen mit dem Demokratieprinzip vereinbar.[76]

Das Holding-Beleihungsmodell zielt darauf, diese Grenze zu überwinden, indem es die privatrechtliche Holding durch Beleihung selbst mit demokratischer Legitimation ausstattet, so dass diese nicht mehr abhängig von der Struktur der Anteilseigner sein soll. Auf diese Weise soll eine »rückstandslose Privatisierung«[77] möglich sein. Es erscheint allerdings zweifelhaft, ob der einmalige Formalakt der Beleihung tatsächlich geeignet ist, den mit einer Privatisierung einhergehenden vollständigen Verlust demokratischer Legitimation zu kompensieren. Sieht man die Ausübung staatlicher Macht als einen »ständigen und fließenden Prozess« an, der »eine ebenso kontinuierliche Rückbindung an den Souverän« erforderlich macht,[78] würde dies nicht genügen. Letztlich gehen davon die Befürworter des Holding Beleihungsmodells ebenfalls aus, denn auch sie halten jedenfalls eine Fachaufsicht über die Holding für erforderlich.[79] Dadurch würde neben den nur punktuellen Beleihungsakt zumindest eine weitere, kontinuierliche Quelle demokratischer Legitimation treten. Für die Berliner Sparkasse, die nach dem Muster des Holding-Beleihungsmodells umstrukturiert wurde, ist diesem Erfordernis beispielsweise nicht Genüge getan: Das Institut wird als teilrechtsfähige Anstalt des öffentlichen Rechts von der Landesbank Berlin

---

75 *Britz,* Die Mitwirkung Privater an der Wahrnehmung öffentlicher Aufgaben durch Einrichtungen des öffentlichen Rechts, in: VerwArch 92 (2000), S. 418 (432).

76 *BerlVerfGH,* Urt. v. 21.10.1999 – VerfGH 42/99, in: NVwZ 2000, 794 (795 f.); *J. Hecker,* Privatisierung unternehmenstragender Anstalten des öffentlichen Rechts, in: VerwArch 92 (2001), S. 261 (273 ff.); *Wolfers,* Privatisierung unter Wahrung der Rechtsform: Der Modellfall Berliner Wasserbetriebe, in: NVwZ 2000, 765 (765 f.); *T. Fett,* Öffentlich-rechtliche Anstalten als abhängige Konzernunternehmen, S. 97 ff.; *Bezzenberger/Schuster,* Die öffentliche Anstalt als abhängiges Konzernunternehmen, in: ZGR 1996, 481 (496); *Schuster/Sohns,* Zur Veräußerung von Sparkassen, in: ZBB 2006, 342 (349). – Nach a. A. soll hingegen die Einbindung Privater in Anstalten des öffentlichen Recht ganz unzulässig sein, so *LAG Berlin,* Beschl. v. 27.10.1995 – 6 TaBV 1/95, in: AG 1996, 140 (142); *Neumann/Rux,* Einbindung öffentlich-rechtlicher Einrichtungen in einen privatrechtlichen Konzern?, in: DB 1996, 1659 (1662).

77 *T. Fett,* Öffentlich-rechtliche Anstalten als abhängige Konzernunternehmen, S. 259 ff., 267; in gleichem Sinn *Wolfers/Kaufmann,* Private als Anstaltsträger, in: DVBl. 2002, 507 (512 ff.); *Helmrich/Schick,* Die beliehene Sparkassen-Holding AG, in: BKR 2003, 882 (886).

78 So *F. Becker,* Die Vernetzung der Landesbanken, S. 389.

79 *T. Fett,* Öffentlich-rechtliche Anstalten als abhängige Konzernunternehmen, S. 262 ff.; *Wolfers/Kaufmann,* Private als Anstaltsträger, in: DVBl. 2002, 507 (514); *Helmrich/Schick,* Die beliehene Sparkassen-Holding AG, in: BKR 2003, 882 (886).

AG getragen, die mit der Trägerschaft beliehen wurde.[80] Zwar unterstehen sowohl Landesbank Berlin als auch Berliner Sparkasse nach § 9 BerlSpkG der Aufsicht des Landes Berlin. Gemeint ist damit aber nur eine Aufsicht »in Anlehnung an den für öffentliche Kreditinstitute üblichen Standard«, das heißt also eine Rechtsaufsicht.[81] Im Fall der Berliner Sparkasse fehlt es damit an einer kontinuierlichen demokratischen Legitimation durch fachaufsichtliche Rückbindung. Allein der Beleihungsakt als solcher soll als Legitimationsquelle dienen.

(2) Rechtfertigungsbedürftigkeit des Beleihungsakts

Unabhängig davon, ob im konkreten Fall eine Rechtsaufsicht oder eine Fachaufsicht vorgesehen ist, stellt sich die grundsätzliche Frage, ob die Beleihung der privatrechtlichen Holding überhaupt geeignet ist, das Defizit an demokratischer Legitimation zu kompensieren, das mit einer vollständigen Privatisierung einhergeht. Unter einem »Beliehenen« wird üblicherweise eine Privatperson verstanden, der die Kompetenz zur selbständigen Wahrnehmung bestimmter einzelner öffentlich-rechtlicher Aufgaben und Befugnisse übertragen wurde.[82] Bei einem engen Verständnis ist danach nur die Übertragung einzelner hoheitlicher Befugnisse auf Private möglich, nicht aber die pauschale Übertragung einer Anstaltsträgerschaft, denn diese umfasst die Gesamtheit derjenigen Aufgaben und Befugnisse, die von der Anstalt wahrgenommen werden. Unter diesem Blickwinkel lässt sich argumentieren, dass es sich dabei nicht um eine bestimmte einzelne hoheitliche Befugnis im Sinne des Beleihungsbegriffs handelt, sondern um ein ganzes Bündel, das pauschal übertragen wird. Dementsprechend wird im Schrifttum konstatiert, das Holding-Beleihungsmodell sei unzulässig, denn es sprenge

80 Zur Rechtskonstruktion von Landesbank Berlin und Berliner Sparkasse im Einzelnen oben § 3 I. 2. b) bb) (S. 66 ff.).

81 Regierungsbegründung zum Berliner Sparkassengesetz, in: Drucks. Abgeordnetenhaus Berlin, 15/3802 v. 29.3.2005, S. 12; zur Rechtsaufsicht als »üblichem Standard« *Schlierbach/Püttner,* Sparkassenrecht in der Bundesrepublik Deutschland, S. 280 ff.

82 *BVerwG,* Beschl. v. 6.3.1990 – 7 B 120/89, in: NVwZ 1990, 754 (754); *BVerwG,* Urt. v. 11.12.1980 – 3 C 130/79, in: BVerwGE 61, 222 (224); *Stober,* in: Wolff/Bachof/Stober, Verwaltungsrecht, Bd. 3, § 90 Rn. 4; *Ehlers,* in: Erichsen/Ehlers (Hrsg.), Allgemeines Verwaltungsrecht, § 1 Rn. 16; *Maurer,* Allgemeines Verwaltungsrecht, § 23 Rn. 56; *W. Krebs,* in: Isensee/Kirchhof (Hrsg.), Handbuch des Staatsrechts, Bd. 3, § 69 Rn. 39.

»den Definitionsrahmen« der Rechtsfigur der Beleihung.[83] Zwingend ist diese Betrachtungsweise allerdings nicht. Ebenso kann die Anstaltsträgerschaft als solche als »bestimmte einzelne öffentlich-rechtliche Aufgabe« im Sinne des Beleihungsbegriffs angesehen werden. Ableitungen aus dem Beleihungsbegriff führen daher nicht weiter.

Die Frage nach der rechtlichen Zulässigkeit der Beleihung eines Privaten mit der Trägerschaft an einer Anstalt des öffentlichen Rechts kann nur unter Berücksichtigung des Verhältnisses beantwortet werden, in dem der Beleihungsakt zum Erfordernis demokratischer Legitimation steht. Aus der Sicht des Demokratieprinzips ist die Wahrnehmung hoheitlicher Befugnisse durch den Staat selbst der Regelfall. Ihre Übertragung auf einen Privaten durch Beleihung ist hingegen eine rechtfertigungsbedürftige Ausnahme, denn sie geht stets mit einer Verminderung des Legitimationsniveaus einher. Der Rechtfertigungsgrund kann sich nur aus besonderen, in der Struktur der jeweiligen Aufgabe begründeten öffentlichen Interessen ergeben. Eine Übertragung hoheitlicher Befugnisse durch Beleihung um den Preis eines verminderten Legitimationsniveaus ist daher nur dann zulässig, wenn die zugrunde liegende Aufgabe von Privaten wegen größerer Sachnähe oder Sachkunde besser oder effektiver wahrgenommen werden kann und nach der Aufgabenstruktur ein öffentlich-rechtliches Handeln erforderlich ist. Beim Holding-Beleihungsmodell wird mit der Anstaltsträgerschaft eine hoheitliche Befugnis übertragen. Die Anstaltsträgerschaft als solche ist jedoch keine Befugnis, die von einem Privaten besser oder effizienter wahrgenommen werden könnte. Für die Zulässigkeit des Beleihungsakts kommt es daher auf die Anstaltsaufgabe an. Nur wenn diese selbst ein öffentlich-rechtliches Handeln zum Gegenstand hat, kann es durch das Erfordernis einer effektiven Aufgabenerfüllung gerechtfertigt sein, die öffentlich-rechtliche Organisationsform um den Preis eines verminderten Legitimationsniveaus beizubehalten. Setzt die Anstaltsaufgabe dagegen ein öffentlich-rechtliches Handeln nicht voraus, hat die öffentlich-rechtliche Rechtsform keine Bedeutung für die Effektivität der Aufgabenerfüllung. Dann kann die Einbuße an demokratischer Legitimation nicht gerechtfertigt sein, weil nach der Struktur der zugrunde liegenden Aufgabe die Privatisie-

83 *Stober,* in: Wolff/Bachof/Stober, Verwaltungsrecht, Bd. 3, § 90 Rn. 4 (vgl. aber auch a. a. O. Rn. 5); *Thode,* Veräußerung öffentlich-rechtlicher Versicherungsunternehmen in der Bundesrepublik Deutschland, S. 90; *ders./Peres,* Anstalten des öffentlichen Rechts im Spannungsfeld zwischen deutschem und europäischem Recht, in: VerwArch 89 (1998), S. 439 (447 f.).

rung ebenso gut in privatrechtlicher Rechtsform erfolgen kann. Ein Konflikt mit dem Demokratieprinzip würde dadurch ohne Einbußen in der Effizienz der Aufgabenerfüllung von vornherein vermieden. Im Ergebnis kann die Beleihung eines Privaten mit einer Anstaltsträgerschaft daher überhaupt nur dann zulässig sein, wenn die Anstalt selbst zur effektiven Aufgabenerfüllung hoheitlicher Befugnisse bedarf.[84]

Letzteres ist beispielsweise bei den Börsen der Fall. Die Börsen, selbst teilrechtsfähige Anstalten des öffentlichen Rechts, verfügen über einseitig-hoheitliche Eingriffsbefugnisse gegenüber den Marktteilnehmern, die eine effektivere Marktregulierung ermöglichen als es bei einem ausschließlich privatrechtlichen Nutzungsverhältnis der Fall wäre. Die Erfordernisse der Börsenaufgabe rechtfertigen es also, an der öffentlich-rechtlichen Organisationsform ungeachtet der Tatsache, dass die Börsenträger selbst privatwirtschaftliche Unternehmen sind, festzuhalten.[85] Demgegenüber hat der öffentliche Auftrag der Sparkassen die Erbringung von Bankdienstleistungen zum Gegenstand, die ebenso gut in privatrechtlicher Rechtsform erfolgen kann. Die öffentlich-rechtliche Organisationsform hat also, anders als im Fall der Börsen, keine wesentliche Bedeutung für die Effizienz der Aufgabenerfüllung. Daher ergibt sich aus der Struktur des öffentlichen Auftrags kein Grund, sie im Privatisierungsfall um den Preis eines verminderten Legitimationsniveaus beizubehalten. Aus der Sicht des Demokratieprinzips stellt die Privatisierung in privatrechtlicher Rechtsform das mildere Mittel dar, denn sie vermeidet Legitimationsverluste vollständig, ohne dass sie Effizienzverluste in der Aufgabenerfüllung zur Folge hätte. Die Legitimationseinbuße, die mit der Beleihung eines Privaten mit der Trägerschaft an einer öffentlich-rechtlichen Sparkasse einhergeht, ist daher nicht gerechtfertigt. Das Holding-Beleihungsmodell verstößt deshalb, soweit es auf die Sparkassen angewendet wird, gegen das Demokratieprinzip.

(3) Folgerungen für die Beteiligung staatlicher Träger

Daraus ergeben sich auch für den Fall Konsequenzen, dass die Anteile an der privatrechtlichen Holding nicht an einen privaten Investor, sondern an einen anderen staatlichen Träger veräußert werden. Das Demokratieprinzip

---

84 So im Ergebnis auch *Stober,* in: Wolff/Bachof/Stober, Verwaltungsrecht, Bd. 3, § 90 Rn. 5.

85 Zu den Börsen als Anwendungsfall des Holding-Beleihungsmodells näher oben § 3 I. 2. b) aa) (S. 65).

verlangt, dass die Entscheidungsherrschaft bei den demokratisch legitimierten Amtswaltern desjenigen Bundeslandes liegt, dessen Anstalt von der Holding getragen wird. Das Anstaltshandeln muss also auf das Staatsvolk gerade des errichtenden Bundeslandes, und nicht irgendeines anderen Bundeslandes, rückführbar sein. Gegen dieses Erfordernis wird beispielsweise verstoßen, wenn die Landesbank eines Bundeslandes die öffentlich-rechtlich verfasste Landesbank eines anderen Bundeslandes übernimmt. Die von der fremden Landesregierung entsandten Vertreter sind zwar durch das Landesvolk des entsendenden Bundeslandes legitimiert. Diese Legitimation hat aber im Hinblick auf die Staatsgewalt desjenigen Landes, in dessen Anstalt der Entsandte tätig werden soll, »keinen Wert«. Aus der Sicht des Demokratieprinzips steht daher der demokratisch »anders legitimierte« Amtswalter einem demokratisch nicht legitimierten privaten Investor gleich.[86] Der Bezug des Legitimationserfordernisses gerade auf die errichtende Körperschaft wird in der Praxis nicht immer beachtet. Beispielsweise ist die Landesbank Rheinland-Pfalz eine rheinland-pfälzische Anstalt des öffentlichen Rechts, wird aber von der Landesbank Baden-Württemberg getragen.[87] Dadurch ist das Demokratieprinzip ebenso verletzt wie durch die Veräußerung der Berliner Sparkasse an den Deutschen Sparkassen- und Giroverband im Jahr 2007. Soweit die Berliner Sparkasse nach § 3 Abs. 1 BerlSpkG eine teilrechtsfähige Anstalt des öffentlichen Rechts ist, bedarf ihr Handeln einer demokratischen Legitimation durch das Land Berlin. Diese kann aber weder vom Deutschen Sparkassen- und Giroverband noch durch die Beleihung vermittelt werden, die in § 3 Abs. 2 BerlSpkG vorgesehen ist. Die öffentlich-rechtliche Teilrechtsfähigkeit der Berliner Sparkasse ist daher verfassungswidrig und damit unbeachtlich, und zwar unabhängig davon, dass es zu einer materiellen Privatisierung nicht gekommen ist. Das Institut ist deswegen als unselbständige Abteilung der Landesbank Berlin zu behandeln. Gravierende Konsequenzen ergeben sich daraus allerdings nicht, denn dies entspricht ohnehin dem materiell-organisatorischen Gehalt der konkreten Organisationsstrukturen.[88]

---

86 So zu Recht *F. Becker,* Die Vernetzung der Landesbanken, S. 386 ff., 389.

87 Zur Rechtskonstruktion im Fall der Landesbank Rheinland-Pfalz oben § 3 I. 2. b) aa) (S. 64 f.).

88 Zur konkreten Ausgestaltung der Organisationsstrukturen der Berliner Sparkasse und der daraus abzuleitenden materiell-organisatorischen Betrachtungsweise oben § 3 I. 2. b) bb) (S. 67 f.).

II. Formelle Privatisierung und materielle Teilprivatisierung von Sparkassen

Bezeichnungsrechtliche Fragen sind nicht erst bei einer materiellen Privatisierung aufgeworfen. Insbesondere im Hinblick auf den Begriff der öffentlich-rechtlichen Sparkasse in § 40 Abs. 1 Nr. 1 KWG stellt sich auch bei einer lediglich formellen Privatisierung oder einer materiellen Teilprivatisierung die Frage, ob die Bezeichnung »Sparkasse« und das Sparkassen-S weiter verwendet werden können. Formelle Privatisierung und materielle Teilprivatisierung stehen in einem engen Zusammenhang, denn häufig dient eine formelle Privatisierung gerade dem Zweck, eine materielle Teilprivatisierung vorzubereiten (1.). Umgekehrt setzt aber eine materielle Teilprivatisierung nicht notwendig ein formelle Privatisierung voraus, denn sie ist auch in der Form möglich, dass die öffentlich-rechtliche Organisationsform beibehalten wird (2.).

1. Übergang auf privatrechtliche Rechtsformen und materielle Teilprivatisierung

Innerhalb des Sparkassensektors sind bislang nur einzelne Landesbanken formell privatisiert beziehungsweise materiell teilprivatisiert worden. Die Westdeutsche Landesbank, eine Anstalt des öffentlichen Rechts, wurde im Jahr 2002 formell privatisiert und in die heutige WestLB AG und die NRW.Bank AöR aufgespalten (»Mutter-Tochter-Modell«).[89] Die Anteile befinden sich allerdings nach wie vor ausschließlich in öffentlicher Hand.[90] Die HSH Nordbank wurde ebenfalls, im Jahr 2003, formell privati-

89 Vgl. § 8 des Gesetzes zur Errichtung der Landesbank Nordrhein-Westfalen und zur Umwandlung der Westdeutschen Landesbank Girozentrale v. 2.7.2002, in: GVBl. NRW S. 284 (abgedr. bei *Fischer/Herbst* Nr. 4.10.1); näher zum »Mutter-Tochter-Modell« die Begründung zum Regierungsentwurf, in: LT-Drucks. NRW, 13/2124 v. 9.1.2002, S. 104 ff., sowie *D. Schmidt,* Sparkassenwissen für Verwaltungsräte, S. 356 f.; *Wittmann,* Der Sparkassenverbund, S. 9 ff.; *Witte/Rafiqpoor,* Privatisierung öffentlich-rechtlicher Kreditinstitute, in: WM 2003, 1885 (1889).

90 Nach *WestLB,* Eigentümerstruktur, unter: http://www.westlb.de (Stand: 17.6.2008), verteilen sich die Anteile wie folgt: Land NRW 17,47 %; Westfälisch-Lippischer und Rheinischer Sparkassen- und Giroverband je 25,183 %; NRW.Bank 31,116 %. – Anteilseigner der NRW.Bank wiederum sind nach *NRW.Bank,* Eigentümerstruktur, unter: http://www.nrwbank.de (Stand: 17.6.2008): Land NRW 64,74 %; Landschaftsverbände Westfalen-Lippe und Rheinland je 17,63 %.

siert.[91] Im Jahr 2006 wurde das Institut durch die Veräußerung eines Minderheitsanteils von 26 % an private Investoren materiell teilprivatisiert.[92] Es wurde damit, sieht man von der relativ geringfügigen privaten Minderheitsbeteiligung an Bankgesellschaft Berlin und Berliner Sparkasse ab,[93] umstrittener Präzedenzfall für die Einbindung Privater in die Sparkassen-Finanzgruppe.[94] Für die Sparkassen lässt sich eine entsprechende Entwicklung nicht ausschließen. Bislang halten die Sparkassengesetze der Länder allerdings ganz überwiegend an der traditionell öffentlich-rechtlichen Rechtsform fest.[95] Auf politischer Ebene wurden in der Vergangenheit immer wieder Änderungsvorschläge gemacht, konnten sich bislang aber nicht durchsetzen.[96] Auch im Schrifttum wird ein Übergang auf privat-

---

91 Vgl. § 1 Abs. 1 des Staatsvertrags zwischen der Freien und Hansestadt Hamburg und dem Land Schleswig-Holstein über die Verschmelzung der Landesbank Schleswig-Holstein Girozentrale und der Hamburgischen Landesbank Girozentrale auf eine Aktiengesellschaft, in: GVBl. SchlH 2003 S. 216 (abgedr. bei *Fischer/Herbst* Nr. 4.4.1).

92 Anteilseigner der HSH Nordbank sind nach *HSH Nordbank,* Eigentümer, unter http://www.hsh-nordbank.de (Stand: 17.6.2008): Freie und Hansestadt Hamburg 35,58 %; Land Schleswig-Holstein 19,96 %; Sparkassen- und Giroverband Schleswig-Holstein 18,05 %; Private Investoren 26,01 %.

93 Zur Berliner Sparkasse als Präzedenzfall für eine Teilprivatisierung auf der Ebene der Sparkassen sogleich unten § 3 II. 2. (S. 88).

94 Vgl. *Handelsblatt*/Drost v. 31.8.2006 S. 21 (»Neuer Eigner bei der HSH Nordbank«); *Handelsblatt*/Drost v. 1.9.2006 (»Nordbank gerät in die Kritik: Landesbanken im Süden sehen Einstieg eines privaten Investors mit Skepsis«).

95 Vgl. § 2 SpkG NRW; § 3 NdsSpkG; § 1 SpkG BW; Art. 3 BaySpkG; § 1 Abs. 1 HessSpkG; § 1 Abs. 1 RhPfSpkG; § 1 Abs. 1 SchlHSpkG; § 1 Abs. 1 Satz 2 SächsSpkG.

96 Für das Saarland vgl. den saarländischen Wirtschaftsminister *Georgi,* Gedanken zur (Neu-)Gestaltung des Sparkassenrechts im Saarland, in: Kreditwesen 2002, 745 (746); *Handelsblatt*/Dohmen v. 12.6.2002 S. 1 (»Sparkassen-Reform: Saarland will AG für Sparkassen«); *Handelsblatt* v. 7.4.2003 S. 20 (»Minister treibt AG-Pläne trotz Kritik voran: Saarland will Sparkassen für Investoren öffnen«); *Handelsblatt*/Drost/Köhler v. 16.12.2003 S. 17 (»Saarland treibt Sparkassenreform voran: Wirtschaftsminister Georgi favorisiert AG-Modell«). – Für Schleswig-Holstein vgl. den Gesetzentwurf der FDP-Fraktion zur Änderung des Sparkassengesetzes, in: LT-Drucks. 15/578 v. 1.12.2000; *Handelsblatt*/Köhler v. 27.9.2004 S. 17 (»CDU und FDP greifen Sparkassen an«); *Handelsblatt*/Drost v. 25.1.2005, S. 25 (»CDU und FDP wollen Sparkassen öffnen«); *DieSparkassenZeitung* v. 15.4.2005 S. 1 (»Schleswig-Holstein: Sparkassen weiter öffentlich-rechtlich«). – Für Nordrhein-Westfalen *Handelsblatt*/Drost v. 12.10.2004 S. 22 (»Nordrhein-Westfalens CDU will Sparkassensektor öffnen: Landtagsfraktion möchte private Beteiligungen ermöglichen«). – Zur entsprechenden Debatte auf Bundesebene s. *Handelsblatt*/Drost v. 12.11.2004 S. 26 (»Neuer Streit um Öffnung des Sparkassensektors: CDU und FDP für Teilprivatisierung«); *Handelsblatt* v. 24.2.2005 S. 21 (»Regierung regt Öffnung der Sparkassen an«).

rechtliche Organisationsformen, vorzugsweise Aktiengesellschaften, diskutiert.[97] Die Befürworter sehen den wesentlichen Vorzug darin, dass durch die Veräußerung von Minderheitsanteilen die Erschließung privaten Kapitals für die Sparkassen möglich würde.[98] Um die Ausrichtung des Sparkassengeschäfts auf den öffentlichen Auftrag gleichwohl dauerhaft abzusichern, wird teils ein so genanntes »Stiftungsmodell« favorisiert. In dieser Variante würden die Anteile der öffentlichen Hand in einer kommunalen Stiftung gebündelt, die an der Sparkassen-Aktiengesellschaft als Mehrheitsaktionärin beteiligt wäre.[99] Ein solches Modell sieht das bremische Sparkassenrecht für die Sparkasse Bremerhaven vor: Die Sparkasse selbst ist nach § 2 BremSpkG eine Anstalt des öffentlichen Rechts und wird von einer Stiftung des öffentlichen Rechts getragen. Nach § 3b BremSpkG kann sie in eine Aktiengesellschaft umgewandelt werden. Im Anschluss können »Bürger von Bremerhaven« und »Kunden der Sparkasse« als Minderheitseigner beteiligt werden. Praktisch geworden ist diese Option allerdings bislang nicht.

97 Zur Debatte um die materielle Teilprivatisierung *Güde,* Geschäftspolitik der Sparkassen, S. 34 f.; *Blume,* Sparkassen im Spannungsfeld zwischen öffentlichem Auftrag und kreditwirtschaftlichem Wettbewerb, S. 161 ff.; *Laudenbach,* Organisationsform Aktiengesellschaft für kommunale Sparkassen, S. 76 ff. – Ablehnend *Henneke,* Entwicklungsperspektiven kommunaler Sparkassen im Zentrum der rechts- und ordnungspolitischen Diskussion, in: Der Landkreis 2004, 13 (18); *Geiger,* Die öffentliche Rechtsform als Grundlage des deutschen Sparkassenwesens, in: Kommunalwirtschaft 1978, 313 ff.; kritisch auch *Burmeister,* Die Sparkassen zwischen öffentlicher Aufgabe und kreditwirtschaftlichem Wettbewerb, in: Ipsen, (Hrsg.) Sparkassen im Wandel, S. 23 (31 ff.); ferner *C. P. Claussen,* Gesellschaftsrecht und Sparkassenrecht, in: FS Steindorff, S. 323 (333 f.), der der Auffassung ist, dass die zur Aufrechterhaltung der Sparkassencharakteristik erforderlichen Modifikationen der Rechtsform der Aktiengesellschaft im Widerspruch zum gesellschaftsrechtlichen Prinzip der Typengesetzlichkeit stehen würden.

98 *Kurze,* Probleme und Verbesserungsmöglichkeiten der Eigenkapitalausstattung kommunaler Sparkassen, S. 217 ff.; *B. Claussen,* Teilprivatisierung kommunaler Sparkassen, S. 186 ff.; *W. Zügel,* Sparkassenrecht im Wandel, in: WM 1992, 1934; *H. Müller,* Fortentwicklung des Sparkassensektors, in: ZögU 2005, 327 (346 f.); vgl. auch den (ehemaligen) Geschäftsführenden Präsidenten des Ostdeutschen Sparkassen- und Giroverbands *R. Voigt,* zit. nach Handelblatt v. 8.6.2005 S. 26, der im Hinblick auf die Rechtsform der Sparkassen eine »ergebnisoffene Zukunftsdebatte« fordert.

99 *Oebbecke,* Bürger, Kommune, Sparkasse: Entwicklungsperspektiven, in: ders./Bauer/Pünder (Hrsg.), Perspektiven der kommunalen Sparkassen, S. 109 (113 ff.); *Beuthien,* Öffentliche Kreditwirtschaft zwischen Marktanpassung und Strukturwandel, in: WM 2004, 1467 (1473 f.).

2. Materielle Teilprivatisierung ohne Rechtsformwechsel

Eine materielle Teilprivatisierung setzt nicht notwendig einen Rechtsformwechsel voraus. Vielfach ist in den Sparkassengesetzen der Länder die Möglichkeit der stillen Beteiligung Privater an einer öffentlich-rechtlichen Sparkasse vorgesehen.[100] Den bankrechtlichen Hintergrund dieser Regelungen bildet § 10 Abs. 4 KWG, nach dem die Vermögenseinlagen stiller Gesellschafter dem Eigenkapital als Kernkapitalbestandteil zugerechnet werden.[101] Mitunternehmerische Einflussrechte sehen die Sparkassengesetze im Zusammenhang mit der stillen Beteiligung allerdings nicht vor oder schließen diese sogar ausdrücklich aus.[102] Es handelt sich damit um »typische« stille Gesellschaften: Einleger und Sparkasse bilden zwar im Innenverhältnis eine Gesellschaft, weil sie einen gemeinsamen Zweck verfolgen. Es besteht aber kein Gesellschaftsvermögen, sondern die Einlage geht in das Vermögen der Sparkasse über. Im Gegenzug ist der Einleger an der Unternehmensentwicklung beteiligt, das heißt er partizipiert am Gewinn, muss aber bis zur Höhe seiner Einlage auch die Verluste tragen (§ 232 HGB).[103] Nicht beteiligt ist er dagegen am Sparkassenvermögen als

100 Bis zu 49 %: Art. 20 Abs. 1 Nr. 1 BaySpkG i. V. m. § 8 Abs. 1 u. 3 BaySpkO; § 22 HessSpkG; § 21 RhPfSpkG. – Ohne Begrenzung: § 32 Satz 2 SpkG BW; § 16 Abs. 4 Nr. 3 NdsSpkG; § 10 Abs. 2 Nr. 13 SchlHSpkG (»Hafteinlagen«); § 3 Abs. 3 u. 4 SächsÖKG. – Teils ist der Kreis der Einleger zusätzlich in verschiedenartiger Weise begrenzt, s. etwa § 22 Abs. 1 Satz 3 HessSpkG (nicht, »wer im Wettbewerb mit der Sparkasse Einlagen annimmt oder gewerbsmäßig Kredit- oder Versicherungsgeschäfte betreibt oder vermittelt«); § 21 Abs. 2 Satz 2 RhPfSpkG (Wohnsitz im Geschäftsgebiet als Voraussetzung für stille Beteiligung, keine stille Beteiligung von Wettbewerbern); § 32 Satz 2 SpkG BW, § 16 Abs. 4 Nr. 3 Halbs. 2 NdsSpkG (nur mit Zustimmung des Trägers); § 8 Abs. 3 Satz 2 BaySpkO (vorrangige Berücksichtigung von Unternehmen der Sparkassen-Finanzgruppe Bayern und juristischer Personen des öffentlichen Rechts).

101 Vgl. auch die ausdrückliche Bezugnahme in § 22 Abs. 1 Satz 1 HessSpkG u. § 21 Abs. 1 RhPfSpkG (stille Beteiligungen »nach Maßgabe des § 10 Abs. 4 KWG«). – Näher zur Bedeutung der Eigenkapitalfrage *Boos,* in: Boss/Fischer/Schulte-Mattler, Kreditwesengesetz, § 10 Rn. 1 f.; ausf. *Lepper,* Die Verwendung und insbesondere die Ausschüttung von Sparkassengewinnen, S. 75 ff.; *Oebbecke,* Rechtsfragen der Eigenkapitalausstattung der kommunalen Sparkassen, S. 4 ff.; *Niemeyer,* Genussrechtskapital von Privaten bei Sparkassen und Landesbanken, S. 13 ff. u. 32 ff.

102 Ausdrücklich ausgeschlossen in § 8 Abs. 3 Satz 1 BaySpkO; § 3 Abs. 3 SächsÖKG; keine besondere Regelung im baden-württembergischen, niedersächsischen und saarländischen Sparkassenrecht. Eine Beteiligten- bzw. Delegiertenversammlung und Repräsentanz im Verwaltungsrat sehen §§ 24 f. HessSpkG u. § 21a RhPfSpkG vor.

103 Nach § 231 Abs. 2 HGB kann zwar die Verlustbeteiligung handelsrechtlich ausgeschlossen werden. Dann aber würde die Einlage nach § 10 Abs. 4 Satz 1 Nr. 1 KWG – folgerichtig – nicht mehr eigenkapitalerhöhend wirken.

solchem, das heißt es kommt nicht zur Bildung stiller Reserven.[104] In erster Linie stellt eine so ausgestaltete stille Beteiligung ein »Schuldverhältnis« beziehungsweise ein »qualifiziertes Kreditverhältnis« dar, nicht aber eine Organisation.[105] Eine echte Teilprivatisierung ist damit also nicht verbunden. Für die im Sparkassenrecht teilweise vorgesehene Ausgabe von Genussrechten an Private[106] gilt das erst recht, denn das Verhältnis zwischen Kapitalgeber und Sparkasse ist in diesem Fall ein einfaches schuldrechtliches Verhältnis nicht gesellschaftsrechtlicher Art.[107]

Eine echte materielle Teilprivatisierung mit Beibehaltung der öffentlich-rechtlichen Organisationsform ist möglich, wenn die Länder für die öffentlich-rechtlichen Sparkassen durch Gesetz handelbare Anteile einführen, die auch von Privaten erworben werden können.[108] Entsprechende Gestaltungen fallen unter die Kompetenz des Landesgesetzgebers zur Organisation der öffentlichen Verwaltung und sind mit dem Demokratieprinzip vereinbar, solange es bei einer privaten Minderheitsbeteiligung bleibt.[109] Teilweise hat die Rechtsfigur des Stammkapitalanteils bereits Eingang in das Sparkassenrecht gefunden: Das rheinland-pfälzische Sparkassenrecht sieht vor, dass die Sparkassen durch Beschluss Stammkapital bilden können, das übertragen werden kann, wenn auch nur auf andere Sparkassen oder deren Träger (§ 3 RhPfSpkG). In das hessische Sparkassenrecht wurde eine entsprechende Regelung im Zuge seiner Novellierung im Jahr 2007 eingefügt, wobei neben den Sparkassen und ihren Trägern auch die Landesbank Hessen-Thüringen in den Kreis der potentiellen Erwerber einbezogen wurde

---

104 Ausdrücklich ausgeschlossen in § 22 Abs. 1 Satz 2 HessSpkG.

105 So die Charakterisierung der typischen stillen Gesellschaft bei *K. Schmidt,* Gesellschaftsrecht, S. 1837 f.

106 Vgl. § 29 Abs. 2 SpkG NRW; auch Genussrechte wirken – allerdings nur als Ergänzungskapital – eigenkapitalerhöhend (§ 10 Abs. 5 KWG).

107 Näher zur Abgrenzung zwischen stiller Beteiligung und Genussrecht *Niemeyer,* Genussrechtskapital von Privaten bei Sparkassen und Landesbanken, S. 27 ff.; *K. Schmidt,* Gesellschaftsrecht, S. 521 u. 1842 f.; *F. Kirchhof,* in: Kirchhof/Henneke, Entwicklungsperspektiven kommunaler Sparkassen in Deutschland, S. 11 (71).

108 *B. Gärtner,* Finanzielle Beteiligung Privater an Anstalten des öffentlichen Rechts, S. 99 ff.; *Thode,* Veräußerung öffentlich-rechtlicher Versicherungsunternehmen in der Bundesrepublik Deutschland, S. 222 ff.; *B. Claussen,* Teilprivatisierung kommunaler Sparkassen?, S. 218; *H. Müller,* Fortentwicklung des Sparkassensektors, in: ZögU 2005, 327 (350 f.); vgl. auch *Siekmann,* Die verwaltungsrechtliche Anstalt – eine Kapitalgesellschaft des öffentlichen Rechts?, in: NWVBl. 1993, 361 (362); *Beuthien,* Öffentliche Kreditwirtschaft zwischen Marktanpassung und Strukturwandel, in: WM 2004, 1467 (1473).

109 Hinsichtlich der rechtlichen Zulässigkeit gelten die Ausführungen zum Holding-Beleihungsmodell oben § 3 I. 2. d) (S. 70 ff.) entsprechend.

(§§ 3 Abs. 4, 20a Abs. 1 HessSpkG).[110] In diesen Fällen ist der Kreis der Erwerber begrenzt, so dass eine Privatisierungsoption nicht eröffnet ist. Im Gegensatz dazu sieht das sächsische Sparkassenrecht für die Sachsen-Finanzgruppe vor, dass bis zu 49 % des Stammkapitals auch auf »andere Personen des privaten Rechts (Dritte)« übertragen werden können, wenn gewährleistet ist, »dass die juristischen Personen des öffentlichen Rechts im Freistaat Sachsen über hinreichende Einwirkungs- und Steuerungsmöglichkeiten über die Entscheidungen der Sachsen-Finanzgruppe verfügen« (§ 53 Abs. 1 SächsÖKG).[111] Für die Sachsen-Finanzgruppe, die in Sachsen als zentraler Sparkassenträger fungiert, gibt es also bereits nach gegenwärtigem Sparkassenrecht die Möglichkeit einer teilweisen Privatisierung. Bislang ist es allerdings nur im Fall der Berliner Sparkasse auch tatsächlich zu einer materiellen Teilprivatisierung gekommen. Zwar waren Anteilseigner der beherrschenden Landesbank Berlin Holding AG in der Hauptsache das Land Berlin zu 81 % und die Norddeutsche Landesbank zu 10 %. Ein kleinerer Teil (9 %) befand sich aber in privater Hand. Seit der Veräußerung an den Deutschen Sparkassen- und Giroverband im Jahr 2007 konzentrieren sich nahezu alle Anteile auf den Verband (98,6 %). Ein geringfügiger Streubesitz (1,4 %) ist aber bislang geblieben.[112] Auch wenn der private Anteil jeweils gering (gewesen) ist, handelt es sich nur dann um eine bezeichnungsrechtlich zulässige Konstellation, wenn private Minderheitsbeteiligungen mit der Befugnis zur Verwendung der Bezeichnung »Sparkasse« prinzipiell vereinbar sind.

III. Geschäftliche Konkurrenz von Sparkassen

Eine geschäftliche Konkurrenzlage von Sparkassen, in der sich die Frage stellt, wer zur Verwendung der Bezeichnung »Sparkasse« und des Sparkassen-S befugt ist, kann sich im Inland nur in Ausnahmefällen ergeben (1.). Daneben sind entsprechende Fallgestaltungen mit internationalem Bezug vorstellbar, insbesondere bei grenzüberschreitenden Aktivitäten ausländischer Sparkassen in Deutschland (2.).

---

110 Zur verfassungsrechtlichen Problematik der Entkommunalisierung, die mit der Übertragung von Anteilen auf die Landesbank Hessen-Thüringen verbunden ist, oben § 1 I. 1. b) (S. 14 f.).

111 Zur Struktur der Sachsen-Finanzgruppe oben § 1 I. 1. a) bb) (S. 11 f.).

112 Zum Erwerb der Landesbank Berlin Holding AG durch den Deutschen Sparkassen- und Giroverband und zu den wechselnden Beteiligungsverhältnissen näher oben § 3 I. 2. b) bb) (S. 66 f.).

1. Geschäftliche Konkurrenz von Sparkassen innerhalb der Bundesrepublik

Innerhalb der Bundesrepublik wird eine geschäftliche Konkurrenz von Sparkassen grundsätzlich durch das Regionalprinzip, das von Verfassungs wegen Geltung beansprucht, ausgeschlossen.[113] Faktisch kommt es jedoch durchaus vor, dass das Regionalprinzip nicht beachtet und eine Sparkasse, wenn auch rechtswidrig, im Geschäftsgebiet einer anderen Sparkasse tätig wird.[114] Außerdem gilt das Regionalprinzip nicht lückenlos.[115] Insbesondere sind die freien Sparkassen nicht an das Regionalprinzip gebunden und daher nicht gehindert, Zweigstellen im Geschäftsgebiet anderer Sparkassen zu errichten.[116] Auch historisch bedingte Gemengelagen von Kreis- und Stadtsparkassen sind möglich. Das Regionalprinzip greift in diesen Fällen nicht, denn es gilt nur für das Verhältnis gleichgeordneter Verwaltungsträger. Es regelt daher insbesondere nicht, in welchem Verhältnis die Sparkassenerrichtung durch Städte und Gemeinden zur Sparkassenerrichtung durch die Kreise steht.[117] Insoweit wird es durch das so genannte »Subsidiaritätsprinzip« ergänzt, nach dem die Sparkassenerrichtung durch Städte und Gemeinden grundsätzlich Vorrang hat.[118] Einfach-rechtliche Ausprägung ist beispielsweise § 1 Abs. 2 Satz 1 SpkG NRW, nach dem Kreissparkassen im Gebiet kreisangehöriger Gemeinden mit eigener Sparkasse

---

113 Zum sparkassenrechtlichen Regionalprinzip und seinem verfassungsrechtlichen Hintergrund im Einzelnen bereits oben § 1 I. 3. (S. 23 ff.).

114 Vgl. *Handelsblatt*/Drost v. 21.7.2006 S. 23 (»Potsdam greift Berlin an«) nach dem die Mittelbrandenburgische Sparkasse Potsdam in Berliner Tageszeitungen für ihre Online-Tochter »MBS-Direkt« mit den Worten »nicht nur für Brandenburger« geworben hat.

115 Vgl. auch *Güde,* Geschäftspolitik der Sparkassen, S. 43 ff.; *Stern/Nierhaus,* Das Regionalprinzip im öffentlich-rechtlichen Sparkassenwesen, S. 61 f. u. 72 ff.

116 Zur Rechtsstellung der freien Sparkassen bereits oben § 1 II. 2. (S. 34 ff.).

117 *Schink,* in: Schmidt-Jortzig/Schink, Subsidiaritätsprinzip u. Kommunalordnung, S. 25 (111 f.); *Nierhaus,* Rechtsprobleme der Gründung einer kommunalen Sparkasse, S. 37; *P. Kirchhof,* Die Rechtspflicht zur Übertragung von Zweigstellen nach einer kommunalen Neugliederung, S. 22; *Rost-Haigis/Hohmann,* Auswirkungen der Gebietsreform auf das Sparkassenwesen, S. 15; vgl. auch *Oebbecke,* Sparkassentätigkeit als kommunale Selbstverwaltungsaufgabe, in: LKV 2006, 145 (147).

118 *VerfGH NRW,* Urt. v. 11.7.1980 – VerfGH 8/79, in: NJW 1980, 2699 (2699); *NdsOVG,* Urt. v. 21.11.1986 – 2 A 83/85, in: NVwZ-RR 1989, 11 ff.; *Schlierbach/Püttner,* Sparkassenrecht in der Bundesrepublik Deutschland, S. 44 ff.; *P. Kirchhof,* Die Rechtspflicht zur Übertragung von Zweigstellen nach einer kommunalen Neugliederung, S. 22 ff.; *Heinevetter,* Sparkassengesetz Nordrhein-Westfalen, § 1 Anm. 8; *D. Schmidt,* Das Regionalprinzip im Sparkassenwesen, in: VerwArch 51 (1960), S. 315 (318).

keine Zweigstellen errichten dürfen. Der Anwendungsbereich dieser Vorschrift ist allerdings schon dem Wortlaut nach auf die Neugründung von Zweigstellen begrenzt. Bereits bestehende Gemengelagen bleiben unter dem Gesichtspunkt des Bestandsschutzes unberührt, so dass es zu entsprechenden Konkurrenzlagen kommen kann.[119] In diesen Fällen ergeben sich bezeichnungsrechtliche Fragestellungen, wenn diejenige Sparkasse, auf deren Geschäftsgebiet übergegriffen wird, dagegen vorgehen und dem gebietsfremden Institut das Auftreten als »Sparkasse« in ihrem Gebiet untersagen will.[120]

2. Internationale Nutzungsfragen

In nahezu jedem europäischen Land gibt es Kreditinstitute, die sich als »Sparkasse« bezeichnen, wenn auch in sehr unterschiedlicher Form.[121] Das ist mit dem geistesgeschichtlichen Hintergrund des ursprünglichen Sparkassengedankens zu erklären, der im aufklärerischen Prinzip der »Hilfe zur Selbsthilfe« wurzelte und von Beginn an eine Idee europäischen Zuschnitts war.[122] Dachverband auf europäischer Ebene ist die »Europäische

---

119 *VerfGH NRW,* Urt. v. 11.7.1980 – VerfGH 8/79, in: NJW 1980, 2699 (2699); *Stern/ Nierhaus,* Das Regionalprinzip im öffentlich-rechtlichen Sparkassenwesen, S. 121 ff.; *Schink,* in: Schmidt-Jortzig/Schink, Subsidiaritätsprinzip u. Kommunalordnung, S. 25 (112); *P. Kirchhof,* Die Rechtspflicht zur Übertragung von Zweigstellen nach einer kommunalen Neugliederung, S. 27 ff.; *Weides,* Kreissparkassen und Gebietsreform, S. 24 f.; *Rost-Haigis/Hohmann,* Auswirkungen der Gebietsreform auf das Sparkassenwesen, S. 123 f.; *Heinevetter,* Sparkassengesetz Nordrhein-Westfalen, § 1 Anm. 7.1 (S. 7).

120 So etwa die Konstellation, die *OLG Schleswig,* Urt. v. 24.11.1992 – 6 U 56/92, in: SchlHA 1994, 15 ff., zugrunde lag, in der die »Stadtsparkasse Flensburg« der Kreissparkasse Schleswig-Flensburg die Verwendung der Bezeichnung »Sparkasse« untersagen wollte, die nach der Fusion mit der Stadtsparkasse Schleswig als »Sparkasse Schleswig-Flensburg« firmierte.

121 *D. Schmidt,* Sparkassenwissen für Verwaltungsräte, S. 519. – Vgl. im Einzelnen *Wissenschaftsförderung der Sparkassenorganisation* (Hrsg.), Europäische Sparkassengeschichte, Bd. 1 u. 2 (mit Beiträgen zu den Sparkassen in Belgien, Dänemark, Frankreich, Griechenland, Großbritannien, Irland, Italien, Luxemburg, den Niederlanden, Portugal, Spanien, Bulgarien, Estland, Finnland, Island, Lettland, Litauen, Norwegen, Österreich, Polen, Rumänien, Schweden, der Schweiz, der Slowakei, Slowenien, Tschechien und Ungarn); *Gimple,* Das Regionalprinzip der deutschen kommunalen Sparkassen bei der Zweigstellenerrichtung im EG-Ausland, S. 59 ff.; *Financial Times Deutschland*/Luttmer u. a. v. 4.12.2006 S. 22 f. (»Europas Sparkassen«).

122 Näher *H. Köhler,* in: Wissenschaftsförderung der Sparkassenorganisation (Hrsg.), Europäische Sparkassengeschichte, Bd. 1, S. 7; *Wysocki,* a. a. O., S. 9 ff.; *J. Klein,* Das Sparkassenwesen in Deutschland und Frankreich, S. 49.

Sparkassenvereinigung«, die derzeit Sparkassenorganisationen aus insgesamt 26 Staaten als Mitglieder ausweist.[123] Die ausländischen Sparkassen sind, anders als die Sparkassen in der Bundesrepublik, überwiegend privat getragene Einrichtungen.[124] Teilweise gelten auch für sie Gebietsbeschränkungen, die dem deutschen Regionalprinzip vergleichbar sind. So sind beispielsweise die genossenschaftlich organisierten französischen Sparkassen (»Caisse d'Epargne«)[125] an ein Regionalprinzip gebunden.[126] Für die spanischen Sparkassen (»Caixa des Ahorros«) wird über eine Abschaffung des Regionalprinzips diskutiert.[127] Größtenteils sind die europäischen Sparkassen Gebietsbeschränkungen aber nicht unterworfen.[128] Das gilt insbesondere für die österreichischen Sparkassen, die nicht nur die Bezeichnung »Sparkasse«, sondern auch das rote Sparkassen-S als Kennzeichen verwenden. Für sie wurde das Regionalprinzip im Jahr 1979 abgeschafft.[129] So ist inbesondere die »Erste Bank«, das Spitzeninstitut der

---

123 *European Savings Banks Group,* Members, unter: http://www.savings-banks.com (Stand: 17.6.2008). – Zu dieser auch auch *Pfisterer,* in: Wissenschaftsförderung der Sparkassenorganisation (Hrsg.), Europäische Sparkassengeschichte, Bd. 1, S. 313 ff.; *Schlierbach/Püttner,* Sparkassenrecht in der Bundesrepublik Deutschland, S. 76; *D. Schmidt,* Sparkassenwissen für Verwaltungsräte, S. 519 u. 521.

124 Vgl. *Scheike,* Rechtliche Voraussetzungen für die materielle Privatisierung kommunaler Sparkassen, S. 59 ff.; *Hedrich,* Die Privatisierung der Sparkassen, S. 285 ff.; *Verband freier Sparkassen* (Hrsg.), Jahresbericht 2005, unter: http://www.verband-freier-sparkassen.de (Stand: 17.6.2008), S. 54 ff.

125 Näher *Groupe Caisse d'Epargne* (Hrsg.), Reference Document 2005, unter: http://www.groupe.caisse-epargne.com (Stand: 17.6.2008), S. 10 ff.; *J. Klein,* Das Sparkassenwesen in Deutschland und Frankreich, S. 50 ff. u. 209 ff.; *Moster/Vogler,* in: Wissenschaftsförderung der Sparkassenorganisation (Hrsg.), Europäische Sparkassengeschichte, Bd. 1, S. 105 ff.; *Scheike,* Rechtliche Voraussetzungen für die materielle Privatisierung kommunaler Sparkassen, S. 63 ff.; *Gimple,* Das Regionalprinzip der deutschen kommunalen Sparkasse bei der Zweigstellenerrichtung im EG-Ausland, S. 59 ff.; *Verband freier Sparkassen* (Hrsg.), Jahresbericht 2005, unter: http://www.verband-freier-sparkassen.de (Stand: 17.6.2008), S. 54 f.

126 Vgl. *J. Klein,* Das Sparkassenwesen in Deutschland und Frankreich, S. 264 f.

127 Vgl. *Financial Times Deutschland*/Finkenzeller v. 4.12.2006 S. 23 (»Expansion jenseits der Grenzen«); *Financial Times Deutschland*/Finkenzeller v. 24.1.2007 S. 19 (»Spaniens Sparkassen planen Zukäufe: Öffentlich-rechtliche Institute schauen nach Osteuropa und Lateinamerika«).

128 Vgl. *Hedrich,* Die Privatisierung der Sparkassen, S. 285 ff., 287; *Gimple,* Das Regionalprinzip der deutschen kommunalen Sparkassen bei der Zweigstellenerrichtung im EG-Ausland, S. 75; *D. Schmidt,* Sparkassenwissen für Verwaltungsräte, S. 521.

129 *Gimple,* Das Regionalprinzip der deutschen kommunalen Sparkasse bei der Zweigstellenerrichtung im EG-Ausland, S. 74 f.; *D. Baumann,* Die sachlichen und räumlichen Grenzen der Verbandskompetenz öffentlich-rechtlicher Kreditinstitute, S. 126;

österreichischen Sparkassen, in großem Umfang in Osteuropa aktiv und hat unter anderem im Jahr 2000 die tschechischen und die slowakischen Sparkassen übernommen, die nunmehr ebenfalls unter dem roten Sparkassen-S betrieben werden.[130] In der Bundesrepublik gibt es bislang lediglich einzelne Repräsentanzen ausländischer Sparkassen.[131] Soweit Gebietsbeschränkungen nicht bestehen, wären sie allerdings nicht daran gehindert, in weiterem Umfang auf dem Gebiet der Bundesrepublik, etwa im grenznahen Bereich, tätig zu werden.[132] In diesem Fall stellt sich die Frage, ob sie sich dabei als »Sparkasse« bezeichnen dürften.

Der umgekehrte Weg ist ausgeschlossen, denn die deutschen Sparkassen sind durch das Regionalprinzip an einer Expansion ins Ausland gehindert. Zwar wird gelegentlich erwogen, den Sparkassen »die Tür zum Ausland« zu öffnen.[133] Das wäre jedoch nicht zulässig, denn das Regionalprinzip ist eine unmittelbare Folge der verfassungsrechtlichen Bindungen der staatlichen Träger der Sparkassen und steht daher nicht zur Disposition des Gesetzgebers.[134] Dem werden teilweise die Grundfreiheiten des europäischen Gemeinschaftsrechts mit dem Argument entgegengehalten, die Verwirklichung von Niederlassungs- und Dienstleistungsfreiheit (Art. 43 und Art. 49 EGV) werde durch die innerstaatlichen Gebietsbeschränkungen in unzulässiger Weise verhindert. Sie seien daher auf grenzüberschreitende Aktivitäten kommunaler Unternehmen nicht anzuwenden, da das Gemein-

---

Dirninger, in: Wissenschaftsförderung der Sparkassenorganisation (Hrsg.), Europäische Sparkassengeschichte, Bd. 2, S. 159 (199 f.); *R. Fischer,* Struktur und Strukturänderungen der Sparkassenorganisation, in: Ipsen (Hrsg.), Sparkassen im Wandel, S. 133 (147).

130 Vgl. auch *Handelsblatt* v. 9.1.2007 S. 22 (»Erste Bank greift erneut im Osten zu«).

131 Vgl. *Bundesanstalt für Finanzdienstleistungsaufsicht,* Verzeichnis der Repräsentanzen nach § 53a KWG, unter: http://www.bafin.de (Stand: 17.6.2008), die unter anderem Repräsentanzen der österreichischen »Tiroler Sparkasse AG Innsbruck« (München), der spanischen »Caja de Ahorros y Pensiones de Barcelona/La Caixa« (Stuttgart), der »Confederacion Espanola de Cajas de Ahorros« (Frankfurt a. M.) sowie der italienischen »Cassa di Risparmio die Genoveva« (ebenfalls Frankfurt a. M.) ausweist.

132 Vgl. auch *Gimple,* Das Regionalprinzip der deutschen kommunalen Sparkassen bei der Zweigstellenerrichtung im EG-Ausland, S. 76.

133 Vgl. *Handelsblatt*/Drost v. 4./5./6.5.2007 S. 27 (»Sächsische Sparkassen drängen ins Ausland: Sachsen-Finanzholding arbeitet an einem Konzept«); *Handelsblatt*/Köhler v. 8.5.2006 S. 27 (»Saarland will Sparkassen die Tür zum Ausland öffnen«); s. auch *Güde,* Geschäftspolitik der Sparkassen, S. 48, zu entsprechenden Forderungen von Seiten der Sparkassen.

134 Zum verfassungsrechtlichen Hintergrund des Regionalprinzips oben § 1 I. 3. a) (S. 23 ff.).

schaftsrecht gegenüber dem nationalen Recht einschließlich des Verfassungsrechts Vorrang beanspruche.[135] Diese Betrachtungsweise setzt voraus, dass sich die Gemeinden und mit ihnen die kommunalen Unternehmen gegenüber dem Gesamtstaat und seinen verfassungsrechtlichen Rahmenbedingungen auf die Grundfreiheiten berufen können. Das steht im Widerspruch zur gesamtstaatlichen Perspektive des Gemeinschaftsrechts: Dieses ist seinem völkerrechtlichen Ursprung nach »blind« für die binnenstaatlichen Untergliederungen der Mitgliedstaaten und verpflichtet beziehungsweise berechtigt daher stets den Gesamtstaat als ganzen, nicht aber einzelne seiner Untergliederungen. Daher können sich binnenstaatliche Untergliederungen wie etwa die Gemeinden nicht gegenüber dem Gesamtstaat auf das Gemeinschaftsrecht berufen. Aus der allein maßgeblichen gesamtstaatlichen Sicht stellt sich das Regionalprinzip vielmehr als zulässige Selbstbeschränkung dar, die sich die Bundesrepublik im Wege des Verfassungsrechts beziehungsweise des Landessparkassenrechts selbst auferlegt hat.[136] Es bleibt daher dabei, dass die deutschen Sparkassen von Verfassungs wegen an einer Expansion ins Ausland gehindert sind. Dennoch kann ein Bedürfnis bestehen, die Marke Sparkasse auch außerhalb des Gebiets der Bundesrepublik zu schützen. Zum einen sind einzelne Auslandsaktivitäten zulässig, solange ein konkreter Anknüpfungspunkt im inländischen Geschäftsgebiet besteht. Das betrifft insbesondere die Unterstützung mittelständischer Unternehmen bei ihrem Auslandsgeschäft, die in der Praxis durch Kooperation

135 Speziell für die Sparkassen: *Gimple,* Das Regionalprinzip der deutschen kommunalen Sparkassen bei der Zweigstellenerrichtung im EG-Ausland, S. 89 ff. – Für die kommunalen Unternehmen im Allgemeinen: *Nagel,* Gemeindeordnung als Hürde?, S. 47 ff.; *Schwintowski,* Corporate Governance im öffentlichen Unternehmen, in: NVwZ 2001, 607 (610); *Moraing,* in: Püttner (Hrsg.), Zur Reform des Gemeindewirtschaftsrechts, S. 41 (45); vgl. auch *Jarass,* Kommunale Wirtschaftsunternehmen im Wettbewerb, S. 41 ff., der eine Beschränkung der Grundfreiheiten annimmt, die Frage der Rechtfertigung jedoch differenziert beantwortet (a. a. O. S. 47 f.).

136 Speziell für die Sparkassen: *Nierhaus/Stern,* Regionalprinzip und Sparkassenhoheit im europäischen Bankenbinnenmarkt, S. 183 ff.; *Raskin,* Das Regionalprinzip und (neue) elektronische Vertriebswege im Retailbanking, S. 97 f.; *Lohmiller,* Kapitalbeteiligungsgesellschaften der Sparkassen, S. 128 ff. – Für die kommunalen Unternehmen im Allgemeinen vgl. auch *Ehlers,* in: Wurzel/Schraml/Becker (Hrsg.), Rechtspraxis der kommunalen Unternehmen, Teil B Rn. 12; *Manthey,* Bindung und Schutz öffentlicher Unternehmen durch die Grundfreiheiten des Europäischen Gemeinschaftsrechts, S. 115 ff.; *Hösch,* Die kommunale Wirtschaftstätigkeit, S. 83; *Grawert,* in: Reichard, Kommunen am Markt, S. 9 (13); *Knauff,* Globale Kommunalwirtschaft?, in: VR 2005, 145 (148 ff.); *Weiß,* Kommunale Energieversorger und EG-Recht, in: DVBl. 2003, 564 (571 f.).

mit ausländischen Partnerinstituten realisiert wird.[137] Zum anderen kann auch unabhängig von eigenen Auslandsaktivitäten der Sparkassen ein Schutzbedürfnis bestehen, wenn nämlich ausländische Sparkassen, wie beispielsweise die österreichischen Institute, den Begriff »Sparkasse« oder das Sparkassen-S außerhalb des Gebiets der Bundesrepublik verwenden und Fehlzurechnungen zu den deutschen Sparkassen verhindert werden sollen. In diesen Fallgestaltungen stellt sich die Frage nach dem Bestand internationaler Schutzrechte für die Marke Sparkasse.

137 Vgl. insbesondere die »Sparkassen CountryDesk GbR«, deren Gesellschafterkreis aus (derzeit) 27 deutschen (Groß-)Sparkassen besteht, unter: http://www.countrydesk.de (Stand: 17.6.2008); zu dieser auch *DSGV* (Hrsg.), Jahresbericht der Sparkassen-Finanzgruppe 2005, unter: http://www.dsgv.de (Stand: 17.6.2008), S. 59, nach dem das internationale Geschäft der Sparkassen über den ›CountryDesk‹ »als originärer Teil der Geschäftsentwicklung der regional ansässigen Wirtschaft« verstanden wird; s. auch *R. Netzel,* Ist der Mittelstand im Ausland, sind wir auch dort, in: DieSparkassenZeitung v. 24.11.2006, S. 17. – Ferner die »S-International Rhein-Ruhr GmbH«, in der die Auslandsaktivitäten unter anderem der Sparkassen Essen, Duisburg, Mühlheim und Oberhausen zusammengeführt sind; vgl. *DSGV,* a. a. O. S. 58, sowie *DieSparkassenZeitung* v. 22.12.2006 S. 15 (»Das Ziel: Marktführerschaft im Auslandsgeschäft«).

§ 4 Schutz der Bezeichnung »Sparkasse« durch § 40 Abs. 1 KWG

§ 40 Abs. 1 des Kreditwesengesetzes (KWG) unterstellt die Bezeichnung »Sparkasse« einem öffentlich-rechtlichen Schutz.[1] Wesentliche Hinweise für die Auslegung lassen sich der Entstehungsgeschichte der Norm (I.) und ihrer Stellung in der bundesstaatlichen Kompetenzordnung (II.) entnehmen. Nach § 40 Abs. 1 Nr. 1 KWG sind grundsätzlich nur »öffentlich-rechtliche Sparkassen« befugt, die Bezeichnung »Sparkasse« zu führen (III.). »Andere Unternehmen« dürfen die Bezeichnung »Sparkasse« nach § 40 Abs. 1 Nr. 2 und 3 KWG lediglich unter Bestandsschutzgesichtspunkten verwenden (IV.). Eine Ausnahme ist in § 41 Satz 2 KWG für ausländische Sparkassen vorgesehen, die auf dem Gebiet der Bundesrepublik tätig werden wollen (V.). Die Durchsetzung des Bezeichnungsschutzes ist in §§ 42 und 43 KWG geregelt (VI.). Besonderer Betrachtung bedarf schließlich die Frage nach der Vereinbarkeit des § 40 Abs. 1 KWG mit dem europäischen Gemeinschaftsrecht (VII.).

I. Entstehungsgeschichte des Bezeichnungsschutzes

Die Bezeichnung »Sparkasse« war ursprünglich ein frei verwendbarer Begriff. Sie wurde tätigkeitsbezogen als Bezeichnung für jede Art von »Kleinkapitalsammelstelle« verstanden.[2] In diesem Sinn wurde der Sparkassenbegriff noch bis zu Beginn des 20. Jahrhunderts verwendet. Es gab eine Reihe von Einrichtungen für das Sparen wie etwa »Werks-« oder »Fabriksparkassen«, »Schul-« und »Jugendsparkassen«, »Kirchspareinrichtungen« oder private Sparvereine, die kein bankmäßiges Sparkassengeschäft im heutigen Sinn betrieben, sich aber dennoch »Sparkasse« nannten.[3] Noch im

1 Vgl. auch *Oebbecke,* Das Europarecht als Katalysator der Sparkassenpolitik, in: VerwArch 93 (2002), S. 278 (285), der die Marke Sparkasse daher als »gesetzlich administrierte Marke« bezeichnet.

2 *Schlierbach/Püttner,* Sparkassenrecht in der Bundesrepublik Deutschland, S. 21; vgl. auch *Samm,* in: Beck/Samm, Kreditwesengesetz, § 40 Rn. 4, der sogar für die heutigen Sparkassen feststellt, diese seien »begrifflich den Kapitalsammelstellen« zuzuordnen.

3 *Trende,* Geschichte der deutschen Sparkassen, S. 372 ff.; ferner *Perdelwitz/Fabricius/Kleiner,* Preußisches Sparkassenrecht, S. 164 f.; *Stolzenburg,* Die rechtliche Sonderstellung der Freien Sparkassen im deutschen Sparkassenwesen, S. 38; *Ashauer,* Von der Ersparungscasse zur Sparkassen-Finanzgruppe, S. 134. – Nach § 3 Nr. 1 KWG

Jahr 1917 urteilte das Reichsgericht, bei der Bezeichnung »Sparkasse« handele es sich um eine »im Allgemeinen Gebrauche stehende Bezeichnung«. Beklagt war ein privater »Vorschussverein«, der sich als »Sparkasse« bezeichnete. Dieser nehme, so das Reichsgericht, lediglich »ein Allgemeingut auch für sich in Anspruch«.[4]

Zunehmend wurde es jedoch als Missstand empfunden, dass die Bezeichnungen »Bank« und »Sparkasse« durch Einrichtungen verwendet wurden, die weder unter bankgeschäftskundiger Leitung standen noch angemessene finanzielle Mittel aufwiesen. Daher wurde »im Interesse des Schutzes des gutgläubigen Publikums« dringend eine klare gesetzliche Regelung für diese Bezeichnungen gefordert.[5] Die Bezeichnung »Sparkasse« wurde erstmals anlässlich der Bankenkrise des Jahres 1931 einem besonderen gesetzlichen Schutz unterstellt. Durch die Reparationslasten des Ersten Weltkriegs, die Inflation des Jahres 1923, die im Jahr 1929 kulminierende Weltwirtschaftskrise und die politische Instabilität in Deutschland war es zu einem massiven Abfluss von Kapital in das Ausland gekommen.[6] Die dadurch ausgelösten Liquiditätsengpässe in der deutschen Kreditwirtschaft hatten eine Krise des öffentlichen Vertrauens in die Sicherheit der Einlagen zur Folge. Es kam zu einem »Run auf die Bankschalter«.[7] Davon waren die Sparkassen als Institute, die traditionell auf das Sparen ausgerichtet waren, besonders betroffen.[8] Um das öffentliche Vertrauen wieder herzustellen und den massiven Abfluss der Einlagen zu stoppen, griff der Reichsgesetzgeber durch Erlass der »Dritten Verordnung des Reichspräsidenten zur Sicherung von Wirtschaft und Finanzen und zur Bekämpfung politischer Ausschreitungen« ein, die einen eigenen Abschnitt zu den »Spar- und Girokassen,

---

sind Werkssparkassen heute ausdrücklich verboten, vgl. *Fülbier,* in: Boos/Fischer/Schulte-Mattler, Kreditwesengesetz, § 3 Rn. 2.

4 *RG,* Urt. v. 13.11.1917 – II 269/17, in: RGZ 91, 210 (212).

5 Vgl. *Reichardt,* Reichskreditwesengesetz, § 10 Anm. 4; *Pröhl,* Reichskreditwesengesetz, § 10 Anm. 1; *Pollems,* Verwendung der Bezeichnung »Bank« oder »Bankier« in der Firma, in: BB 1955, 677 (677).

6 Zu den Hintergründen der Bankenkrise des Jahres 1931 *Ashauer,* Von der Ersparungscasse zur Sparkassen-Finanzgruppe, S. 246 f.; *Mura,* Entwicklungslinien der deutschen Sparkassengeschichte, S. 89 f.; *Pontzen,* Die deutsche Bankenkrise 1931, in: Kreditwesen 1999, 77 f.; *R. Fischer,* in: Boos/Fischer/Schulte-Mattler, Kreditwesengesetz, Einführung Rn. 4.

7 So *Mura,* Entwicklungslinien der deutschen Sparkassengeschichte, S. 89 f.; *R. Fischer,* in: Boos/Fischer/Schulte-Mattler, Kreditwesengesetz, Einführung Rn. 4.

8 Vgl. die Übersicht bei *Ashauer,* Von der Ersparungscasse zur Sparkassen-Finanzgruppe, S. 247; *Oebbecke,* Rechtsfragen der Eigenkapitalausstattung der kommunalen Sparkassen, S. 32 f.: Bestandsverlust von 13 % im Jahr 1931.

kommunalen Kreditinstituten und Giroverbänden sowie Girozentralen« enthielt.[9] Zentrale Maßnahme war die rechtliche Verselbständigung der Sparkassen, die bis dahin unselbständige Einrichtungen ihrer staatlichen Träger waren und praktisch als »Zimmer im Rathaus«[10] betrieben wurden. In der öffentlichen Wahrnehmung verband sich damit die Befürchtung, die staatlichen Träger könnten zur Linderung eigener Finanznöte unberechtigterweise auf das Sparvermögen zugreifen.[11] Um dem die Grundlage zu entziehen, ordnete Art. 1 § 2 Abs. 1 Satz 1 der Notverordnung an:

> »Die Sparkassen, die unselbständige Einrichtungen von Gemeinden und Gemeindeverbänden oder sonstigen öffentlichen Körperschaften sind, sind zu Anstalten mit eigener Rechtspersönlichkeit umzugestalten.«

Damit wurden Träger- und Sparkassenvermögen organisatorisch getrennt. Die Wiederherstellung des öffentlichen Vertrauens konnte allerdings nur gelingen, wenn die Bezeichnung »Sparkasse« nicht mehr beliebig verwendbar war. Daher wurde sie durch Art. 4 Abs. 1 der Notverordnung erstmals einem besonderen gesetzlichen Schutz unterstellt:

> »Die Bezeichnung ›Sparkasse‹ oder eine Bezeichnung, in der das Wort ›Sparkasse‹ enthalten ist, dürfen nur die in Artikel 1 § 1 Abs. 2 genannten Sparkassen sowie solche überwiegend den Sparverkehr pflegenden Unternehmungen führen, denen dieses Recht von der obersten Landesbehörde verliehen worden ist.«

Danach waren, soweit keine Ausnahmegenehmigung erteilt wurde, nur noch die »öffentlichen oder dem öffentlichen Verkehre dienenden Spar- und Girokassen« (Art. 1 § 1 Abs. 2) zur Verwendung der Bezeichnung »Sparkasse« befugt. Diese Regelung wurde weitgehend unverändert in § 10 Abs. 3 Satz 1 des im Jahr 1934 erlassenen und im Jahr 1939 novellierten Reichskreditwesengesetzes übernommen:

---

9 5. Teil Kapitel I. der Dritten Verordnung des Reichspräsidenten zur Sicherung von Wirtschaft und Finanzen und zur Bekämpfung politischer Ausschreitungen v. 6.10.1931, in: RGBl. I S. 537 (554 ff.).

10 So *Schlierbach/Püttner,* Das Sparkassenrecht in der Bundesrepublik Deutschland, S. 22.

11 *Perdelwitz/Fabricius/Kleiner,* Das Preußische Sparkassenrecht, S. 102.

> »Die Bezeichnung ›Sparkasse‹ oder eine Bezeichnung, in der das Wort ›Sparkasse‹ enthalten ist, dürfen nur die öffentlichen oder dem öffentlichen Verkehr dienenden Spar- und Girokassen führen.«[12]

Damit waren die Vorschriften der Notverordnung lediglich sprachlich zusammengefasst und die Möglichkeit der Ausnahmegenehmigung gestrichen worden. Mit dem Begriff der »öffentlichen Sparkasse« waren die »öffentlich-rechtlichen Sparkassen« im Sinne der Notverordnung gemeint, also die Sparkassen von »Gemeinden, Gemeindeverbänden oder sonstigen öffentlichen Körperschaften« (Art. 1 § 2 Abs. 1 Satz 1). Da allerdings der Begriff des »Öffentlichen« als zu unbestimmt angesehen wurde, wurde es sowohl im Schrifttum als auch im offiziellen Sprachgebrauch des Reichsaufsichtsamts für das Kreditwesen bald üblich, anstelle von »öffentlichen Sparkassen« nur noch von »öffentlich-rechtlichen Sparkassen« zu sprechen.[13] Bei der Novellierung des Kreditwesengesetzes im Jahr 1961 trug der Bundesgesetzgeber diesem Sprachgebrauch Rechnung und ersetzte den reichsrechtlichen Begriff der »öffentlichen Sparkasse« durch den heutigen Begriff der »öffentlich-rechtlichen Sparkasse« in § 40 Abs. 1 Nr. 1 KWG.[14]

Mit dem reichsrechtlichen Begriff der »dem öffentlichen Verkehr dienenden Sparkasse« waren diejenigen privaten Sparkassen gemeint, die traditionell Teil des Sparkassensektors waren und sich trotz der Kommunalisierungswelle im Verlauf des 19. Jahrhunderts gehalten hatten.[15] Dieser Begriff wurde bei der Neufassung durch den Bundesgesetzgeber gestrichen und durch § 40 Abs. 1 Nr. 2 KWG ersetzt, der allgemein von »anderen Unternehmen« spricht und ihnen die Verwendung der Bezeichnung »Sparkasse« unter Bestandsschutzgesichtspunkten gestattet. In der Sache sind damit

12 § 10 Abs. 3 Satz 1 des Reichskreditwesengesetzes v. 5.12.1934, in: RGBl. I S. 1203 (1205); unverändert § 10 Abs. 3 Satz 1 des Reichskreditwesengesetzes v. 25.9.1939, in: RGBl. I S. 1955 (1957).

13 *Reichardt,* Reichskreditwesengesetz, § 10 Anm. 12 a); *Pröhl,* Reichskreditwesengesetz, § 10 Anm. 5 b); *Perdelwitz/Fabricius/Kleiner,* Preußisches Sparkassenrecht, S. 165; vgl. auch *Kleiner,* Das Recht der öffentlichen Sparkassen, S. 39 ff.; *Stolzenburg,* Die rechtliche Sonderstellung der Freien Sparkassen im deutschen Sparkassenwesen, S. 22 ff.

14 § 40 Abs. 1 des Gesetzes über das Kreditwesen v. 10.7.1961, in: BGBl. I S. 881 (892); nach § 65 in Kraft getreten zum 1.1.1962 (a. a. O. S. 898).

15 Zur Kommunalisierung des Sparkassensektors im 19. Jahrhundert und zur zahlenmäßigen Entwicklung näher oben § 1 II. 1. (S. 31 ff.).

allerdings ebenfalls die freien Sparkassen gemeint.[16] Mit dem Übergang zum Bestandsschutzprinzip trug der Bundesgesetzgeber lediglich der Tatsache Rechnung, dass ihre Zahl kontinuierlich (bis auf dreizehn) zurückgegangen und angesichts der eindeutigen Tendenz die Gründung neuer freier Sparkassen nicht zu erwarten war.[17] Der Bundesgesetzgeber hat also in vollem Umfang an den reichsrechtlichen Bestandsschutz angeknüpft. Lediglich § 40 Abs. 1 Nr. 3 KWG wurde später, im Jahr 1994, hinzugefügt und dadurch der Bestandsschutz für die freien Sparkassen auf den Fall ihrer »Neugründung« erweitert.[18] Im Übrigen ist § 40 Abs. 1 KWG bis heute unverändert geblieben.

II. Stellung in der bundesstaatlichen Kompetenzordnung

Die Auslegung des § 40 Abs. 1 KWG wird durch die Stellung der Norm in der bundesstaatlichen Kompetenzordnung wesentlich mitbestimmt. Der Bund ist grundsätzlich nach Art. 74 Abs. 1 Nr. 11 GG befugt, den Schutz der Bezeichnung »Sparkasse« zu regeln (1.). Er darf jedoch die Regelungshoheit der Länder für das Sparkassenrecht aus Art. 30 und 70 Abs. 1 GG nur so weit beeinträchtigen, wie dies aus Gründen des Verkehrsschutzes erforderlich und angemessen ist (2.). Soweit Auslegungsspielräume bestehen, muss dies bei der Konkretisierung der gesetzgeberischen Entscheidung berücksichtigt werden.

1. Bundeskompetenz für § 40 Abs. 1 KWG

Nach Art. 30 und 70 Abs. 1 GG liegt die Gesetzgebungskompetenz grundsätzlich bei den Ländern, so dass der Bund nur zum Erlass von Gesetzen befugt ist, soweit ihm ausdrücklich eine entsprechende Kompetenz zugewiesen ist. Bezogen auf das Kreditwesengesetz im Allgemeinen hat das Bundesverfassungsgericht bereits im Jahr 1962 festgestellt, dass es unter die Bundeskompetenz für das »Recht der Wirtschaft (Bank- und Börsenwesen)« aus Art. 74 Abs. 1 Nr. 11 GG fällt.[19] Speziell für den Schutz der Bezeich-

---

16 Zum Begriff des »anderen Unternehmens« im Sinne des § 40 Abs. 1 Nr. 2 KWG unten § 4 IV. (S. 134 ff.).

17 Für das Zahlenverhältnis im Jahr 1957 vgl. die Übersicht bei *J. Hoffmann,* in: Peters (Hrsg.), Handbuch der kommunalen Wissenschaft und Praxis, 1. Aufl., S. 741 (742); näher zur Entwicklung oben § 1 II. 1. (S. 32 f.).

18 Art. 10 des Gesetzes zur Bereinigung des Umwandlungsrechts v. 28.10.1994, in: BGBl. I S. 3210 (3264); zu § 40 Abs. 1 Nr. 3 KWG unten § 4 IV. 2. (S. 137 ff.).

19 *BVerfG,* Urt. v. 24.7.1962 – 2 BvF 4/61 u .a., in: BVerfGE 14, 197 (216).

nung »Sparkasse« in § 40 Abs. 1 KWG hat diese Feststellung allerdings keine bindende Wirkung.[20] Unter das »Recht der Wirtschaft« fallen alle wirtschaftsordnenden Gesetze, also insbesondere auch Regelungen, die dem Schutz von Gattungsbegriffen des Wirtschaftslebens unter dem Gesichtspunkt des Verkehrsschutzes dienen.[21] § 40 Abs. 1 KWG dient, wie schon seine Entstehungsgeschichte zeigt, dem Schutz des Verkehrs vor einer irreführenden Verwendung der Bezeichnung »Sparkasse«. Er ordnet sich insofern in die Systematik der §§ 39 ff. KWG ein, die neben der Bezeichnung »Sparkasse« auch die Bezeichnungen »Bank« und »Volksbank« schützen und damit ein Gesamtsystem zur Wahrung der Bezeichnungsklarheit im Kreditwesen bilden. Der Schutz der Bezeichnung »Sparkasse« ist damit »Recht der Wirtschaft«, genauer: »Bankrecht«.

Da viele Materien einen wirtschaftlichen Bezug haben, muss allerdings ausgeschlossen werden, dass Art. 74 Abs. 1 Nr. 11 GG eine abweichende kompetenzielle Zuordnung »überspielt«. Unter diesem Gesichtspunkt ist eine Abgrenzung zur Kompetenz für die Regelung des Sparkassenrechts erforderlich. Die Regelung des Sparkassenrechts ist Sache der Länder.[22] Deren Zuständigkeit für das Sparkassenrecht beruht auf der grundsätzlichen

---

20 Im zugrunde liegenden Normenkontrollverfahren hat das *BVerfG* die Verfassungsmäßigkeit des Kreditwesengesetzes zwar gesetzeskräftig festgestellt (§ 32 Abs. 2 Satz 1 BVerfGG). Da die Prüfung jedoch faktisch auf die Bundeskompetenz zur Errichtung des (damaligen) Bundesaufsichtsamts für das Kreditwesen konzentriert war, besteht nämlich nur insoweit eine Bindungswirkung; vgl. *Oebbecke,* Rechtsfragen der Eigenkapitalausstattung der kommunalen Sparkassen, S. 81 ff.; *Impelmann,* Abgrenzung der Gesetzgebungskompetenzen zwischen Bund und Ländern auf dem Gebiet des Kredit- und Sparkassenwesens, S. 55 ff.

21 Vgl. *BVerfG,* Beschl. v. 25.6.1969 – 2 BvR 128/66, in: BVerfGE 26, 246 (254 ff.), für die Berufsbezeichnung »Ingenieur«.

22 Vgl. *BVerwG,* Urt. v. 18.12.1986 – 3 C 39/81, in: BVerwGE 75, 292 (299); *BGH,* Urt. v. 16.2.1984 – III ZR 196/82, in: BGHZ 90, 161 (164); *Stern/Burmeister,* Die kommunalen Sparkassen, S. 179 f.; *Brzoska,* Die öffentlich-rechtlichen Sparkassen zwischen Staat und Kommunen; S. 18 f.; *Schlierbach/Püttner,* Sparkassenrecht in der Bundesrepublik Deutschland, S. 33; *Impelmann,* Abgrenzung der Gesetzgebungskompetenzen zwischen Bund und Ländern auf dem Gebiet des Kredit- und Sparkassenwesens, S. 59 ff.; *W. Jakob,* Die Sparkassen und der Einfluss des Bundesgesetzgebers, S. 44 ff.; *Ossenbühl,* Grundfragen zum Rechtsstatus der freien Sparkassen, S. 88 ff.; *Merten,* Sparkassenrechtliches Regionalprinzip und kommunale Neugliederung, in: DVBl. 1983, 1140 (1142); *Hoppe,* Zur Diskussion um den Haftungszuschlag für die kommunalen Sparkassen, in: DVBl. 1982, 45 (50); *D. Schmidt,* Gesetzgebungskompetenz des Bundes für das Sparkassenrecht?, in: FS Bärmann, S. 837 (847 ff.); *Sprengel,* Sparkassenrecht – Bundes- oder Landesrecht?, in: DÖV 1952, 69 (72); *Oeter,* in: von Mangoldt/Klein/Starck, Grundgesetz, Bd. 2, Art. 74 Rn. 98; *Kunig,* in: von Münch/Kunig, Grundgesetz, Bd. 3, Art. 74 Rn. 52; *Rengeling,* in: Bonner Kommentar zum Grundgesetz, Art. 74 Rn. 76.

Zuweisung der Gesetzgebungskompetenz an die Länder in Art. 30 und 70 Abs. 1 GG und leitet sich aus dem Gedanken ab, dass diese aufgrund ihrer Eigenstaatlichkeit befugt sein müssen, die Organisation und die Aufgaben der Landesverwaltung, zu der auch die Sparkassen zählen, durch Gesetz zu regeln.[23] Auf dasselbe läuft es hinaus, wenn man daran anknüpft, dass die Sparkassen (ganz überwiegend) kommunale Unternehmen sind, und das Sparkassenrecht deshalb als besonderes Kommunalrecht begreift, so dass es sich als Teilbereich der Kompetenz der Länder zur Regelung des Kommunalrechts darstellt.[24]

Zur Abgrenzung von Bundes- und Landeskompetenz ist nach einem Ansatz zwischen »Sparkassenorganisationsrecht« (Landeskompetenz) und »Sparkassengeschäftsrecht« (Bundeskompetenz) zu unterscheiden.[25] Rechtlich gesehen hindert § 40 Abs. 1 KWG die Länder nicht daran, die Organisation der Sparkassen nach ihrem Ermessen zu gestalten, denn Regelungsgegenstand ist allein der Bezeichnungsschutz.[26] Allerdings sind sie faktisch gezwungen, die Organisation an den Vorgaben des § 40 Abs. 1 KWG auszurichten, weil diese Bedingung für die Verwendung der Bezeichnung »Sparkasse« sind. § 40 Abs. 1 KWG wirkt damit mittelbar-faktisch auf die Organisationshoheit der Länder ein. Für die kompetenzielle Zuordnung ist das jedoch nicht ausschlaggebend. Welchem Kompetenztitel eine Rechtsnorm zuzuordnen ist, bestimmt sich nicht nach ihren faktischen Wirkungen,

---

23 Vgl. *BVerwG,* Urt. v. 18.12.1986 – 3 C 39/81, in: BVerwGE 75, 292 (299), unter Verweis auf Art. 30 GG; *Stern/Burmeister,* Die kommunalen Sparkassen, S. 179 f.; *Impelmann,* Abgrenzung der Gesetzgebungskompetenzen zwischen Bund und Ländern auf dem Gebiet des Kredit- und Sparkassenwesens, S. 59 f.; *W. Jakob,* Die Sparkassen und der Einfluss des Bundesgesetzgebers, S. 44; *D. Schmidt,* Gesetzgebungskompetenz des Bundes für das Sparkassenrecht? in: FS Bärmann, S. 837 (847 ff.).

24 Vgl. *BGH,* Urt. v. 16.2.1984 – III ZR 196/82, in: BGHZ 90, 161 (164); *D. Schmidt,* Gesetzgebungskompetenz des Bundes für das Sparkassenrecht?, in: FS Bärmann, S. 837 (852); *Merten,* Sparkassenrechtliches Regionalprinzip und kommunale Neugliederung, in: DVBl. 1983, 1140 (1142); *Impelmann,* Abgrenzung der Gesetzgebungskompetenzen zwischen Bund und Ländern auf dem Gebiet des Kredit- und Sparkassenwesens, S. 70 ff.; *W. Jakob,* Die Sparkassen und der Einfluss des Bundesgesetzgebers, S. 44 ff., 47.

25 *BVerwG,* Urt. v. 18.12.1986 – 3 C 39/81, in: BVerwGE 75, 292 (299); *Stern/Burmeister,* Die kommunalen Sparkassen, S. 183 f.; *Brzoska,* Die öffentlich-rechtlichen Sparkassen zwischen Staat und Kommunen, S. 18 f.; *Hoppe,* Zur Diskussion um den Haftungszuschlag für die kommunalen Sparkassen, in: DVBl. 1982, 45 (50); *Sprengel,* Sparkassenrecht – Bundes- oder Landesrecht?, in: DÖV 1952, 69 (72).

26 Zutreffend *HessVGH,* Urt. v. 13.7.1989 – 6 UE 2124/85, in: WM 1989, 1463 (1465).

sondern allein nach dem Regelungsgegenstand.[27] Der Bund ist also, wie das Bundesverfassungsgericht formuliert hat, kraft einer ihm ausdrücklich zugewiesenen Kompetenz auch dort zur Regelung befugt, wo er »mittelbar rechtlich regelnd in einen Bereich hineinwirkt, in dem die Länder das Recht der Gesetzgebung haben«.[28] Der Schutz der Bezeichnung »Sparkasse« ist daher nicht schon deshalb der Kompetenz der Länder zur Regelung des Sparkassenorganisationsrechts zuzuordnen, weil er Auswirkungen auf deren Wahrnehmung hat. Damit fällt er unter die Bundeskompetenz für das Bankwesen aus Art. 74 Abs. 1 Nr. 11 GG, wenn man bei der Abgrenzung davon ausgeht, dass allein das Sparkassenorganisationsrecht Ländersache ist. Ein anderer Ansatz unterscheidet zwischen sparkassenspezifischem Sonderrecht (Landeskompetenz) und allgemeinem Bankrecht (Bundeskompetenz).[29] Der Unterschied zwischen beiden Abgrenzungsvarianten ist im Wesentlichen terminologischer Natur, denn unter das sparkassenspezifische Sonderrecht, das die Sparkassen als solche betrifft, fällt in erster Linie das Sparkassenorganisationsrecht.[30] Richtigerweise geht der »sonderrechtliche Ansatz« allerdings der Systematik des Grundgesetzes entsprechend von Art. 74 Abs. 1 Nr. 11 GG aus, der dem Bund die Kompetenz nur für solche Regelungen zuweist, die die Banken und das Bankwesen als solche betreffen, also unabhängig davon, ob es sich um eine Bank, Volksbank oder Sparkasse handelt.[31] § 40 Abs. 1 KWG regelt zwar die Verwendung der Bezeichnung »Sparkasse«, wendet sich aber nicht speziell an die Sparkassen als solche, sondern gilt für alle Marktteilnehmer, indem er – positiv – einem Teil von ihnen die Verwendung der Bezeichnung »Sparkasse« gestattet und sie – negativ – allen anderen untersagt. Die Norm ist insofern Teil eines

---

27 *Pieroth,* in: Jarass/Pieroth, Grundgesetz, Art. 70 Rn. 4; *Rozek,* in: v. Mangoldt/Klein/Starck, Grundgesetz, Art. 70 Rn. 55; *Heintzen,* in: Bonner Kommentar zum Grundgesetz, Art. 70 Rn. 132; *Rengeling,* in: Isensee/Kirchhof (Hrsg.), Handbuch des Staatsrechts, Bd. 4, § 100 Rn. 19.

28 *BVerfG,* Urt. v. 19.10.1982 – 2 BvF 1/81, in: BVerfGE 61, 149 (205).

29 *Schlierbach/Püttner,* Sparkassenrecht in der Bundesrepublik Deutschland, S. 33; *D. Schmidt,* Gesetzgebungskompetenz des Bundes für das Sparkassenrecht?, in: FS Bärmann, S. 837 (852); *Merten,* Sparkassenrechtliches Regionalprinzip und kommunale Neugliederung, in: DVBl. 1983, 1140 (1142).

30 Zutreffend *Impelmann,* Abgrenzung der Gesetzgebungskompetenzen zwischen Bund und Ländern auf dem Gebiet des Kredit- und Sparkassenwesens, S. 88, der von einer »Scheinkontroverse« spricht.

31 Vgl. *Kunig,* in: v. Münch/Kunig, Grundgesetz, Bd. 3, Art. 74 Rn. 52; *Oeter,* in: v. Mangoldt/Klein/Starck, Grundgesetz, Bd. 2, Art. 74 Rn. 98; in gleichem Sinn *Püttner,* Das Recht der öffentlichen Unternehmen, S. 148, nach dem das Recht der Wirtschaft nur »eigentümerneutrale« Regelungen erfasst.

umfassenden Systems zum Schutz der kreditwirtschaftlichen Bezeichnungen, das sich aus den §§ 39 ff. KWG ergibt. Es handelt sich also nicht um sparkassenspezifisches Sonderrecht, sondern um allgemeines Bankrecht. Auch nach dem sonderrechtlichen Ansatz fällt § 40 Abs. 1 KWG daher unter die Bundeskompetenz zur Regelung des Bankwesens aus Art. 74 Abs. 1 Nr. 11 GG.

2. Landessparkassenhoheit als Kompetenzausübungsschranke

Wenn eine Regelung verschiedene Kompetenzbereiche berührt, ist für ihre kompetenzielle Zuordnung allein der Regelungsgegenstand maßgeblich.[32] Das Gebot der Bundestreue verlangt allerdings, dass Bund und Länder bei der Ausübung der ihnen zugewiesenen Kompetenzen auf die berechtigten Interessen der jeweils anderen gesetzgebenden Körperschaften Rücksicht nehmen.[33] Es wirkt damit als Kompetenzausübungsschranke: Wenn der Bund »mittelbar rechtlich regelnd in einen Bereich hineinwirkt, in dem die Länder das Recht der Gesetzgebung haben«[34], muss er dem berechtigten Interesse der Länder an der Schonung ihres Kompetenzbereichs Rechnung tragen und darf ihre Gestaltungsfreiheit nicht mehr als erforderlich beeinträchtigen. In diesem Sinn kann das Verhältnismäßigkeitsprinzip herangezogen werden, um die Rücksichtnahmepflicht dogmatisch präziser handhabbar zu machen.[35] Zwar ist es im Ausgangspunkt eine Rechtsfigur der Grundrechtsdogmatik. Der strukturelle Ansatz, zu weitreichende Übergriffe in rechtlich geschützte fremde Interessen anhand der Kategorien der Geeignetheit, Erforderlichkeit und Angemessenheit zu identifizieren, ist aber verallgemeinerbar. Daher ist der Anwendungsbereich des Verhältnismäßigkeitsprinzips nicht auf die grundrechtlich geprägte Abgrenzung der Sphären von Staat und Bürger begrenzt, sondern es kann auch bei Kollisionen anderer

32 Vgl. die Nachweise oben Fn. 27 f.

33 *BVerfG,* Urt. v. 26.7.1972 – 1 BvF 1/71, in: BVerfGE 34, 9 (20 f.); *BVerfG,* Urt. v. 19.10.1982 – 2 BvF 1/81, in: BVerfGE 61, 149 (204 f.); *BVerfG,* Urt. v. 1.12.1954 – 2 BvG 1/54, in: BVerfGE 4, 115 (136); *Rozek,* in: von Mangoldt/Klein/Starck, Grundgesetz, Art. 70 Rn. 20; *Rengeling,* in: Isensee/Kirchhof (Hrsg.), Handbuch des Staatsrechts, Bd. 4, § 100 Rn. 24; *H. Bauer,* Die Bundestreue, S. 328 ff.

34 *BVerfG,* Urt. v. 19.10.1982 – 2 BvF 1/81, in: BVerfGE 61, 149 (205).

35 Für eine Anwendung des Verhältnismäßigkeitsprinzips im Ergebnis auch *W. Jakob,* Die Sparkassen und der Einfluss des Bundesgesetzgebers, S. 48.

(verfassungs-)rechtlich geschützter Interessenssphären herangezogen werden.[36] Mit dem Primat der Kompetenz korrespondiert allerdings, ebenfalls in Anlehnung an grundrechtsdogmatische Strukturen, eine Einschätzungsprärogative.[37] Da die gesetzgebende Körperschaft auf der Grundlage ihrer Kompetenz zur Regelung befugt ist, obliegt ihr die Beurteilung des zu regelnden Sachverhalts. Eine unverhältnismäßige Beeinträchtigung des fremden Kompetenzbereichs liegt daher erst dann vor, wenn die getroffene Regelung offensichtlich nicht erforderlich oder unangemessen ist.

Für die Regelung des Schutzes der Bezeichnung »Sparkasse« bedeutet dies, dass der Bund ihre Verwendung nur so weit eingrenzen darf, wie dies aus Gründen des Verkehrsschutzes erforderlich und angemessen ist. Dabei ist ihm allerdings eine Einschätzungsprärogative zuzubilligen, weil er auf der Grundlage seiner Gesetzgebungskompetenz für das Bankrecht aus Art. 74 Abs. 1 Nr. 11 GG dazu befugt ist, das Verkehrsbild der Sparkassen zu konkretisieren. Für die Auslegung des § 40 Abs. 1 KWG ergeben sich daraus zwei Konsequenzen: Soweit nach den üblichen juristischen Methoden mehrere Auslegungen möglich sind, muss die Interpretation unter Berücksichtigung der Sparkassenorganisationshoheit der Länder vorgenommen werden, denn bei der Auslegung verdient grundsätzlich diejenige den Vorzug, die mit den Prinzipien der Verfassung am besten übereinstimmt.[38] Im Zweifel ist daher hinsichtlich der Bezeichnungsvoraussetzungen eine zurückhaltende Auslegung geboten.[39] Soweit allerdings nach den anerkannten Methoden nur eine Auslegung möglich ist, bleibt für eine anderweitige verfassungsorientierte Auslegung kein Raum, sondern die Frage nach der Wahrung der Rücksichtnahmepflichten des Bundes ist dann eine Frage der Verfassungsmäßigkeit des § 40 Abs. 1 KWG.

---

36 So im Ergebnis auch *Heusch,* Der Grundsatz der Verhältnismäßigkeit im Staatsorganisationsrecht, S. 233 f. (u. durchg.); *Ehlers,* Die verfassungsrechtliche Garantie der kommunalen Selbstverwaltung, in: DVBl. 2000, 1301 (1307 f.); *Kluth,* Das Selbstverwaltungsrecht der Kammern und sein verfassungsrechtlicher Schutz, in: DÖV 2005, 368 (373 f.).

37 Zur gesetzgeberischen Einschätzungsprärogative bei Grundrechtseingriffen *Jarass,* in: Jarass/Pieroth, Grundgesetz, Art. 20 Rn. 87 m. w. N.

38 Zu letzterem *Larenz/Canaris,* Methodenlehre der Rechtswissenschaft, S. 160 f.

39 In diesem Sinn auch *P. M. Huber,* Öffentlich-rechtliche Sparkassen in Privatrechtsform?, in: FS R. Schmidt, S. 487 (497).

III. Bezeichnungsbefugnis öffentlich-rechtlicher Sparkassen

Nach der Systematik des § 40 Abs. 1 KWG sind grundsätzlich nur »öffentlich-rechtliche Sparkassen« zur Verwendung der Bezeichnung »Sparkasse« befugt. Dem Begriff der »öffentlich-rechtlichen Sparkasse« kommt daher entscheidende Bedeutung für die Bestimmung des Kreises der Bezeichnungsbefugten zu. Da die Regelung des Sparkassenorganisationsrechts in die Kompetenz der Länder fällt, ist im Grundsatz davon auszugehen, dass es Sache der Länder ist, über die Gestalt der öffentlich-rechtlichen Sparkassen zu bestimmen.[40] Zu weitgehend wäre es aber, unter den Begriff der öffentlich-rechtlichen Sparkasse »alle Sparkassen« zu fassen, »deren Rechtsverhältnisse auf den Sparkassengesetzen der Länder beruhen«.[41] Das stünde im Widerspruch zum Regelungszweck des § 40 Abs. 1 KWG: Da die Norm die Verwendung der Bezeichnung »Sparkasse« unter dem Gesichtspunkt des Verkehrsschutzes regeln soll,[42] muss der Begriff der öffentlich-rechtlichen Sparkasse einen bundesrechtlichen Kernbereich an Sparkassenmerkmalen enthalten, der nicht zur Disposition der Länder steht. Der Begriff der öffentlich-rechtlichen Sparkasse weist damit eine Struktur auf, die dem Begriff der »öffentlichen Sparkasse« in § 1807 Abs. 1 Nr. 5 BGB vergleichbar ist. § 1807 Abs. 1 BGB regelt die Pflichten des Vormunds bei der Verwaltung des Vermögens des Mündels und gestattet ihm unter anderem, das Mündelvermögen »bei einer inländischen öffentlichen Sparkasse« (Nr. 5) anzulegen. Art. 99 EGBGB schließt daran an und stellt klar, dass durch den Begriff der öffentlichen Sparkasse ein bestimmter Sparkassenbegriff nicht vorausgesetzt wird, sondern »die landesgesetzlichen Vorschriften über die öffentlichen Sparkassen nicht berührt werden sollen«. Der Begriff der öffentlichen Sparkasse ist daher im Grundsatz dem Landesrecht zu entnehmen.[43] Zu Recht wird allerdings angenommen, dass auch der Begriff der öffentlichen Sparkasse äußere Grenzen setzt.[44] Zwar stehe es dem

40 Zur Kompetenz der Länder für das Sparkassenorganisationsrecht und den sich daraus ergebenden Auswirkungen für die Auslegung des § 40 Abs. 1 KWG oben § 4 II. (S. 99 ff.).

41 So aber *Haug,* in: Szagunn/Haug/Ergenzinger, Kreditwesengesetz, § 40 Rn. 3.

42 Zum Verkehrsschutz als Regelungszweck näher unten § 4 III. 1. b) dd) (S. 116).

43 Grundlegend *RG,* Urt. v. 15.6.1927 – V 347/26, in: RGZ 117, 257 (260 f.); ferner *Diederichsen,* in: Palandt, Bürgerliches Gesetzbuch, § 1807 Rn. 2; *Engler,* in: Staudinger, Bürgerliches Gesetzbuch, § 1807 Rn. 43; *Holzhauer,* in: Erman, Bürgerliches Gesetzbuch, § 1807 Rn. 22; *Sichtermann,* Das Recht der Mündelsicherheit, S. 41.

44 *Wagenitz,* in: Münchener Kommentar zum Bürgerlichen Gesetzbuch, § 1807 Rn. 17.

Landesgesetzgeber im Grundsatz zu, den Umfang des Begriffs der öffentlichen Sparkasse zu bestimmen, er habe dabei aber »vom allgemeingültigen Inhalt des Begriffs«, das heißt »der Gesamtheit der nach den allgemeinen Anschauungen das Wesen des Begriffs ausmachenden Merkmale« auszugehen.[45]

Welche Sparkassenmerkmale zum Kernbereich des Begriffs der öffentlich-rechtlichen Sparkasse in § 40 Abs. 1 Nr. 1 KWG zählen und daher nicht zur Disposition der Länder stehen, zeigt sich anhand der grundlegenden Kategorien der Sparkassenträgerschaft (1.), der Rechtsform der Sparkassen (2.) und der inhaltlichen Merkmale der Sparkassentätigkeit (3.).

1. Träger der öffentlich-rechtlichen Sparkassen

Im Schrifttum wird unter Verweis auf die Sparkassengesetze der Länder nahezu einhellig festgestellt, dass unter den Begriff der öffentlich-rechtlichen Sparkasse im Sinne des § 40 Abs. 1 Nr. 1 KWG nur Kreditinstitute fallen, die von Gemeinden oder Gemeindeverbänden getragen werden.[46] Es bleibt allerdings offen, ob damit lediglich der *Status quo* umschrieben wird oder ob dies als abschließende Begriffsbestimmung gemeint ist. Ausgehend vom typischen Bild der Sparkasse als einer kommunalen Anstalt des öffentlichen Rechts stellt sich daher die Frage, ob der Begriff der öffentlich-rechtlichen Sparkasse in § 40 Abs. 1 Nr. 1 KWG unter dem Gesichtspunkt der Trägerschaft neben den kommunalen Trägern auch andere staatliche Träger (a.), private Träger (b.) oder zumindest private Minderheitsbeteiligungen (c.) zulässt.

a) Kommunale und andere staatliche Träger

Die Sparkassengesetze der Länder gehen im Grundsatz übereinstimmend davon aus, dass nur Gemeinden, Kreise oder von diesen gebildete Zweckverbände Träger von Sparkassen sein können.[47] Auch aus verfassungsrechtlicher Sicht muss die kommunale Sparkassenträgerschaft der Regelfall

45 *Kleiner,* Das Recht der öffentlichen Sparkassen, S. 12 f.

46 *R. Fischer,* in: Boos/Fischer/Schulte-Mattler, Kreditwesengesetz, § 40 Rn. 6; *Samm,* in: Beck/Samm, Kreditwesengesetz, § 40 Rn. 24; *Reischauer/Kleinhans,* Kreditwesengesetz, § 40 Anm. 3; *Bähre/Schneider,* Kreditwesengesetz, § 40 Anm. 3 (S. 432).

47 Vgl. § 1 Abs. 1 Satz 1 SpkG NRW; § 1 Abs. 1 Satz 1 NdsSpkG; § 1 SpkG BW; Art. 1 Abs. 1 BaySpkG; § 1 Abs. 1 HessSpkG; § 1 Abs. 1 RhPfSpkG; § 1 Abs. 1 SchlHSpkG.

sein, denn sie fällt unter die Garantie der kommunalen Selbstverwaltung (Art. 28 Abs. 2 Satz 1 GG), so dass eine Übertragung auf andere staatliche Träger, gleich ob sie freiwillig oder unfreiwillig erfolgt, einer Rechtfertigung bedarf. Verfassungsrechtlich ausgeschlossen ist die Übertragung auf andere staatliche Träger allerdings nicht.[48] Im Sparkassenrecht finden sich einige Fälle nicht kommunaler staatlicher Sparkassenträgerschaft, die sich teilweise historisch erklären lassen, größtenteils aber auf neuere sparkassenrechtliche Entwicklungen zurückzuführen sind.[49]

Der Begriff der öffentlich-rechtlichen Sparkasse gibt seinem Wortlaut nach keinen Anlass, ihn ausschließlich auf kommunale Träger zu beziehen. Zwar ergibt sich aus der Gesetzesbegründung zu § 40 Abs. 1 KWG, dass der Gesetzgeber an das traditionelle Sparkassenbild anknüpfen wollte.[50] Daraus lässt sich aber nicht schließen, dass öffentlich-rechtliche Sparkassen notwendigerweise kommunale Einrichtungen sein müssen, denn in der Geschichte des Sparkassensektors hat es Sparkassen, die nicht von Gemeinden, sondern von anderen staatlichen Trägern getragen werden, immer schon gegeben.[51] Dementsprechend war die rechtliche Verselbständigung der Sparkassen zu Anstalten des öffentlichen Rechts im Jahr 1931 nach der zugrunde liegenden Reichsnotverordnung nicht nur auf Sparkassen von Gemeinden und Gemeindeverbänden, sondern ausdrücklich auch auf Sparkassen »sonstiger öffentlicher Körperschaften« bezogen. Der Begriff der öffentlich-rechtlichen Sparkasse in § 40 Abs. 1 Nr. 1 KWG bezeichnet diese Institute schlagwortartig durch Bezugnahme auf die für sie charakteristische öffentlich-rechtliche Rechtsform.[52] Er erfasst damit nicht nur kommunale, sondern auch andere staatliche Sparkassenträger. Dieses Verständnis verdient auch vor dem kompetenziellen Hintergrund des § 40 Abs. 1 KWG den Vorzug. Da der Bund mit der Regelung des Schutzes der Bezeichnung »Sparkasse« mittelbar-faktisch auf die Sparkassenorganisationskompetenz der Länder einwirkt, darf er die Verwendung nur so weit eingrenzen, wie dies aus Gründen des Verkehrsschutzes erforderlich und angemessen ist. Daher ist

48 Zu den verfassungsrechtlichen Grenzen für eine Entkommunalisierung oben § 1 I. 1. b) (S. 13 ff.).

49 Zu den Fällen nicht kommunaler Sparkassenträgerschaft im Sparkassenrecht im Einzelnen oben § 1 I. 1. a) (S. 9 ff.).

50 Zur Gesetzesbegründung (mit Abdruck) näher unten § 4 III. 1. b) cc) (S. 115).

51 Vgl. *Ashauer,* Von der Ersparungscasse zur Sparkassen-Finanzgruppe, S. 41 u. 88 ff.; *Perdelwitz/Fabricius/Kleiner,* Preußisches Sparkassenrecht, S. 165 f.; *Kleiner,* Das Recht der öffentlichen Sparkassen, S. 3.

52 Zur Entstehungsgeschichte oben § 4 I. (S. 95 ff.).

zugunsten der Gestaltungsfreiheit der Länder zu entscheiden, wenn nach den anerkannten Methoden der Auslegung ein Auslegungsspielraum bleibt.[53] Die Einbeziehung anderer staatlicher Sparkassenträger in den Begriff der öffentlich-rechtlichen Sparkasse, die durch die Entstehungsgeschichte ohnehin schon nahe gelegt wird, erweist sich damit unter Berücksichtigung des verfassungsrechtlichen Hintergrunds des § 40 Abs. 1 KWG als geboten. Angesichts der historischen Ausgangslage und der bisherigen Rechtspraxis, nach der Sparkassen anderer staatlicher Träger immer schon unbeanstandet als »Sparkasse« firmieren, kann nicht davon ausgegangen werden, dass es aus Gründen des Verkehrsschutzes erforderlich wäre, die Verwendung der Bezeichnung »Sparkasse« auf kommunale Träger zu beschränken. Der Begriff der öffentlich-rechtlichen Sparkasse in § 40 Abs. 1 Nr. 1 KWG erfasst damit sowohl kommunale als auch nicht kommunale staatliche Sparkassenträger.

b) Private als Träger öffentlich-rechtlicher Sparkassen

Private können nach bislang einhelliger Auffassung im Schrifttum nicht Träger öffentlich-rechtlicher Sparkassen sein.[54] Teilweise wird privatisierten Sparkassen zwar die Befugnis zur Verwendung der Bezeichnung »Sparkasse« unter Bestandsschutzgesichtspunkten nach § 40 Abs. 1 Nr. 2 und 3 KWG zugebilligt.[55] Damit ist aber auch vorausgesetzt, dass eine privatisierte Sparkasse nicht unter den Begriff der öffentlich-rechtlichen Sparkasse in § 40 Abs. 1 Nr. 1 KWG fällt. Ersichtlich haben die genannten Auffassungen allerdings zur Grundlage, dass eine privatisierte Sparkasse privatrechtlich verfasst wäre. In diesem Fall schließt schon die privatrechtliche Rechts-

---

53 Zum kompetenziellen Hintergrund des § 40 Abs. 1 KWG in der Auslegung § 4 II. 2. (S. 103 f.).

54 *R. Fischer,* in: Boos/Fischer/Schulte-Mattler, Kreditwesengesetz, § 40 Rn. 10; *Samm,* in: Beck/Samm, Kreditwesengesetz, § 40 Rn. 35; *Scheike,* Rechtliche Voraussetzungen für die materielle Privatisierung kommunaler Sparkassen, S. 121 f.; *Schuster/Sohns,* Zur Veräußerung von Sparkassen, in: ZBB 2006, 342 (346); *Koch,* Kommunale Finanzkrise und Verkauf kommunaler Sparkassen, in: NVwZ 2004, 578 (579); *N. Meier,* Ist der Verkauf einer Sparkasse rechtlich zulässig?, in: VR 2005, 193 (196); vgl. auch *Geerlings,* Sparkasse Stralsund – Trojanisches Pferd des deutschen Sparkassenwesens?, in: NordÖR 2004, 181 (186).

55 *B. Claussen,* Teilprivatisierung kommunaler Sparkassen?, S. 207; *Bredow/Schick/Liebscher,* Privatisierung öffentlich-rechtlicher Sparkassen, in: BKR 2003, 102 (106 f.); *Beuthien,* Öffentliche Kreditwirtschaft zwischen Marktanpassung und Strukturwandel, in: WM 2004, 1467 (1470); *Rechel,* Das deutsche Sparkassenwesen durch den Wegfall von Anstaltslast und Gewährträgerhaftung im Umbruch?, in: NordÖR 2003, 451 (456 f.); dazu im Einzelnen unten § 4 IV. 3. (S. 140 ff.).

form als solche, unabhängig von der Struktur der Anteilseigner, eine Subsumtion unter den Begriff der öffentlich-rechtlichen Sparkasse aus, wenn man davon ausgeht, dass dieser eine öffentlich-rechtliche Organisationsform voraussetzt.[56] Diese rechtsformbezogene Betrachtungsweise führt allerdings nicht weiter, wenn die Sparkasse in öffentlich-rechtlicher Rechtsform privatisiert wird, indem der Private mit der Trägerschaft beliehen wird.[57] Der wesentliche Zweck dieses »Holding-Beleihungsmodells« besteht gerade darin, durch die Beibehaltung der öffentlich-rechtlichen Organisationsform dem Wortlaut des § 40 Abs. 1 Nr. 1 KWG zu entsprechen und so die weitere Verwendung der Bezeichnung »Sparkasse« zu ermöglichen.[58] Nach diesem Muster wurde insbesondere die Berliner Sparkasse zu Beginn des Jahres 2006 umstrukturiert, wenngleich es zu einer Privatisierung im Ergebnis nicht gekommen ist, sondern das Institut im Jahr 2007 an den Deutschen Sparkassen- und Giroverband veräußert wurde.[59] Eine ausschließlich auf die Rechtsform bezogene Betrachtung des Privatisierungsfalls genügt daher nicht. Entscheidend ist, ob der Begriff der öffentlich-rechtlichen Sparkasse in § 40 Abs. 1 Nr. 1 KWG tatsächlich nur eine öffentlich-rechtliche Organisationsform voraussetzt,[60] oder ob er auch verlangt, dass es sich um ein Institut in staatlicher Trägerschaft handelt.[61]

aa) Sinngehalt des Begriffs der öffentlich-rechtlichen Sparkasse

Der Begriff der öffentlich-rechtlichen Sparkasse lässt es seinem Wortlaut nach zu, allein auf die öffentlich-rechtliche Organisationsform abzustellen, wenn man die Entwicklungsoffenheit des Sparkassenbegriffs betont und vorrangig dessen inhaltliche Kennzeichen, also öffentlichen Auftrag und Regionalprinzip, für maßgeblich hält.[62] Allerdings zeigt eine genauere

56 Zu den Anforderungen, die sich aus den Begriff der öffentlich-rechtlichen Sparkasse an die Organisationsform des Instituts ergeben, näher unten § 4 III. 2. (S. 121 ff.).

57 Zum rechtskonstruktiven Ansatz dieses »Holding-Beleihungsmodells« und zur rechtlichen Zulässigkeit oben § 3 I. 2. b) (S. 63 ff.).

58 Zur Sinnhaftigkeit von Holding-Beleihungskonstruktionen im Allgemeinen und im Speziellen für die Sparkassen oben § 3 I. 2. c) (S. 68 ff.).

59 Zur Umstrukturierung der Berliner Sparkasse durch das Berliner Sparkassengesetz und ihrer Veräußerung an den Deutschen Sparkassen- und Giroverband bereits oben § 3 I. 2. b) bb) (S. 66 ff.).

60 So *P. M. Huber,* Öffentlich-rechtliche Sparkassen in Privatrechtsform?, in: FS R. Schmidt, S. 487 ff.

61 So *Wohltmann,* Die Auseinandersetzung um § 40 KWG, in: ZG 2007, 259 (274 ff.).

62 *P. M. Huber,* Öffentlich-rechtliche Sparkassen in Privatrechtsform?, in: FS R. Schmidt, S. 487 (493 f.).

Betrachtung der Begriffe des »Öffentlich-Rechtlichen« (1), der »Sparkasse« (2) und des Gesamtbegriffs der »öffentlich-rechtlichen Sparkasse« (3), dass dieser nicht in erste Linie auf die öffentlich-rechtliche Organisationsform, sondern vor allem auf die staatliche Trägerschaft bezogen ist.

(1) Begriff des Öffentlich-Rechtlichen

Das öffentliche Recht ist das Sonderrecht des Staates.[63] Die Handlungs- und Organisationsformen des öffentlichen Rechts sind daher dem Staat zugeordnet. Allein dieser kann sich öffentlich-rechtlicher Organisationsformen bedienen. Berücksichtigt man diesen Zusammenhang, dann ist mit dem Begriff der öffentlich-rechtlichen Sparkasse vorausgesetzt, dass es sich um eine Einrichtung in staatlicher Trägerschaft handelt. Dieses Merkmal findet lediglich deshalb keine besondere Erwähnung, weil es vom Begriff des Öffentlich-Rechtlichen umfasst ist. Davon wird insbesondere der Gesetzgeber ausgegangen sein, als er den Begriff der öffentlich-rechtlichen Sparkasse im Jahr 1961 gewählt hat, denn dass möglicherweise auch Private Träger öffentlich-rechtlicher Sparkassen sein können, stand zu diesem Zeitpunkt nicht im Raum. Das Holding-Beleihungsmodell löst die grundsätzlich bestehende Verbindung von öffentlich-rechtlicher Organisationsform und staatlicher Trägerschaft auf, indem es den Privaten mit der Trägerschaft beleiht. Es ist nicht naheliegend, dass sich der Begriff der öffentlich-rechtlichen Sparkasse auch auf eine solche Ausnahmekonstellation bezieht.

Die Auflösung des grundsätzlich bestehenden Zusammenhangs von öffentlich-rechtlicher Organisationsform und staatlicher Trägerschaft durch Beleihung verstößt im Fall der Sparkassen gegen das Demokratieprinzip. Zwar ist es nicht prinzipiell ausgeschlossen, Private mit einer Anstaltsträgerschaft zu beleihen. Die damit einhergehende Einbuße an demokratischer Legitimation ist aber nur dann zu rechtfertigen, wenn ein öffentlich-rechtliches Handeln für die effiziente Aufgabenerfüllung wesentliche Bedeutung hat. Dann rechtfertigt es das öffentliche Interesse an einer effizienten Aufgabenerfüllung, an der öffentlich-rechtlichen Organisationsform im Privatisierungsfall festzuhalten und den damit verbundenen Legitimationsverlust in Kauf zu nehmen. Der öffentliche Auftrag der Sparkassen verlangt allerdings ein öffentlich-rechtliches Handeln nicht, sondern kann ebenso gut in

63 Statt vieler *Ehlers,* in: Erichsen/Ehlers (Hrsg.), Allgemeines Verwaltungsrecht, § 3 Rn. 11 ff. m. w. N.; *ders.,* Verwaltung in Privatrechtsform, S. 30 ff.; *Wolff/Bachof/Stober,* Verwaltungsrecht, Bd. 1, § 22 Rn. 25 f.

privatrechtlicher Rechtsform erfüllt werden. Der Legitimationsverlust, der eintritt, wenn die öffentlich-rechtliche Organisationsform Privaten »überlassen« wird, ist im Fall der Sparkassen nicht gerechtfertigt, weil diese für die effiziente Erfüllung des öffentlichen Auftrags nach dessen Struktur keine wesentliche Bedeutung hat. Das Holding-Beleihungsmodell verstößt daher, soweit es auf die Sparkassen angewendet wird, gegen das Demokratieprinzip.[64] Schon deshalb darf die Auflösung des Zusammenhangs von öffentlich-rechtlicher Organisationsform und staatlicher Trägerschaft, auf die das Holding-Beleihungsmodell zielt, für die Sparkassen keine Anerkennung finden. Der Begriff der öffentlich-rechtlichen Sparkasse ist daher so zu interpretieren, dass damit eine staatliche Trägerschaft vorausgesetzt ist.

(2) Begriff der Sparkasse

Der Begriff der »Sparkasse« steht nach der Entwicklung des Sparkassensektors für ein kommunales oder anderes staatliches Kreditinstitut. Zwar gab es unter den ersten Sparkassen im ausgehenden 18. und zu Beginn des 19. Jahrhunderts noch eine Reihe privat getragener Institute. Diese wurden allerdings bereits in der ersten Hälfte des 19. Jahrhunderts durch den Typus der kommunalen Sparkasse weitgehend verdrängt, so dass sich der Sparkassensektor als staatlicher Sektor herausbildete.[65] Bei Normierung des § 40 Abs. 1 KWG im Jahr 1961 waren noch dreizehn freie Sparkassen zu verzeichnen. Gegenwärtig gibt es noch sechs freie Institute, denen insgesamt 450 staatlich getragene Sparkassen gegenüberstehen.[66] Die geschichtliche Entwicklung und das Zahlenverhältnis kennzeichnen die freien Sparkassen also historisch bedingte Sondererscheinungen.[67] Ihr Beispiel ändert nichts daran, dass mit dem Begriff »Sparkasse« üblicherweise ein Kreditinstitut in kommunaler oder anderer staatlicher Trägerschaft gemeint ist.[68] So ist der Begriff der »Sparkasse« auch im Kontext des Gesamtbegriffs der öffentlich-rechtlichen Sparkasse in § 40 Abs. 1 Nr. 1 KWG zu verstehen. § 40 Abs. 1

---

64 Ausführlich zur Zulässigkeit der Beleihung Privater mit einer Anstaltsträgerschaft oben § 3 I. 2. d) (S. 70 ff.) und insbesondere zur Vereinbarkeit des Beleihungsakts mit dem Demokratieprinzip oben § 3 I. 2. d) dd) (S. 76 ff.).

65 Zur geschichtlichen Entwicklung und zur Entwicklung der Zahlenverhältnisse oben § 1 II. 1. (S. 31 ff.).

66 Für das Jahr 2006: *DSGV,* Sparkassenfinanzgruppe in Zahlen, unter: http://www.dsgv.de (Stand: 14.6.2008).

67 Zur Sonderstellung der freien Sparkassen in rechtlicher Hinsicht oben § 1 II. 2. (S. 34 ff.).

68 Zum Sparkassenbegriff zusammenfassend oben § 1 III. (S. 36).

KWG unterscheidet zwischen den »öffentlich-rechtlichen Sparkassen« (Nr. 1) und den freien Sparkassen, bezeichnet als »andere Unternehmen« (Nr. 2 und 3).[69] Daraus folgt, dass das Beispiel der freien Sparkassen für die Auslegung des Begriffs der (öffentlich-rechtlichen) Sparkasse in § 40 Abs. 1 Nr. 1 KWG nicht herangezogen werden kann. Mit dem Dualismus aus dem Regelfall der öffentlich-rechtlichen Sparkasse und dem Ausnahmefall des anderen Unternehmens spiegelt § 40 Abs. 1 KWG vielmehr die historisch gewachsene Struktur des Sparkassensektors wider. Daran zeigt sich, dass der Begriff der öffentlich-rechtlichen Sparkasse in § 40 Abs. 1 Nr. 1 KWG nur auf die kommunalen und anderen staatlichen Sparkassen bezogen sein kann.

(3) Gesamtbegriff der öffentlich-rechtlichen Sparkasse

Der Begriff der öffentlich-rechtlichen Sparkasse geht auf die Verselbständigung der Sparkassen zu Anstalten des öffentlichen Rechts im Jahr 1931 zurück. Nach der zugrunde liegenden Reichsnotverordnung waren alle Sparkassen, die bis dahin »unselbständige Einrichtungen von Gemeinden und Gemeindeverbänden oder sonstigen öffentlichen Körperschaften« waren, »zu Anstalten mit eigener Rechtspersönlichkeit umzugestalten«. Ursprünglich wurden diese Sparkassen wegen ihrer staatlichen Träger als »öffentliche Sparkassen« bezeichnet. Auch die reichsrechtlichen Vorgängerbestimmungen des heutigen § 40 Abs. 1 KWG sprachen in Bezug auf die staatlichen Sparkassen noch von »öffentlichen Sparkassen«.[70] Da der Begriff des »Öffentlichen« allerdings als ungenau und klarstellungsbedürftig empfunden wurde, wurde es im Schrifttum und im offiziellen Sprachgebrauch des Reichsaufsichtsamts für das Kreditwesen bald üblich, stattdessen von »öffentlich-rechtlichen Sparkassen« zu sprechen.[71] Damit wurden öffentlich-rechtliche Rechtsform und staatliche Trägerschaft gleichgesetzt und die staatlichen Sparkassen durch Bezugnahme auf die für sie charakteristische Rechtsform schlagwortartig als »öffentlich-rechtliche Sparkassen« bezeichnet. Diesen Sprachgebrauch vollzog der Bundesgesetzgeber lediglich

---

69 Zum Begriff des »anderen Unternehmens« und zu den freien Sparkassen als einzigem heute noch relevanten Anwendungsfall unten § 4 IV. 1. (S. 134 ff.).

70 Zur Entstehungsgeschichte des § 40 Abs. 1 KWG näher oben § 4 I. (S. 95 ff.).

71 *Reichardt,* Reichskreditwesengesetz, § 10 Anm. 12 a); *Pröhl,* Reichskreditwesengesetz, § 10 Anm. 5 b); *Perdelwitz/Fabricius/Kleiner,* Preußisches Sparkassenrecht, S. 165; vgl. auch *Kleiner,* Das Recht der öffentlichen Sparkassen, S. 39 ff.; *Stolzenburg,* Die rechtliche Sonderstellung der Freien Sparkassen im deutschen Sparkassenwesen, S. 22 ff.

nach, als er im Jahr 1961 den reichsrechtlichen Begriff der »öffentlichen Sparkasse« durch den bundesrechtlichen Begriff der »öffentlich-rechtlichen Sparkasse« ersetzte. Seiner Funktion nach ist das Merkmal des Öffentlich-Rechtlichen in § 40 Abs. 1 Nr. 1 KWG damit nicht primär auf die öffentlich-rechtliche Organisationsform als solche bezogen, sondern dient dazu, die kommunalen und anderen staatlichen Sparkassen über die für sie charakteristische öffentlich-rechtliche Rechtsform in Bezug zu nehmen und von anderen Instituten abzugrenzen. Dass staatliche Trägerschaft und öffentlich-rechtliche Organisationsform üblicherweise gleichgesetzt werden, zeigt sich auch daran, dass sich der Begriff der öffentlich-rechtlichen Sparkasse allgemein in der Gesetzgebung durchgesetzt hat: Beispielsweise regelt das schleswig-holsteinische Sparkassenrecht die Rechtsverhältnisse der kommunalen Sparkassen unter der Überschrift »Öffentlich-rechtliche Sparkassen« (§§ 1 ff. SchlHSpkG) und stellt diesen die freien Sparkassen unter der Überschrift »Sparkassen des Privatrechts« (§§ 33 ff. SchlHSpkG) gegenüber. Ein ähnliches Beispiel findet sich in § 10a Abs. 2a Nr. 4 KWG, der die Frage der Eigenkapitalausstattung der Kreditinstitute betrifft und bestimmt, dass bei »öffentlich-rechtlichen Sparkassen« und »Sparkassen, die als öffentliche Sparkassen anerkannt sind«, die Rücklagen dem Kernkapital zuzurechnen sind.

Angesichts des nicht nur dogmatisch, sondern auch historisch festgefügten Zusammenhangs von öffentlich-rechtlicher Organisationsform und staatlicher Trägerschaft und der üblichen Verwendung des Begriffs der öffentlich-rechtlichen Sparkasse in der Gesetzgebung musste es aus Sicht des Gesetzgebers als Selbstverständlichkeit erscheinen, dass mit der Bezugnahme auf die öffentlich-rechtliche Organisationsform eine staatliche Trägerschaft vorausgesetzt ist. In diesem Sinn wird zu Recht angenommen, dass sich die »Vorfügung ›öffentlich-rechtlich‹« nach allgemeinem Verständnis auf die Institution der Sparkasse selbst und damit die Trägerschaft bezieht.[72] Ein Spielraum für andere Auslegungen besteht nicht: Auch wenn der Wortsinn zunächst offen erscheinen mag, setzt der Begriff der öffentlich-rechtlichen Sparkasse nach seinem dogmatischen und entstehungsgeschichtlichen Sinngehalt, nach seiner üblichen Verwendung in der Gesetzgebung und nach der Systematik des § 40 Abs. 1 KWG eine staatliche Trägerschaft voraus. Private können daher auch dann nicht Träger öffentlich-rechtlicher Sparkassen sein, wenn sie mit der Trägerschaft beliehen werden.

---

72 *Wohltmann,* Die Auseinandersetzung um § 40 KWG, in: ZG 2007, 259 (275).

bb) Systematik des § 40 Abs. 1 KWG

§ 40 Abs. 1 Nr. 3 KWG macht für den Fall der »Neugründung« einer freien Sparkasse zur Bedingung für die weitere Verwendung der Bezeichnung »Sparkasse«, dass in der Satzung »eine am Gemeinwohl orientierte Aufgabenstellung und eine Beschränkung der wesentlichen Geschäftstätigkeit auf den Wirtschaftsraum, in dem das Unternehmen seinen Sitz hat,« festgeschrieben wird. Damit sind der sparkassentypische öffentliche Auftrag und das Regionalprinzip gemeint. Deren Aufnahme in die Satzung soll gewährleisten, dass sich die freien Sparkassen im Fall der Neugründung, ungeachtet ihrer traditionellen Verwurzelung im Sparkassensektor, nicht allzu sehr von der Charakteristik der staatlichen Sparkassen entfernen, sondern ein Mindestmaß an Homogenität gewahrt bleibt. Daraus folgt, dass die in § 40 Abs. 1 Nr. 3 KWG genannten Merkmale auch und erst recht für den Regelfall der öffentlich-rechtlichen Sparkasse in § 40 Abs. 1 Nr. 1 KWG gelten.[73] Unzutreffend wäre aber der Umkehrschluss, für den Begriff der öffentlich-rechtlichen Sparkasse seien nur oder in erster Linie die in § 40 Abs. 1 Nr. 3 KWG genannten Merkmale entscheidend, so dass es auf eine staatliche Trägerschaft nicht ankomme.[74] § 40 Abs. 1 Nr. 3 KWG enthält seinem Sinn und Zweck nach nur ein Mindestmaß an Sparkassencharakteristika, das den besonderen Gegebenheiten der freien Sparkassen Rechnung trägt, bei denen das Merkmal der staatlichen Trägerschaft begriffsnotwendig nicht vorausgesetzt werden kann. Daraus folgt, dass der Inhalt des § 40 Abs. 1 Nr. 1 KWG nicht mit dem Inhalt des § 40 Abs. 1 Nr. 3 KWG gleichgesetzt werden kann. Kennzeichen der öffentlich-rechtlichen Sparkassen im Sinne des § 40 Abs. 1 Nr. 1 KWG sind daher zwar auch, aber nicht nur die in § 40 Abs. 1 Nr. 3 KWG genannten Charakteristika. Käme es tatsächlich in erster Linie auf die Bindung an den öffentlichen Auftrag und das Regionalprinzip an, dann wäre die Struktur des § 40 Abs. 1 KWG ohne Sinn und das Gesetz könnte auf den öffentlichen Auftrag und das Regionalprinzip als entscheidende Bezeichnungsvoraussetzungen unmittelbar Bezug nehmen. Stattdessen stellt es den Begriff der öffentlich-rechtlichen Sparkasse an die Spitze und macht damit deutlich, dass es die sparkassentypische Ausrichtung auf den öffentlichen Auftrag und das Regionalprinzip im Grundsatz als Ausdruck der Staatlichkeit der Sparkassen ansieht.

---

73 Zu § 40 Abs. 1 Nr. 3 KWG näher unten § 4 IV. 2. (S. 137 ff.).

74 So im Ergebnis auch *Wohltmann,* Die Auseinandersetzung um § 40 KWG, in: ZG 2007, 259 (277).

cc) Gesetzesbegründung zu § 40 Abs. 1 KWG

Die Begründung zum Regierungsentwurf des § 40 Abs. 1 KWG aus dem Jahr 1959 lautet:

> »Die Bezeichnung ›Sparkasse‹ hat sich in einer langen historischen Entwicklung zu einem Begriff für bestimmte Kreditinstitute entwickelt, die kraft öffentlichen Auftrags das Spargeschäft besonders pflegen. Es ist daher gerechtfertigt, sie diesen Instituten vorzubehalten.«[75]

Ebenso wie die Systematik des § 40 Abs. 1 KWG zeigt die Gesetzesbegründung mit ihrer Bezugnahme auf die »lange historische Entwicklung«, dass der Gesetzgeber an die historisch gewachsenen Strukturen des Sparkassensektors angeknüpft hat. Damit bestätigt die Gesetzesbegründung, dass der Begriff der öffentlich-rechtlichen Sparkasse in § 40 Abs. 1 Nr. 1 KWG seinem üblichen Wortsinn entsprechend eine kommunale oder andere staatliche Trägerschaft voraussetzt. Zwar nennt sie ausdrücklich allein den öffentlichen Auftrag als Bezeichnungsvoraussetzung. Ebenso wenig wie aus § 40 Abs. 1 Nr. 3 KWG kann daraus aber im Umkehrschluss gefolgert werden, dass es dem Gesetzgeber für den Begriff der öffentlich-rechtlichen Sparkasse in erster Linie auf den öffentlichen Auftrag und das Regionalprinzip angekommen sei, so dass die staatliche Trägerschaft nicht entscheidend sei.[76] Zum einen bezieht sich die Gesetzesbegründung nicht speziell auf den Begriff der öffentlich-rechtlichen Sparkasse, sondern auf § 40 Abs. 1 KWG insgesamt, so dass sie auch die freien Sparkassen einbezieht, die begriffsnotwendig nicht staatlich sind. Bei dieser pauschalen Herangehensweise ist es zwingend, dass sie das Merkmal des öffentlichen Auftrags *pars pro toto* als kleinsten gemeinsamen Nenner herausgreift und in ihrer Kürze auf weitere Differenzierungen nicht eingeht. Die Tatsache, dass die Gesetzesbegründung das Merkmal der staatlichen Trägerschaft nicht erwähnt, kann daher nicht als »beredtes Schweigen« gedeutet werden. Im Übrigen müssen Gesetzesbegründung und Norm als Sinneinheit betrachtet werden. Wäre es dem Gesetzgeber tatsächlich in erster Linie auf die Bindung an den öffentlichen Auftrag und das Regionalprinzip angekommen, wäre die Systematik des § 40 Abs. 1 KWG sinnentleert, denn dann hätte er diese Merkmale als Bezeichnungsvoraussetzungen auch unmittelbar in

75 Begründung der Bundesregierung zum Entwurf eines Gesetzes über das Kreditwesen, in: BT-Drucks., III/1114 v. 25.5.1959, S. 41.

76 So aber *P. M. Huber*, Öffentlich-rechtliche Sparkassen in Privatrechtsform?, in: FS R. Schmidt, S. 487 (495 f.).

Bezug nehmen können. Stattdessen hat der Gesetzgeber mit dem Begriff der öffentlich-rechtlichen Sparkasse primär an die besondere organisatorische Stellung der Sparkassen angeknüpft und diese damit als Grundlage der sparkassentypischen geschäftspolitischen Ausrichtung gekennzeichnet.

dd) Sinn und Zweck des § 40 Abs. 1 KWG

Der Schutz der Bezeichnung »Sparkasse« in § 40 Abs. 1 KWG dient nach seiner Entstehungsgeschichte, ebenso wie der Schutz der Bezeichnungen »Bank« und »Volksbank« in § 39 KWG, dem Schutz des Verkehrs vor einer irreführende Verwendung.[77] Der kreditwesengesetzliche Bezeichnungsschutz fügt sich damit in die ordnungspolitische Zielsetzung ein, die das Kreditwesengesetz insgesamt verfolgt. Nach Sinn und Zweck soll sich nur ein solches Institut als »Sparkasse« bezeichnen dürfen, das den Erwartungen entspricht, die der Verkehr mit diesem Begriff verbindet. § 40 Abs. 1 KWG ist damit eine spezielle Ausprägung des Gebots der Firmenwahrheit, nach dem eine Firma keine Angaben enthalten darf, »die geeignet sind, über geschäftliche Verhältnisse, die für die angesprochenen Verkehrskreise wesentlich sind, irrezuführen« (§ 18 Abs. 2 Satz 1 HGB). § 40 Abs. 1 KWG konkretisiert dieses Prinzip für die Bezeichnung »Sparkasse« und begrenzt deren Verwendung auf solche Unternehmen, die dem Verkehrsbild einer Sparkasse entsprechen. Aus diesem Regelungszweck lassen sich für die Auslegung allerdings nur begrenzt Schlussfolgerungen ziehen. Insbesondere kann nicht argumentiert werden, für den Begriff der öffentlich-rechtlichen Sparkasse in § 40 Abs. 1 Nr. 1 KWG komme es auf eine staatliche Trägerschaft nicht an, weil es sich dabei um eine für den Verkehr nicht maßgebliche Sparkasseneigenschaft handele.[78] Ob diese Prämisse überhaupt zutreffend ist, kann dabei offen bleiben.[79] Jedenfalls darf der Norminterpret nicht seine eigene Einschätzung der Verkehrsrelevanz anstelle der gesetzgeberischen Beurteilung setzen. Für eine an objektiv-teleologischen Gesichtspunkten ausgerichtete Auslegung ist nur Raum, wenn die anderen, vorrangig heranzuziehenden Methoden der Auslegung nicht zu

77 So ausdrücklich auch die Begründung der Bundesregierung zum Entwurf eines Gesetzes über das Kreditwesen, in: BT-Drucks., III/1114 v. 25.5.1959, S. 26; zur Entstehungsgeschichte des § 40 Abs. 1 KWG oben § 4 I. (S. 95 ff.).

78 So aber *P. M. Huber*, Öffentlich-rechtliche Sparkassen in Privatrechtsform?, in: FS R. Schmidt, S. 487 (495).

79 Zur Verkehrsrelevanz des Merkmals der Staatlichkeit der Sparkassen näher im Zusammenhang mit der Frage der Vereinbarkeit des § 40 Abs. 1 KWG mit dem europäischen Gemeinschaftsrecht unten § 4 VII. 3. b) (S. 166).

einem eindeutigen Ergebnis geführt haben.[80] Mit dem Begriff der öffentlich-rechtlichen Sparkasse in § 40 Abs. 1 Nr. 1 KWG hat der Gesetzgeber entschieden, dass die Verwendung der Bezeichnung »Sparkasse«, vom Sonderfall der freien Sparkassen abgesehen, eine staatliche Trägerschaft voraussetzt.[81] Damit ist klargestellt, dass die Staatlichkeit als verkehrswesentliche Eigenschaft anzusehen ist. Darin liegt eine gesetzgeberische Konkretisierung des Verkehrsbildes der Sparkassen, die Vorrang vor einer Konkretisierung durch den Normanwender hat. Überlegungen zur Verkehrsrelevanz des Merkmals der Staatlichkeit können daher am Inhalt des Begriffs der öffentlich-rechtlichen Sparkasse nichts ändern.

ee) Vereinbarkeit mit der bundesstaatlichen Kompetenzordnung

Auf die Verkehrsrelevanz des Merkmals der Staatlichkeit kommt es allerdings im Zusammenhang mit dem kompetenziellen Hintergrund des § 40 Abs. 1 KWG an. Da der Bund mit der Regelung des Schutzes der Bezeichnung »Sparkasse« mittelbar-faktisch auf die Sparkassenorganisationskompetenz der Länder einwirkt, muss er, als Ausprägung des Gebots der Bundestreue, auf das berechtigte Interesse der Länder an der Schonung ihres Kompetenzbereichs Rücksicht nehmen. Er darf daher die Verwendung der Bezeichnung »Sparkasse« nur so weit eingrenzen, wie dies aus Gründen des Verkehrsschutzes erforderlich und angemessen ist. Dabei ist ihm allerdings ein Einschätzungsspielraum zuzubilligen, weil ihm auf der Grundlage seiner Gesetzgebungskompetenz für das Bankrecht aus Art. 74 Abs. 1 Nr. 11 GG die Beurteilung des zu regelnden Sachverhalts obliegt und er in diesem Rahmen dazu befugt ist, das Verkehrsbild der Sparkassen zu konkretisieren. Von einer Verletzung der bundesrechtlichen Rücksichtnahmepflicht wäre daher erst dann auszugehen, wenn die staatliche Trägerschaft für das Verkehrsbild der Sparkassen offensichtlich keine Bedeutung hat.[82] Da die Sparkassen, vom Sonderfall der freien Institute abgesehen, aufgrund der geschichtlichen Entwicklung des Sparkassensektors staatliche Einrichtungen sind, ist die § 40 Abs. 1 KWG zugrunde liegende Annahme, dass sich der Verkehr unter einer »Sparkasse« ein staatliches Kreditinstitut vorstellt,

---

80 Statt aller *Larenz/Canaris,* Methodenlehre der Rechtswissenschaft, S. 153 f., 165.

81 Zum Sinngehalt des Begriffs der öffentlich-rechtlichen Sparkassen oben § 4 III. 1. b) aa) (S. 109 ff.).

82 Zum Gebot der Bundestreue als Kompetenzausübungsschranke und der Bedeutung für § 40 Abs. 1 KWG näher oben § 4 II. 2. (S. 103 f.).

nahe liegend.[83] Außerdem hat die Staatlichkeit bestimmenden Einfluss auf die mit dem Begriff der »Sparkasse« verbundene Vertrauenserwartung, die sparkassentypische Gemeinwohlbindung und die Wahrnehmung der Sparkassen als zusammengehörige Gruppe von Banken.[84] Sie prägt damit das Verkehrsbild der Sparkassen, so dass die bundesrechtliche Rücksichtnahmepflicht nicht verletzt ist, wenn § 40 Abs. 1 KWG für die Verwendung der Bezeichnung »Sparkasse« eine staatliche Trägerschaft voraussetzt. Dadurch wird das berechtigte Interesse der Länder an der Schonung ihres Kompetenzbereichs nur unwesentlich beeinträchtigt, denn ihre Kompetenz für das Sparkassenrecht leitet sich aus dem Gedanken ab, dass es Sache der Länder ist, über die Organisation der öffentlichen Verwaltung zu bestimmen.[85] Sie ist daher nicht oder zumindest nicht schwerwiegend betroffen, wenn es, wie im Fall der Sparkassenprivatisierung, gerade um eine Entstaatlichung der Sparkassen geht. § 40 Abs. 1 KWG ist also mit der bundesstaatlichen Kompetenzordnung vereinbar, auch soweit er eine staatliche Trägerschaft zur Bedingung für die Verwendung der Bezeichnung »Sparkasse« macht.

c) Teilprivatisierung von Sparkassen

Es stellt sich die Frage, ob der Begriff der »öffentlich-rechtlichen Sparkasse« zumindest private Minderheitsbeteiligungen zulässt. Im Sparkassenrecht finden sich entsprechende, bislang allerdings noch nicht praktisch gewordene, Optionen für die Sachsen-Finanzgruppe und die Sparkasse Bremerhaven.[86] Für die Berliner Sparkasse stellt sich die Frage nach der bezeichnungsrechtlichen Zulässigkeit privater Minderheitsbeteiligungen ebenfalls, denn bis zur Veräußerung an den Deutschen Sparkassen- und Giroverband im Jahr 2007 waren die Anteile an der beherrschenden Landesbank Berlin Holding AG zu einem kleineren Teil (9 %) auch in privater Hand, wovon

83 Zur geschichtlichen Herausbildung eines staatlichen Sparkassensektors im 19. Jahrhundert oben § 1 II. 1. (S. 31 ff.); zum Sparkassenbegriff zusammenfassend § 1 III. (S. 36).

84 Zur Bedeutung des Merkmals der Staatlichkeit für das Verkehrsbild der Sparkassen näher im Zusammenhang mit der Gemeinschaftsrechtskonformität des § 40 Abs. 1 KWG unten § 4 VII. 3. b) (S. 166 ff.).

85 Zu den Grundlagen der Kompetenz der Länder für das Sparkassenrecht oben § 4 II. 1. (S. 100 ff.).

86 Zur Fallgestaltung der materiellen Teilprivatisierung aus sparkassenrechtlicher Sicht oben § 3 II. (S. 83 ff.).

bis heute immer noch ein geringfügiger Streubesitz (1,4 %) geblieben ist.[87] Auch wenn der private Anteil jeweils gering (gewesen) ist, handelt es sich nur dann um eine bezeichnungsrechtlich zulässige Konstellation, wenn private Minderheitsbeteiligungen mit der Befugnis zur Verwendung der Bezeichnung »Sparkasse« prinzipiell vereinbar sind.

Der Begriff der öffentlich-rechtlichen Sparkasse setzt seinem Sinngehalt nach voraus, dass es sich um ein Institut in kommunaler oder anderer staatlicher Trägerschaft handelt.[88] Solange ein staatlicher Träger die Mehrheit der Anteile an einer Sparkasse hält, beherrscht er das Unternehmen und verfügt über die Letztentscheidungskompetenz. Im Konfliktfall kann er also seine Auffassung über die Geschäftspolitik gegenüber den privaten Anteilseignern durchsetzen, so dass ihm die Handlungen des von ihm mehrheitlich beherrschten Instituts zuzurechnen sind. Der staatliche Charakter einer Sparkasse wird also durch private Minderheitsbeteiligungen nicht grundlegend in Frage gestellt. Es handelt sich nach wie vor um ein »öffentliches Unternehmen«. Nach der Begriffsbestimmung in Art. 2 der RL 80/723/EWG ist darunter ein Unternehmen zu verstehen, »auf das die öffentliche Hand aufgrund Eigentums, finanzieller Beteiligung, Satzung oder sonstiger Bestimmungen, die die Tätigkeit des Unternehmens regeln, unmittelbar oder mittelbar einen beherrschenden Einfluss ausüben kann«, wobei ein beherrschender Einfluss insbesondere dann vermutet wird, wenn die öffentliche Hand »die Mehrheit des gezeichneten Kapitals« besitzt.[89] An diese Begriffsbestimmung wird im Schrifttum allgemein angeknüpft.[90] Sie

87 Zum Erwerb der Landesbank Berlin Holding AG durch den Deutschen Sparkassen- und Giroverband und zu den wechselnden Beteiligungsverhältnissen näher oben § 3 I. 2. b) bb) (S. 66 f.).

88 Zum Sinngehalt des Begriffs der öffentlich-rechtlichen Sparkasse und zur Voraussetzung der staatlichen Trägerschaft oben § 4 III. 1. b) (S. 108 ff.).

89 RL 80/723/EWG der Kommission vom 25.6.1980 über die Transparenz der finanziellen Beziehungen zwischen den Mitgliedstaaten und den öffentlichen Unternehmen, in: ABl. Nr. L 195 v. 29.7.1980 S. 35; zuletzt geändert durch RL 2005/81/EG v. 28.11.2005, in: ABl. Nr. L 312 v. 29.11.2005 S. 47.

90 *Ehlers,* in: Wurzel/Schraml/Becker (Hrsg.), Rechtspraxis der kommunalen Unternehmen, Kap. B Rn. 7; *Burgi,* in: Erichsen/Ehlers (Hrsg.), Allgemeines Verwaltungsrecht, § 9 Rn. 13; *J. Wolf,* Anstalt des öffentlichen Rechts als Wettbewerbsunternehmen, S. 110 f. – Mit weiterer Differenzierung *Ehlers,* Recht der öffentlichen Unternehmen, S. 32, der bei privater Minderheitsbeteiligung von einem »öffentlichen Unternehmen im weiten Sinne« bzw. »gemischt-wirtschaftlichen Unternehmen« spricht und nur bei ausschließlicher Trägerschaft der öffentlichen Hand von einem »öffentlichen Unternehmen im engen Sinne«; ebenso *Püttner,* Die öffentlichen Unternehmen, S. 26, der bei privater Minderheitsbeteiligung von »unternehmerischer Betätigung der öffentlichen Hand« und einem »gemischt-

verdeutlicht, dass für die Zuordnung eines Unternehmens zum Staat das Kriterium der staatlichen Beherrschung entscheidend ist. Unter diesem Gesichtspunkt ist eine private Minderheitsbeteiligung mit dem Erfordernis einer staatlichen Trägerschaft vereinbar.

Systematik und Gesetzesbegründung lässt sich nichts zwingend Gegenteiliges entnehmen. Mit dem Dualismus aus dem Regelfall der öffentlich-rechtlichen Sparkasse und dem Ausnahmefall des anderen Unternehmens spiegelt § 40 Abs. 1 KWG die historisch gewachsene Struktur des Sparkassensektors wider und knüpft damit an das traditionelle Bild der öffentlich-rechtlichen Sparkasse an. In diesem Sinn rechtfertigt die Gesetzesbegründung den Schutz der Bezeichnung »Sparkasse« damit, dass diese sich in einer »langen historischen Entwicklung« zu einer Bezeichnung für »bestimmte Kreditinstitute« entwickelt habe.[91] Traditionell sind private Minderheitsbeteiligungen an öffentlich-rechtlichen Sparkassen nicht vorgesehen. Entsprechende Optionen gibt es im Sparkassenrecht nur vereinzelt, ohne dass sie bislang, außer im Fall der Berliner Sparkasse, praktisch geworden wären.[92] Die Gesetzesbegründung bezieht sich allerdings nur in allgemeiner Form auf das traditionelle Sparkassenbild, ohne zu präzisieren, welche Merkmale im Einzelnen gemeint sind. Eine Übernahme des traditionellen Sparkassenbilds in seinen Einzelheiten kann nicht gemeint sein, denn das hätte eine aus Gründen des Bezeichnungsschutzes nicht gerechtfertigte Versteinerung der Sparkassenstrukturen zur Folge, durch die die Landessparkassenhoheit in unvertretbarer Weise eingeschränkt würde. Nicht jede Abweichung vom traditionellen Sparkassenbild kann daher dazu führen, dass es sich bei dem Institut nicht mehr um eine öffentlich-rechtliche Sparkasse im Sinne des § 40 Abs. 1 Nr. 1 KWG handelt. Aus der allgemeinen Anknüpfung an das traditionelle Sparkassenbild, die sich aus Gesetzesbegründung und Systematik ergibt, lässt sich daher nicht zwingend auf die bezeichnungsrechtliche Unzulässigkeit privater Minderheitsbeteiligungen schließen.

Ausschlaggebend ist der kompetenzielle Hintergrund des § 40 Abs. 1 KWG: Da der Bund das berechtigte Interesse der Länder an der Schonung ihrer Kompetenz für das Sparkassenorganisationsrecht bei der Festlegung der Bezeichnungsvoraussetzungen berücksichtigen muss, muss zugunsten der

---

wirtschaftlichen Unternehmen«, nicht aber von einem »öffentlichen Unternehmen« spricht.

91 Zur Gesetzesbegründung (mit Abdruck) oben § 4 III. 1. b) cc) (S. 115).

92 Vgl. nochmals oben § 3 II. (S. 83 ff.).

Gestaltungsfreiheit der Länder entschieden werden, wenn nach den anerkannten Methoden der Auslegung ein Auslegungsspielraum bleibt.[93] Berücksichtigt man dies, sind private Minderheitsbeteiligungen als bezeichnungsrechtlich zulässig anzusehen, denn sie sind mit dem Sinngehalt des Begriffs der öffentlich-rechtlichen Sparkasse vereinbar, und aus der allgemeinen Anknüpfung an das traditionelle Sparkassenbild ergibt sich nichts eindeutig Gegenteiliges. Der Begriff der öffentlich-rechtlichen Sparkasse setzt damit unter dem Gesichtspunkt der Trägerschaft zwar eine staatliche Trägerschaft voraus. Es muss sich aber nicht notwendigerweise um eine staatliche Alleinträgerschaft handeln, sondern es genügt, dass ein staatlicher Träger das Kreditinstitut als Mehrheitseigner beherrscht.

2. Rechtsform öffentlich-rechtlicher Sparkassen

Geht man vom Begriff des »Öffentlich-Rechtlichen« aus, setzt der Begriff der öffentlich-rechtlichen Sparkasse eine öffentlich-rechtliche Organisationsform voraus. Dementsprechend wird im Schrifttum festgestellt, mit der Umwandlung einer öffentlich-rechtlichen Sparkasse in eine private Rechtsform entfalle die Befugnis zur Verwendung der Bezeichnung »Sparkasse«.[94] Konsequenterweise muss dann allerdings eine materiell-organisatorische Betrachtungsweise zugrunde gelegt werden. Wenn man eine öffentlich-rechtliche Organisationsform als Bezeichnungsvoraussetzung ansieht, kann es nicht genügen, wenn diese im Hinblick auf den Begriff der öffentlich-rechtlichen Sparkasse lediglich *pro forma* aufrechterhalten wird. Wenn also die öffentlich-rechtliche Organisationsform durch Beleihung einer privatrechtlichen Holding untergeordnet wird,[95] dann ist auf deren Rechtsform abzustellen, denn sie ist in diesem Fall das eigentlich steuernde Unternehmen. Bei der untergeordneten öffentlich-rechtlichen Einheit handelt es sich hingegen aus Sicht des Verkehrs um eine lediglich »zufällige

93 Zum kompetenziellen Hintergrund des § 40 Abs. 1 KWG in der Auslegung § 4 II. 2. (S. 103 f.).

94 *R. Fischer,* in: Boos/Fischer/Schulte-Mattler, Kreditwesengesetz, § 40 Rn. 10; *Samm,* in: Beck/Samm, Kreditwesengesetz, § 40 Rn. 35; *Kost/Geerling,* Rechtliche Vorgaben für Restrukturierungen im Sparkassensektor, in: BKR 2003, 690 (695); *Oebbecke,* Das Europarecht als Katalysator der Sparkassenpolitik, in: VerwArch 93 (2002), S. 278 (285); *Scheike,* Rechtliche Voraussetzungen für die materielle Privatisierung kommunaler Sparkassen, S. 121 f.; vgl. auch *D. Schmidt,* Sparkassen-Wissen für Verwaltungsräte, S. 444 f., nach dem dies aber »de lege ferenda nicht einzusehen« ist.

95 Zu diesem »Holding-Beleihungsmodell« ausführlich oben § 3 I. 2. b) (S. 63 ff.).

Mittlerin«, die genauso gut wegfallen könnte.[96] Sie dient, im Fall der Sparkassen, allein dem Zweck, dem Wortlaut des § 40 Abs. 1 Nr. 1 KWG gerecht zu werden und die weitere Verwendung der Bezeichnung »Sparkasse« zu ermöglichen.[97] Geht man vom Erfordernis einer öffentlich-rechtlichen Organisationsform aus und nimmt dieses ernst, muss darin eine unzulässige Umgehungsgestaltung gesehen werden.

Das müsste, weil es um die Rechtsform als solche geht, unabhängig davon gelten, ob sich die Anteile an der Holding in öffentlicher oder in privater Hand befinden. Daher müsste insbesondere die Verwendung der Bezeichnung »Sparkasse« durch die Berliner Sparkasse als unzulässig angesehen werden, und zwar unabhängig davon, dass es zu einer materiellen Privatisierung nicht gekommen ist, sondern das Institut im Jahr 2007 an den Deutschen Sparkassen- und Giroverband veräußert wurde. Die öffentlich-rechtliche Teilrechtsfähigkeit der Berliner Sparkasse hat ausschließlich die Verwendung der Bezeichnung »Sparkasse« zum Gegenstand (§ 3 Abs. 4 BerlSpkG). Sie ist also offensichtlich allein auf § 40 Abs. 1 Nr. 1 KWG bezogen. Bei materiell-organisatorischer Betrachtung der konkreten Organisationsstrukturen erscheint das Institut, wie schon vor seiner Umgestaltung, als unselbständige Abteilung der Landesbank Berlin.[98] Dementsprechend muss für die bezeichnungsrechtliche Zulässigkeit, unabhängig von der Struktur der Anteilseigner, auf deren privatrechtliche Rechtsform abgestellt werden. Das ergibt sich im Übrigen auch daraus, dass die öffentlich-rechtliche Teilrechtsfähigkeit der Berliner Sparkasse, unabhängig von der Struktur der Anteilseigner, auf einem Verstoß gegen das Demokratieprinzip beruht und deshalb als unbeachtlich zu behandeln ist.[99]

Der Begriff der öffentlich-rechtlichen Sparkasse legt zwar seinem Wortsinn nach zunächst nahe, dass eine öffentlich-rechtliche Organisationsform Bezeichnungsvoraussetzung ist. Nach dem entstehungsgeschichtlichen Sinngehalt kam es dem Gesetzgeber mit dem Begriff des Öffentlich-Rechtlichen allerdings nicht auf die öffentlich-rechtliche Organisationsform, sondern auf die staatliche Trägerschaft als Bezeichnungsvoraussetzung an.

---

96 So mit Recht *T. Fett,* Öffentlich-rechtliche Anstalten als abhängige Konzernunternehmen, S. 48 u. 263.

97 Zur Sinnhaftigkeit des »Holding-Beleihungsmodells« im Allgemeinen und für die Sparkassen im Speziellen oben § 3 I. 2. c) (S. 68 ff.).

98 Zur öffentlich-rechtlichen Teilrechtsfähigkeit der Berliner Sparkasse und zu den konkreten Organisationsstrukturen oben § 3 I. 2. b) bb) (S. 67 ff.).

99 Vgl. dazu oben § 3 I. 2. d) dd) (3) (S. 81 ff.).

In diesem Sinn ist der Gesamtbegriff der öffentlich-rechtlichen Sparkasse zu verstehen (a.). Dieses Verständnis stimmt am besten mit den Anforderungen der bundesstaatlichen Kompetenzordnung überein, denn es erscheint zweifelhaft, dass die öffentlich-rechtliche Organisationsform als solche, losgelöst von der Voraussetzung der staatlichen Trägerschaft, eine wesentliche Bedeutung für das Verkehrsbild der Sparkassen hat (b.).

a) Entstehungsgeschichtlicher Sinngehalt des Begriffs der öffentlich-rechtlichen Sparkasse

Der Begriff der öffentlich-rechtlichen Sparkasse geht auf den reichsrechtlichen Begriff der »öffentlichen Sparkasse« zurück. Als der Schutz der Bezeichnung »Sparkasse« im Zuge der Bankenkrise des Jahres 1931 durch Notverordnung erstmals geregelt wurde, war von dem Erfordernis einer öffentlich-rechtlichen Organisationsform noch keine Rede, sondern die Befugnis zur Verwendung der Bezeichnung »Sparkasse« wurde grundsätzlich den Sparkassen vorbehalten, die »Einrichtungen von Gemeinden und Gemeindeverbänden oder sonstigen öffentlichen Körperschaften« waren. Diese wurden in § 10 Abs. 3 Satz 1 des Reichskreditwesengesetzes 1934/1939 kurz als »öffentliche Sparkassen« bezeichnet. Da dieser Begriff jedoch wegen der Unbestimmtheit des Merkmals des »Öffentlichen« als klarstellungsbedürftig empfunden wurde, wurde es bald üblich, anstelle von »öffentlichen Sparkassen« von »öffentlich-rechtlichen Sparkassen« zu sprechen.[100] Das Merkmal des Öffentlich-Rechtlichen hatte damit lediglich eine Hilfsfunktion: Es diente allein dazu, die kommunalen und anderen staatlichen Sparkassen durch Bezugnahme auf die für sie charakteristische öffentlich-rechtliche Rechtsform eindeutig zu bezeichnen. Diesen bereits unter Geltung des Reichsrechts üblichen Sprachgebrauch hat der Bundesgesetzgeber lediglich nachvollzogen, als er den reichsrechtlichen Begriff der »öffentlichen Sparkasse« durch den bundesrechtlichen Begriff der »öffentlich-rechtlichen Sparkasse« in § 40 Abs. 1 Nr. 1 KWG ersetzte. Eine inhaltliche Änderung war damit nicht bezweckt.[101]

Der Begriff der öffentlich-rechtlichen Sparkasse soll also seinem entstehungsgeschichtlichen Ursprung nach nicht öffentlich-rechtlich verfasste von

---

100 *Reichardt,* Reichskreditwesengesetz, § 10 Anm. 12 a); *Pröhl,* Reichskreditwesengesetz, § 10 Anm. 5 b); *Perdelwitz/Fabricius/Kleiner,* Preußisches Sparkassenrecht, S. 165.

101 Zur Entstehungsgeschichte des Begriffs der öffentlich-rechtlichen Sparkasse näher oben § 4 I. (S. 95 ff.).

privatrechtlich verfassten Sparkassen abgrenzen, sondern die staatlichen Sparkassen von den freien Sparkassen unterscheiden. Der gesetzgeberischen Wortwahl liegt die – angesichts des historischen Befundes scheinbar fest gefügte – Vorstellung zugrunde, dass alle staatlichen Sparkassen öffentlich-rechtlich verfasst sind, so dass die Begriffe öffentliche Sparkasse und öffentlich-rechtliche Sparkasse synonym verwendbar sind. Die Fallgestaltung der formellen Privatisierung einer Sparkasse hat er dabei nicht in Rechnung gestellt. Der Begriff der öffentlich-rechtlichen Sparkasse in § 40 Abs. 1 Nr. 1 KWG bezieht sich also nach seinem historischen Sinngehalt nicht auf die öffentlich-rechtliche Organisationsform, sondern auf das Erfordernis einer staatlichen Trägerschaft. Dieses Verständnis ist mit dem Wortsinn vereinbar, wenn man den Begriff des »Öffentlich-Rechtlichen« nicht isoliert betrachtet, sondern den Begriff der »öffentlich-rechtlichen Sparkasse« als Gesamtbegriff mit einem eigenständigen historisch geprägten Sinngehalt sieht. Der Begriff des »Öffentlich-Rechtlichen« ist daher im Zusammenhang mit dem Begriff »Sparkasse« in einem anderen als dem sonst üblichen Sinn nicht als Bezugnahme auf eine öffentlich-rechtliche Organisationsform, sondern als Bezugnahme auf das Merkmal der staatlichen Trägerschaft zu verstehen. Dadurch wird die Wortlautgrenze nicht überschritten, denn Rechtsbegriffe sind relativ, das heißt ein Rechtsbegriff, wie hier der Begriff des »Öffentlich-Rechtlichen«, kann in unterschiedlichen Kontexten unterschiedlich zu interpretieren sein.[102] Zumindest ist aber eine entsprechende teleologische Extension geboten. Aus methodischer Sicht verdient diejenige Auslegung den Vorzug, die der Regelungsabsicht des Gesetzgebers am ehesten gerecht wird.[103] Um die ursprüngliche Regelungsabsicht des Gesetzgebers in vollem Umfang zur Geltung zu bringen, ist auch die teleologisch begründete Erweiterung (»teleologische Extension«) eines zu engen Wortsinns möglich. Dafür kommt es, anders als beim Analogieschluss, nicht auf die für diesen typische wesentliche Gleichheit von geregeltem und ungeregeltem Fall an, sondern allein darauf, dass der Wortlaut, gemessen an der ursprünglichen Regelungsabsicht des Gesetzgebers, lückenhaft und eine Einbeziehung der ungeregelten Fallgestaltung geboten ist.[104] So verhält es sich auch für die Fallgestaltung der formellen Privatisierung einer Sparkasse, wenn man davon ausgehen würde, dass diese nicht schon dem Wortsinn nach unter den Begriff der öffentlich-rechtlichen

102 *Larenz/Canaris,* Methodenlehre der Rechtswissenschaft, S. 142.
103 *Larenz/Canaris,* Methodenlehre der Rechtswissenschaft, S. 164.
104 *Larenz/Canaris,* Methodenlehre der Rechtswissenschaft, S. 216 ff.

Sparkasse subsumiert werden kann: Bei der Verwendung des Begriffs der öffentlich-rechtlichen Sparkasse im Jahr 1961 hat der Gesetzgeber unausgesprochen unterstellt, dass alle öffentlichen (das heißt staatlichen) Sparkassen öffentlich-rechtlich verfasst sind, und ist dementsprechend von einer synonymen Verwendbarkeit der Begriffe ausgegangen. Gemessen daran erweist sich die Regelung des § 40 Abs. 1 KWG in Bezug auf den Fall der formellen Privatisierung einer Sparkasse als planwidrig lückenhaft. Diese Fallgestaltung wäre, der ursprünglichen Regelungsabsicht entsprechend, vom Gesetzgeber einbezogen worden, hätte er sie im Jahr 1961 bereits bedacht. Dem muss durch eine entsprechende Auslegung oder zumindest teleologische Extension des Begriffs der öffentlich-rechtlichen Sparkasse Rechnung getragen werden. Im Ergebnis ist es also nach der historischen Regelungsabsicht des Gesetzgebers geboten, den Begriff der öffentlich-rechtlichen Sparkasse in § 40 Abs. 1 Nr. 1 KWG auf formell privatisierte Sparkassen zu erstrecken.

b) Kompetenzieller Hintergrund des § 40 Abs. 1 KWG

Dieses Verständnis verdient auch vor dem kompetenziellen Hintergrund des § 40 Abs. 1 KWG den Vorzug. Da der Bund nach dem Grundsatz der Bundestreue verpflichtet ist, bei der Festlegung der Bezeichnungsvoraussetzungen dem berechtigten Interesse der Länder an der Wahrnehmung ihrer Kompetenz für das Sparkassenorganisationsrecht Rechnung zu tragen, darf die Verwendung der Bezeichnung »Sparkasse« nur so weit eingegrenzt werden, wie dies aus Gründen des Verkehrsschutzes erforderlich und angemessen ist. Für die Auslegung § 40 Abs. 1 KWG bedeutet dies, dass zugunsten der Sparkassenorganisationshoheit der Länder zu entscheiden ist, wenn nach den anerkannten Methoden der Auslegung mehrere Interpretationen möglich sind.[105] Die aus der Entstehungsgeschichte des § 40 Abs. 1 KWG abzuleitende Einbeziehung formell privatisierter Sparkassen in den Begriff der öffentlich-rechtlichen Sparkasse erweist sich auch vor diesem Hintergrund als geboten. Es erscheint zweifelhaft, dass die öffentlich-rechtliche Organisationsform als solche, wenn man eine staatlichen Trägerschaft im Übrigen unterstellt, eine wesentliche Bedeutung für das Verkehrsbild der Sparkassen hat. Zwar wird im Schrifttum vielfach angenommen, öffentlich-rechtliche Organisationsformen seien staatlicher Steuerung besser zugänglich

105 Zum kompetenziellen Hintergrund des § 40 Abs. 1 KWG und den sich daraus ergebenden Folgerungen für die Auslegung oben § 4 II. (S. 99 ff.).

als private Rechtsformen, denen eine Tendenz zur Verselbständigung und Entfernung von der zugrunde liegenden öffentlichen Aufgabenstellung innewohne.[106] Speziell für die Sparkassen wird die öffentlich-rechtliche Rechtsform in diesem Sinn teilweise als »Garant« dafür gesehen, dass der öffentliche Gemeinwohlauftrag »wesensimmanentes Ziel« der Sparkassen bleibe.[107] Es finden sich aber auch andere Einschätzungen: Betrachte man die Organisationsstruktur der öffentlich-rechtlich verfassten Sparkassen, sei eine deutliche »Annäherung an privatrechtliche Organisationsformen« auszumachen.[108] Insbesondere entspreche der für die öffentlich-rechtlichen Sparkassen typische Dualismus von selbständiger Geschäftsführung durch den Vorstand auf der einen Seite und Kontrolle durch den Verwaltungsrat auf der anderen Seite weitgehend dem für die Aktiengesellschaften charakteristischen Dualismus von Vorstand und Aufsichtsrat.[109] Signifikante Unterschiede in der innerorganisatorischen Kompetenzverteilung, und damit auch in der Steuerungsfähigkeit, seien nicht auszumachen.[110]

Diese unterschiedlichen Einschätzungen verdeutlichen, dass die Steuerungsfähigkeit einer Organisationsform eine Frage der konkreten Organisationsstrukturen ist. Gerade diese wären aber durch das Erfordernis einer öffentlich-rechtlichen Organisationsform nicht vorgegeben, denn die öffentlich-rechtlichen Organisationsformen weisen als solche keine verfassungsrechtlich oder einfach-rechtlich vorbestimmte Organisationsstruktur auf.[111] Insbesondere ist die Rechtsform der Anstalt des öffentlichen Rechts nicht

---

106 *Ehlers,* Recht der öffentlichen Unternehmen, S. 108 f.; *ders.,* Die Entscheidung der Kommunen für eine öffentlich-rechtliche oder privatrechtliche Organisationsform ihrer Einrichtungen und Unternehmen, in: DÖV 1986, 897 (901, 904 f.); *Burgi,* in: Erichsen/Ehlers, Allgemeines Verwaltungsrecht, § 9 Rn. 19; *Scholz/Pitschas,* Kriterien für die Wahl der Rechtsform, in: Püttner (Hrsg.), Handbuch der kommunalen Wissenschaft und Praxis, 2. Aufl., Bd. 5, S. 128 (147); *Pielow,* Neue Rechtsformen für kommunale Unternehmen, in: FS K. Ipsen, S. 725 (736 f.); *Erbguth/Stollmann,* Erfüllung öffentlicher Aufgaben durch private Rechtssubjekte?, in: DÖV 1993, 798 (801).

107 *Wohltmann,* Die Auseinandersetzung um § 40 KWG, in: ZG 2007, 259 (280); vgl. auch bereits *H. Geiger,* Die öffentliche Rechtsform als Grundlage des deutschen Sparkassenwesens, in: Kommunalwirtschaft 1978, 313 (315 ff.).

108 *J. Wolf,* Anstalt des öffentlichen Rechts als Wettbewerbsunternehmen, S. 21; *Laudenbach,* Organisationsform Aktiengesellschaft für kommunale Sparkassen, S. 89.

109 Mit eingehendem Vergleich *Lüttmann,* Aufgaben und Zusammensetzung der Verwaltungsräte der kommunalen Sparkassen, S. 50 ff.

110 Zusammenfassend *Lüttmann,* Aufgaben und Zusammensetzung der Verwaltungsräte der kommunalen Sparkassen, S. 229 ff.

111 *BerlVerfGH,* Urt. v. 21.10.1999 – VerfGH 42/99, in: NVwZ 2000, 794 (795).

vorgeprägt, sondern eine offene Rechtsform, unter die praktisch »jede beliebige Verwaltungseinheit« subsumiert werden kann.[112] Die Ausgestaltung der konkreten Organisationsstrukturen liegt in der Hand des Gesetzgebers, der sie – in den Grenzen des Demokratieprinzips – im einzelnen Fall an den Bedürfnissen ausrichten kann, die sich aus der jeweils zu erfüllenden öffentlichen Aufgabe ergeben. Möglich ist eine sehr restriktive Rückbindung an den staatlichen Träger mit weitreichenden Einwirkungs- und Steuerungsbefugnissen, aber auch eine gelockerte Bindung, die eine mehr oder weniger selbständige Erfüllung der öffentlichen Aufgabe nach marktwirtschaftlichen Prinzipien zulässt. Mit Recht wird angesichts dieser Offenheit angenommen, dass das »rechtliche Grundprinzip der Organisation als Anstalt im Sparkassenwesen nicht überbewertet werden darf«.[113] Nachdrücklich hat sich dies im Fall der Berliner Sparkasse gezeigt, deren öffentlich-rechtliche Teilrechtsfähigkeit nahezu ohne organisatorische Substanz bleibt,[114] ohne dass dem der Anstaltsbegriff als solcher entgegengehalten werden könnte. Die prinzipielle Offenheit des Anstaltsbegriffs im Hinblick auf die konkreten Organisationsstrukturen wird daran besonders deutlich.[115] Daher kann die Vorgabe einer öffentlich-rechtlichen Organisationsform als solche nicht als geeignet angesehen werden, ein bestimmtes Sparkassenbild zu prägen. Zudem sind wegen der weitgehenden Annäherung der sparkassentypischen Ausprägung der Anstaltsform an die Rechtsform der Aktiengesellschaft[116] signifikante Unterschiede zwischen einer öffentlich-rechtlich und einer privatrechtlich verfassten kommunalen Sparkasse aus Sicht des Verkehrs nicht zu erwarten. Es wäre daher aus kompetenzieller Sicht nicht gerechtfertigt, würde der Bund den Ländern über § 40 Abs. 1 KWG faktisch vorschreiben, dass die Sparkassen öffentlich-rechtlich verfasst sein müssen. Es ist daher nicht nur nach dem entstehungsgeschichtlichen Sinngehalt, sondern auch vor dem kompetenziellen Hintergrund des § 40 Abs. 1 KWG geboten, den Begriff der öffentlich-rechtlichen Sparkasse auf formell privatisierte Sparkassen zu erstrecken.

---

112 *Krebs,* Die öffentlichrechtliche Anstalt, in: NVwZ 1985, 609 (613).

113 *F. Kirchhof,* in: ders./Henneke, Entwicklungsperspektiven kommunaler Sparkassen in Deutschland, S. 11 (19).

114 Zur Organisationsstruktur der Berliner Sparkasse oben § 3 I. 2. b) bb) (S. 67 f.).

115 Zur Offenheit des Anstaltsbegriffs mit weiteren Nachweisen oben § 3 I. 2. d) bb) (S. 72 f.).

116 Vgl. dazu oben Fn. 108 ff.

3. Inhaltliche Merkmale der »öffentlich-rechtlichen Sparkassen«

Nach § 40 Abs. 1 Nr. 1 KWG ist jedes staatliche Kreditinstitut zur Verwendung der Bezeichnung »Sparkasse« befugt, wenn es den inhaltlichen Merkmalen entspricht, die sich aus dem Begriff der »öffentlich-rechtlichen Sparkasse« ergeben. Erforderlich ist danach insbesondere eine Bindung an den sparkassentypischen öffentlichen Auftrag und das sparkassentypische Regionalprinzip (a.). Weiteres inhaltliches Charakteristikum, aber nicht eigenständige Bezeichnungsvoraussetzung, ist die gemeinnützige Verwendung der Gewinne (b.).

a) Bindung an öffentlichen Auftrag und Regionalprinzip

Öffentlicher Auftrag und Regionalprinzip gehören zum entwicklungsgeschichtlichen Kernbestand des Sparkassenbegriffs. Die ersten Sparkassen wurden im ausgehenden 18. und zu Beginn des 19. Jahrhunderts gegründet, um den unteren Bevölkerungsschichten die Möglichkeit zu eröffnen, kleinere Sparbeträge »sicher und verzinslich« zur Eigenvorsorge anzulegen.[117] Diese ursprünglich auf das Sparen bezogene Aufgabenstellung wurde im 19. und 20. Jahrhundert stetig ausgeweitet, wodurch sich die Sparkassen zu Kreditinstituten mit der Aufgabe entwickelt haben, Bevölkerung und regionale Wirtschaft mit bankwirtschaftlichen Leistungen aller Art zu versorgen.[118] Auch der regionale Bezug war von vornherein charakteristisch für die Sparkassen. Mit dem Aufkommen und der raschen Ausbreitung des Typus der kommunalen Sparkasse in der ersten Hälfte des 19. Jahrhunderts[119] erhielt die regionale Bindung eine rechtliche Dimension, denn schon damals galt, dass die kommunale Betätigung an das Gemeindegebiet

117 *Ashauer,* Von der Ersparungscasse zur Sparkassen-Finanzgruppe, S. 51 ff.; *Klüpfel,* Entwicklungslinien im Sparkassenrecht, in: DSGV (Hrsg.), Entwicklungslinien der Kreditwirtschaft, S. 112 (114); *J. Hoffmann,* in: Peters (Hrsg.), Handbuch der kommunalen Wissenschaft u. Praxis, 1. Aufl., Bd. 3, S. 741 (745); vgl. den Abdruck der Satzungen der ersten Sparkassen bei *Wysocki,* Untersuchungen zur Wirtschafts- und Sozialgeschichte der deutschen Sparkassen im 19. Jahrhundert, S. 197 ff.

118 Näher *Habeck,* Sparkassen als Universalbanken?, S. 146 ff., 203 ff.; *Klüpfel,* Entwicklungslinien im Sparkassenrecht, in: DSGV (Hrsg.), Entwicklungslinien der Kreditwirtschaft, S. 112 (116 ff.); *J. Hoffmann,* in: Peters (Hrsg.), Handbuch der kommunalen Wissenschaft u. Praxis, 1. Aufl., Bd. 3, S. 741 (743, 745 f.).

119 Zur Ausbildung des Typus der kommunalen Sparkasse im 19. Jahrhundert oben § 1 II. 1. (S. 31 ff.).

gebunden war.[120] Darüber hinaus fand das Regionalprinzip bald Eingang in die Sparkassengesetzgebung.[121]

Sowohl öffentlicher Auftrag als auch Regionalprinzip sind heute fester Bestandteil der Sparkassengesetze der Länder. Für die mit dem Begriff der öffentlich-rechtlichen Sparkasse in § 40 Abs. 1 Nr. 1 KWG angesprochenen staatlichen Sparkassen sind diese inhaltlichen Kennzeichen Ausdruck der verfassungsrechtlichen Bindungen der Träger und können durch das Sparkassenrecht nur im Detail ausgeformt, nicht aber grundsätzlich modifiziert oder ganz abgeschafft werden.[122] Bereits dem Begriff der öffentlich-rechtlichen Sparkasse als solchem ist daher zu entnehmen, dass die Bindung an öffentlichen Auftrag und Regionalprinzip Voraussetzung für die Verwendung der Bezeichnung »Sparkasse« ist. Ergänzend kann § 40 Abs. 1 Nr. 3 KWG herangezogen werden: Danach können freie Sparkassen die Bezeichnung »Sparkasse« auch bei ihrer »Neugründung« weiterführen, wenn in der Satzung eine »am Gemeinwohl orientierte Aufgabenstellung« und die »Beschränkung der wesentlichen Geschäftstätigkeit auf den Wirtschaftsraum, in dem das Unternehmen seinen Sitz hat«, festgeschrieben werden. Gemeint sind damit der sparkassentypische öffentliche Auftrag und das sparkassentypische Regionalprinzip. Durch die Festschreibung in der Satzung soll verhindert werden, dass sich eine freie Sparkasse bei ihrer Neugründung ungeachtet der traditionellen Verwurzelung im Sparkassensektor zu weit von den typischen Sparkassencharakteristika entfernt.[123] Geregelt ist also ein Minimum an Eigenschaften, das allen Instituten gemeinsam sein soll, die sich als »Sparkasse« bezeichnen. Die in § 40 Abs. 1 Nr. 3 KWG genannten Merkmale gelten daher nicht nur für den Sonderfall der freien Sparkassen, sondern auch und erst recht für den Regelfall der öffentlich-rechtlichen Sparkassen in § 40 Abs. 1 Nr. 1 KWG.

Es kann aber nicht im Umkehrschluss gefolgert werden, dass für die öffentlich-rechtlichen Sparkassen in inhaltlicher Hinsicht nur die in § 40 Abs. 1 Nr. 3 KWG genannten Merkmale maßgeblich wären. Diese sind nur als

120 Vgl. für das preußische Recht *D. Schmidt,* Das Regionalprinzip im Sparkassenwesen, in: VerwArch 51 (1960), S. 315 (324 f.).

121 Zum Regionalprinzip in der historischen Sparkassengesetzgebung eingehend *D. Schmidt,* Das Regionalprinzip im Sparkassenwesen, in: VerwArch 51 (1960), S. 315 (326 ff.); *Raskin,* Das Regionalprinzip und (neue) elektronische Vertriebswege im Retailbanking, S. 47 ff.

122 Zu öffentlichem Auftrag und Regionalprinzip aus verfassungsrechtlicher Sicht und aus der Sicht des Sparkassenrechts oben § 1 I. 2. und 3. (S. 16 ff.).

123 Zum Regelungsgehalt des § 40 Abs. 1 Nr. 3 KWG unten § 4 IV. 2. (S. 137 ff.).

Minimalstandard zu verstehen, der auf die Besonderheiten der freien Sparkassen Rücksicht nimmt, die den sparkassenrechtlichen Bindungen an öffentlichen Auftrag und Regionalprinzip nicht unterworfen sind, sondern sich allein aufgrund ihrer traditionellen Verwurzelung im Sparkassensektor freiwillig an den grundlegenden Prinzipien der Sparkassen orientieren.[124] Für die mit dem Begriff der öffentlich-rechtlichen Sparkasse in § 40 Abs. 1 Nr. 1 KWG angesprochenen staatlichen Sparkassen gelten strengere Voraussetzungen: Ihre geschäftlichen Aktivitäten sind aufgrund der verfassungsrechtlichen Bindungen des staatlichen Trägers auf dessen Gebiet begrenzt.[125] Eine Beschränkung der »wesentlichen Geschäftstätigkeit« auf den »Wirtschaftsraum«, in dem das Unternehmen seinen Sitz hat, ist daher für die öffentlich-rechtlichen Sparkassen nicht genügend, sondern es ist von einer strikten verfassungsrechtlichen Bindung an das Trägergebiet auszugehen. Auch die Festlegung auf eine »am Gemeinwohl orientierte Aufgabenstellung« wäre zu unkonkret und bedarf einer Präzisierung: Zwar können nicht alle Ausprägungen des öffentlichen Auftrags in ihrer Vielgestaltigkeit als Voraussetzung für die Verwendung der Bezeichnung »Sparkasse« angesehen werden, zumal die Sparkassengesetze der Länder in diesem Punkt nicht einheitlich ausgestaltet sind.[126] Als historischer Ausgangspunkt und allen Sparkassengesetzen gemeinsamer Inhalt des öffentlichen Auftrags ist aber die sparkassentypische Versorgungsaufgabe als Bezeichnungsvoraussetzung anzusehen. Wie die Versorgungsaufgabe weiter differenziert ist und welche anderen Aspekte der öffentliche Auftrag im Übrigen umfasst, bleibt unter Berücksichtigung des kompetenziellen Hintergrunds des § 40 Abs. 1 KWG Gegenstand der Sparkassenorganisationshoheit der Länder.[127] Bezeichnungsrechtliche Vorgaben lassen sich dem Begriff der öffentlich-rechtlichen Sparkasse insoweit nicht entnehmen. Unter Berücksichtigung der inhaltlichen Charakteristika ist daher als öffentlich-rechtliche Sparkasse im Sinne des § 40 Abs. 1 Nr. 1 KWG im Ergebnis jedes staatliche Kreditinstitut anzusehen, dessen Aufgabe die Versorgung des Trägergebietes mit geld- und kreditwirtschaftlichen Leistungen aller Art ist.

---

124 Zur Rechtsstellung der freien Sparkassen oben § 1 II. 2. (S. 34 ff.).

125 Zur verfassungsrechtlichen Geltung des Regionalprinzips oben § 1 I. 3. a) (S. 23 ff.).

126 Zu den Differenzierungen des öffentlichen Auftrags in den Sparkassengesetzen der Länder oben § 1 I. 2. a) (S. 17 ff.).

127 Zum kompetenziellen Hintergrund des § 40 Abs. 1 KWG in der Auslegung oben § 4 II. (S. 99 ff.).

b) Gemeinnützige Gewinnverwendung

Im Zuge der Auseinandersetzung zwischen Bundesregierung und Kommission um die Gemeinschaftsrechtskonformität des § 40 Abs. 1 KWG spielte insbesondere das Sparkassencharakteristikum der gemeinnützigen Gewinnverwendung eine entscheidende Rolle.[128] Die Bundesanstalt für Finanzdienstleistungsaufsicht war der Auffassung, die Gemeinnützigkeit als sparkassentypisches Merkmal verlange die vollständige Verwendung der Überschüsse zu gemeinnützigen Zwecken, so dass diese als Voraussetzung für die Verwendung der Bezeichnung »Sparkasse« anzusehen sei.[129] Für die öffentlich-rechtlichen Sparkassen ergibt sich bereits aus dem Merkmal der Staatlichkeit, dass die Gewinne öffentlichen Zwecken zugute kommen müssen. Das setzt allerdings nicht notwendig eine Verwendung für besondere öffentliche Zwecke im Sinne des steuerrechtlichen Gemeinnützigkeitsbegriffs (§ 52 Abs. 1 AO) voraus, sondern ist auch dann der Fall, wenn die Überschüsse unspezifisch in den Haushalt des Trägers eingestellt werden und der Finanzierung seiner allgemeinen Aufgaben zugute kommen (»gemeinnützige Gewinnverwendung im weiteren Sinn«). So verstanden ist die gemeinnützige Gewinnverwendung zwar ein Charakteristikum der öffentlich-rechtlichen Sparkassen im Sinne des § 40 Abs. 1 Nr. 1 KWG, aber nicht eigenständig zu prüfende Bezeichnungsvoraussetzung, denn der allgemeine Gemeinwohlbezug der Gewinnverwendung ergibt sich schon aus dem Merkmal der staatlichen Trägerschaft selbst.

Eine eigenständige Bedeutung hätte das Merkmal der gemeinnützigen Gewinnverwendung nur dann, wenn es darüber hinausgehen und eine Verwendung der Sparkassengewinne für besondere öffentliche Zwecke verlangen würde. Ganz überwiegend sind in den Sparkassengesetzen der Länder entsprechende Regelungen enthalten. Damit müssen die Sparkassengewinne bestimmten öffentlichen Zwecken, einschließlich der Sparkassenfinanzierung selbst, zugute kommen (»gemeinnützige Gewinnverwendung im engeren Sinn«). Eine Verwendung als allgemeines Deckungsmittel im

128 Zur Auseinandersetzung zwischen Bundesregierung und Kommission um die Gemeinschaftsrechtskonformität des § 40 Abs. 1 KWG s. bereits die Einleitung (S. 2 ff.).

129 Zitiert nach *EG-Kommission,* Mit Gründen versehene Stellungnahme v. 28.6.2006 gemäß Artikel 226 des Vertrags zur Gründung der Europäischen Gemeinschaft, gerichtet an die Bundesrepublik Deutschland wegen Beschränkungen der Niederlassungsfreiheit und des freien Kapitalverkehrs aufgrund des Verbots, nach einer Privatisierung die Bezeichnung »Sparkasse« zu tragen, Vertragsverletzung Nr. 2002/4930, Az. K(2006)2527, unveröffentlicht, S. 4.

Haushalt des Trägers ist dadurch ausgeschlossen. Einheitlich ist diese Ausgestaltung allerdings nicht: Insbesondere das sächsische und das rheinland-pfälzische Sparkassenrecht sehen lediglich eine Ausschüttung der Sparkassengewinne vor, ohne weitere Vorgaben zur Verwendung zu machen, so dass es bei dem allgemeinen verfassungsrechtlichen Rahmen bleibt.[130] Wollte man die Gewinnverwendung für besondere öffentliche Zwecke als Bezeichnungsvoraussetzung ansehen, dann wären diese Institute nicht befugt, die Bezeichnung »Sparkasse« zu führen. Der Begriff der öffentlich-rechtlichen Sparkasse in § 40 Abs. 1 Nr. 1 KWG bietet hierfür keinen Anhaltspunkt. Auch der Tatsache, dass die Norm an das traditionelle Sparkassenbild anknüpft, wie Normsystematik und Gesetzesbegründung zeigen,[131] lässt sich nichts Eindeutiges entnehmen: Eine klare Linie in der Frage der Gewinnverwendung ist historisch gesehen nicht vorgegeben, denn schon immer war die Ausgestaltung uneinheitlich. So galt beispielsweise in Sachsen, dass Überschüsse »niemals zur Entlastung des Etats« eingesetzt werden durften, während in Preußen zunächst auch die Verwendung als »allgemeines Deckungsmittel« zulässig war.[132] Vor diesem Hintergrund muss es unter Berücksichtigung des kompetenziellen Hintergrunds des § 40 Abs. 1 KWG als Sache der Länder angesehen werden, wie die Frage der Gewinnverwendung geregelt ist.[133] Besondere Bezeichnungsvoraussetzungen, die sich auf die Verwendung der Gewinne beziehen, lassen sich dem Begriff der öffentlich-rechtlichen Sparkasse daher im Ergebnis nicht entnehmen. Es bleibt bei der allgemeinen Bindung der Gewinne an öffentliche Zwecke, die keine eigenständige Bezeichnungsvoraussetzung bildet, sondern sich schon von Verfassungs wegen aus dem Merkmal der Staatlichkeit ergibt.

---

130 Zur Regelung der Gewinnverwendung im Sparkassenrecht näher oben § 1 I. 2. b) (S. 19 ff.).

131 Zur Anknüpfung an das traditionelle Sparkassenbild durch die Gesetzesbegründung oben § 4 III. 1. b) cc) (S. 115).

132 *Wysocki,* Untersuchungen zur Wirtschafts- und Sozialgeschichte der deutschen Sparkassen im 19. Jahrhundert, S. 163 f.; *Trende,* Geschichte der deutschen Sparkassen, S. 531 f. u. 535 ff.; *Klüpfel,* Entwicklungslinien im Sparkassenrecht, in: DSGV (Hrsg.), Entwicklungslinien der deutschen Kreditwirtschaft, S. 112 (117); *Lepper,* Die Verwendung und insbesondere die Ausschüttung von Sparkassengewinnen, S. 21 f.

133 Zum kompetenziellen Hintergrund des § 40 Abs. 1 KWG in der Auslegung oben § 4 II. (S. 99 ff.).

4. Bankerlaubnisvoraussetzung

Nach § 40 Abs. 1 Nr. 1 KWG ist neben den Anforderungen, die sich aus dem Begriff der öffentlich-rechtlichen Sparkasse ergeben, Voraussetzung für die Verwendung der Bezeichnung »Sparkasse«, dass das Institut eine Bankerlaubnis nach § 32 KWG innehat. Das Gesetz wiederholt an dieser Stelle, dass die Bankerlaubnis allgemeine Voraussetzung für die Verwendung der Bezeichnung »Bank« ist (§ 39 Abs. 1 Nr. 1 KWG) und macht damit deutlich, dass die Bezeichnung »Sparkasse« nichts anderes ist als eine Bezeichnung für eine besondere Art von Bank. Aus der Bankerlaubnisvoraussetzung in § 40 Abs. 1 Nr. 1 KWG ergeben sich für »Sparkassen« daher keine anderen Anforderungen als für »Banken« allgemein. Sie soll lediglich sicherstellen, dass ein Kreditinstitut, das sich als »Bank« oder »Sparkasse« bezeichnet, den Anforderungen des Kreditwesengesetzes an einen bankmäßigen Geschäftsbetrieb genügt und diese Bezeichnungen ausschließlich den unter gesetzlicher Aufsicht stehenden Kreditinstituten vorbehalten sind, damit nicht »das Standesansehen des Kreditgewerbes für zweifelhafte Geschäfte anderer Unternehmen missbraucht und dadurch beeinträchtigt wird«.[134] Verdeutlichen lässt sich dies am Beispiel der Berliner Sparkasse, deren öffentlich-rechtliche Teilrechtsfähigkeit sich allerdings auf die Verwendung der Bezeichnung »Sparkasse« beschränkt (§ 3 Abs. 4 BerlSpkG). Nach dem Umfang der Teilrechtsfähigkeit ist die Berliner Sparkasse damit streng genommen nicht fähig, Inhaberin einer Bankerlaubnis zu sein. Dennoch ist der Bankerlaubnisvoraussetzung des § 40 Abs. 1 Nr. 1 KWG Genüge getan, denn nach deren Sinn und Zweck reicht es aus, dass die Landesbank Berlin AG als Trägerin der Berliner Sparkasse den Anforderungen des Kreditwesengesetzes entsprechend organisiert ist, zumal die Berliner Sparkasse bei materieller Betrachtung der konkreten Organisationsstrukturen ohnehin kein verselbständigtes Kreditinstitut ist, sondern wie eine unselbständige Abteilung der Landesbank geführt wird.[135] Im Ergebnis verlangt die Bankerlaubnisvoraussetzung in § 40 Abs. 1 Nr. 1 KWG lediglich, dass es sich um ein Kreditinstitut handelt, das bankmäßig im Sinne des Kreditwesengesetzes organisiert und beaufsichtigt ist. Darüber hinausgehende Vorgaben an die Organisationsstruktur sind ihr nicht zu entnehmen. Besondere Bedeutung hat sie daher nicht. Zwar ist theoretisch vorstellbar,

134 Begründung der Bundesregierung zum Entwurf eines Gesetzes über das Kreditwesen, in: BT-Drucks., III/1114 v. 25.5.1959, S. 26.

135 Zur Organisationsstruktur der Berliner Sparkasse und der Notwendigkeit einer materiell-organisatorischen Betrachtung ausführlich oben § 3 I. 2. b) bb) (S. 67 f.).

dass einer Sparkasse die Bankerlaubnis entzogen wird. Praktisch ist diese Fallgestaltung aber nicht relevant.

5. Ergebnis zum Begriff der öffentlich-rechtlichen Sparkasse

Nach § 40 Abs. 1 Nr. 1 KWG hängt die Verwendung der Bezeichnung »Sparkasse« im Wesentlichen von den Anforderungen ab, die sich aus dem Begriff der »öffentlich-rechtlichen Sparkasse« ergeben. Da die Gesetzgebungskompetenz für das Sparkassenorganisationsrecht bei den Ländern liegt, ist es grundsätzlich deren Sache, über die Gestalt der öffentlich-rechtlichen Sparkassen zu bestimmen. Dem Begriff der öffentlich-rechtlichen Sparkasse ist allerdings ein bundesrechtlicher Kern zu entnehmen, der nicht zur Disposition steht. Er setzt voraus, dass es sich um ein staatlich getragenes Kreditinstitut handelt (wobei private Minderheitsbeteiligungen zulässig sind), dessen Aufgabe die Versorgung des Trägergebietes mit kreditwirtschaftlichen Leistungen aller Art ist. Über das Merkmal der Staatlichkeit hinausgehende organisatorische Voraussetzungen enthält der Begriff der öffentlich-rechtlichen Sparkasse nicht: Er ist insbesondere nicht auf kommunale Träger begrenzt und setzt seinem entstehungsgeschichtlichen Sinngehalt nach eine öffentlich-rechtliche Organisationsform nicht voraus. Private können aber nicht Träger öffentlich-rechtlicher Sparkassen sein, auch wenn sie mit der Trägerschaft an einer öffentlich-rechtlichen Sparkasse beliehen werden.

IV. Bezeichnungsbefugnis anderer Unternehmen

Nach der Systematik des § 40 Abs. 1 KWG ist im Grundsatz nur öffentlich-rechtlichen Sparkassen die Verwendung der Bezeichnung »Sparkasse« gestattet. »Andere Unternehmen« dürfen sie nur unter Bestandsschutzgesichtspunkten führen, wobei zwischen dem einfachen Bestandsschutz nach § 40 Abs. 1 Nr. 2 KWG (1.) und dem erweiterten Bestandsschutz nach § 40 Abs. 1 Nr. 3 KWG (2.) zu unterscheiden ist. Wird eine Sparkasse privatisiert, so dass sie nicht mehr unter den Begriff der öffentlich-rechtlichen Sparkasse fällt, stellt sich die Frage, ob sie sich stattdessen auf den bezeichnungsrechtlichen Bestandsschutz berufen kann (3.).

1. Einfacher Bestandsschutz

§ 40 Abs. 1 Nr. 2 KWG gestattet »anderen Unternehmen« die Verwendung der Bezeichnung »Sparkasse«, wenn sie bei Inkrafttreten des Kreditwesengesetzes »eine solche Bezeichnung nach den bisherigen Vorschriften befugt geführt haben«. Maßgeblicher Stichtag ist der 1. Januar 1962 als der Tag des Inkrafttretens des Kreditwesengesetzes.[136] Der Begriff des »anderen Unternehmens« bedeutet als Gegenbegriff zum Begriff der »öffentlich-rechtlichen Sparkasse« zunächst nicht mehr als »nicht öffentlich-rechtliche Sparkasse« im Sinne des § 40 Abs. 1 Nr. 1 KWG. Darunter fallen insbesondere die so genannten »freien« Sparkassen.[137] Sie nehmen als privat getragene Einrichtungen innerhalb des Sparkassensektors eine historisch bedingte Sonderstellung ein, die auf die Ursprünge der Sparkassenidee zurückgeht.[138] Nach der vor Inkrafttreten des § 40 Abs. 1 KWG gültigen Vorschrift des § 10 Abs. 3 Satz 1 des Reichskreditwesengesetzes 1934/1939 waren die freien Sparkassen, dort bezeichnet als »dem öffentlichen Verkehr dienende Sparkassen«, zur Verwendung der Bezeichnung »Sparkasse« befugt.[139] Indem § 40 Abs. 1 KWG ihnen die Verwendung der Bezeichnung »Sparkasse« weiterhin gestattet, trägt er ihrer traditionellen Zugehörigkeit zur Gruppe der Sparkassen Rechnung. Anders als § 10 Abs. 3 Satz 1 des Reichskreditwesengesetzes billigt § 40 Abs. 1 KWG die Bezeichnungsbefugnis allerdings allein unter dem Gesichtspunkt des Bestandsschutzes zu. Daran wird deutlich, dass das Gesetz vom Leitbild der »öffentlich-rechtlichen Sparkasse« ausgeht und die Bezeichnung »Sparkasse« damit grundsätzlich für den staatlichen Bankensektor »reserviert« ist. Die – allerdings nur theoretisch vorstellbare – Gründung neuer freier Sparkassen ist also, anders noch als unter Geltung des reichsrechtlichen Bezeichnungsschutzes, ausgeschlossen.

Derzeit gibt es noch sechs freie Sparkassen, darunter die großen freien Sparkassen in Hamburg und Bremen sowie vier kleinere freie Sparkassen in Schleswig-Holstein (Sparkasse zu Lübeck AG, Sparkasse Mittelholstein AG, Bordesholmer Sparkasse und Spar- und Leihkasse zu Bredstedt).[140] Nicht mehr zum Kreis der freien Sparkassen gehört die Frankfurter Sparkasse, die

---

136 Vgl. die Regelung zum Inkrafttreten in § 65 des Gesetzes über das Kreditwesen v. 10.7.1961, in: BGBl. I S. 881 (898).

137 *R. Fischer,* in: Boos/Fischer/Schulte-Mattler, Kreditwesengesetz, § 40 Rn. 8; *Samm,* in: Beck/Samm, Kreditwesengesetz, § 40 Rn. 30; *Bähre/Schneider,* Kreditwesengesetz, § 40 Anm. 3 (S. 433); *Reischauer/Kleinhans,* Kreditwesengesetz, § 40 Anm. 3a; *Haug,* in: Szagunn/Haug/Ergenzinger, Kreditwesengesetz, § 40 Rn. 4.

138 Zur geschichtlichen Entwicklung und zur historisch bedingten Sonderstellung der freien Sparkasse oben § 1 II. 1. (S. 31 ff.).

139 Zur Entstehungsgeschichte des § 40 Abs. 1 KWG und zu § 10 Abs. 3 Satz 1 Reichskreditwesengesetz im Einzelnen oben § 4 I. (S. 95 ff.).

140 Zu den sechs heute noch bestehenden freien Sparkassen oben § 1 II. vor 1. (S. 31).

im Jahr 2005 von der Landesbank Hessen Thüringen übernommen wurde und seitdem der Gruppe der staatlichen Sparkassen zuzurechnen ist.[141] Daher ist die Frankfurter Sparkasse nicht mehr dem Begriff des »anderen Unternehmens« in § 40 Abs. 1 Nr. 2 und 3 KWG, sondern dem Begriff der öffentlich-rechtlichen Sparkasse in § 40 Abs. 1 Nr. 1 KWG zuzuordnen. Dieser setzt in organisatorischer Hinsicht lediglich voraus, dass es sich um ein staatlich getragenes Kreditinstitut handelt. Insbesondere ist der Begriff der öffentlich-rechtlichen Sparkasse nicht auf die kommunalen Sparkassen begrenzt, sondern bezieht auch andere staatliche Träger ein,[142] also beispielsweise auch die Landesbank Hessen-Thüringen als Trägerin der Frankfurter Sparkasse. Bis zum Jahr 2007 war die Frankfurter Sparkasse als Aktiengesellschaft privatrechtlich verfasst. Auch dies stand einer Zuordnung zum Begriff der öffentlich-rechtlichen Sparkasse in § 40 Abs. 1 Nr. 1 KWG nicht entgegen, denn dieser bezieht sich seinem historischen Sinngehalt nach primär auf die staatliche Trägerschaft des Instituts und ist daher auch auf privatrechtlich verfasste Institute in staatlicher Trägerschaft zu erstrecken.[143] Darauf kommt es allerdings im Fall der Frankfurter Sparkasse nicht mehr an, seit das Institut im Jahr 2007 in eine Anstalt des öffentlichen Rechts umgewandelt wurde.[144] Mit der Zuordnung zum Begriff der öffentlich-rechtlichen Sparkasse, die nach der Systematik des § 40 Abs. 1 KWG vorrangig ist, ist eine gleichzeitige Zuordnung zum Begriff des »anderen Unternehmens« in § 40 Abs. 1 Nr. 2 und 3 KWG ausgeschlossen, denn dieser setzt gerade voraus, dass es sich nicht um eine öffentlich-rechtliche Sparkasse handelt.

Da sich § 40 Abs. 1 Nr. 2 KWG maßgeblich auf die freien Sparkassen bezieht, stellt sich die Frage, warum die Norm nicht ausdrücklich von den »freien Sparkassen«, sondern unkonkret von »anderen Unternehmen« spricht. Diese Begriffswahl ist in erster Linie entstehungsgeschichtlich zu erklären: Bei der Normierung des heutigen § 40 Abs. 1 KWG im Jahr 1961 gab es neben den freien Sparkassen noch weitere »andere Unternehmen«, die unter § 40 Abs. 1 Nr. 2 KWG fielen, darunter etwa die »Postsparkasse«,

141 Zur Übernahme der Frankfurter Sparkasse durch die Landesbank Hessen-Thüringen im Jahr 2005 oben § 1 II. 1. (S. 33 f.).

142 Zur Einbeziehung anderer (das heißt nicht kommunaler) staatlicher Träger in den Begriff der öffentlich-rechtlichen Sparkasse oben § 4 III. 1. a) (S. 106 ff.).

143 Zur Erstreckung des Begriffs der öffentlich-rechtlichen Sparkasse auf privatrechtlich verfasste Sparkassen in staatlicher Trägerschaft oben § 4 III. 2. (S. 121 ff.).

144 Durch das Gesetz zur Errichtung der Frankfurter Sparkasse als Anstalt des öffentlichen Rechts (Fraspa-Gesetz) v. 14.5.2007, in: HessGVBl. I S. 283.

andere »Spar- und Leihkassen« oder die »Schulsparkassen«.[145] Ihnen sollte die traditionelle Verwendung der Bezeichnung »Sparkasse« weiter möglich bleiben. Daher wäre es zu eng gewesen, die Bestandsschutzregelung allein auf die freien Sparkassen zu beziehen. Diese Beispiele sind mittlerweile überholt. Zuletzt wurde die »Postsparkasse« im Zuge der Privatisierung der Post in »Postbank« umfirmiert.[146] Allerdings hat die gesetzgeberische Begriffswahl nach wie vor inhaltliche Konsequenzen: Eine freie Sparkasse bleibt als »anderes Unternehmen« auch dann zur Verwendung der Bezeichnung »Sparkasse« befugt, wenn sich die Eigentümerstruktur ändern sollte. Wäre beispielsweise die Frankfurter Sparkasse im Jahr 2005 nicht an die Landesbank Hessen-Thüringen, sondern an eine private Bank veräußert worden, dann hätte dies am Status der Frankfurter Sparkasse als »anderes Unternehmen« nichts geändert. Das Institut wäre daher weiterhin zur Verwendung der Bezeichnung »Sparkasse« befugt gewesen, obwohl es durch die Veräußerung eigentlich aus dem Sparkassensektor ausgeschieden und deshalb nicht mehr als freie Sparkasse im traditionellen Sinn anzusehen gewesen wäre.

2. Erweiterter Bestandsschutz

Nach § 40 Abs. 1 Nr. 2 KWG kommt es für die Verwendung der Bezeichnung »Sparkasse« unter Bestandsschutzgesichtspunkten darauf an, dass es sich um ein (anderes) »Unternehmen« handelt, das die Bezeichnung »Sparkasse« schon vor Erlass des Kreditwesengesetzes befugt geführt hat. Der Begriff des »Unternehmens« bezieht sich dabei auf den Rechtsträger: Handelt es sich bei dem namensführenden Rechtsträger um denselben Rechtsträger, der »schon immer« die Bezeichnung »Sparkasse« verwendet hat, ist ihm auch die weitere Verwendung gestattet. Das gilt auch dann, wenn der Rechtsträger seine Rechtsform durch einfachen Formwechsel umwandelt (§§ 1 Nr. 4, 190 ff. UmwG), denn ein bloßer Wechsel der Form lässt seine Identität nach § 202 Abs. 1 Nr. 1 des Umwandlungsgesetzes (UmwG) unberührt. Es handelt sich also trotz des Formwechsels nach wie vor um dasselbe »andere Unternehmen« im Sinne des § 40 Abs. 1 Nr. 2 KWG, das bereits bei Erlass des Kreditwesengesetzes die Bezeichnung »Sparkasse« befugt geführt hat. Soweit die Umwandlung eines »anderen

145 Vgl. *Reischauer/Kleinhans,* Kreditwesengesetz, § 40 Anm. 4; zur historisch weit gefassten Verwendung des Sparkassenbegriffs s. auch oben § 4 I. (S. 95 f.).

146 Vgl. *Schlierbach/Püttner,* Sparkassenrecht in der Bundesrepublik Deutschland, S. 317.

Unternehmens« also durch einfachen Formwechsel erfolgt, greift bereits der einfache Bestandsschutz des § 40 Abs. 1 Nr. 2 KWG.[147] Die Rechtslage für die Bezeichnung »Sparkasse« entspricht damit der Grundregel des § 200 Abs. 1 Satz 1 UmwG, der ausdrücklich bestimmt, dass der »Rechtsträger neuer Rechtsform« grundsätzlich seine bisher geführte Firma beibehalten darf.

Für die freien Sparkassen hatte die Frage des Rechtsformwechsels eine erhebliche Bedeutung. Historisch bedingt waren die Institute bis in die jüngste Zeit hinein in Rechtsformen organisiert, die im wirtschaftlichen Verkehr unüblich sind. Ihrem bürgerschaftlichen Ursprung entsprechend handelte es sich vorwiegend um bürgerlich-rechtliche Vereine oder Stiftungen.[148] Die Hamburger Sparkasse war nach den einschlägigen Bestimmungen eine »juristische Person des alten hamburgischen Rechts« und wies damit eine Rechtsform *sui generis* auf, weshalb sie auch als »Unikum im deutschen Kreditwesen« bezeichnet wurde.[149] Mittlerweile wurden alle freien Sparkassen in Aktiengesellschaften umgewandelt.[150] Nach § 40 Abs. 1 Nr. 2 KWG ist ein Rechtsformwechsel in bezeichnungsrechtlicher Hinsicht allerdings nur dann problemlos möglich, wenn die Umwandlung durch einfachen Formwechsel erfolgt. Wird nicht einfach nur die Rechtsform gewechselt, sondern stattdessen ein neuer Rechtsträger gegründet, auf den das Vermögen teilweise oder als Ganzes übertragen wird, greift der einfache Bestandsschutz hingegen nicht. Das Umwandlungsgesetz bezeichnet dieses Vorgehen als »Umwandlung durch Spaltung« (§§ 1 Nr. 2, 123 ff. UmwG). Es wird praktisch ein neuer Rechtsträger »ausgegründet«, auf den die Substanz des Unternehmens übertragen wird. Das Ergebnis ist eine »Universalsukzession«, das heißt der neue Rechtsträger rückt in die Rechtsstellung des alten Rechtsträgers ein.[151] In diesem Fall ist der neue Rechtsträger nicht mehr dasselbe »andere Unternehmen« im Sinne des § 40 Abs. 1 Nr. 2 KWG, das die Bezeichnung »Sparkasse« immer schon befugt geführt hat.

---

147 So im Ergebnis auch *R. Fischer,* in: Boos/Fischer/Schulte-Mattler, Kreditwesengesetz, § 40 Rn. 9; *Samm,* in: Beck/Samm, Kreditwesengesetz, § 40 Rn. 34.

148 Vgl. *Schmitt-Wellbrock,* Freie Sparkassen und Regionalprinzip, S. 98, 115, 121 u. 130; *Stolzenburg,* Die rechtliche Sonderstellung der Freien Sparkasse im deutschen Sparkassenwesen, S. 16, 18, 21 ff.

149 So *Ashauer,* Von der Ersparungscasse zur Sparkassen-Finanzgruppe, S. 52.

150 Vgl. *Verband freier Sparkassen* (Hrsg.), Geschäftsbericht 2005, unter: http://www.verband-freier-sparkassen.de (Stand: 17.6.2008), S. 5 u. 35.

151 *K. Schmidt,* Gesellschaftsrecht, S. 396, 357 f.

Um in dieser Konstellation dennoch die weitere Verwendung der Bezeichnung »Sparkasse« zu ermöglichen, wurde § 40 Abs. 1 KWG im Jahr 1994 um die heutige Nr. 3 ergänzt.[152] Dadurch sollte den freien Sparkassen, so die Gesetzesbegründung, »ein weiterer Anreiz gegeben werden, die im Wirtschaftsleben sonst unüblichen Rechtsformen des Vereins oder der Stiftung aufzugeben«.[153] § 40 Abs. 1 Nr. 3 KWG umschreibt die Konstellation der Umwandlung durch Spaltung nach §§ 1 Nr. 2, 123 ff. UmwG mit dem Begriff der »Neugründung« und erweitert den Bestandsschutz auf diesen Fall. Einzige Voraussetzung ist, dass in der Satzung des neuen Rechtsträgers »besondere Merkmale, insbesondere eine am Gemeinwohl orientierte Aufgabenstellung und eine Beschränkung der wesentlichen Geschäftstätigkeit auf den Wirtschaftsraum, in dem das Unternehmen seinen Sitz hat,« in dem Umfang festgeschrieben werden, wie sie bereits vor der Umwandlung für die freie Sparkasse galten. Damit soll der Gefahr vorgebeugt werden, dass sich das Institut durch den Rechtsträgerwechsel vollständig von jeglicher Sparkassencharakteristik entfernt, und zumindest der historisch bedingte *Status quo* an inhaltlicher Homogenität von freien und staatlichen Sparkassen abgesichert werden.

Nach dem Muster des § 40 Abs. 1 Nr. 3 KWG wurde beispielsweise in den Fällen der Hamburger Sparkasse und der Sparkasse Bremen verfahren: Der alte Rechtsträger blieb jeweils erhalten und fungiert nunmehr als Holding, die die Anteile an der neu gegründeten Aktiengesellschaft hält, auf die die freie Sparkasse überführt wurde. Dementsprechend heißt es zur Hamburger Sparkasse in der Präambel der Satzung der »HASPA-Finanzholding«, dass die Hamburger Sparkasse ihren Bankbetrieb »nach den Bestimmungen des Umwandlungsgesetzes mit handelsrechtlicher Rückwirkung auf den 1. Januar 2003, 00.00 Uhr, auf eine Tochtergesellschaft in der Rechtsform der Aktiengesellschaft mit Sitz in der Freien und Hansestadt Hamburg übertragen (hat), an der sie unmittelbar oder mittelbar mit Mehrheit beteiligt ist«. Die »HASPA-Finanzholding« selbst ist wiederum nichts anderes als die alte Hamburger Sparkasse und nach wie vor als »juristische Person des alten hamburgischen Rechts« verfasst. Sie wurde lediglich entsprechend der

152 Vgl. Art. 10 des Gesetzes zur Bereinigung des Umwandlungsrechts v. 28.10.1994, in: BGBl. I S. 3210 (3264).

153 Begründung der CDU/CSU- u. FDP-Fraktion zum Gesetzentwurf, in: BT-Drucks., 12/6699 v. 1.2.1994, S. 180.

neuen Funktion in »HASPA-Finanzholding« umfirmiert.[154] Den inhaltlichen Anforderungen des § 40 Abs. 1 Nr. 3 KWG trägt die Festschreibung von sparkassentypischer gemeinwohlbezogener Zielsetzung und regionaler Ausrichtung in der Satzung der Hamburger Sparkasse Rechnung. In Bezug auf das Regionalprinzip heißt es, der »Schwerpunkt der Geschäftstätigkeit« müsse in der »Metropolregion Hamburg« liegen.[155] Diese Formulierung ist deutlich weiter gefasst als das für die staatlichen Sparkassen geltende Regionalprinzip, die von Verfassungs wegen strikt an das Gebiet des Trägers gebunden sind.[156] Darin zeigt sich die besondere Rechtsstellung der freien Sparkassen, die als private Unternehmen an die für die staatlichen Sparkassen geltenden sparkassenrechtlichen und verfassungsrechtlichen Rahmenbedingungen nicht gebunden sind, sondern die sparkassenrechtlichen Prinzipien lediglich freiwillig weitgehend befolgen.[157] Aus der Sicht des § 40 Abs. 1 Nr. 3 KWG bestehen gegen die weitere Formulierung der regionalen Bindung in der Satzung der Hamburger Sparkasse keine Bedenken, denn für die Bezeichnungsbefugnis ist nur entscheidend, dass sich die geschäftlichen Aktivitäten in ihrem Gesamtcharakter nicht wesentlich von ihrer traditionellen, vor der Umwandlung gültigen Ausprägung unterscheiden.

3. Bestandsschutz und öffentlich-rechtliche Sparkassen

Wenn eine Sparkasse privatisiert wird und dadurch ihre Eigenschaft als öffentlich-rechtliche Sparkasse im Sinne des § 40 Abs. 1 Nr. 1 KWG verliert, stellt sich die Frage, ob die weitere Verwendung der Bezeichnung »Sparkasse« dennoch unter Bestandsschutzgesichtspunkten nach § 40 Abs. 1 Nr. 2 und 3 KWG möglich ist. Im Schrifttum wird in diesem Fall teilweise eine analoge Anwendung von § 40 Abs. 1 Nr. 2 und 3 KWG befürwor-

---

154 Vgl. die Präambel sowie § 1 Abs. 1 und § 2 Abs. 1 Satz 1 der Satzung der HASPA Finanzholding (abgedr. bei *Fischer/Herbst* Nr. 2.5.1.2); inhalts- und nahezu wortgleich auch die Präambel sowie § 1 Abs. 1 und § 2 Abs. 1 Satz 1 der Satzung der Finanzholding der Sparkasse in Bremen (abgedr. bei *Fischer/Herbst* Nr. 2.4.2.3).

155 Vgl. § 2 Abs. 2 Satz 1 der Satzung der Hamburger Sparkasse AG (abgedr. bei *Fischer/Herbst* Nr. 2.5.1.1); mit ähnlicher Formulierung § 2 Abs. 2 Satz 1 der Satzung der Sparkasse Bremen AG (abgedr. bei *Fischer/Herbst* Nr. 2.4.2.2).

156 Zu den verfassungsrechtlichen und den sparkassenrechtlichen Grundlagen des Regionalprinzips oben § 1 I. 3. a) und b) (S. 23 ff.).

157 Zur Rechtsstellung der freien Sparkassen oben § 1 II. 2. (S. 34 ff.).

tet.[158] Überwiegend wird hingegen angenommen, dass öffentlich-rechtliche Sparkassen nur unter § 40 Abs. 1 Nr. 1 KWG fallen und sich deshalb nicht auf den bezeichnungsrechtlichen Bestandsschutz berufen können.[159] Maßgeblich hängt die Einordnung vom Begriff des anderen Unternehmens ab, an das sowohl § 40 Abs. 1 Nr. 2 als auch § 40 Abs. 1 Nr. 3 KWG anknüpfen. Eine privatisierte Sparkasse fällt also nur dann unter die Bestandsschutzregelung, wenn sie als »anderes Unternehmen« angesehen werden kann (a.) oder, im Fall der Analogie, einem anderen Unternehmen zumindest gleich geachtet werden kann (b.).

a) Begriff des anderen Unternehmens

Der Begriff des anderen Unternehmens bedeutet seinem möglichen Wortsinn nach zunächst nicht mehr als »nicht öffentlich-rechtliche Sparkasse«. Darunter könnte man begrifflich auch eine privatisierte Sparkasse als »nicht mehr öffentlich-rechtliche Sparkasse« fassen. Der zweite Halbsatz des § 40 Abs. 1 Nr. 2 KWG spricht allerdings davon, dass es sich um ein anderes Unternehmen handeln muss, das »bei Inkrafttreten« des Kreditwesengesetzes am 1. Januar 1962 die Bezeichnung »Sparkasse« befugt geführt hat. Wenn man diesen Zeitpunkt auf den Begriff des anderen Unternehmens bezieht, was nach der Struktur des § 40 Abs. 1 Nr. 2 KWG nahe liegt, käme es darauf an, dass es sich bereits bei Inkrafttreten des Kreditwesengesetzes um ein »anderes Unternehmen« gehandelt haben muss. Ehemalige öffentlich-rechtliche Sparkassen wären dann vom Begriff des anderen Unternehmens nicht umfasst. Von vornherein eindeutig ist dieser

158 *B. Claussen,* Teilprivatisierung kommunaler Sparkassen?, S. 207; *Bredow/Schick/Liebscher,* Privatisierung öffentlich-rechtlicher Sparkassen, in: BKR 2003, 102 (106 f.); *Beuthien,* Öffentliche Kreditwirtschaft zwischen Marktanpassung und Strukturwandel, in: WM 2004, 1467 (1470); *Rechel,* Das deutsche Sparkassenwesen durch den Wegfall von Anstaltslast und Gewährträgerhaftung im Umbruch?, in: NordÖR 2003, 451 (456 f.).

159 *R. Fischer,* in: Boos/Fischer/Schulte-Mattler, Kreditwesengesetz, § 40 Rn. 10; *Samm,* in: Beck/Samm, Kreditwesengesetz, § 40 Rn. 35; *Brenncke,* Zur Europarechtskonformität des Bezeichnungsschutzes für Sparkassen, in: ZBB 2007, 1 (4 f.); *Vogel,* Schutz der Bezeichnung »Sparkasse« und europäische Grundfreiheiten, in: ZBB 2007, 130 (132). – Im Ergebnis auch *Scheike,* Rechtliche Voraussetzungen für die materielle Privatisierung kommunaler Sparkassen, S. 121 f.; *Schuster/Sohns,* Zur Veräußerung von Sparkassen, in: ZBB 2006, 342 (346); *Koch,* Kommunale Finanzkrise und Verkauf kommunaler Sparkassen, in: NVwZ 2004, 578 (579); *N. Meier,* Ist der Verkauf einer Sparkasse rechtlich zulässig?, in: VR 2005, 193 (196); alle mit der Feststellung, dass im Fall der Privatisierung die Befugnis zur Verwendung der Bezeichnung »Sparkasse« entfällt.

Zusammenhang aber nicht: Der Wortlaut des § 40 Abs. 1 Nr. 2 KWG lässt es durchaus zu, den im zweiten Halbsatz genannten Zeitpunkt nicht auf den Begriff des anderen Unternehmens zu beziehen. Ausschlaggebend wäre nach dieser Sichtweise allein, dass eine privatisierte öffentlich-rechtliche Sparkasse bereits bei Inkrafttreten des Kreditwesengesetzes zur Verwendung der Bezeichnung »Sparkasse« befugt war, wenn auch nicht als anderes Unternehmen, sondern zum damaligen Zeitpunkt noch als öffentlich-rechtliche Sparkasse.

§ 40 Abs. 1 KWG unterscheidet nach seiner Systematik zwischen den grundsätzlich allein bezeichnungsbefugten öffentlich-rechtlichen Sparkassen und den nur unter Bestandsschutzgesichtspunkten bezeichnungsbefugten anderen Unternehmen. Die Norm geht also von einer Trennung dieser Institutsgruppen aus. Es ist kaum anzunehmen, dass auch öffentlich-rechtlichen Sparkassen Bestandsschutz gewährt werden soll, wenn sie infolge einer Privatisierung ihre Eigenschaft als öffentlich-rechtliche Sparkasse im Sinne von § 40 Abs. 1 Nr. 1 KWG verlieren. Die Folge wäre, dass der Begriff der öffentlich-rechtlichen Sparkasse und die ihm zu entnehmenden bezeichnungsrechtlichen Voraussetzungen faktisch funktionslos würden. Eigenständige Bedeutung hätte er nur noch für diejenigen öffentlich-rechtlichen Sparkassen, die nach dem für den Bestandsschutz maßgeblichen Stichtag gegründet wurden. Sein eigentlicher Anwendungsbereich wäre damit marginal. Das wiederum stünde im Widerspruch zur Regelungsstruktur des § 40 Abs. 1 KWG, nach dem der Begriff der öffentlich-rechtlichen Sparkasse der bezeichnungsrechtliche Leitbegriff ist. Die Regelungssystematik zeigt also, dass öffentlich-rechtliche Sparkassen nicht als andere Unternehmen im Sinne des § 40 Abs. 1 Nr. 2 und 3 KWG angesehen werden können, wenn sie nach einer Privatisierung nicht mehr den Anforderungen des Begriffs der öffentlich-rechtlichen Sparkasse entsprechen.

In der Regierungsbegründung heißt es zu § 40 Abs. 1 Nr. 2 KWG, dieser wahre »für diejenigen Institute, die bisher die Bezeichnung ›Sparkasse‹ befugt geführt haben, den gegenwärtigen Rechtszustand«. Die Bestimmung betreffe »neben zahlreichen Kreditinstituten, die eine Bezeichnung führen, in der das Wort ›Sparkasse‹ enthalten ist, insbesondere die so genannten freien Sparkassen, die nach privatem Recht gegründet sind«.[160] Der

160 Begründung der Bundesregierung zum Entwurf eines Gesetzes über das Kreditwesen, in: BT-Drucks., III/1114 v. 25.5.1959, S. 41. – Bei der Interpretation ist zu beachten, dass sich die Regierungsbegründung auf § 39 Abs. 1 Nr. 1 des Regierungsentwurfs bezieht, der identisch mit dem heutigen § 40 Abs. 1 Nr. 2 KWG ist.

Begriff des anderen Unternehmens ist also nach dem Willen des Gesetzgebers primär auf die freien Sparkassen bezogen. Soweit die Begründung im Übrigen von »zahlreichen Kreditinstituten« spricht, »die eine Bezeichnung führen, in der das Wort ›Sparkasse‹ enthalten ist«, sind damit nicht die öffentlich-rechtlichen Sparkassen im Sinne von § 40 Abs. 1 Nr. 1 KWG gemeint, sondern die im Jahr 1959 noch zu verzeichnenden sonstigen Anwendungsfälle des Begriffs des anderen Unternehmens, die heute überholt sind.[161] Im Übrigen stellt die Regierungsbegründung im Hinblick auf den Anwendungsbereich des bezeichnungsrechtlichen Bestandsschutzes ausdrücklich klar, dass § 40 Abs. 1 Nr. 1 KWG »auch für die bereits bestehenden öffentlich-rechtlichen Sparkassen« gilt.[162] Nicht nur die Systematik, sondern auch die Gesetzesbegründung zeigt damit, dass privatisierte öffentlich-rechtliche Sparkassen nicht als andere Unternehmen im Sinne von § 40 Abs. 1 Nr. 2 und 3 KWG angesehen werden können.

b) Analogiefähigkeit von § 40 Abs. 1 Nr. 2 und 3 KWG

Nach der ursprünglichen Regelungsabsicht des Gesetzgebers sind privatisierte öffentlich-rechtliche Sparkassen keine anderen Unternehmen im Sinne von § 40 Abs. 1 Nr. 2 und 3 KWG. In Betracht kommt daher allenfalls eine analoge Anwendung. Sie wird mit dem Argument befürwortet, durch den Wegfall von Anstaltslast und Gewährträgerhaftung im Jahr 2005 sei eine nachträgliche Regelungslücke entstanden, weil dadurch die traditionelle Vorstellung der Sparkasse als einer Anstalt des öffentlichen Rechts mit einem unbeschränkt haftenden Gewährträger »obsolet« geworden sei.[163] Durch den Wegfall von Anstaltslast und Gewährträgerhaftung kann allerdings nur dann eine nachträgliche Regelungslücke entstanden sein, wenn Anstaltslast und Gewährträgerhaftung der einzige Grund dafür waren, dass § 40 Abs. 1 KWG mit dem Begriff der öffentlich-rechtlichen Sparkasse die Staatlichkeit zur grundsätzlichen Voraussetzung für die Verwendung der Bezeichnung »Sparkasse« gemacht hat. Nur dann bestünde nach ihrem Wegfall kein Grund mehr, privaten Trägern die Bezeichnung »Sparkasse«

In der Regierungsbegründung waren also die heutigen Nummern 1 und 2 vertauscht (vgl. § 39 Abs. 1 des Regierungsentwurfs, a. a. O., S. 13).

161 Zu den neben die freien Sparkassen ursprünglich tretenden sonstigen Anwendungsfälle des Begriffs des anderen Unternehmens oben § 4 IV. 1. (S. 136 f.).

162 Begründung der Bundesregierung zum Entwurf eines Gesetzes über das Kreditwesen, in: BT-Drucks., III/1114 v. 25.5.1959, S. 41.

163 *Bredow/Schick/Liebscher,* Privatisierung öffentlich-rechtlicher Sparkassen, in: BKR 2003, 102 (106 f.).

vorzuenthalten. Die Regierungsbegründung rechtfertigt den Schutz des Bezeichnung »Sparkasse« damit, dass sich diese Bezeichnung »in einer langen historischen Entwicklung« zu einem »Begriff für bestimmte Kreditinstitute« entwickelt habe, die »kraft öffentlichen Auftrags das Spargeschäft besonders pflegen«.[164] Daraus ergibt sich kein Anhaltspunkt dafür, dass es gerade Anstaltslast und Gewährträgerhaftung waren, die den Gesetzgeber dazu veranlasst haben, für die Verwendung der Bezeichnung »Sparkasse« eine staatliche Trägerschaft vorauszusetzen. Ausdrücklich genannt ist hingegen der öffentliche Auftrag. Wie die Systematik des § 40 Abs. 1 KWG zeigt, hat der Gesetzgeber die Staatlichkeit vor allem auch deshalb zur Bezeichnungsvoraussetzung gemacht, weil er die sparkassentypische Bindung an den öffentlichen Auftrag im Grundsatz als Ausdruck der Staatlichkeit der Sparkassen ansieht.[165] Dieser Zusammenhang ist durch den Wegfall von Anstaltslast und Gewährträgerhaftung nicht berührt. Eine nachträgliche Regelungslücke ist dadurch also nicht entstanden.

Im Übrigen wäre für eine Analogie erforderlich, dass freie Sparkassen und privatisierte öffentlich-rechtliche Sparkassen nach dem Regelungszweck des bezeichnungsrechtlichen Bestandsschutzes wesentlich gleich zu achten wären. Dafür, dass § 40 Abs. 1 KWG den freien Sparkassen bezeichnungsrechtlichen Bestandsschutz gewährt, sind zwei Gesichtspunkte ausschlaggebend: Zum einen gibt es nur sehr wenige freie Sparkassen, so dass sich die Ausnahmeregelung auf einen eng umgrenzten Kreis bezieht und daher gegenüber der Grundregel des § 40 Abs. 1 Nr. 1 KWG nicht wesentlich ins Gewicht fällt. Zum anderen rechtfertigt speziell die historische Verwurzelung der freien Sparkassen ihre Einbeziehung in § 40 Abs. 1 KWG, denn diese gewährleistet, dass sich die freien Sparkassen freiwillig weitgehend an die sparkassentypischen Grundprinzipien halten und deshalb in den Sparkassensektor einfügen. In Bezug auf privatisierte öffentlich-rechtliche Sparkassen ist die bezeichnungsrechtliche Interessenlage eine andere: Zum einen würde der bezeichnungsrechtliche Bestandsschutz durch die Einbeziehung privatisierter öffentlich-rechtlicher Sparkassen seinen Ausnahmecharakter verlieren und die Grundregel des § 40 Abs. 1 Nr. 1 KWG praktisch funktionslos gemacht. Zum anderen würde einem privaten Investor die für die

164 Begründung der Bundesregierung zum Entwurf eines Gesetzes über das Kreditwesen, in: BT-Drucks., III/1114 v. 25.5.1959, S. 41.

165 Zum Zusammenhang von Staatlichkeit und sparkassentypischer Ausrichtung auf den öffentlichen Auftrag nach der Systematik des § 40 Abs. 1 KWG näher oben § 4 III. 1. b) bb) (S. 114).

freien Sparkassen charakteristische historisch bedingte Einbindung in den Sparkassensektor fehlen, die wesentlich für die Integration der freien Sparkassen in das Gesamtbild der Sparkassen und die Zuerkennung der Bezeichnungsbefugnis ist. Es fehlt daher in Bezug auf den Privatisierungsfall nicht nur an einer Regelungslücke, sondern auch an der Vergleichbarkeit der bezeichnungsrechtlichen Interessenlage. Der bezeichnungsrechtliche Bestandsschutz ist auf privatisierte Sparkassen weder unmittelbar noch analog anwendbar.

V. Bezeichnungsbefugnis ausländischer Sparkassen

Abweichend von der Grundregel des § 40 Abs. 1 KWG dürfen nach § 41 Satz 2 KWG Kreditinstitute mit Sitz im Ausland bei ihrer Tätigkeit im Inland »die in § 39 Abs. 2 und in § 40 genannten Bezeichnungen« führen, »wenn sie zur Führung dieser Bezeichnung in ihrem Sitzstaat berechtigt sind und sie die Bezeichnung um einen auf ihren Sitzstaat hinweisenden Zusatz ergänzen«. Ausländische Sparkassen sind damit bezeichnungsrechtlich privilegiert: Einzige Voraussetzung für die Verwendung der Bezeichnung »Sparkasse« ist die Verwendung eines klarstellenden Zusatzes, der darauf hinweist, dass Sitzstaat des Instituts nicht die Bundesrepublik ist. Der Zusatz muss nicht notwendig auf den Sitzstaat als solchen hinweisen. Ausreichend ist auch ein anderer geographischer Zusatz, der sich auf ein Sitzgebiet bezieht, das für den Verkehr erkennbar nicht zur Bundesrepublik gehört. Eindeutig ausländische Regional- oder Ortsbezeichnungen genügen daher der aus § 41 Satz 2 KWG folgenden Hinweispflicht.[166] § 41 Satz 2 KWG dient der Umsetzung von Art. 18 der so genannten Bankenrichtlinie,[167] der die Verwendung der in der Kreditwirtschaft allgemein gebräuchlichen Gattungsbegriffe, insbesondere »Bank« und »Sparkasse«, im grenzüberschreitenden Verkehr harmonisiert. Danach können

> »Kreditinstitute ... für die Ausübung ihrer Tätigkeit in dem Gebiet der Gemeinschaft, ungeachtet der Vorschriften über die Verwendung der Worte ›Bank‹, ›Sparkasse‹ oder anderer im Aufnahmeland bestehender ähnlicher Bezeichnungen, denselben Namen verwenden wie in ihrem

166 So auch *R. Fischer,* in: Boos/Fischer/Schulte-Mattler, Kreditwesengesetz, § 41 Rn. 8; *Samm,* in: Beck/Samm, Kreditwesengesetz, § 41 Rn. 24.

167 Richtlinie 2006/48/EG v. 14.6.2006 über die Aufnahme und Ausübung der Tätigkeit der Kreditinstitute, in: ABl. L 177 S. 1. – Zuvor Art. 15 Richtlinie 2000/12/EG v. 20.3.2000 über die Aufnahme und Ausübung der Tätigkeit der Kreditinstitute, in: ABl. Nr. L 126 S. 1 ff.

Sitzland. Besteht die Gefahr der Verwechslung, so können die Aufnahmeländer der Klarheit wegen einen erläuternden Zusatz zu der Bezeichnung vorschreiben.«

§ 41 Satz 2 KWG öffnet dementsprechend die in Art. 18 der Bankenrichtlinie ausdrücklich genannte Bezeichnung »Sparkasse« für ausländische Sparkassen.

Teils wird das Bezeichnungsprivileg enger als hier verstanden und angenommen, es beziehe sich nur auf die ausländische Sprachfassung der Bezeichnung »Sparkasse«, wie sie das Institut im Herkunftsland verwende.[168] Der Wortsinn der Bankenrichtlinie und des § 41 Satz 2 KWG ist in dieser Frage nicht ganz eindeutig. Wenn es in der Bankenrichtlinie heißt, dass ausländische Kreditinstitute »denselben Namen wie in ihrem Sitzland« verwenden dürfen, kann der Begriff »desselben« durchaus auch eng ausgelegt und allein auf die ausländische Sprachfassung bezogen werden. Das gleiche gilt für § 41 Satz 2 KWG. Wenn es dort heißt, dass ausländische Kreditinstitute, »die Bezeichnungen ›Volksbank‹ und ›Sparkasse‹ führen dürfen, wenn sie zur Führung dieser Bezeichnung in ihrem Sitzstaat berechtigt sind«, kann der Begriff »dieser« ebenfalls eng ausgelegt und das Bezeichnungsprivileg ausschließlich auf diejenigen Fälle bezogen werden, in denen das ausländische Institut die deutsche Bezeichnung »Sparkasse« oder »Volksbank« führt. Der Anwendungsbereich des § 41 Satz 2 KWG wäre nach diesem Verständnis auf das benachbarte deutschsprachige Ausland begrenzt. Ausländische Äquivalente der Bezeichnungen »Sparkasse« und »Volksbank«, so müsste weiter argumentiert werden, können nach deutschem Recht ohne weiteres in der Bundesrepublik verwendet werden, weil die §§ 39 und 40 KWG nur die deutschen Begriffe schützen und der Verwendung einer ausländischen Sprachfassung damit von vornherein nicht entgegenstehen.

Ein solches enges Verständnis stünde jedoch im Widerspruch zum Sinn und Zweck der Bankenrichtlinie, die die grenzüberschreitende Tätigkeit der Kreditinstitute erleichtern soll. Dieser Zweck wäre nur sehr unvollkommen verwirklicht, wollte man das Bezeichnungsprivileg des Art. 18 Bankenrichtlinie nur auf die ausländische Sprachfassung beziehen, denn dann könnte beispielsweise eine ausländische »Bank« in Deutschland nicht als »Bank« auftreten, was ihre Tätigkeit erheblich erschweren würde. Nach seinem Sinn und Zweck soll Art. 18 Bankenrichtlinie den europäischen »Banken« die

---

168 So *R. Fischer,* in: Boos/Fischer/Schulte-Mattler, Kreditwesengesetz, § 41 Rn. 8.

Möglichkeit eröffnen, sich im Bestimmungsland als solche zu erkennen zu geben, so dass sich das Bezeichnungsprivileg auch und gerade auf die Sprachfassung im Bestimmungsland bezieht. Für die in Art. 18 Bankenrichtlinie gleichrangig genannte Bezeichnung »Sparkasse« gilt nichts anderes. Davon ist auch der deutsche Gesetzgeber ausgegangen, denn es ist kaum anzunehmen, dass sich der Anwendungsbereich des § 41 Satz 2 KWG nur auf den Sonderfall des deutschsprachigen Auslands erstrecken soll. Dass dies nicht zutreffend ist, zeigt sich auch, wenn man das Bezeichnungsprivileg für die Bezeichnung »Bank« betrachtet, das nicht in § 41 Satz 2 KWG, sondern in § 39 Abs. 1 Nr. 1 KWG geregelt ist. Danach sind nicht nur solche Kreditinstitute zur Verwendung der Bezeichnung »Bank« befugt, die eine Bankerlaubnis nach deutschem Recht nach § 32 KWG innehaben, sondern auch »Zweigniederlassungen von Unternehmen nach § 53 b Abs. 1 Satz 1 oder Abs. 7 KWG«. Damit bezieht die Norm die Befugnis zur Verwendung der Bezeichnung »Bank« auch auf Zweigniederlassungen von »Kreditinstituten mit Sitz in einem anderen Staat des Europäischen Wirtschaftsraums«. Anders als bei § 41 Satz 2 KWG ist der Wortsinn des § 39 Abs. 1 Nr. 1 KWG eindeutig: Ausländischen Banken wird gestattet, in der Bundesrepublik die deutsche Bezeichnung »Bank« zu verwenden. Für § 41 Satz 2 KWG kann nichts anderes gelten, denn das Bezeichnungsprivileg für die in der europäischen Kreditwirtschaft üblichen Gattungsbezeichnungen ist nach der Struktur der Bankenrichtlinie einheitlich konzipiert. Art. 18 der Bankenrichtlinie und § 41 Satz 2 KWG ist damit übereinstimmend zu entnehmen, dass ausländische Sparkassen in der Bundesrepublik den deutschen Begriff »Sparkasse« verwenden dürfen, wenn sie einen klarstellenden geographischen Zusatz hinzufügen.[169]

VI. Durchsetzung des Bezeichnungsschutzes

Die Durchsetzung des Bezeichnungsschutzes obliegt dem für die Führung des Handelsregisters zuständigen Registergericht, das nach § 43 Abs. 2 KWG von Amts wegen prüfen muss, ob die Firmierung eines Unternehmens als »Sparkasse« mit § 40 Abs. 1 KWG vereinbar ist. Ist dies nicht der Fall, wird der Begriff »Sparkasse« nicht in das Firmenregister eingetragen beziehungsweise wieder gelöscht (§ 43 Abs. 2 Satz 2 KWG) und das Unternehmen durch Festsetzung eines Ordnungsgeldes dazu angehalten, die Verwendung der Bezeichnung »Sparkasse« zu unterlassen (§ 43 Abs. 2

169 Wie hier im Ergebnis auch *Samm,* in: Beck/Samm, Kreditwesengesetz, § 41 Rn. 23.

Satz 2 KWG i. V. m. § 37 Abs. 2 HGB). Die Bundesanstalt für Finanzdienstleistungsaufsicht ist nach § 43 Abs. 3 KWG befugt, im registergerichtlichen Verfahren Anträge zu stellen und Rechtsmittel nach den §§ 19 ff. des Gesetzes über die freiwillige Gerichtsbarkeit (FGG) einzulegen. Ihre Stellung ist insoweit den »Organen des Handelsstandes«, also insbesondere den Handelskammern, vergleichbar, die nach § 126 FGG verpflichtet sind, »die Registergerichte bei der Verhütung unrichtiger Eintragungen, bei der Berichtigung und Vervollständigung des Handelsregisters sowie bei Einschreiten gegen unzulässigen Firmengebrauch zu unterstützen«, und zu diesem Zweck ebenfalls antrags- und beschwerdebefugt sind.

Wie sich § 43 Abs. 3 KWG im Umkehrschluss entnehmen lässt, ist es allein Sache des Registergerichts, gegen ein Unternehmen vorzugehen, das die Bezeichnung »Sparkasse« unzulässigerweise führt. Ein eigenes Vorgehen der Bundesanstalt für Finanzdienstleistungsaufsicht ist ausgeschlossen: § 43 Abs. 3 KWG regelt die Kompetenzverteilung zwischen Registergericht und Bundesanstalt abschließend und geht damit der allgemeinen Befugnis der Bundesanstalt aus § 6 Abs. 3 Satz 1 KWG vor, gegenüber den Kreditinstituten diejenigen Anordnungen zu treffen, die erforderlich sind, um Verstöße gegen aufsichtsrechtliche Bestimmungen zu unterbinden.[170] Im Außenverhältnis zu dem Unternehmen, das die Bezeichnung »Sparkasse« zu Unrecht führt, ist daher allein das Registergericht zuständig. Nach § 42 KWG entscheidet die Bundesanstalt allerdings in Zweifelsfällen, »ob ein Unternehmen zur Führung der in den §§ 39 und 40 genannten Bezeichnungen befugt ist« (Satz 1), und »teilt ihre Entscheidung dem Registergericht mit« (Satz 2). Die Bundesanstalt für Finanzdienstleistungsaufsicht soll also das Letztentscheidungsrecht darüber haben, ob die Verwendung der Bezeichnung »Sparkasse« mit § 40 Abs. 1 KWG vereinbar ist. Daraus folgt jedoch nicht, dass die Bundesanstalt auch im Außenverhältnis zu dem Unternehmen tätig werden kann. Insoweit bleibt es bei der Wertung des § 43 Abs. 2 und 3 KWG, nach dem die Durchführung im Außenverhältnis Sache des Registergerichts ist. § 42 Satz 1 KWG betrifft nur das Innenverhältnis zum Registergericht.

Trifft die Bundesanstalt eine Zweifelsfallentscheidung nach § 42 KWG, dann handelt es sich nach zutreffender Auffassung um einen feststellenden

170 So auch *R. Fischer,* in: Boos/Fischer/Schulte-Mattler, Kreditwesengesetz, § 42 Rn. 4; *Samm,* in: Beck/Samm, Kreditwesengesetz, § 42 Rn. 21; *Bähre/Schneider,* Kreditwesengesetz, § 42 Anm. 3. – A. A. *Haug,* in: Szagunn/Haug/Ergenzinger, Kreditwesengesetz, § 42 Rn. 5.

Verwaltungsakt, der das Registergericht im Innenverhältnis bindet.[171] Teilweise wird demgegenüber angenommen, die Mitteilung der Zweifelsfallentscheidung sei zwar ein feststellender Verwaltungsakt, aber gleichwohl nur eine unverbindliche Stellungnahme, der das Registergericht nicht folgen müsse.[172] Diese Annahme ist jedoch schon deshalb wenig überzeugend, weil die Zweifelsfallentscheidung der Bundesanstalt dann ein Verwaltungsakt ohne Bindungsadressat wäre. Diese Konstruktion ist in sich widersprüchlich, denn für einen Verwaltungsakt ist gerade charakteristisch, dass er abschließend auf verbindliche Setzung von Rechtsfolgen gerichtet ist. Überdies spricht der klare Wortlaut des § 42 Satz 1 KWG dagegen, dass es sich bei der Zweifelsfallentscheidung nur um eine unverbindliche Stellungnahme handelt. Danach »entscheidet« die Bundesanstalt, womit zum Ausdruck gebracht ist, dass das Ergebnis verbindlich ist.[173] Schließlich wäre § 42 KWG praktisch sinnentleert, wollte man ihn auf eine Befugnis zur unverbindlichen Stellungnahme reduzieren. Hierfür hätte es keiner besonderen Regelung bedurft.[174] Angesichts dieses klaren Befundes verfängt das Gegenargument nicht, ein Umkehrschluss aus § 43 Abs. 3 KWG zeige, dass die Entscheidung der Bundesanstalt das Registergericht nicht binde.[175] § 43 Abs. 3 KWG räumt der Bundesanstalt die Befugnis ein, Anträge im registergerichtlichen Verfahren zu stellen. Daraus kann jedoch nicht im Umkehrschluss gefolgert werden, dass die Bundesanstalt gegenüber dem Registergericht allein darauf verwiesen ist. § 42 KWG trifft insoweit eine abweichende Regelung. Die Bundesanstalt kann im registergerichtlichen Verfahren Anträge stellen und den Rechtsweg beschreiten, sie kann aber auch selbst – in Zweifelsfällen – gegenüber dem Registergericht eine Entscheidung treffen. Im Übrigen bedarf es unter Umständen auch dann, wenn die Bundesanstalt eine verbindliche Entscheidung nach § 42 KWG trifft, eines Rückgriffs auf § 43 Abs. 3 KWG, um diese Entscheidung gegenüber

---

171 *Samm,* in: Beck/Samm, Kreditwesengesetz, § 42 Rn. 20, 32; *Reischauer/Kleinhans,* Kreditwesengesetz, § 42 Anm. 5, 8; *Bähre/Schneider,* Kreditwesengesetz, § 42 Anm. 3; *Pollems,* Die Verwendung der Bezeichnung »Bank« in der Firma, in: BB 1955, 677 (678 f.).

172 *R. Fischer,* in: Boos/Fischer/Schulte-Mattler, Kreditwesengesetz, § 42 Rn. 4 u. 7 f.; *Haug,* in: Szagunn/Haug/Ergenzinger, Kreditwesengesetz, § 42 Rn. 3.

173 So auch *Samm,* in: Beck/Samm, Kreditwesengesetz, § 42 Rn. 18, 30; *Bähre/Schneider,* Kreditwesengesetz, § 42 Anm. 3; *Reischauer/Kleinhans,* Kreditwesengesetz, § 42 Anm. 8.

174 So mit Recht *Samm,* in: Beck/Samm, Kreditwesengesetz, § 42 Rn. 18.

175 Vgl. *R. Fischer,* in: Boos/Fischer/Schulte-Mattler, Kreditwesengesetz, § 42 Rn. 7 f.; *Haug,* in: Szagunn/Haug/Ergenzinger, Kreditwesengesetz, § 42 Rn. 3.

dem Registergericht verfahrensmäßig zur Geltung zu bringen. § 42 und § 43 Abs. 3 KWG stellen daher keinen Gegensatz dar, sondern ergänzen einander. § 42 und § 43 Abs. 3 KWG gehen daher im Ergebnis von einem Zusammenwirken von Bundesanstalt für Finanzdienstleistungsaufsicht und Registergericht in der Frage des Bezeichnungsschutzes aus, wobei die Bundesanstalt in Zweifelsfällen ihre Rechtsauffassung im Innenverhältnis durch Verwaltungsakt zur Geltung bringen kann. Bindungswirkung entfaltet eine solche Zweifelsfallentscheidung nach dem klaren Wortlaut des § 42 KWG allerdings nur gegenüber dem Registergericht. Andere Gerichte, die § 40 Abs. 1 KWG etwa im Rahmen eines Markenrechtsstreits zu prüfen haben, werden von einer Entscheidung der Bundesanstalt nicht gebunden.[176]

VII. Vereinbarkeit mit dem europäischen Gemeinschaftsrecht

Nach § 40 Abs. 1 KWG entfällt bei einer Privatisierung die Befugnis zur Verwendung der Bezeichnung »Sparkasse«, denn ein privatisiertes Institut kann, unabhängig von der Rechtskonstruktion, weder dem Begriff der öffentlich-rechtlichen Sparkasse in § 40 Abs. 1 Nr. 1 KWG zugeordnet werden noch ist der bezeichnungsrechtliche Bestandsschutz nach § 40 Abs. 1 Nr. 2 und 3 KWG unmittelbar oder entsprechend anwendbar.[177] Die EG-Kommission ist der Auffassung, diese Rechtsfolge sei mit Kapital- und Niederlassungsfreiheit nicht vereinbar. Daher leitete sie im Vorfeld der Veräußerung der Berliner Sparkasse ein entsprechendes Vertragsverletzungsverfahren nach Art. 226 EGV ein. Das Verfahren wurde Ende des Jahres 2006 durch einen politischen Kompromiss zwischen Bundesregierung und Kommission vorerst beendet, in dem sich die Bundesregierung verpflichtete, § 40 Abs. 1 KWG stets »in einer Weise anzuwenden, die nicht gegen die Niederlassungsfreiheit und den freien Kapitalverkehr verstößt«.[178] Im Fall der Berliner Sparkasse bedurfte es einer weiteren Entscheidung nicht, denn

---

176 Zur Bedeutung von § 40 Abs. 1 KWG für die privatrechtlichen Kennzeichenrechte an der Bezeichnung »Sparkasse« unten § 5 IV. 1. b) (S. 242 ff.).

177 Zu den bezeichnungsrechtlichen Konsequenzen einer Privatisierung oben § 4 III. 1. b) (S. 108 ff.) und § 4 IV. 3. (S. 140 ff.).

178 Zur Auseinandersetzung zwischen Bundesregierung und EG-Kommission vgl. näher die Einleitung (S. 2 ff.).

im Rahmen des Bieterverfahrens, das im Jahr 2007 durchgeführt wurde, ist es zu einer Privatisierung nicht gekommen, sondern das Institut wurde an den Deutschen Sparkassen- und Giroverband veräußert.[179] Die entscheidende Frage nach der Gemeinschaftsrechtskonformität des § 40 Abs. 1 KWG ist damit weiter offen (1. – 4.). Es stellt sich außerdem die Frage, wie die Abrede zwischen Bundesregierung und Kommission, § 40 Abs. 1 KWG stets gemeinschaftsrechtskonform anzuwenden, rechtlich zu bewerten ist und welche innerstaatlichen Rechtsfolgen sich aus ihr ergeben (5.).

1. Anwendungsvorbehalt für das Gemeinschaftsrecht aus Art. 295 EGV

§ 40 Abs. 1 KWG ist dem Anwendungsbereich des Gemeinschaftsrechts von vornherein entzogen, wenn er unter den Vorbehalt des Art. 295 EGV fällt. Danach »lässt der EG-Vertrag die Eigentumsordnung in den verschiedenen Mitgliedstaaten unberührt«. Dadurch werden die Kompetenzen der Gemeinschaft unter Vorbehalt gestellt: Soweit ihr nach dem Prinzip der begrenzten Einzelermächtigung Kompetenzen von den Mitgliedstaaten übertragen wurden, dürfen diese nicht verwendet werden, um auf die Eigentumsordnung der Mitgliedstaaten einzuwirken.[180] Die Gemeinschaftsrechtskonformität des § 40 Abs. 1 KWG bedarf also dann keiner näheren Prüfung am Maßstab des gemeinschaftsrechtlichen Sekundärrechts und der Grundfreiheiten, wenn die Norm als Bestandteil der »Eigentumsordnung« der Bundesrepublik Deutschland im Sinne des Art. 295 EGV einzuordnen ist. Entsprechend wurde im Rahmen der Auseinandersetzung um Anstaltslast und Gewährträgerhaftung argumentiert, es handele sich um Ausprägungen der bundesrepublikanischen Eigentumsordnung, die nicht an den Vorgaben des Gemeinschaftsrechts zu messen seien.[181] Auch für § 40 Abs. 1 KWG wird eine solche Argumentation diskutiert.[182]

179 Zu den Hintergründen im Fall der Berliner Sparkasse und zur Veräußerung an den Deutschen Sparkassen- und Giroverband näher oben § 3 I. 2. b) bb) (S. 66 ff.).

180 *Kingreen,* in: Calliess/Ruffert, EGV, Art. 295 Rn. 5; *Koenig/Kühling,* in: Streinz, EGV, Art. 295 Rn. 1; *Bär-Bouyssière,* in: v. d. Groeben/Schwarze, EGV, Art. 295 Rn. 3.

181 So etwa *Thode/Peres,* Anstalten des öffentlichen Rechts im Spannungsfeld zwischen deutschem und europäischem Recht, in: VerwArch 89 (1998), 439 (461 f.) m. w. N.

182 Vgl. *Vogel,* Schutz der Bezeichnung »Sparkasse« und europäische Grundfreiheiten, in: ZBB 2007, 130 (134), im Ergebnis aber offenlassend; ablehnend *Brenncke,* Zur Europarechtskonformität des Bezeichnungsschutzes für Sparkassen, in: ZBB 2007, 1 (5 ff.).

a) Begriff der »Eigentumsordnung« im Sinne des Art. 295 EGV

Der Begriff der »Eigentumsordnung« im Sinne des Art. 295 EGV ist so zu verstehen, dass dem Anwendungsbereich des EG-Vertrags nur »Eigentumszuordnungsentscheidungen« entzogen werden sollen, und zwar speziell solche, die das Eigentum an Unternehmen betreffen.[183] Durch Art. 295 EGV beziehungsweise seine Vorgängervorschriften sollte der Sorge der vertragschließenden Staaten Rechnung getragen werden, das Gemeinschaftsrecht könne den nach dem Zweiten Weltkrieg insbesondere in Frankreich und Italien zu verzeichnenden Verstaatlichungsmaßnahmen entgegenstehen. Es sollte daher eindeutig klargestellt werden, dass die Kompetenz der Mitgliedstaaten zur Verstaatlichung wichtiger Industrien und anderer Wirtschaftszweige vom Gemeinschaftsrecht unberührt bleibt. Das kam in den ursprünglichen Regelungsentwürfen deutlich zum Ausdruck, die ausdrücklich von der »Eigentumsordnung an den Unternehmen« sprachen.[184] Wollte man die Norm in einem weiteren Sinn interpretieren, würde sie überdies das Gefüge des EG-Vertrags sprengen: Wäre jede Vorschrift des Wirtschaftslebens, die einen eigentumsrechtlichen Bezug hat, dem Anwendungsbereich des Vertrages entzogen, wäre dessen praktische Wirksamkeit ernsthaft gefährdet, denn sein Hauptziel, die Errichtung eines gemeinsamen Marktes, setzt teils intensive Eingriffe in nationale Rechtsvorschriften voraus, die die Rechtsstellung des Eigentümers betreffen.[185] Art. 295 EGV ist damit lediglich ein Vorbehalt für die mitgliedstaatlichen Entscheidungen über den Umfang der öffentlichen Wirtschaftstätigkeit zu entnehmen, die als wirtschaftspolitische Entscheidungen dem Anwendungsbereich des Gemeinschaftsrechts entzogen sein sollen.[186]

---

183 *GA Colomer,* SchlA v. 3.7.2001 – C-367/98 u. a., in: Slg. 2002, I-4731 ff., Rn. 52, 54 – Kommission/Portugal u. a.; *Koenig/Kühling,* in: Streinz, EGV, Art. 295 Rn. 12; *Kingreen,* in: Calliess/Ruffert, EGV, Art. 295 Rn. 11; *Burghardt,* Die Eigentumsordnung in den Mitgliedstaaten und der EWG-Vertrag, S. 29, 43 u. 104 f.

184 *GA Colomer,* SchlA v. 3.7.2001 – C-367/98 u. a., in: Slg. 2002, I-4731 ff., Rn. 50 ff. – Kommission/Portugal u. a.; *Koenig/Kühling,* in: Streinz, EGV, Art. 295 Rn. 3 f.; *Kingreen,* in: Calliess/Ruffert, EGV, Art. 295 Rn. 3. – Zu den vorangegangenen Entwürfen ausführlich *Burghardt,* Die Eigentumsordnung in den Mitgliedstaaten und der EWG-Vertrag, S. 26 ff.

185 *GA Colomer,* SchlA v. 3.7.2001 – C-367/98 u. a., in: Slg. 2002, I-4731 ff., Rn. 49 – Kommission/Portugal u. a.; *Koenig/Kühling,* in: Streinz, EGV, Art. 295 Rn. 2; *Kingreen,* in: Calliess/Ruffert, EGV, Art. 295 Rn. 2.

186 Vgl. auch *EG-Kommission,* Mitteilung über bestimmte rechtliche Aspekte von Investitionen innerhalb der EU, in: ABl. Nr. C 220 S. 15 ff., Fn. 1.

Die Rechtsprechung des Europäischen Gerichtshofs lässt ebenfalls eine sehr zurückhaltende Interpretation der Vorschrift erkennen. Praktisch lässt der Gerichtshof Art. 295 EGV leerlaufen, wenn er davon ausgeht, der Norm lasse sich lediglich entnehmen, dass die Mitgliedstaaten die Befugnis zur Regelung der Eigentumsordnung haben, was jedoch nicht dazu führe, dass diese den »Grundprinzipien des EG-Vertrags« entzogen sei.[187] Der Europäische Gerichtshof geht also davon aus, dass alle Eigentumsregeln der Mitgliedstaaten – ungeachtet des Art. 295 EGV – an den Grundfreiheiten zu messen sind. Das hat das Gericht in seiner *Golden-Shares*-Rechtsprechung bekräftigt. Art. 295 EGV könne staatliche Sonderrechte in privatisierten Unternehmen[188] nicht rechtfertigen; auch diese müssten mit den Grundfreiheiten vereinbar sein.[189] Selbst im entstehungsgeschichtlichen Kernbereich des Art. 295 EGV, der Frage der Zuordnung von Unternehmen zum Staat oder zur Privatwirtschaft, nimmt das Gericht also eine sehr restriktive Position ein. Eine abgestufte Zuordnungsentscheidung, wie man sie im Zurückbehalten staatlicher Einflussrechte in privatisierten Unternehmen sehen könnte, fällt danach nicht mehr unter den Vorbehalt des Art. 295 EGV.[190] Aussagekraft hat die Vorschrift danach nur für die grundsätzliche Frage, ob ein Unternehmen überhaupt privatisiert wird. Soweit sich der Mitgliedstaat für eine Privatisierung entscheidet, muss diese konsequent

187 Grundlegend *EuGH,* Urt. v. 6.11.1984 – C-182/83, in: Slg. 1984, 3677 ff., Rn. 7 – Fearon (zu einer irischen Enteignungsregelung mit Wohnsitzprivileg); *EuGH,* Urt. v. 1.6.1999 – C-302/97, in: Slg. 1999, I-3099 ff., Rn. 38 – Konle (zu einer österreichischen Grundverkehrsbeschränkung für die Schaffung von »Freizeitwohnsitzen«). – Ebenso bereits *Burghardt,* Die Eigentumsordnung in den Mitgliedstaaten und der EWG-Vertrag, S. 105.

188 Dieser Sachverhalt wird üblicherweise unter dem Stichwort »Golden Shares« zusammengefasst, wenngleich die staatlichen Sonderrechte nicht immer mit einer »goldenen Aktie« verknüpft sind, sondern auch in sonstigen gesetzlichen Zustimmungs- und Mitwirkungsvorbehalten bestehen können. – Vgl. zur Typologie der *Golden-Shares*-Fälle *v. Wilmowsky,* in: Ehlers (Hrsg.), Europäische Grundrechte und Grundfreiheiten, § 12 Rn. 22 ff.

189 *EuGH,* Urt. v. 4.6.2002 – C-367/98, in: Slg. 2002, I-4731 ff., Rn. 48 – Kommission/Portugal; *EuGH,* Urt. v. 4.6.2002 – C-483/99, in: Slg. 2002, I-4781 ff., Rn. 44 – Kommission/Frankreich, Elf-Aquitaine; *EuGH,* Urt. v. 4.6.2002 – C-503/99, in: Slg. 2002, I-4809 ff., Rn. 44 – Kommission/Belgien; *EuGH,* Urt. v. 13.5.2003 – C-463/00, in: Slg. 2003, I-4581 ff., Rn. 67 – Kommission/Spanien.

190 Wie der EuGH: *Kingreen,* in: Calliess/Ruffert, EGV, Art. 295 Rn. 12 – A. A. *GA Colomer,* SchlA v. 3.7.2001 – C-367/98 u. a., in: Slg. 2002, I-4731 ff., Rn. 55 ff. – Kommission/Portugal u. a., sowie *Koenig/Kühling,* in: Streinz, EGV, Art. 295 Rn. 12, nach denen Art. 295 EGV auch die mitgliedstaatliche Entscheidung schützt, ein Unternehmen durch Zurückbehalten staatlicher Einflussrechte nur stufenweise in Privateigentum zu überführen.

durchgeführt werden beziehungsweise Einschränkungen sind anhand der Grundfreiheiten zu beurteilen.

b) Zugehörigkeit des § 40 Abs. 1 KWG zur Eigentumsordnung

Nach diesem Verständnis ist von Art. 295 EGV ohne weiteres die Entscheidung der Bundesrepublik (im Innenverhältnis: der Länder) erfasst, sich unternehmerisch in Gestalt der Sparkassen zu betätigen, denn diese Entscheidung betrifft den Umfang der staatlichen Wirtschaftstätigkeit. Daran anknüpfend wird hinsichtlich des Schutzes der Bezeichnung »Sparkasse« durch § 40 Abs. 1 KWG argumentiert, dass das durch Art. 295 EGV geschützte Recht zur Entscheidung über den Umfang der staatlichen Wirtschaftstätigkeit auch das Recht umfasse, durch Bezeichnungsschutz die Einbindung des Unternehmens in die staatliche Organisation zu verdeutlichen.[191] Damit wird der Bezeichnungsschutz als unselbständiger Annex der dahinter stehenden Entscheidung über den Umfang der wirtschaftlichen Betätigung gewertet. Eine untrennbare Verbindung beider Regelungsbereiche besteht allerdings nicht. Die wirtschaftliche Betätigung des Staates und der öffentlich-rechtliche Bezeichnungsschutz haben zudem eine unterschiedliche Zielsetzung: Erstere beruht auf wirtschaftspolitischen Gründen, letzterer dient dem Schutz des Verkehrs. Angesichts der sehr restriktiven Rechtsprechung des Europäischen Gerichtshofs, der den Vorbehalt des Art. 295 EGV nur auf den Umfang der öffentlichen Wirtschaftstätigkeit als solchen bezieht und im Übrigen die Grundfreiheiten zur Anwendung bringt, kann von einem Annexvorbehalt für die Regelung des Bezeichnungsschutzes nicht ausgegangen werden.

Ein anderer Ansatzpunkt besteht darin, § 40 Abs. 1 KWG als eine unter Art. 295 EGV fallende Teilprivatisierungsentscheidung zu deuten. Insoweit ließe sich argumentieren, § 40 Abs. 1 KWG lasse sich die Entscheidung der Bundesrepublik entnehmen, die Bezeichnung »Sparkasse« nicht zu privatisieren, sondern im Privatisierungsfall als Unternehmensteil in öffentlicher Hand zurückzubehalten.[192] Daran ist zunächst zutreffend, dass Art. 295 EGV auch die Entscheidung eines Mitgliedstaats, ein öffentliches Unternehmen nur teilweise zu privatisieren, dem Anwendungsbereich des

191 *Vogel,* Schutz der Bezeichnung »Sparkasse« und europäische Grundfreiheiten, in: ZBB 2007, 130 (134).

192 In diese Richtung *Vogel,* Schutz der Bezeichnung »Sparkasse« und europäische Grundfreiheiten, in: ZBB 2007, 130 (135).

Gemeinschaftsrechts entzieht. Es sind lediglich die Grenzen der *Golden-Shares*-Rechtsprechung zu wahren, nach der die Privatisierungsentscheidung insofern unteilbar ist, als in Bezug auf die privatisierten Unternehmensteile keine besonderen staatlichen Einflussnahmerechte zurückbehalten werden dürfen. Wenn sich also ein Mitgliedstaat entscheidet, nur einen Teilbereich eines Unternehmens zu privatisieren, kann dies aus der Sicht des Gemeinschaftsrechts nicht beanstandet werden. Die Bezeichnung »Sparkasse« kann jedoch nicht als ein solcher »Unternehmensteilbereich« gedeutet werden: Dagegen spricht schon, dass § 40 Abs. 1 KWG nicht das Recht an der Bezeichnung »Sparkasse« als Unternehmensbestandteil betrifft, sondern allein deren Verwendung unter dem Gesichtspunkt des Verkehrsschutzes regelt.[193] Außerdem umfasst der Anwendungsvorbehalt aus Art. 295 EGV seinem Sinn und Zweck nach nur Entscheidungen der Mitgliedstaaten über den Umfang der öffentlichen Wirtschaftstätigkeit. § 40 Abs. 1 KWG regelt aber nicht den Umfang der wirtschaftlichen Tätigkeit der Bundesrepublik, sondern nur eine Bezeichnungsbefugnis. Er fällt daher nicht unter den Vorbehalt des Art. 295 EGV und ist am Gemeinschaftsrecht zu messen.

2. Vereinbarkeit mit Art. 18 Bankenrichtlinie

Die Prüfung einer mitgliedstaatlichen Rechtsnorm am Maßstab des gemeinschaftsrechtlichen Sekundärrechts hat Vorrang vor einer Prüfung am Maßstab der Grundfreiheiten, denn das Sekundärrecht ist im Verhältnis zum Primärrecht der speziellere Prüfungsmaßstab, soweit es den Gewährleistungsgehalt der Grundfreiheiten in primärrechtskonformer Weise konkretisiert.[194] Eine weitere Prüfung anhand der Grundfreiheiten erübrigt sich in diesem Fall. Darüber besteht im Ergebnis Einigkeit. Teilweise wird allerdings im Ausgangspunkt angenommen, harmonisierendes Sekundärrecht und

---

193 Zum Verkehrsschutz als Regelungszweck des § 40 Abs. 1 KWG oben § 4 III. 1. b) dd) (S. 116).

194 Vgl. *EuGH,* Urt. v. 13.12.2001 – C-324/99, in: Slg. 2001, I-9897 ff., Rn. 32 – DaimlerChrysler; *EuGH,* Urt. v. 12.10.1993 – C-37/92, in: Slg. 1993, I-4947 ff., Rn. 9 – Vanacker; *EuGH,* Urt. v. 20.2.1979 – C-120/78, in: Slg. 1979, 649 ff., Rn. 8 – Cassis de Dijon; *EuGH,* Urt. v. 6.7.1995 – C-470/93, in: Slg. 1995, I-1923 ff., Rn. 12 – Mars; *Ehlers,* in: dens. (Hrsg.), Europäische Grundrechte und Grundfreiheiten, § 7 Rn. 7 u. 54; *v. Bogdandy,* Grundrechtsgemeinschaft als Integrationsziel, in: JZ 2001, 157 (166).

Grundfreiheiten seien als eigenständige Prüfungsmaßstäbe anzusehen.[195] Der Umstand, dass eine nationale Maßnahme möglicherweise einer Bestimmung des abgeleiteten Rechts entspreche, habe nicht zur Folge, dass sie nicht an den Bestimmungen des EG-Vertrags zu messen sei. Auch nach dieser Auffassung ist aber die sekundärrechtliche Wertung letztlich durchschlagend, denn diese soll im Rahmen der Grundfreiheitsprüfung heranzuziehen sein: Gehe eine mitgliedstaatliche Beschränkung über das sekundärrechtlich vorgesehene Maß hinaus, könne sie nicht unter Rückgriff auf die allgemeinen Beschränkungsgründe der Grundfreiheiten gerechtfertigt werden.[196] Sei eine mitgliedstaatliche Regelung hingegen sekundärrechtlich geboten, müsse sie auch als vereinbar mit den Grundfreiheiten angesehen werden.[197]

Die grenzüberschreitende Verwendung der Bezeichnung »Sparkasse« ist sekundärrechtlich in Art. 18 der so genannten Bankenrichtlinie geregelt (RL 2006/48/EG).[198] Danach können »Kreditinstitute für die Ausübung ihrer Tätigkeit in dem Gebiet der Gemeinschaft, ungeachtet der Vorschriften über die Verwendung der Worte ›Bank‹, ›Sparkasse‹ oder anderer im Aufnahmeland bestehender ähnlicher Bezeichnungen, denselben Namen verwenden wie in ihrem Sitzland«. Besteht die Gefahr der Verwechslung, »so können die Aufnahmeländer der Klarheit wegen einen erläuternden Zusatz zu der Bezeichnung vorschreiben«. Die Norm knüpft damit an das Bestehen mitgliedstaatlicher Vorschriften an, die die Bezeichnung »Sparkasse« schützen. Implizit werden solche Vorschriften daher als grundsätzlich vereinbar mit

---

195 So *Randelzhofer/Forsthoff,* in: Grabitz/Hilf, Recht der EU, vor Art. 39-55 EGV Rn. 146 f.; *Jarass,* Elemente einer Dogmatik der Grundfreiheiten II, in: EuR 2000, 705 (720). – In diesem Sinne auch *EuGH,* Urt. v. 28.4.1998 – C-158/96, in: Slg. 1998, I-1931 ff., Rn. 25 – Kohll.

196 S. etwa *EuGH,* Urt. 25.3.1999 – C-112/97, in: Slg. 1999, I-1821 ff., Rn. 54 – Kommission/Italien: Soweit es Richtlinien gebe, sei ein Rückgriff auf Art. 30 EGV zur Rechtfertigung einer mitgliedstaatlichen Einschränkung »nicht mehr gerechtfertigt«. – Vgl. auch *Randelzhofer/Forsthoff,* in: Grabitz/Hilf, Recht der EU, vor Art. 39-55 EGV Rn. 149, die insoweit mit dem »Geltungsanspruch des Sekundärrechts« argumentieren, das nicht gegen das Primärrecht ausgespielt werden dürfe. Ferner *Jarass,* Elemente einer Dogmatik der Grundfreiheiten II, in: EuR 2000, 705 (720), der in einem solchen Fall bereits die mitgliedstaatliche Kompetenz zum Regelungserlass verneint.

197 Vgl. *Randelzhofer/Forsthoff,* Recht der EU, vor Art. 39-55 EGV Rn. 148, die insoweit mit dem Gebot der Widerspruchsfreiheit der Rechtsordnung argumentieren.

198 Richtlinie 2006/48/EG v. 14.6.2006 über die Aufnahme und Ausübung der Tätigkeit der Kreditinstitute, in: ABl. L 177 S. 1 ff.; zuvor Art. 15 Richtlinie 2000/12/EG v. 20.3.2000 über die Aufnahme und Ausübung der Tätigkeit der Kreditinstitute, in: ABl. Nr. L 126 S. 1 ff.

dem Gemeinschaftsrecht angesehen. Abgesehen von der Zulassung einer grenzüberschreitenden Verwendung der Bezeichnung »Sparkasse« verbietet die Vorschrift jedoch weder eine bestimmte Gestaltung des nationalen Bezeichnungsschutzes noch macht sie diesbezüglich genauere Vorgaben. Insoweit haben die Mitgliedstaaten einen Gestaltungsspielraum, der allerdings nach Maßgabe der Grundfreiheiten auszufüllen ist.[199] Aus Art. 18 Bankenrichtlinie lässt sich daher nur ganz allgemein ableiten, dass die Existenz mitgliedstaatlicher Bezeichnungsschutzvorschriften mit dem Gemeinschaftsrecht vereinbar ist. Nicht ableiten lässt sich hingegen, dass gerade die Bezeichnungsvoraussetzung der Staatlichkeit mit dem Gemeinschaftsrecht vereinbar ist, denn darüber sagt Art. 18 Bankenrichtlinie nichts aus. Hinsichtlich der konkreten Bezeichnungsvoraussetzungen stellt Art. 18 Bankenrichtlinie keine abschließende Harmonisierungsmaßnahme dar und ist deshalb nicht geeignet, die Bezeichnungsvoraussetzung der Staatlichkeit vor den Grundfreiheiten zu legitimieren.

Umgekehrt verstößt § 40 Abs. 1 KWG aber auch nicht gegen Art. 18 der Bankenrichtlinie, denn dieser harmonisiert die Verwendung der Bezeichnung »Sparkasse« allein für den Fall der grenzüberschreitenden Expansion einer ausländischen Sparkasse. In der Bundesrepublik werden die entsprechenden Vorgaben durch § 41 Satz 2 KWG umgesetzt.[200] Der grenzüberschreitende Erwerb einer deutschen Sparkasse durch ein ausländisches Institut wird durch Art. 18 Bankenrichtlinie nicht geregelt. Auch eine entsprechende Anwendung kommt nicht in Betracht: Art. 18 der Bankenrichtlinie beruht auf dem Gedanken, dass es ausländischen Sparkassen nicht verwehrt sein darf, im grenzüberschreitenden Verkehr unter ihrer angestammten Bezeichnung aufzutreten. Zu diesem Zweck lässt die Norm eine Verwendung der Bezeichnung »Sparkasse« zu, wenn ein klarstellender Zusatz, der auf das Herkunftsland hinweist, hinzugefügt wird. In der Konstellation des grenzüberschreitenden Erwerbs einer deutschen Sparkasse durch einen ausländischen Investor ist die bezeichnungsrechtliche Interessenlage eine andere: Zum einen stehen in diesem Fall bezeichnungsrechtliche Bestandsschutzinteressen des ausländischen Erwerbers selbst nicht in Rede, denn aus seiner Sicht ist die Bezeichnung »Sparkasse« keine Bezeichnung, die er selbst immer schon verwendet hat. Zum anderen passt auch der

199 Vgl. *Randelzhofer/Forsthoff,* Recht der Europäischen Union, vor Art. 39-55 EGV Rn. 151.

200 Zur Umsetzung von Art. 18 Bankenrichtlinie durch § 41 Satz 2 KWG oben § 4 V. (S. 145 ff.).

von Art. 18 Bankenrichtlinie vorgesehene klarstellende Hinweis auf den Sitzstaat nicht. Im Fall der Sparkassenprivatisierung sind völlig andere Zusätze in Betracht zu ziehen (beispielsweise »private Sparkasse«), die nicht in gleichem Maß wie der von Art. 18 Bankenrichtlinie vorgesehene Hinweis auf den ausländischen Sitz klarstellend wirken. Außerdem ist das Klarstellungsbedürfnis im Privatisierungsfall größer, weil das privatisierte Institut äußerlich gesehen unverändert bleibt, während bei der grenzüberschreitenden Expansion einer ausländischen Sparkasse schon dem äußeren Erscheinungsbild nach ein neues Unternehmen am Markt tätig wird. Die bezeichnungsrechtliche Interessenlage ist also nicht vergleichbar. Gemeinschaftsrechtliche Vorgaben für diese Konstellation lassen sich daher Art. 18 Bankenrichtlinie weder unmittelbar noch entsprechend entnehmen. Es bedarf daher einer weiteren Prüfung des § 40 Abs. 1 KWG am Maßstab der Grundfreiheiten.

3. Vereinbarkeit mit den Grundfreiheiten

Die Grundfreiheiten erfassen ihrer Zielsetzung entsprechend nur Sachverhalte mit grenzüberschreitendem Bezug.[201] Nur für den Fall des grenzüberschreitenden Erwerbs einer deutschen Sparkasse stellt sich daher die Frage nach der Vereinbarkeit des § 40 Abs. 1 KWG mit den Grundfreiheiten. Selbst wenn § 40 Abs. 1 KWG gegen die Grundfreiheiten verstoßen würde, wäre er allerdings nicht ungültig. Er wäre lediglich auf die Fallkonstellation des grenzüberschreitenden Erwerbs nicht anwendbar. Für den innerstaatlichen Erwerb einer Sparkasse würde er weiter Geltung beanspruchen, denn ein Verstoß gegen das Gemeinschaftsrecht führt nicht zur Nichtigkeit einer Rechtsnorm, sondern lediglich dazu, dass die Rechtsnorm im konkreten Kollisionsfall nicht anwendbar ist.[202] Die Frage nach der Vereinbarkeit des § 40 Abs. 1 KWG mit den Grundfreiheiten bleibt daher für den innerstaatlichen Erwerb einer Sparkasse von vornherein ohne Auswirkung.

---

201 Vgl. nur *Ehlers,* in: dens. (Hrsg.), Europäische Grundrechte und Grundfreiheiten, § 7 Rn. 20; *Randelzhofer/Forsthoff,* in: Grabitz/Hilf, Recht der EU, vor Art. 39-55 EGV Rn. 42 ff.; *Jarass,* Elemente einer Dogmatik der Grundfreiheiten II, in: EuR 2000, 705 (706 f.).

202 *EuGH,* Urt. v. 7.2.1999 – C-184/89, in: Slg. 1991, I-297 ff., Rn. 19 ff. – Nimz; *BVerfG,* Urt. v. 28.1.1992 – 1 BvR 1025/82 u. a., in: BVerfGE 85, 191 (204); *BVerfG,* Beschl. v. 8.4.1987 – 2 BvR 687/85, in: BVerfGE 75, 223 (244); *BVerwG,* Urt. v. 29.11.1990 – 3 C 77/87, in: BVerwGE 87, 154 (158); *Ehlers,* in: Schulze/Zuleeg (Hrsg.), Europarecht, § 11 Rn. 10 ff.

Liegt ein grenzüberschreitender Erwerb vor, berührt der Schutz der Bezeichnung »Sparkasse« durch § 40 Abs. 1 KWG sowohl die Freiheit des Kapitalverkehrs aus Art. 56 Abs. 1 EGV als auch die Freiheit der Niederlassung aus Art. 43 Abs. 1 EGV. Begrifflich ist der Erwerb von Unternehmensanteilen, insbesondere Aktien, ein Vorgang des »Kapitalverkehrs«.[203] Werden alle Anteile oder zumindest eine Mehrheit erworben (so genannter »Kontrollerwerb«), wie dies auch bei einer Sparkassenprivatisierung der Fall wäre, geht mit dem Kapitalverkehr zugleich ein Vorgang der »Niederlassung« einher.[204] Teilweise wird daher angenommen, die Kapitalverkehrsfreiheit werde von der Niederlassungsfreiheit verdrängt.[205] Allerdings machen die unternehmerischen Restriktionen schon den Erwerbsvorgang als solchen weniger attraktiv. Auch wenn der Kapitalverkehr im Ergebnis zu einer Niederlassung führt, ist es zunächst der Investivvorgang als solcher, das heißt der Kapitalverkehr, den es zu schützen gilt. Kapitalverkehrs- und Niederlassungsfreiheit sind daher kumulativ anzuwenden.[206] Davon geht auch der Europäische Gerichtshof aus, der in seiner *Golden-Shares*-Rechtsprechung klargestellt hat, »dass es sich bei Direktinvestitionen in Form der Beteiligung an einem Unternehmen durch Erwerb von Aktien um Kapitalverkehr handelt«. Die Grundfreiheitsprüfung ist daher vorrangig unter dem Gesichtspunkt der Kapitalverkehrsfreiheit vorzunehmen. Die Niederlassungsfreiheit bedarf demgegenüber einer gesonderten Betrachtung nicht, soweit ihre Beeinträchtigung (wie im Fall des § 40 Abs. 1 KWG) mit den Hindernissen für den freien Kapitalverkehr untrennbar verbunden ist.[207]

---

203 Vgl. nur *v. Wilmowsky,* in: Ehlers (Hrsg.), Europäische Grundrechte und Grundfreiheiten, § 12 Rn. 2.

204 *EuGH,* Urt. v. 13.4.2000 – C-251/98, in: Slg. 2000, I-2787 ff., Rn. 22 – Baars (bejaht für den Erwerb einer 100-prozentigen Beteiligung); *Bröhmer,* in: Calliess/Ruffert, EGV, Art. 43 Rn. 9; *Schlag,* in: Schwarze, EGV, Art. 43 Rn. 20; *Randelzhofer/Forsthoff,* in: Grabitz/Hilf, Recht der EU, Art. 43 EGV Rn. 115.

205 *Ress/Ukrow,* in: Grabitz/Hilf, Recht der EU, Art. 56 EGV Rn. 30; *Glaesner,* in: Schwarze, EGV, Art. 56 Rn. 11.

206 *v. Wilmowsky,* in: Ehlers (Hrsg.), Europäische Grundrechte und Grundfreiheiten, § 12 Rn. 3; *Sedlaczek,* in: Streinz, EGV, Art. 56 Rn. 12; vgl. auch *Bröhmer,* in: Callies/Ruffert, EGV, Art. 56 Rn. 25, der grundsätzlich von einer kumulativen Anwendung ausgeht, es sei denn der Handlungsschwerpunkt ermöglicht eine eindeutige Zuordnung.

207 *EuGH,* Urt. v. 4.6.2002 – C-483/99, in: Slg. 2002, I-4781 ff., Rn. 37 ff. u. 56 – Kommission/Frankreich: Elf-Aquitaine; *EuGH,* Urt. v. 4.6.2002 – C-503/99, in: Slg. 2002, I-4809 ff., Rn. 38 ff. u. 59 – Kommission/Belgien; *EuGH,* Urt. v. 4.6.2002 – C-367/98, in: Slg. 2002, I-4731 ff., Rn. 38 ff. u. 56 – Kommission/Portugal; *EuGH,* Urt. v. 13.5.2003 – C-463/00, in: Slg. 2003, I-4581 ff., Rn. 53 ff. u. 86 – Kommission/Spanien.

a) Beeinträchtigung durch Bezeichnungsschutz

Eine Beeinträchtigung der Grundfreiheiten kann sowohl in Form einer Diskriminierung als auch in Form einer Beschränkung erfolgen. Der Diskriminierungsbegriff ist entsprechend der gemeinschaftsrechtlichen Perspektive der Grundfreiheiten zu verstehen. Eine grundfreiheitsrelevante Diskriminierung liegt daher nur dann vor, wenn vergleichbare grenzüberschreitende und nicht grenzüberschreitende Sachverhalte durch die Regelung selbst (»offene Diskriminierung«) oder zumindest ihre faktischen Normwirkungen (»verdeckte Diskriminierung«) ungleich behandelt werden.[208] § 40 Abs. 1 KWG behandelt potentielle staatliche Investoren anders als potentielle private Investoren, denn einem staatlichen Träger ist die Bezeichnung »Sparkasse« grundsätzlich zugänglich, während sie einem privaten Träger prinzipiell verschlossen bleibt. Die Norm differenziert allerdings weder dem Tatbestand nach noch in ihren faktischen Wirkungen zwischen einem grenzüberschreitenden und einem nicht grenzüberschreitenden Investitionsvorgang. Beide Fälle sind rechtlich wie tatsächlich gleichermaßen von § 40 Abs. 1 KWG betroffen. Eine Diskriminierung im gemeinschaftsrechtlichen Sinn kann daher in § 40 Abs. 1 KWG nicht gesehen werden.[209] Eingehenderer Prüfung bedarf allerdings die Frage, ob eine Beeinträchtigung in Form der Beschränkung vorliegt, denn Art. 56 Abs. 1 EGV ist schon seinem Tatbestand nach als Beschränkungsverbot formuliert, so dass er auch nicht diskriminierende staatliche Handlungen erfasst.

aa) Gemeinschaftsrechtlicher Beschränkungsbegriff

Eine abstrakt-generelle Definition des Beschränkungsbegriffs hat der Europäische Gerichtshof speziell für die Kapitalverkehrsfreiheit nicht vorgenommen.[210] Es gilt der weite Beschränkungsbegriff, den das Gericht im Übrigen zugrunde legt. Danach ist jede Maßnahme, die geeignet ist, die Ausübung der Grundfreiheiten »unmittelbar oder mittelbar, tatsächlich oder

---

208 Vgl. nur *Ehlers,* in: dens. (Hrsg.), Europäische Grundrechte und Grundfreiheiten, § 7 Rn. 20, 22.

209 So im Ergebnis auch *Witte/Gregoritza,* Bezeichnungsschutz öffentlich-rechtlicher Sparkassen nach § 40 KWG auf dem Prüfstand des Europarechts, in: WM 2007, 151 (155); *Brenncke,* Zur Europarechtskonformität des Bezeichnungsschutzes für Sparkassen, in: ZBB 2007, 1 (21); *Vogel,* Schutz der Bezeichnung »Sparkasse« und europäische Grundfreiheiten, in: ZBB 2007, 130 (136).

210 Vgl. *Bröhmer,* in: Calliess/Ruffert, EGV, Art. 56 Rn. 50; *Kiemel,* in: von der Groeben/Schwarze, EGV, Art. 56 Rn. 7.

potentiell zu behindern«, als Beschränkung anzusehen (*Dassonville*-Formel).[211] Nach anderer Formulierung ist eine Beschränkung in jeder mitgliedstaatlichen Maßnahme zu sehen, die die Ausübung der Grundfreiheiten »behindern oder weniger attraktiv machen kann« (*Gebhard*-Formel).[212] Danach genügt für die Annahme einer Beschränkung schon, dass die Attraktivität einer Sparkasse als Investitionsobjekt möglicherweise dadurch vermindert wird, dass es § 40 Abs. 1 KWG privaten Investoren unmöglich macht, die eingeführte und den Kunden des Instituts vertraute Bezeichnung »Sparkasse« für sich zu verwenden, und sie dadurch möglicherweise davon abgehalten werden, eine Sparkasse zu übernehmen. Nach dem sehr weit reichenden Beschränkungsbegriff des Europäischen Gerichtshofs müsste also eine rechtfertigungsbedürftige Beeinträchtigung von Kapital- und Niederlassungsfreiheit angenommen werden.[213] Unbeachtlich ist in diesem Zusammenhang jedenfalls, dass die Bezeichnung »Sparkasse« nicht nur von § 40 Abs. 1 KWG geschützt wird, sondern auch durch privatrechtliche Markenrechte des Deutschen Sparkassen- und Giroverbands.[214] Ob letztere tatsächlich unabhängig von § 40 Abs. 1 KWG einer weiteren Verwendung der Bezeichnung »Sparkasse« ohnehin entgegenstehen würden, kann offenbleiben.[215] Jedenfalls kann mit diesem Argument § 40 Abs. 1 KWG eine grundfreiheitsbeschränkende Wirkung nicht von vornherein abgesprochen werden. Die Norm ist als selbständiges Verkehrshindernis zu betrachten. Maßgeblich ist allein, dass sie bereits für sich gesehen einer weiteren

---

211 Grundlegend *EuGH,* Urt. v. 11.7.1974 – 8/74, in: Slg. 1974, 837 ff., Rn. 5 – Dassonville (allerdings speziell für den Begriff der »Maßnahmen gleicher Wirkung« im Sinne der Warenverkehrsfreiheit); zur Anwendung der *Dassonville*-Formel auf die Kapitalverkehrsfreiheit s. *Ress/Ukrow,* in: Grabitz/Hilf, Recht der EU, Art. 56 Rn. 35.

212 Für alle Grundfreiheiten grundlegend formuliert in *EuGH,* Urt. v. 30.11.1995 – C-55/94, in: Slg. 1995, I-4165 ff., Rn. 37 – Gebhard (Beeinträchtigung der Niederlassungsfreiheit durch eine italienische Regelung zum Schutz der Berufsbezeichnung »avvocato«); s. auch *Ehlers,* in: dens. (Hrsg.), Europäische Grundrechte und Grundfreiheiten, § 7 Rn. 24 m. w. N.

213 So etwa *Witte/Gregoritza,* Bezeichnungsschutz öffentlich-rechtlicher Sparkassen nach § 40 KWG auf dem Prüfstand des Europarechts, in: WM 2007, 151 (155 f.); *Brenncke,* Zur Europarechtskonformität des Bezeichnungsschutzes für Sparkassen, in: ZBB 2007, 1 (9 f.). – Kritisch, im Ergebnis aber offenlassend, *Vogel,* Schutz der Bezeichnung »Sparkasse« und europäische Grundfreiheiten, in: ZBB 2007, 130 (135 f.).

214 Zu den privatrechtlichen Markenrechten des Deutschen Sparkassen- und Giroverbands an der Bezeichnung »Sparkasse« unten § 5 I. (S. 192 ff.).

215 Zu einem Vorgehen des Deutschen Sparkassen- und Giroverbands auf der Grundlage seiner privaten Markenrechte an der Bezeichnung »Sparkasse« gegen ein privatisiertes Instituts näher unten § 5 IV. 1. (S. 237 ff.).

Verwendung der Bezeichnung »Sparkasse« entgegensteht. Stünde unabhängig von § 40 Abs. 1 KWG auch das privatrechtliche Markenrecht einer Firmierung als »Sparkasse« entgegen, läge ein Fall alternativer Kausalität vor. Beide Ursachen müssten also als kausal angesehen werden. Ihre beschränkende Wirkung für die Grundfreiheiten ist daher unabhängig voneinander zu prüfen.[216]

bb) Erfordernis eines Marktzugangshindernisses

Eine Niederlassung (hier als Folge des Kapitalverkehrs) geht mit einer mindestens teilweisen Integration in das Rechtssystem eines anderen Mitgliedstaats einher. Prinzipiell müsste daher jede belastende Norm im Bestimmungsland als »potentielles Hemmnis« im Sinne der *Dassonville*-Formel oder als »Attraktivitätsminderung« im Sinne der *Gebhard*-Formel angesehen werden. Konsequenterweise müsste die gesamte Rechtsordnung des Bestimmungslands, soweit sie belastende Rechtsnormen enthält, am Maßstab der Niederlassungsfreiheit (oder hier der Kapitalverkehrsfreiheit) zu messen sein.[217] Teils wird dieses weite Ausgreifen der Grundfreiheiten als Ausdruck ihrer freiheitssichernden Funktion angesehen und eine Eingrenzung des gemeinschaftsrechtlichen Beschränkungsbegriffs mit dem Argument abgelehnt, es fehle an hinreichend präzisen Kriterien.[218] Allerdings hätte die Niederlassungsfreiheit bei einer so großzügigen Handhabung des gemeinschaftsrechtlichen Beschränkungsbegriffs praktisch dieselbe Funktion, wie die grundrechtlich in Art. 2 Abs. 1 GG garantierte allgemeine Handlungsfreiheit. Das steht im Widerspruch zur grundsätzlichen Zielsetzung der Grundfreiheiten, die nicht nach Art der deutschen Grundrechte gegen jede Art von Freiheitsbeeinträchtigung schützen sollen, sondern nur auf einen unbeeinträchtigten grenzüberschreitenden Verkehr zielen. Besondere Unschärfe weist das Kriterium der »Attraktivitätsminderung« auf.[219]

---

216 Zur Vereinbarkeit des privaten Markenrechts des Deutschen Sparkassen- und Giroverbands mit den Grundfreiheiten näher unten § 5 II. 2. b) cc) (S. 217 ff.).

217 Vgl. *Randelzhofer/Forsthoff*, Recht der EU, vor Art. 39-55 EGV Rn. 105; *Tietje*, in: Ehlers (Hrsg.), Europäische Grundrechte und Grundfreiheiten, § 10 Rn. 54.

218 Für die Kapitalverkehrsfreiheit: *v. Wilmowsky*, in: Ehlers (Hrsg.), Europäische Grundrechte und Grundfreiheiten, § 12 Rn. 7. Für die Niederlassungsfreiheit: *Tietje*, in: Ehlers, a. a. O., § 10 Rn. 54; *Lackhoff*, Die Niederlassungsfreiheit des EGV, S. 426 f.

219 So auch *GA Mischo*, SchlA v. 7.7.1998 – C-255/97, in: Slg. 1999, I-2835 ff., Rn. 57 – Pfeiffer: Die *Gebhard*-Formel sei »möglicherweise missverständlich und sollte aus diesem Grund präzisiert werden«.

Es verleitet dazu, die Grundfreiheiten von Ansprüchen auf behinderungsfreien Grenzübertritt (*Status negativus*) umzudeuten in Leistungsansprüche auf möglichst attraktive Gestaltung grenzüberschreitender Aktivitäten (*Status positivus*), was eindeutig im Widerspruch zu ihrem Charakter als Abwehrrechte, ursprünglich sogar nur gegen Diskriminierung, steht. Zu Recht wird daher überwiegend angenommen, dass die *Dassonville*- und die *Gebhard*-Formel nur den Ausgangspunkt bilden und einer Präzisierung bedürfen.[220]

Auch die Rechtsprechung des Europäischen Gerichtshofs lässt erkennen, dass das Gericht die Notwendigkeit einer weiteren Präzisierung anerkennt. Bislang hat das Gericht den Beschränkungsbegriff allerdings nur fallbezogen konturiert. Grundlegend ist seine für die Warenverkehrsfreiheit entwickelte *Keck*-Rechtsprechung, nach der mitgliedstaatliche Regelungen, die lediglich nicht produktbezogene Verkaufsmodalitäten betreffen, nicht als Beeinträchtigung der Warenverkehrsfreiheit anzusehen sind, sofern von ihnen keine diskriminierende Wirkung ausgeht.[221] Die hinter dem Begriffspaar »Produktbezug« und »Verkaufsmodalität« stehende Wertung lässt sich für alle Grundfreiheiten dahingehend abstrahieren, dass als Beschränkung nur solche mitgliedstaatlichen Regelungen gelten können, die den Marktzugang als solchen (also das »Ob« der wirtschaftlichen Betätigung) betreffen. Regelt eine mitgliedstaatliche Norm hingegen nur das Verhalten im Markt (also das »Wie« der wirtschaftlichen Betätigung), kann sie nicht als Beschränkung angesehen werden.[222] Dieser Ansatz findet sich auch in der Rechtsprechung des Europäischen Gerichtshofs wieder, der sich in Bezug auf andere Grundfreiheiten mit der *Keck*-Rechtsprechung auseinandergesetzt

---

220 *GA Mischo,* SchlA v. 7.7.1998 – C-255/97, in: Slg. 1999, I-2835 ff., Rn. 57 ff.; *Randelzhofer/Forsthoff,* in: Grabitz/Hilf, Recht der EU, vor Art. 39-55 EGV Rn. 87, 91 f.; *Ehlers,* in: ders. (Hrsg.), Europäische Grundrechte und Grundfreiheiten, § 7 Rn. 77; *Bröhmer,* in: Calliess/Ruffert, EGV, Art. 56 Rn. 51 (für die Kapitalverkehrsfreiheit); *Sedlaczek,* in: Streinz, EGV, Art. 58 Rn. 2 (für die Kapitalverkehrsfreiheit); *Ress/Ukrow,* in: Grabitz/Hilf, Recht der EU, Art. 56 EGV Rn. 37 (für die Kapitalverkehrsfreiheit); *Deckert/Schroeder,* Anm. zu EuGH, Urt. v. 27.1.2000, C-190/98 – Graf, in: JZ 2001, 88 (90). – Überblick über die verschiedenen Ansätze zur Interpretation des Beschränkungsbegriffs bei *Lackhoff,* Die Niederlassungsfreiheit des EGV, S. 420 ff.

221 *EuGH,* Urt. v. 24.11.1993 – C-267/91 u. C-268/91, in: Slg. 1993, I-6097 ff., Rn. 16 – Keck; präzisierend *EuGH,* Urt. v. 6.7.1995 – C-470/93, in: Slg. 1995, I-1923 ff., Rn. 12 – Mars.

222 *Ehlers,* in: ders. (Hrsg.), Europäische Grundrechte und Grundfreiheiten, § 7 Rn. 77; *Randelzhofer/Forsthoff,* in: Grabitz/Hilf, Recht der EU, vor Art. 39-55 EGV Rn. 112 ff. – Speziell für die Kapitalverkehrsfreiheit: *Bröhmer,* in: Calliess/Ruffert, EGV, Art. 56 Rn. 51; *Sedlaczek,* in: Streinz, EGV, Art. 58 Rn. 2; *Ress/Ukrow,* in: Grabitz/Hilf, EGV, Art. 56 Rn. 37.

und ihre Anwendung nicht prinzipiell abgelehnt, sondern im konkreten Fall geprüft hat, ob die mitgliedstaatliche Regelung ein relevantes Marktzugangshindernis darstellt.[223] Nach der mittlerweile gefestigten Rechtsprechung ist also davon auszugehen, dass eine rechtfertigungsbedürftige Beschränkung nur vorliegt, wenn der Marktzugang als solcher mit hinreichender Deutlichkeit betroffen ist. Es entspricht im Übrigen dem Gedanken einer kohärenten Dogmatik der Grundfreiheiten, die Wertung der *Keck*-Rechtsprechung gleichmäßig zur Anwendung zu bringen.[224] Zudem trägt das Marktzugangskriterium der spezifischen Schutzrichtung der Grundfreiheiten Rechnung, die, anders als die deutschen Grundrechte, nicht als umfassende Freiheitsgewährleistungen gedacht sind, sondern in erster Linie Hemmnisse für den Grenzübertritt als solchen beseitigen sollen.[225]

Die eigentliche Problematik liegt darin, das Marktzugangskriterium zu konkretisieren, das heißt zu bestimmen, wann sich eine Regelung auf den Marktzugang als solchen auswirkt und demzufolge als Beschränkung zu begreifen ist, und wann eine Regelung lediglich das Verhalten im Markt betrifft und deshalb keine Beschränkung darstellt. Erforderlich ist, dass es sich um eine »spezifisch den Zugang behindernde Regelung« handelt. Anders als bei den Produktfreiheiten, das heißt Warenverkehrs- und Dienstleistungsfreiheit, bei denen mit dem vergleichsweise schematischen Kriterium des Produktbezugs operiert werden kann, muss das für die Personen-

---

223 Für die Dienstleistungsfreiheit: *EuGH,* Urt. v. 10.5.1995 – C-384/93, in: Slg. 1995, I-1141 ff., Rn. 33 ff., 38 – Alpine Investments: Beschränkung bejaht, da das Verbot des sog. Cold Calling »unmittelbar den Zugang zum Dienstleistungsmarkt in anderen Mitgliedstaaten beeinflusst«. – Für die Kapitalverkehrsfreiheit: *EuGH,* Urt. v. 13.5.2003 – C-463/00, in: Slg. 2003 I-4581 ff., Rn. 58 ff., 61 – Kommission/Spanien; *EuGH,* Urt. v. 13.5.2003 – C-98/01, in: Slg. 2003 I-4641 ff., Rn. 45 ff., 47 – Kommission/Vereinigtes Königreich: British Airports Authority: Beschränkung bejaht, da staatlich vorbehaltene Einflussrechte bei privatisierten Unternehmen (*Golden Shares*) die Situation des Erwerbers einer Beteiligung als solche berühren »und daher geeignet sind, den Marktzugang zu beeinflussen«. – Für die Arbeitnehmerfreizügigkeit: *EuGH,* Urt. v. 27.1.2000 – C-190/98, in: Slg. 2000, I-493 ff., Rn. 23 ff., 25 – Graf: Beschränkung verneint, da sich das Entfallen des Abfindungsanspruchs bei freiwilliger Kündigung durch den Arbeitnehmer »zu ungewiss und zu indirekt auf die Entscheidung auswirkt, Zugang zum Arbeitsmarkt eines anderen Mitgliedstaats zu suchen«.

224 *Randelzhofer/Forsthoff,* in: Grabitz/Hilf, Recht der EU, vor Art. 39-55 EGV Rn. 93; *Sedlaczek,* in: Streinz, EGV, Art. 58 Rn. 2.

225 *Randelzhofer/Forsthoff,* in: Grabitz/Hilf, Recht der EU, vor Art. 39-55 EGV Rn. 96 f.

verkehrsfreiheiten eine Frage der wertenden Beurteilung im Einzelfall bleiben.[226] Speziell für die Kapitalverkehrsfreiheit wird vorgeschlagen, mitgliedstaatliche Vorschriften, die nur »Rahmenmodalitäten« für Kapital festlegen, aus dem Beschränkungsbegriff auszuklammern. Als Beispiele werden die nationalen Steuersysteme oder auch Grundbuchvorschriften und Notarpflichten genannt.[227] § 40 Abs. 1 KWG stellt, was den Erwerb einer Sparkasse angeht, keine solche »Rahmenmodalität« dar, denn er bezieht sich speziell auf den Erwerbsgegenstand Sparkasse beziehungsweise die diesbezügliche Bezeichnungsbefugnis. Der Begriff der »Rahmenmodalität« ist allerdings ersichtlich an den Begriff der »Verkaufsmodalität« im Sinne der *Keck*-Rechtsprechung zur Warenverkehrsfreiheit angelehnt. Er nimmt damit die für die Produktverkehrsfreiheiten typische Unterscheidung zwischen Leistungserbringer und Leistung auf, die für die hier in Rede stehende Konstellation der Niederlassung (als Folge des Kapitalverkehrs) nicht passt. Der Begriff der »Rahmenmodalität« bietet daher zwar einen Anhaltspunkt, kann aber die Frage nach dem Vorliegen eines relevanten Marktzugangshindernisses nicht abschließend beantworten.

Die zutreffende Trennlinie hat der Europäische Gerichtshof in seiner *Golden-Shares*-Rechtsprechung aufgezeigt: Das Zurückbehalten staatlicher Einflussrechte auf privatisierte Unternehmen sei deshalb als geeignet zur Beeinflussung des Marktzugangs anzusehen, weil diese »die Situation des Erwerbers einer Beteiligung als solche berühren«.[228] Das ist einleuchtend, denn die staatlichen Einflussrechte beeinflussen unmittelbar die mit dem Anteilserwerb verbundene unternehmerische Autonomie und damit die Möglichkeit, sich auf dem anderen Markt zu bewegen. Durch den Schutz der Bezeichnung »Sparkasse« ist die Freiheit der unternehmerischen Betätigung nicht beeinträchtigt. Ein privater Erwerber wird dadurch nicht gehindert, das Bankgeschäft einer privatisierten Sparkasse in vollem Umfang weiter zu betreiben und am Markt tätig zu sein. Der Schutz der Bezeichnung »Sparkasse« durch § 40 Abs. 1 KWG kann daher nicht als ernsthaftes Marktzutrittshindernis angesehen werden. Das zeigen auch die praktischen Erfahrungen im Zusammenhang mit der Veräußerung der Berliner Sparkasse

226 *Randelzhofer/Forsthoff,* in: Grabitz/Hilf, Recht der EU, vor Art. 39-55 EGV Rn. 116 f.

227 *Bröhmer,* in: Calliess/Ruffert, EGV, Art. 56 Rn. 51; *Ress/Ukrow,* in: Grabitz/Hilf, Recht der EU, Art. 56 Rn. 37.

228 *EuGH,* Urt. v. 13.5.2003 – C-463/00, in: Slg. 2003 I-4581 ff., Rn. 61 – Kommission/Spanien; *EuGH,* Urt. v. 13.5.2003 – C-98/01, in: Slg. 2003 I-4641 ff., Rn. 47 – Kommission/Vereinigtes Königreich: British Airports Authority.

im Jahr 2007.[229] Einzelne ausländische Interessenten bekundeten bereits im Vorfeld, an einer weiteren Verwendung der Bezeichnung »Sparkasse« nicht interessiert zu sein, sondern das Bankgeschäft unter der eigenen, angestammten Marke weiter führen zu wollen.[230] Bei der gebotenen wertenden Einschränkung des im Ausgangspunkt zu weiten gemeinschaftsrechtlichen Beschränkungsbegriffs geht von § 40 Abs. 1 KWG daher keine beschränkende Wirkung für die Kapitalverkehrs- beziehungsweise die Niederlassungsfreiheit aus. Die Norm ist Teil eines allgemeinen Systems zur Wahrung der Bezeichnungsklarheit im Kreditwesen und stellt daher nur eine Regelung des Verhaltens im Markt dar, die nicht als rechtfertigungsbedürftiges Marktzutrittshindernis einzuordnen ist.

b) Rechtfertigung durch zwingende Gründe des Allgemeininteresses

Im Hinblick auf die in der Praxis des Europäischen Gerichtshofs großzügige Handhabung des gemeinschaftsrechtlichen Beschränkungsbegriffs stellt sich allerdings dennoch die Frage nach möglichen Rechtfertigungsgründen. Nach der Rechtsprechung des Gerichtshofs müssen »nationale Maßnahmen, die die Ausübung der durch den Vertrag garantierten grundlegenden Freiheiten behindern oder weniger attraktiv machen können«, vier Voraussetzungen erfüllen: »Sie müssen in nicht diskriminierender Weise angewandt werden, sie müssen aus zwingenden Gründen des Allgemeininteresses gerechtfertigt sein, sie müssen geeignet sein, die Verwirklichung des mit ihnen verfolgten Zieles zu gewährleisten, und sie dürfen nicht über das hinausgehen, was zur Erreichung dieses Zieles erforderlich ist«.[231] Der Schutz der Bezeichnung »Sparkasse« hat weder offen noch verdeckt eine diskriminierende Wirkung, denn er hat für inländische und ausländische Investoren rechtlich und auch

229 Zur Veräußerung der Berliner Sparkasse im Jahr 2007 näher oben § 3 I. 2. b) bb) (S. 66 ff.).

230 Vgl. für die italienische Großbank »Unicredito« *Handelsblatt* v. 7.9.2006 S. 23 (»Sparkasse als Marke lockt Profumo nicht«); *Financial Times Deutschland* v. 7.9.2006 S. 18 (»Profumo nicht an Name Sparkasse interessiert«).

231 Für alle Grundfreiheiten formuliert in *EuGH,* Urt. v. 30.11.1995 – C-55/94, in: Slg. 1995, I-4165 ff., Rn. 37 – Gebhard; grundlegend *EuGH,* Urt. v. 20.2.1979 – 120/78, in: Slg. 1979, 649 ff., Rn. 8 – Cassis de Dijon (für die Warenverkehrsfreiheit); für die Kapitalverkehrsfreiheit *EuGH,* Urt. v. 4.6.2002 – C-483/99, in: Slg. 2002, I-4781 ff., Rn. 45 – Kommission/Frankreich: Elf-Aquitaine. – Näher zur Rechtfertigungsdogmatik der Grundfreiheiten *Ehlers,* in: ders. (Hrsg.), Europäische Grundrechte und Grundfreiheiten, § 7 Rn. 89, 96.

tatsächlich die gleiche Wirkung.[232] Regelungszweck des § 40 Abs. 1 KWG ist der Schutz des Verkehrs.[233] Dabei handelt es sich um ein »zwingendes Allgemeininteresse«, das grundsätzlich geeignet ist, eine Beeinträchtigung der Grundfreiheiten zu rechtfertigen.[234] Entscheidend ist, ob das Verkehrsschutzinteresse mit dem Schutz der Bezeichnung »Sparkasse« durch § 40 Abs. 1 KWG in verhältnismäßiger Weise verfolgt wird. Die Norm muss also zur Gewährleistung von Verkehrsschutz geeignet, erforderlich und angemessen sein.[235]

Regelungen, die mit § 40 Abs. 1 KWG vergleichbar sind, gibt es insbesondere in Spanien (für die Bezeichnung »Caja General de Ahorros«) und Frankreich (für die Bezeichnung »Caisse d'Épargne«).[236] In den meisten Mitgliedstaaten ist die Bezeichnung »Sparkasse« (beziehungsweise ihr ausländisches Äquivalent) jedoch nicht besonders gesetzlich geschützt. Daraus kann jedoch nicht geschlossen werden, eine Regelung zum Schutz der Bezeichnung »Sparkasse« sei generell nicht erforderlich. Es ist den einzelnen Mitgliedstaaten überlassen, auf welchen Feldern sie tätig werden. Eine Regelung kann daher nicht schon deshalb als nicht erforderlich (und damit unverhältnismäßig) angesehen werden, weil andere Mitgliedstaaten eine vergleichbare Regelung bislang nicht für nötig befunden oder es bei weniger strengen Schutzvorschriften belassen haben.[237] Im Übrigen setzt

---

232 Zum gemeinschaftsrechtlichen Diskriminierungsbegriff im Zusammenhang mit § 40 Abs. 1 KWG näher oben § 4 VII. 3. vor a) (S. 160).

233 Zum Verkehrsschutz als Regelungszweck des § 40 Abs. 1 KWG oben § 4 III. 1. b) dd) (S. 116).

234 Der EuGH spricht regelmäßig von »Verbraucherschutz«, grundlegend *EuGH,* Urt. v. 20.2.1979 – Rs. 120/78, in: Slg. 1979, 649 ff., Rn. 8 – Cassis de Dijon; vgl. auch *Randelzhofer/Forsthoff,* in: Grabitz/Hilf, Recht der EU, vor Art. 39-55 EGV Rn. 161 m. w. N.

235 Zum Grundsatz der Verhältnismäßigkeit als Schranke für Grundfreiheitsbeeinträchtigungen *EuGH,* Urt. v. 11.7.1989 – 265/87, in: Slg 1989, 2237 ff., Rn. 21 – Schraeder; *EuGH,* Urt. v. 1.2.2001 – C-108/96, in: Slg 2001, I-837 ff. Rn. 31 f. – Mac Quen. – Häufig wird die Angemessenheit als letzte Stufe der Verhältnismäßigkeit in der Rechtsprechung des EuGH nicht geprüft, vgl. *EuGH,* Urt. v. 30.11.1995 – C-55/94, in: Slg. 1995, I-4165 ff., Rn. 37 – Gebhard; mit Recht kritisch dazu *Ehlers,* in: ders. (Hrsg.), Europäische Grundrechte und Grundfreiheiten, § 7 Rn. 96; *Pache,* Der Grundsatz der Verhältnismäßigkeit in der Rechtsprechung der Gerichte der Europäischen Gemeinschaften, in: NVwZ 1999, 1033 (1036).

236 *DSGV* (Hrsg.), Markttransparenz und Verbraucherschutz im Gesetz über das Kreditwesen, unter: http://www.dsgv.de (Stand: 17.6.2008), S. 3.

237 *EuGH,* Urt. v. 10.5.1995 – C-384/94, in: Slg. 1995, I-1141 ff., Rn. 51 – Alpine Investments; *EuGH,* Urt. v. 1.2.2001 – C-108/96, in: Slg. 2001, I-837 ff., Rn. 33 f. – Mac Quen.

Art. 18 der Bankenrichtlinie (RL 2006/48/EG), der die grenzüberschreitende Verwendung der Bezeichnung »Sparkasse« regelt, das Bestehen mitgliedstaatlicher Vorschriften zum Schutz der Bezeichnung »Sparkasse« voraus. Implizit ist dadurch klargestellt, dass es grundsätzlich mit dem Gemeinschaftsrecht vereinbar ist, die Verwendung der Bezeichnung »Sparkasse« an bestimmte Voraussetzungen zu knüpfen.[238] Es kann daher nicht als generell unverhältnismäßig angesehen werden, dass die Bundesrepublik die Verwendung der Bezeichnung »Sparkasse« durch § 40 Abs. 1 KWG reglementiert hat. Die Frage nach der Verhältnismäßigkeit stellt sich daher nicht für den Bezeichnungsschutz im Allgemeinen, sondern speziell für die Bezeichnungsvoraussetzung der Staatlichkeit: Speziell der Ausschluss privater Investoren von der Bezeichnung »Sparkasse« muss eine Maßnahme sein, die zur Gewährleistung von Verkehrsschutz geeignet, erforderlich und angemessen ist.[239] Das ist nur dann der Fall, wenn die Staatlichkeit Bedeutung für das Verkehrsbild der Sparkassen hat (aa.) und den Verkehrsschutzinteressen auch durch die Verwendung klarstellender Zusätze, die auf eine private Trägerschaft hinweisen (beispielsweise »private Sparkasse«), nicht ausreichend Rechnung getragen werden kann (bb.).

aa) Bedeutung der Staatlichkeit für das Verkehrsbild der Sparkassen

Die EG-Kommission ist der Auffassung, die Staatlichkeit der Sparkassen spiele für den Verkehrsschutz keine Rolle. Wie das Beispiel der freien Sparkasse belege, genüge es für die Zwecke des »Verbraucherschutzes«, wenn die Bindung an den öffentlichen Auftrag zur Bedingung für die Verwendung der Bezeichnung »Sparkasse« gemacht werde.[240] Teilweise wird angenommen, mit dem Begriff der »Sparkasse« seien schutzwürdige

---

238 Zu Art. 18 Bankenrichtlinie und seiner Bedeutung für die Gemeinschaftsrechtskonformität des § 40 Abs. 1 KWG oben § 4 VII. 2. (S. 156 ff.).

239 Bejahend *Vogel,* Schutz der Bezeichnung »Sparkasse« und europäische Grundfreiheiten, in: ZBB 2007, 130 (136 f.); *R. Fischer,* in: Boos/Fischer/Schulte-Mattler, Kreditwesengesetz, § 40 Rn. 11. – Ablehnend *Witte/Gregoritza,* § 40 KWG auf dem Prüfstand des Europarechts, in: WM 2007, 151 (156); *Geschwandtner/Bach,* Bezeichnungsschutz für Sparkassen, in: NJW 2007, 129 (132 f.); für die Möglichkeit eines klarstellenden Zusatzes als milderes Mittel *Brenncke,* Zur Europarechtskonformität des Bezeichnungsschutzes für Sparkassen, in: ZBB 2007, 1 (12 ff.).

240 *EG-Kommission,* Mit Gründen versehene Stellungnahme v. 28.6.2006 gemäß Artikel 226 des Vertrags zur Gründung der Europäischen Gemeinschaft, gerichtet an die Bundesrepublik Deutschland wegen Beschränkungen der Niederlassungsfreiheit und des freien Kapitalverkehrs aufgrund des Verbots, nach einer Privatisierung die Bezeichnung »Sparkasse« zu tragen, Vertragsverletzung Nr. 2002/4930, Az. K(2006)2527, unveröffentlicht, S. 9.

Vorstellungen überhaupt nicht verbunden. Angesichts wachsenden Desinteresses für politische Zusammenhänge und der Austauschbarkeit von Bankdienstleistungen müsse davon ausgegangen werden, dass der Begriff der »Sparkasse« von »relevanten Teilen der Verbraucher« gar nicht reflektiert werde.[241] Von diesem Standpunkt aus wäre die Bezeichnungsvoraussetzung der Staatlichkeit als nicht erforderlich oder sogar als völlig ungeeignet zur Gewährleistung von Verkehrsschutz zu beurteilen.

Der Begriff der »Sparkasse« steht in der Bundesrepublik für ein staatliches Kreditinstitut.[242] Das ist in der geschichtlichen Entwicklung des Sparkassensektors begründet, der sich in der Bundesrepublik als staatlicher Sektor herausgebildet hat. Den staatlichen Sparkassen wurde das größere Vertrauen entgegengebracht, so dass private Sparkassen spätestens ab Mitte des 19. Jahrhunderts kaum noch gegründet wurden.[243] Bei der Normierung des § 40 Abs. 1 KWG im Jahr 1961 gab es noch dreizehn privat getragene »freie« Sparkassen.[244] Im Jahr 2006 war die Zahl der freien Institute auf sechs zurückgegangen, denen insgesamt 450 Institute in kommunaler oder anderer staatlicher Trägerschaft gegenüber standen.[245] Angesichts dessen ist davon auszugehen, dass im Verkehr mit der Bezeichnung »Sparkasse« die Vorstellung verbunden wird, dass es sich um ein staatliches Kreditinstitut handelt. Es ist daher grundsätzlich als erforderlich anzusehen, dass die Bezeichnung »Sparkasse« durch § 40 Abs. 1 KWG staatlichen Trägern vorbehalten wird. Anders könnte dies nur dann beurteilt werden, wenn die Staatlichkeit der Sparkassen nicht verkehrsrelevant ist, weil sie für die mit der Bezeichnung »Sparkasse« verbundenen Vorstellungen keine Bedeutung hat. Insofern bedarf es einer Konkretisierung des Verkehrsbildes der Sparkassen. Eine Verkehrsbildkonkretisierung ist allerdings nicht »naturwissenschaftlich exakt« möglich, sondern eine Frage der wertenden Beurteilung. Daher ist zu berücksichtigen, dass den Mitgliedstaaten in der Frage der

241 *Geschwandtner/Bach,* Bezeichnungsschutz für Sparkassen, quo vadis?, in: NJW 2007, 129 (132); *Witte/Gregoritza,* Bezeichnungsschutz öffentlich-rechtlicher Sparkassen nach § 40 KWG auf dem Prüfstand des Europarechts, in: WM 2007, 151 (156 f.).

242 Zusammenfassend zum Sparkassenbegriff oben § 1 III. (S. 36).

243 Zur geschichtlichen Entwicklung des Sparkassensektors im 19. Jahrhundert und zur Entwicklung des Zahlenverhältnisses von staatlichen und privaten Sparkassen oben § 1 II. 1. (S. 31 ff.).

244 Vgl. die auf das Jahr 1957 bezogene Übersicht bei *J. Hoffmann,* in: Peters (Hrsg.), Handbuch der kommunalen Wissenschaft und Praxis, 1. Aufl., S. 741 (742).

245 *DSGV,* Sparkassenfinanzgruppe in Zahlen, unter: http://www.dsgv.de (Stand: 14.6.2008); zu den sechs freien Sparkassen näher oben § 1 II. (S. 31 ff.).

Geeignetheit und Erforderlichkeit einer Regelung ein Einschätzungsspielraum zugebilligt wird.[246] Bezogen auf den Bezeichnungsschutz bedeutet dies, dass die Bezeichnungsvoraussetzung der Staatlichkeit erst dann als ungeeignet beziehungsweise nicht erforderlich zur Gewährleistung von Verkehrsschutz angesehen werden kann, wenn keine ausreichenden Anhaltspunkte dafür bestehen, dass die Staatlichkeit für die mit der Bezeichnung »Sparkasse« verbundenen Vorstellungen – Vertrauenserwartung (1), Wahrnehmung der Sparkassen als zusammengehörige Gruppe (2) und sparkassentypischer Gemeinwohlbezug (3) – prägend ist.

(1) Staatlichkeit und Vertrauenserwartung

Die Sparkassen werden als besonders vertrauenswürdige Banken angesehen.[247] Mit der Bezeichnung »Sparkasse« verbindet sich die Erwartung einer besonderen Solidität, die maßgeblich von der Staatlichkeit bestimmt ist. Das zeigt die geschichtliche Entwicklung des Sparkassensektors: Der Sparkassensektor hat sich gerade deshalb als staatlicher Sektor herausgebildet, weil den staatlichen Trägern das größere Vertrauen in die Sicherheit der Einlagen entgegengebracht wurde. Das war für den starken Rückgang der privat getragenen Sparkassen im 19. Jahrhundert verantwortlich und hat maßgeblich dazu geführt, dass die Bezeichnung »Sparkasse« im Zuge der Bankenkrise im Jahr 1931 erstmals einem besonderen gesetzlichen Schutz unterstellt wurde.[248] Seit dem Wegfall von Anstaltslast und Gewährträgerhaftung im Jahr 2005 besteht eine unbedingte staatliche Einstandspflicht nicht mehr.[249] Teils wird daher angenommen, die Vorstellung einer besonderen Einlagensicherheit sei »erheblich entwertet« und nicht mehr besonders schutzwürdig.[250]

---

246 *Ehlers,* in: ders. (Hrsg.), Europäische Grundrechte und Grundfreiheiten, § 7 Rn. 96; *Randelzhofer/Forsthoff,* in: Grabitz/Hilf, Recht der EU, vor Art. 39-55 EGV Rn. 172; *Pache,* Der Grundsatz der Verhältnismäßigkeit in der Rechtsprechung der Gerichte der Europäischen Gemeinschaften, in: NVwZ 1999, 1033 (1038 f.); *Jarass,* Elemente einer Dogmatik der Grundfreiheiten II, in: EuR 2000, 705 (723).

247 Zu der mit der Bezeichnung »Sparkasse« verbundenen Vertrauenserwartung näher oben § 2 II. (S. 47 f.).

248 Zur Entstehungsgeschichte des § 40 Abs. 1 KWG oben § 4 I. (S. 95 ff.).

249 Zum Wegfall von Anstaltslast und Gewährträgerhaftung im Jahr 2005 s. die Einleitung (S. 1) mit Fn. 1.

250 *Witte/Gregoritza,* Bezeichnungsschutz öffentlich-rechtlicher Sparkassen nach § 40 KWG auf dem Prüfstand des Europarechts, in: WM 2007, 151 (156).

Allerdings spielt die Staatlichkeit der Sparkassen trotz des Wegfalls von Anstaltslast und Gewährträgerhaftung nach wie vor eine wichtige Rolle: Die mit ihr verbundene »implizite Unterstützung«, die aus der mindestens politischen Verantwortlichkeit des staatlichen Trägers für »seine« Bank folgt, fließt weiterhin in die Bewertung ein.[251] Außerdem ist davon auszugehen, dass sich die historisch in einem längeren Prozess erworbene Vertrauensstellung, die mit der Staatlichkeit verbunden ist, auch unabhängig von einzelnen Ursachen verfestigt hat und bis in die heutige Zeit fortwirkt. Auch schon vor dem Wegfall von Anstaltslast und Gewährträgerhaftung konnte die mit der Staatlichkeit verbundene Vertrauensstellung der Sparkassen nicht mehr allein auf diesen Aspekt reduziert werden: Aus wirtschaftswissenschaftlicher Sicht ist das Vertrauen Ausdruck der inhaltlichen Kernkompetenzen der Sparkassen, das heißt ihrer regionalen und gemeinwohlbezogenen Ausrichtung. Insoweit ist die staatliche Trägerschaft nach wie vor vertrauensbildender Faktor, denn sie ist wesentliche Grundlage der für die Sparkassen charakteristischen geschäftspolitischen Ausrichtung und verleiht den Merkmalen des Gemeinwohlbezugs und der regionalen Ausrichtung erst die ihnen eigene Differenzierungskraft, weil sie diese Eigenschaften als institutionell verfestigte Sparkasseneigenschaften erscheinen lässt.[252] Neben dem Gesichtspunkt der Einlagensicherheit ist im Übrigen mindestens ebenso maßgeblich, dass die Staatlichkeit mit einer öffentlichen Legitimation und Kontrolle einhergeht, die eine an öffentlichen Interessen ausgerichtete »solide« Geschäftspolitik erwarten lässt.[253] Dem »öffentlichen Eigentum«, wird in diesem Sinn angenommen, kommt daher eine vertrauensfördernde Rolle zu, »die Groß- und Genossenschaftsbanken nicht übernehmen können«.[254] Die Vorstellung, eine Sparkasse sei als staatliches Institut eine besonders »solide« Einrichtung, hat also trotz des Wegfalls von Anstaltslast und Gewährträgerhaftung ihre Berechtigung.[255] Die Vertrauensstellung der Sparkassen wird daher nach wie vor vom Merkmal der Staatlichkeit geprägt.

---

251 *Pehla,* Der Haftungsverbund der Sparkassen-Finanzgruppe, S. 122 ff.

252 Dazu näher oben § 2 I u. II. (S. 40 ff.).

253 Vgl. zu diesem Aspekt aus wettbewerbsrechtlicher Sicht auch *OLG Frankfurt a. M.,* Urt. v. 6.12.2007 - 6 U 37/07, in: NVwZ-RR 2008, 559 (559).

254 So *Reinelt,* Der Beitrag der Sparkassen zum kommunalen Gemeinwohl, S. 149 ff., 151 (aufgrund empirischer Untersuchungen).

255 So im Ergebnis auch *Brenncke,* Zur Europarechtskonformität des Bezeichnungsschutzes für Sparkassen, in: ZBB 2007, 1 (13), unter Verweis auf die speziellen Einlagensicherungssysteme der Sparkassen; zu diesen *Pehla,* Der Haftungsverbund der Sparkassen-Finanzgruppe, durchg.

(2) Staatlichkeit und Wahrnehmung der Sparkassen als Gruppe

Die Sparkassen werden im Verkehr als homogene Gruppe wahrgenommen: »Im Alltagsbewusstsein«, so die praktische Erfahrung, ist »Sparkasse gleich Sparkasse«. Es stoße auf Unverständnis, wenn man als Sparkassenkunde bei einer anderen Sparkasse wie der Kunde einer fremden Bank behandelt werde, obwohl man doch sein Konto bei »der Sparkasse« habe.[256] Diese Wahrnehmung beruht darauf, dass die Sparkassen eine einheitliche Gruppierung bilden, die sich von den privaten Geschäftsbanken und den Genossenschaftsbanken unterscheidet (»Drei-Säulen-System«). Mit der Bezeichnung »Sparkasse« verbindet sich also die Vorstellung, dass es sich um ein Unternehmen handelt, das zu einen zusammengehörigen Verbund von Banken (»den Sparkassen«) gehört. Diese Vorstellung beruht auf der einheitlichen staatlichen Trägerstruktur der Sparkassen: Ein privater Investor wie beispielsweise eine private Geschäftsbank würde sich nicht in die Gruppe der Sparkassen einfügen, sondern in Konkurrenz zu ihnen stehen. Würde einer konkurrierenden privaten Geschäftsbank, die eine Sparkasse übernimmt, die weitere Verwendung der Bezeichnung »Sparkasse« gestattet sein, dann würde die mit der Bezeichnung »Sparkasse« verbundene »Homogenitätserwartung« des Verkehrs enttäuscht. Auch unter diesem Aspekt prägt die Staatlichkeit das Verkehrsbild der Sparkassen.

(3) Staatlichkeit und Gemeinwohlbezug

Charakteristisch für die Sparkassen und mit der Bezeichnung »Sparkasse« verbunden ist der Gemeinwohlbezug, der durch die Bindung der Sparkassen an den öffentlichen Auftrag und die Verwendung der Sparkassengewinne für öffentliche Zwecke hergestellt wird.[257] Hinzu kommt der örtliche Bezug der Sparkassentätigkeit auf das Gebiet des jeweiligen Trägers (»Regionalprinzip«), der eine besondere Kenntnis und Berücksichtigung der örtlichen Interessen erwarten lässt.[258] Da öffentlicher Auftrag und Regionalprinzip bestimmte öffentliche Interessen zum Gegenstand der Geschäfts-

256 So der ehemalige Geschäftsführende Präsident des Ostdeutschen Sparkassen- und Giroverbandes *R. Voigt,* in: DieSparkassenZeitung v. 24.6.2005, Beilage »Erfolgsfaktor Kundenorientierung«, S. B1 (»Kundenservice – wohin entwickeln sich Sparkassen?«).

257 Zu den sparkassenrechtlichen und den verfassungsrechtlichen Grundlagen des öffentlichen Auftrags und der Gewinnverwendung oben § 1 I. 2. (S. 16 ff.).

258 Zu den sparkassenrechtlichen und den verfassungsrechtlichen Grundlagen des Regionalprinzips oben § 1 I. 3. a) u. b) (S. 23 ff.).

politik machen, ist mit ihnen aus wirtschaftswissenschaftlicher Sicht ein besonderer »Kundennutzen« verbunden, der die Marke Sparkasse von anderen Bankenmarken unterscheidet.[259] Es handelt sich daher um Eigenschaften der Sparkassen, die im Verkehr von Bedeutung sind.[260] Das gilt ebenso für die Verwendung der Gewinne im öffentlichen Interesse, denn auch die Tatsache, dass die Sparkassen als »regionale Förderer« auftreten, ist ein im Verkehr erheblicher Umstand.[261] Wesentlicher Gegenstand des öffentlichen Auftrags ist nach den Sparkassengesetzen der Länder die Aufgabe der Versorgung von Bevölkerung und Wirtschaft des Geschäftsgebiets mit geld- und kreditwirtschaftlichen Leistungen aller Art. Dabei sollen bestimmte Gruppen, wie beispielsweise der örtliche Mittelstand, besonders berücksichtigt werden.[262] Der Versorgungsauftrag schließt die Bereitstellung einer entsprechenden Infrastruktur ein. Nach dieser Zielsetzung ist der öffentliche Auftrag ein qualitatives Unternehmensziel: Die aus ihm abzuleitenden geschäftspolitischen Forderungen sind nicht im Voraus quantitativ bestimmbar. Der öffentliche Auftrag ist daher nicht auf wörtliche Erfüllung, sondern auf sinngemäße Umsetzung angelegt. Seine Formulierungen lassen aufgrund ihrer Weite einen praktisch unbegrenzten unternehmerischen Ermessensspielraum. Sie sind daher als solche nicht geeignet, das unternehmerische Handeln in eine bestimmte Richtung zu lenken. Maßgeblich für die sparkassentypische geschäftspolitische Ausrichtung ist deshalb nicht allein der öffentlich Auftrag als solcher, sondern vor allem seine praktische geschäftspolitische Konkretisierung.[263]

Diese wird durch die Staatlichkeit in mehrfacher Hinsicht determiniert: Rechtsdogmatisch ist der öffentliche Auftrag für die staatlichen Sparkassen nicht in erster Linie geschäftspolitische Restriktion, sondern unverzichtbare

259 Zu dem mit Gemeinwohlbezug und Regionalität verbundenen »Kundennutzen« oben § 2 I. 1. u. 2. (S. 42 ff.).

260 *Brenncke,* Zur Europarechtskonformität des Bezeichnungsschutzes für Sparkassen, in: ZBB 2007, 1 (12 f.).

261 Ebenso *EG-Kommission,* Mit Gründen versehene Stellungnahme v. 28.6.2006 gemäß Artikel 226 des Vertrags zur Gründung der Europäischen Gemeinschaft, gerichtet an die Bundesrepublik Deutschland wegen Beschränkungen der Niederlassungsfreiheit und des freien Kapitalverkehrs aufgrund des Verbots, nach einer Privatisierung die Bezeichnung »Sparkasse« zu tragen, Vertragsverletzung Nr. 2002/4930, Az. K(2006)2527, unveröffentlicht, S. 8; *Brenncke,* Zur Europarechtskonformität des Bezeichnungsschutzes für Sparkassen, in: ZBB 2007, 1 (13).

262 Zu den verschiedenen Teilaspekten des öffentlichen Auftrags oben § 1 I. 2. a) (S. 17 ff.).

263 So auch *Schlierbach/Püttner,* Sparkassenrecht in der Bundesrepublik Deutschland, S. 36 f.

Legitimationsgrundlage, denn staatliche Wirtschaftstätigkeit ist, anders als private Wirtschaftstätigkeit, von Verfassungs wegen von vornherein nur zulässig, soweit besondere öffentliche Sachzwecke verfolgt werden. Das privatunternehmerische Motiv der Kapitalvermehrung ist dem unternehmerisch handelnden Staat daher versagt.[264] Zwar müssen auch staatliche Sparkassen Gewinne erzielen, um den Geschäftsbetrieb aufrechtzuerhalten. Dieses Gewinnmotiv hat aber eine andere Qualität als die privatunternehmerische Gewinnerzielung, denn dazu bedarf es nicht notwendig einer Gewinnmaximierung. Diese speziell mit der Staatlichkeit verbundene Interessenlage ist notwendige Vorbedingung für die Erfüllung des Versorgungsauftrags, der auch unprofitable geschäftspolitische Entscheidungen verlangt. In der praktischen Geschäftspolitik wird die Rückbindung an das öffentliche Interesse über die Aufsichts- und Kontrollgremien der Sparkassen erreicht, die mit demokratisch legitimierten Vertretern der örtlichen Bevölkerung besetzt sind.[265] Es besteht daher ein wechselseitiges Austausch- und Kontrollverhältnis zwischen Sparkasse und staatlichem Träger, das dazu führt, dass das öffentliche Interesse bereits auf der Ebene des Verfahrens Gewicht erlangt und deshalb eine Steuerung der Geschäftspolitik im Sinne des öffentlichen Auftrags gewährleistet ist.

Bei einem privaten Träger würde es an entsprechenden Anreiz- und Einwirkungsmechanismen fehlen. Rechtsdogmatisch ist der öffentliche Auftrag aus Sicht eines privaten Trägers nicht Legitimationsgrundlage, sondern allein grundrechtsbeschränkende geschäftspolitische Restriktion. Ein Anreiz, den öffentlichen Auftrag im Sinne der zugrunde liegenden öffentlichen Interessen zu konkretisieren, besteht nicht. Soweit der öffentliche Auftrag ein unrentables Handeln verlangt, besteht ein natürlicher Interessengegensatz zwischen den Zielen des öffentlichen Auftrags und den Zielen privatwirtschaftlichen Handelns, der im Zweifel zulasten des öffentlichen Auftrags gelöst würde. Der öffentliche Auftrag ist als solcher nicht geeignet, dem entgegenzuwirken, denn er bringt nur eine, wenn auch rechtsverbindliche, Programmatik zum Ausdruck. Er ist daher als qualitatives Unternehmensziel seiner Struktur nach nicht geeignet, von privaten Investoren verwirklicht zu

264 Zum verfassungsrechtlichen Erfordernis eines öffentlichen Sachzwecks als Grundlage staatlicher wirtschaftlicher Betätigung oben § 1 I. 2. a) (S. 16 f.).

265 Zu den Organisationsstrukturen ausführlich *Lüttmann,* Aufgaben und Zusammensetzung der Verwaltungsräte der kommunalen Sparkassen, S. 50 ff.

werden.[266] Einwirkungsmechanismen, die dieses strukturelle Defizit durch verfahrensrechtliche Rückbindung an das öffentliche Interesse kompensieren können, kommen nicht in Betracht: Üblicherweise unterliegen die Sparkassen einer Rechtsaufsicht.[267] Damit wäre eine weitergehende Konkretisierung des öffentlichen Auftrags nicht erreicht, denn eine Rechtsaufsicht würde sich wiederum nur auf die weiten Grenzen des öffentlichen Auftrags beziehen. Zwar kann sie grundsätzlich auch erhebliche informelle Steuerungswirkungen entfalten.[268] Diese sind aber rechtlich nicht erzwingbar, sondern setzen eine wechselseitige Kooperationsbereitschaft voraus, die nicht ohne weiteres unterstellt werden kann. Die Beaufsichtigung stellt damit kein Instrument dar, durch das die Geschäftspolitik einer privatisierten Sparkasse entscheidend im öffentlichen Interesse gesteuert werden könnte.

Der Vergleich zeigt, dass der öffentliche Auftrag als qualitatives Unternehmensziel nicht geeignet ist, von privaten Investoren in gleicher Weise verwirklicht zu werden wie von staatlichen Trägern. Die staatliche Trägerschaft kann daher als »notwendiges Korrelat« des öffentlichen Auftrags bezeichnet werden.[269] Darüber hinaus ist sie notwendige Vorbedingung für die Verwendung der Sparkassengewinne im öffentlichen Interesse, denn für einen privaten Investor kommt eine vollständige oder zumindest ganz überwiegende Verwendung der Gewinne im öffentlichen Interesse von vornherein nicht in Betracht.[270] In dieser Frage tritt der strukturelle Unter-

---

266 Aus wirtschaftswissenschaftlicher Sicht für den öffentlichen Auftrag der Sparkassen ebenso *Feess/Hege,* Regulierungsbedarf für privatisierte Sparkassen, in: Der Landkreis 2006, 803 ff.; in gleichem Sinn *Wohltmann,* Die Auseinandersetzung um § 40 KWG, in: ZG 2007, 259 (278 ff.); für qualitative Unternehmensziele im Allgemeinen auch *Bea/Haas,* Strategisches Management, S. 75 ff.

267 *Schlierbach/Püttner,* Sparkassenrecht in der Bundesrepublik Deutschland, S. 280 ff.

268 Vgl. *Burgi,* in: Erichsen/Ehlers (Hrsg.), Allgemeines Verwaltungsrecht, § 7 Rn. 46 m. w. N., der von der Beaufsichtigung als einem »handlungsbegleitend-steuernden Instrument« spricht; *Ehlers,* Die Entscheidung der Kommunen für eine öffentlich-rechtliche Organisation ihrer Einrichtungen und Unternehmen, in: DÖV 1986, 897 (905), der der Beaufsichtigung einen »erzieherischen Effekt« beimisst; am Beispiel der Kommunalaufsicht *Leisner-Eggensperger,* Direktive Beratung von Gemeinden durch die Aufsicht: Gefahren für Autonomie und Rechtsschutz?, in: DÖV 2006, 761 ff.

269 So *Wohltmann,* Die Auseinandersetzung um § 40 KWG, in: ZG 2007, 259 (279).

270 Dementsprechend lehnte die EG-Kommission im Zuge der Auseinandersetzung um § 40 Abs. 1 KWG den Vorschlag der Bundesregierung ab, die Bezeichnung »Sparkasse« durch Änderung der Norm privaten Investoren zugänglich zu machen, wenn die erzielten Gewinne vollständig oder zumindest ganz überwiegend gemeinnützigen Zwecken zugute kommen; vgl. dazu oben § 1 I. 2. b) (S. 19 f.).

schied zwischen staatlicher und privater Wirtschaftstätigkeit deutlich zutage. Der sparkassentypische Gemeinwohlbezug wird also sowohl unter dem Aspekt des öffentlichen Auftrags als auch unter dem Aspekt der Gewinnverwendung von der Staatlichkeit der Sparkassen geprägt. Dem Verkehrsschutzinteresse wäre daher nicht schon dadurch Genüge getan, dass eine privater Träger an den öffentlichen Auftrag gebunden würde. Auch im Hinblick auf das Sparkassenmerkmal des Gemeinwohlbezugs ist es als erforderlich anzusehen, die Bezeichnung »Sparkasse« staatlichen Trägern vorzubehalten.

(4) Rolle der freien Sparkassen

Die EG-Kommission begründet ihre These, auch privaten Investoren könne die Verwendung der Bezeichnung »Sparkasse« ohne Einbußen im Verkehrsschutz gestattet werden, vor allem mit den freien Sparkassen, die als Beispiel für die Verwendung der Bezeichnung »Sparkasse« durch private Träger herangezogen werden. Nach der Systematik des § 40 Abs. 1 KWG handelt es sich hierbei um einen Ausnahmefall: Grundsätzlich wird mit dem Begriff der öffentlich-rechtlichen Sparkasse in § 40 Abs. 1 Nr. 1 KWG für die Verwendung der Bezeichnung »Sparkasse« eine staatliche Trägerschaft vorausgesetzt. Die privat getragenen freien Sparkassen dürfen die Bezeichnung »Sparkasse« nach § 40 Abs. 1 Nr. 2 und 3 KWG ausschließlich unter Bestandsschutzgesichtspunkten verwenden. Im Hinblick auf das Verkehrsschutzinteresse rechtfertigt sich die Einbeziehung der freien Sparkassen in den Kreis der Bezeichnungsbefugten unter zwei Gesichtspunkten: Zum einen sind die freien Sparkassen historisch innerhalb des Sparkassensektors verwurzelt. Dadurch ist die Einbuße im Verkehrsschutz von vornherein nicht schwerwiegend, weil sie sich aufgrund ihres speziellen geschichtlichen Hintergrunds freiwillig weitgehend an die sparkassentypischen Grundprinzipien halten. Zum anderen kann die Einbuße im Verkehrsschutz durch die Zuerkennung der Bezeichnungsbefugnis auch deshalb hingenommen werden, weil es nur wenige freie Sparkassen (derzeit noch sechs) gibt.[271] Schon im Fall der freien Sparkassen lässt sich daher nicht sagen, dass die Verwendung der Bezeichnung »Sparkasse« nicht mit Einbußen im Verkehrsschutz einhergeht. Es sind ihre speziellen Charakteristika (historische Verwurzelung und geringe Anzahl), die die Einbußen lediglich als

271 Zu der Interessenlage, die dem bezeichnungsrechtlichen Bestandsschutz in § 40 Abs. 1 Nr. 2 und 3 KWG zugrunde liegt, näher oben § 4 IV. 3. (S. 144 f.).

geringfügig und hinnehmbar erscheinen lassen. Diese Charakteristika gelten für private Träger im Allgemeinen nicht. Aus der Verwendung der Bezeichnung »Sparkasse« durch die freien Sparkassen kann daher nicht verallgemeinernd geschlossen werden, dass bei einer generellen Verwendung der Bezeichnung »Sparkasse« durch private Träger Verkehrsschutzinteressen nicht betroffen wären.[272]

(5) Zusammenfassende Betrachtung

Die Bezeichnung »Sparkasse« steht in der Bundesrepublik (rein tatsächlich) für ein Kreditinstitut in staatlicher Trägerschaft. Dabei bildet das Merkmal der Staatlichkeit die Grundlage des sparkassentypischen Gemeinwohlbezugs. Es ist zudem Voraussetzung für die mit der Bezeichnung »Sparkasse« verbundene Erwartung, dass die Sparkassen eine Gruppe zusammengehöriger Banken bilden, die sich von den privaten Geschäftsbanken und den Genossenschaftsbanken unterscheidet. Außerdem ist die mit der Bezeichnung »Sparkasse« verbundene Vertrauenserwartung auf die Staatlichkeit der Institute zurückzuführen. Das Verkehrsbild der Sparkassen wird also vom Merkmal der Staatlichkeit geprägt. Berücksichtigt man die Einschätzungsprärogative des nationalen Gesetzgebers bei der Verkehrsbildkonkretisierung, kann daher nicht beanstandet werden, dass § 40 Abs. 1 KWG für die Verwendung der Bezeichnung »Sparkasse« eine staatliche Trägerschaft voraussetzt.

bb) Möglichkeit klarstellender Zusätze

Es ist allerdings nicht erforderlich, private Investoren von der Bezeichnung »Sparkasse« vollständig auszuschließen, wenn den Verkehrsschutzinteressen ebenso gut durch klarstellende Zusätze Rechnung getragen werden kann. Vorgeschlagen werden insoweit die Bezeichnungen »Sparkasse AG« oder »private« beziehungsweise »privatisierte Sparkasse«.[273] Der Zusatz »AG«

---

272 Im Ergebnis auch *Brenncke,* Zur Europarechtskonformität des Bezeichnungsschutzes für Sparkassen, in: ZBB 2007, 1 (12).

273 *EG-Kommission,* Mit Gründen versehene Stellungnahme v. 28.6.2006 gemäß Artikel 226 des Vertrags zur Gründung der Europäischen Gemeinschaft, gerichtet an die Bundesrepublik Deutschland wegen Beschränkungen der Niederlassungsfreiheit und des freien Kapitalverkehrs aufgrund des Verbots, nach einer Privatisierung die Bezeichnung »Sparkasse« zu tragen, Vertragsverletzung Nr. 2002/4930, Az. K(2006)2527, unveröffentlicht, S. 9 f.; *Brenncke,* Zur Europarechtskonformität des Bezeichnungsschutzes für Sparkassen, in: ZBB 2007, 1 (15 f.): »privatisierte

kennzeichnet allerdings nur eine Rechtsform und sagt nichts darüber aus, ob diese dem Staat oder einem Privaten zuzuordnen ist. Würde beispielsweise eine staatliche Sparkasse formell privatisiert, wäre auch sie verpflichtet, als »AG« zu firmieren (§ 4 AktG). Der Zusatz »AG« ist daher nicht geeignet, auf eine private Trägerschaft hinzuweisen. Als milderes Mittel kommt allein die Kennzeichnung als »private« oder »privatisierte Sparkasse« in Betracht. Eine Alternativmaßnahme ist nur dann als milderes Mittel anzusehen, wenn durch sie das Regelungsziel mit gleicher Wirksamkeit und Effizienz erreicht werden kann.[274] Für den Bezeichnungsschutz bedeutet dies, dass dem § 40 Abs. 1 KWG zugrunde liegenden Verkehrsschutzinteresse in gleicher Weise durch den Zusatz »privat« beziehungsweise »privatisiert« Genüge getan sein müsste. Das ist nur dann der Fall, wenn durch einen solchen Zusatz eine Verwechslung des privatisierten Instituts mit der Gruppe der »Sparkassen« im herkömmlichen Sinn ausgeschlossen würde.

Ist zu beurteilen, ob mit einer bestimmten Gestaltung eine Irreführung einhergeht, legt der Europäische Gerichtshof das Leitbild des »verständigen Durchschnittsverbrauchers« zugrunde.[275] Dieses Leitbild wird für den kennzeichenrechtlichen Begriff der Verwechslungsgefahr durch spezielle Grundsätze konkretisiert, von denen auch der Europäische Gerichtshof in seiner Rechtsprechung zur Markenrichtlinie (RL 89/104/EWG) ausgeht. Eine Verwechslung liegt danach vor, wenn zwei Bezeichnungen unrichtig demselben Unternehmen zugeordnet werden (»Verwechslung im engen Sinn«) oder wenn zumindest unrichtigerweise ein wirtschaftlicher oder organisatorischer Zusammenhang zwischen den Unternehmen angenommen wird (»Verwechslung im weiten Sinn«). Ob eine entsprechende Gefahr besteht, hängt nicht nur von der Ähnlichkeit der Kennzeichen, sondern auch von ihrer Kennzeichnungskraft ab: Je länger und umfassender ein bestimmtes Kennzeichen als Hinweis für ein Unternehmen verwendet wird, desto

---

Sparkasse«; *Geschwandtner/Bach,* Bezeichnungsschutz für Sparkassen, quo vadis?, in: NJW 2007, 129 (133): »Sparkasse AG«.

274 *Ehlers,* in: ders. (Hrsg.), Europäische Grundrechte und Grundfreiheiten, § 7 Rn. 96; *Jarass,* Elemente einer Dogmatik der Grundfreiheiten II, in: EuR 2000, 705 (722); *Pache,* Der Grundsatz der Verhältnismäßigkeit in der Rechtsprechung der Gerichte der europäischen Gemeinschaften, in: NVwZ 1999, 1033 (1036).

275 Vgl. *EuGH,* Urt. v. 6.7.1995 – C-470/93, in: Slg. 1995, I-1923 ff., Rn. 24 – Mars (keine Irreführung über die zusätzliche Menge durch großflächigen Verpackungsaufdruck »+ 10 %«); *EuGH,* Urt. v. 13.1.2000 – C-220/98, in: Slg. 2000, I-117 ff., Rn. 27 – Estée Lauder (keine Irreführung über die Wirkweise einer Hautcreme durch Verwendung der Bezeichnung »Lifting«); *W. Schroeder,* in: Streinz, EGV, Art. 30 Rn. 37; *Leible,* in Grabitz/Hilf, Recht der EU, Art. 28 EGV Rn. 36 m. w. N.

eher ist anzunehmen, dass ein anderes, ähnliches Kennzeichen mit ihm verwechselt wird. Speziell für Bezeichnungen mit mehreren Bestandteilen gilt zudem, dass sie im Verkehr nicht unmittelbar verglichen, sondern im Erinnerungsbild auf den kennzeichnungskräftigen (und damit wesentlichen) Bestandteil reduziert werden.[276] Die Bezeichnung »Sparkasse« besitzt aufgrund jahrzehntelanger Verwendung als Hinweis auf die Gruppe der Sparkassen eine hohe Kennzeichnungskraft. Ihr ist daher ein weitreichender Schutzbereich zuzubilligen. Demgegenüber fällt ein Zusatz wie »privat« oder »privatisiert« kaum ins Gewicht: Aufgrund des hohen Wiedererkennungswerts der Bezeichnung »Sparkasse« ist davon auszugehen, dass auch eine privatisierte Sparkasse im Verkehr praktisch nur als »Sparkasse« bezeichnet würde. Das Institut würde damit unrichtigerweise der Gruppe der staatlichen Sparkassen zugeordnet (Verwechslung im engen Sinn). Selbst wenn man davon ausgehen würde, dass sich der Zusatz »privat« oder »privatrechtlich« im Verkehr als Hinweis auf die private Trägerschaft durchsetzen würde, würden der Wiedererkennungswert der Bezeichnung »Sparkasse« und die Wahrnehmung der Sparkassen als zusammengehörige Gruppe jedenfalls dazu führen, dass unrichtigerweise wirtschaftliche oder organisatorische Verbindungen zur Gruppe der Sparkassen angenommen würden (Verwechslung im weiten Sinn). Im Ergebnis ist daher auch ein Zusatz wie »privat« oder »privatrechtlich« nicht geeignet, Irreführungen über den tatsächlichen Charakter des Instituts wirksam zu vermeiden.[277] Ein entsprechender Zusatz kann daher nicht als milderes Mittel des Verkehrsschutzes angesehen werden.

Dem wird Art. 18 der Bankenrichtlinie (RL 2006/48/EG) entgegengehalten, der die Verwendung der Bezeichnung »Sparkasse« im grenzüberschreitenden Verkehr regelt und sie ausländischen Sparkassen in der Bundesrepublik gestattet, wenn sie einen auf ihr Sitzland hinweisenden Zusatz hinzufügen.[278] Daraus ergebe sich, dass auch ein Zusatz wie »privat« oder »privatrechtlich« im Hinblick auf die private Trägerschaft eine hinreichend

276 Zum kennzeichenrechtlichen Begriff der Verwechslungsgefahr und zur Verwechslungsfähigkeit der Bezeichnungen »Sparkasse« und »private Sparkasse« näher unten § 5 IV. 1. a) (S. 237 ff.).

277 So zutreffend *Vogel,* Schutz der Bezeichnung »Sparkasse« und europäische Grundfreiheiten, in: ZBB 2007, 130 (137).

278 Zu Art. 18 Bankenrichtlinie im Zusammenhang mit der Umsetzungsnorm des § 41 Satz 2 KWG oben § 4 V. (S. 145 ff.).

klarstellende Wirkung habe.[279] Art. 18 Bankenrichtlinie lässt sich allerdings lediglich entnehmen, dass das Interesse ausländischer Sparkassen, ihre angestammte Bezeichnung grenzüberschreitend zu verwenden, vorrangig ist gegenüber den nationalen Verkehrsschutzinteressen. Diesen wird durch den Hinweis auf den Sitzstaat zwar Rechnung getragen. Damit ist aber nicht ausgesagt, dass dadurch Verwechslungsgefahren vollständig ausgeschlossen würden.[280] Schon deshalb kann aus Art. 18 Bankenrichtlinie nicht geschlossen werden, ein Zusatz wie »privat« oder »privatisiert« sei geeignet, Verwechslungen auszuschließen. Dagegen spricht auch die Unterschiedlichkeit der Zusätze: Der Hinweis auf einen ausländischen Sitz ist auffälliger und daher eher geeignet, im Verkehr wahrgenommen zu werden, als ein Zusatz wie »privat« oder »privatisiert«. Zudem ist das Klarstellungsbedürfnis im Privatisierungsfall größer, weil das privatisierte Institut äußerlich gesehen unverändert bleibt, während bei der grenzüberschreitenden Expansion einer ausländischen Sparkasse schon dem äußeren Erscheinungsbild nach ein neues Unternehmen am Markt tätig wird.[281] Die Wertung des Art. 18 Bankenrichtlinie kann also auch wegen der unterschiedlichen bezeichnungsrechtlichen Interessenlage nicht auf den Fall der Sparkassenprivatisierung übertragen werden.

Im Ergebnis ist es wegen der bestimmenden Wirkung des Merkmals der Staatlichkeit für das Verkehrsbild der Sparkassen aus Gründen des Verkehrsschutzes erforderlich, die Bezeichnung »Sparkasse« staatlichen Trägern vorzubehalten, denn auch Zusätze wie »privat« oder »privatisiert« kommen als mildere Mittel des Verkehrsschutzes nicht in Betracht. Der Bezeichnungsschutz beeinträchtigt die geschäftliche Autonomie als solche nicht und ist deshalb kein ernsthaftes Marktzugangshindernis. Daher fehlt es an sich bereits an einer rechtfertigungsbedürftigen Beschränkung von Kapital- und Niederlassungsfreiheit.[282] Wenn man (im Hinblick auf die großzügige

---

279 *EG-Kommission,* Mit Gründen versehene Stellungnahme v. 28.6.2006 gemäß Artikel 226 des Vertrags zur Gründung der Europäischen Gemeinschaft, gerichtet an die Bundesrepublik Deutschland wegen Beschränkungen der Niederlassungsfreiheit und des freien Kapitalverkehrs aufgrund des Verbots, nach einer Privatisierung die Bezeichnung »Sparkasse« zu tragen, Vertragsverletzung Nr. 2002/4930, Az. K(2006)2527, unveröffentlicht, S. 9; *Brenncke,* Zur Europarechtskonformität des Bezeichnungsschutzes für Sparkassen, in: ZBB 2007, 1 (16).

280 Zur kennzeichenrechtlichen Kollisionslage näher unten § 5 IV. 2. a) (S. 244 ff.).

281 Zu der Art. 18 der Bankenrichtlinie zugrunde liegenden Interessenlage oben § 4 VII. 2. (S. 157 f.): keine analoge Anwendbarkeit auf den Fall des grenzüberschreitenden Erwerbs.

282 Dazu oben § 4 VII. 3. a) bb) (S. 162 ff.).

Rechtsprechung des Europäischen Gerichtshofs) dennoch eine Beeinträchtigung annehmen würde, wäre diese jedenfalls als nicht schwerwiegend anzusehen und stünde daher zu dem mit § 40 Abs. 1 KWG verfolgten Verkehrsschutzinteresse nicht außer Verhältnis. Die Bezeichnungsvoraussetzung der Staatlichkeit trägt daher dem Schutzinteresse des Verkehrs und damit einem »zwingenden Grund des Allgemeininteresses« in verhältnismäßiger Weise Rechnung und ist deshalb jedenfalls als gerechtfertigt anzusehen. § 40 Abs. 1 KWG ist also mit dem europäischen Gemeinschaftsrecht vereinbar.

4. Politischer Kompromiss zwischen Bundesregierung und Kommission

Ende des Jahres 2006 wurde das Vertragsverletzungsverfahren, das die EG-Kommission wegen § 40 Abs. 1 KWG eingeleitet hatte, auf der Grundlage eines politischen Kompromisses mit der Bundesregierung vorerst eingestellt.[283] Die Bundesregierung hat darin zugesagt, § 40 Abs. 1 KWG künftig stets in einer Weise anzuwenden, »die nicht gegen die Niederlassungsfreiheit und den freien Kapitalverkehr verstößt«.[284] Mit diesem Verweis auf den Anwendungsvorrang des Gemeinschaftsrechts vor dem nationalen Recht wird nur eine rechtliche Selbstverständlichkeit ausdrücklich bekräftigt.[285] Ob die Bezeichnungsvoraussetzung der Staatlichkeit tatsächlich nicht mit dem Gemeinschaftsrecht vereinbar ist, wurde offengelassen. Nur für den Fall der Berliner Sparkasse, der das Vertragsverletzungsverfahren eigentlich ausgelöst hatte, wurde ausdrücklich festgehalten, »dass dem Schutz der Bezeichnung ›Sparkasse‹ gemäß § 40 Kreditwesengesetz das höherrangige, direkt anwendbare Gemeinschaftsrecht – insbesondere die Beihilfeentscheidung der Kommission – vorgeht«, was zur Folge habe, dass § 40 Abs. 1 KWG der weiteren Nutzung des Namens »Berliner Sparkasse«

---

283 Zum Vertragsverletzungsverfahren und zur Auseinandersetzung zwischen Bundesregierung und EG-Kommission um § 40 Abs. 1 KWG näher die Einleitung (S. 2 ff.).

284 Vgl. *EG-Kommission,* Pressemitteilung IP/06/1992 v. 6.12.2006 (»Einigung im Sparkassenstreit«); *Bundesministerium der Finanzen,* Pressemitteilung Nr. 146/2006 v. 6.12.2006 (»Einigung im Sparkassenstreit«).

285 Zum Anwendungsvorrang des Gemeinschaftsrechts gegenüber dem nationalen Recht *EuGH,* Urt. v. 7.2.1999 – C-184/89, in: Slg. 1991, I-297 ff., Rn. 19 ff. – Nimz; *BVerfG,* Urt. v. 28.1.1992 – 1 BvR 1025/82 u. a., in: BVerfGE 85, 191 (204); *BVerfG,* Beschl. v. 8.4.1987 – 2 BvR 687/85, in: BVerfGE 75, 223 (244); *BVerwG,* Urt. v. 29.11.1990 – 3 C 77/87, in: BVerwGE 87, 154 (158); *Ehlers,* in: Schulze/Zuleeg (Hrsg.), Europarecht, § 11 Rn. 10 ff.

nicht entgegenstehe. Der Fall der Berliner Sparkasse, der durch beihilferechtliche Besonderheiten gekennzeichnet war, hat sich mittlerweile erledigt: Das Institut wurde im Jahr 2007 an den Deutschen Sparkassen- und Giroverband veräußert, so dass es zu einer materiellen Privatisierung nicht gekommen ist.[286] In der Tendenz ist die gefundene Kompromissformel allerdings so zu verstehen, dass die weitere Klärung als Problem ausdrücklich identifiziert und künftigen Fällen vorbehalten worden ist. Es stellt sich daher die Frage, ob und in welcher Weise die Bundesregierung im innerstaatlichen Verhältnis auf eine Nichtanwendung des § 40 Abs. 1 KWG im Privatisierungsfall hinwirken könnte (a.), und ob dies mit der Bindung der vollziehenden Gewalt an Gesetz und Recht (Art. 20 Abs. 3 GG) vereinbar wäre (b.).

a) Einwirkungsmöglichkeiten im Innenverhältnis

Wenn ein Unternehmen die Bezeichnung »Sparkasse« nach § 40 Abs. 1 KWG unbefugt führt, ist es nach § 43 Abs. 2 KWG Aufgabe des für Firmierungsfragen zuständigen Registergerichts, die Firma »Sparkasse« von Amts wegen aus dem Handelsregister zu löschen und ihre weitere Verwendung gemäß § 37 Abs. 2 HGB zu untersagen.[287] Die Bundesregierung hat keine Möglichkeit, unmittelbar Einfluss auf die Entscheidung des Registergerichts zu nehmen. Das Gericht müsste die Frage der Gemeinschaftsrechtskonformität des § 40 Abs. 1 KWG eigenständig prüfen. Nur wenn es hierbei selbst zu der Überzeugung gelangen würde, § 40 Abs. 1 KWG verstoße gegen das Gemeinschaftsrecht, könnte und müsste das Gericht die Norm wegen des Anwendungsvorrangs des Gemeinschaftsrechts im Privatisierungsfall unangewendet lassen. Es könnte die Frage der Gemeinschaftsrechtskonformität aber auch durch ein Vorabentscheidungsverfahren gemäß Art. 234 EGV durch den Europäischen Gerichtshof autoritativ klären lassen. Eine Verpflichtung dazu besteht allerdings nicht, denn nach Art. 234 Abs. 3 EGV ist nur das letztinstanzliche Gericht zur Vorlage verpflichtet. Dazu würde es insbesondere kommen, wenn das Registergericht einer privatisierten Sparkasse die Verwendung der Bezeichnung »Sparkasse« wegen § 40

286 Zu den beihilferechtlichen Hintergründen und zur Veräußerung der Berliner Sparkasse an den Deutschen Sparkassen- und Giroverband näher oben § 3 I. 2. b) bb) (S. 66 ff.).

287 Zur Kompetenzverteilung zwischen Registergericht und Bundesanstalt für Finanzdienstleistungsaufsicht näher oben § 4 VI. (S. 147 ff.).

Abs. 1 KWG untersagen würde und der private Erwerber dagegen vorgehen und den Rechtsweg ausschöpfen würde. Auf diese Weise könnte ein privater Investor eine autoritative Klärung der Frage nach der Gemeinschaftsrechtskonformität des § 40 Abs. 1 KWG erreichen.

Die Entscheidung des Registergerichts kann von der Bundesanstalt für Finanzdienstleistungsaufsicht in zweifacher Weise beeinflusst werden: Zum einen ist die Bundesanstalt für Finanzdienstleistungsaufsicht gemäß § 43 Abs. 3 KWG im registergerichtlichen Verfahren antrags- und rechtsmittelberechtigt (§§ 19 ff. FGG). Würde sie auf dieser Grundlage den Rechtsweg ausschöpfen, wäre das letztinstanzliche Gericht gemäß Art. 234 Abs. 3 EGV zur Einleitung eines Vorabentscheidungsverfahrens vor dem Europäischen Gerichtshof verpflichtet. Zum anderen »entscheidet« die Bundesanstalt für Finanzdienstleistungsaufsicht gemäß § 42 Satz 1 KWG »in Zweifelsfällen, ob ein Unternehmen zur Führung der in den §§ 39 und 40 genannten Bezeichnungen befugt ist«. Nach zutreffender Auffassung handelt es sich bei einer solchen »Entscheidung« nicht nur um eine unverbindliche Stellungnahme, sondern um einen feststellenden Verwaltungsakt, der die Rechtslage gegenüber dem Registergericht verbindlich konkretisiert.[288] Bei der Privatisierung einer Sparkasse handelt es sich, bei objektivierter Betrachtung, um einen bezeichnungsrechtlichen Zweifelsfall im Sinne des § 42 Satz 1 KWG, da Auslegung und Vereinbarkeit des § 40 Abs. 1 KWG mit dem Gemeinschaftsrecht in dieser Konstellation umstritten sind. Die Voraussetzungen für die Wahrnehmung der Zweifelsfallkompetenz aus § 42 Satz 1 KWG wären damit erfüllt: Die Bundesanstalt wäre befugt, im Privatisierungsfall eine rechtsverbindliche Auslegung des § 40 Abs. 1 KWG vorzugeben und gegebenenfalls dessen Nichtanwendung mit Rücksicht auf das Gemeinschaftsrecht anzuordnen. Das Registergericht wäre daran gebunden. Eine firmenrechtliche Beanstandung der Verwendung der Bezeichnung »Sparkasse« durch ein privatisiertes Institut wäre dadurch ausgeschlossen.

Die Bundesregierung könnte die Bundesanstalt für Finanzdienstleistungsaufsicht anweisen, von ihren Einwirkungsmöglichkeiten im registergerichtlichen Verfahren Gebrauch zu machen, denn diese ist eine bundesunmittelbare rechtsfähige Anstalt des öffentlichen Rechts im Geschäftsbereich des Bundesministeriums der Finanzen und untersteht dessen Rechts- und Fach-

---

288 Zur Verbindlichkeit einer Zweifelsfallentscheidung nach § 42 KWG oben § 4 VI. (S. 148 ff.).

aufsicht.[289] Eine solche Weisung könnte zum einen darauf gerichtet sein, dass die Bundesanstalt von ihrer Rechtsmittelberechtigung (§ 43 Abs. 3 KWG) Gebrauch macht. Damit stünde der Bundesregierung sogar selbst die Möglichkeit offen, eine Vorlage an den Europäischen Gerichtshof gemäß Art. 234 Abs. 3 EGV über den »Umweg« des registergerichtlichen Rechtsmittelverfahrens zu bewirken und eine autoritative Klärung der Frage nach der Gemeinschaftsrechtskonformität des § 40 Abs. 1 KWG zu erreichen. Gegenstand einer Weisung der Bundesregierung könnte aber auch die Zweifelsfallkompetenz aus § 42 Satz 1 KWG sein: Die Bundesanstalt würde dann angewiesen, gegenüber dem Registergericht verbindlich festzustellen, dass die Verwendung der Bezeichnung »Sparkasse« durch ein privatisiertes Institut mit § 40 Abs. 1 KWG vereinbar ist. Im Ergebnis verfügt die Bundesregierung damit über ein rechtliches Mittel, die Nichtanwendung des § 40 Abs. 1 KWG auf ein privatisiertes Institut über die ihr untergeordnete Bundesanstalt für Finanzdienstleistungsaufsicht durchzusetzen. Allerdings würde eine Zweifelsfallentscheidung nach dem klaren Wortlaut des § 42 Satz 1 KWG nur das für Firmierungsfragen zuständige Registergericht binden. Wenn der Deutsche Sparkassen- und Giroverband auf der Grundlage seines privatrechtlichen Markenrechts an der Bezeichnung »Sparkasse« gegen das privatisierte Institut vorgehen würde, müsste das mit dem Rechtsstreit befasste Gericht ebenfalls prüfen, ob die Verwendung der Bezeichnung »Sparkasse« durch das privatisierte Institut mit § 40 Abs. 1 KWG vereinbar ist.[290] Auf diese Entscheidung könnten Bundesregierung und Bundesanstalt keinen Einfluss nehmen. Die Bundesregierung könnte also die Anwendung des § 40 Abs. 1 KWG im Privatisierungsfall nicht in jeder Konstellation ausschließen. Ihre Einwirkungsmöglichkeit wäre von vornherein auf das für Firmierungsfragen zuständige Registergericht begrenzt.

b) Vereinbarkeit mit der Bindung an Gesetz und Recht

Gegen die Übereinkunft zwischen Bundesregierung und Kommission wird eingewandt, es drohe eine »faktische Aushöhlung« des § 40 Abs. 1 KWG

---

289 § 1 Abs. 1 u. § 2 des Gesetzes über die Bundesanstalt für Finanzdienstleistungsaufsicht (v. 22.4.2002, in: BGBl. I S. 1310; zuletzt geändert durch Gesetz v. 17.11.2006, in: BGBl. I S. 2606).

290 Zur Bedeutung von § 40 Abs. 1 KWG für die privatrechtlichen Kennzeichenrechte an der Bezeichnung »Sparkasse« unten § 5 IV. 1. b) (S. 241 ff.).

am Willen des Gesetzgebers vorbei.[291] Damit ist die Frage gestellt, ob es mit der Bindung der vollziehenden Gewalt an Gesetz und Recht (Art. 20 Abs. 3 GG) vereinbar wäre, wenn die Bundesregierung oder die Bundesanstalt von der ihnen rechtlich gegebenen Möglichkeit Gebrauch machen würden, auf eine Nichtanwendung des § 40 Abs. 1 KWG durch das Registergericht hinzuwirken. Nach Art. 20 Abs. 3 GG darf die Exekutive, also auch die Bundesregierung, ein Parlamentsgesetz nicht einfach außer Acht lassen oder auf dessen Nichtanwendung hinwirken. Eine entsprechende Bindung besteht allerdings nicht, wenn vorrangiges Gemeinschaftsrecht entgegensteht (aa.). Für § 40 Abs. 1 KWG fehlt es an einer autoritativen Klärung durch den Europäischen Gerichtshof. Es stellt sich daher die Frage, wie es sich auf die Gesetzesbindung auswirkt, wenn die Gemeinschaftsrechtskonformität einer Norm lediglich umstritten ist (bb.).

aa) Anwendungsvorrang des Gemeinschaftsrechts

Wenn ein Parlamentsgesetz gegen das Gemeinschaftsrecht verstößt, gilt der Anwendungsvorrang des Gemeinschaftsrechts und die Verwaltung ist nicht nur befugt, sondern auch verpflichtet, das Gesetz im konkreten Kollisionsfall unangewendet zu lassen.[292] Eine Anordnung der Bundesregierung, § 40 Abs. 1 KWG auf eine privatisierte Sparkasse nicht anzuwenden, wäre daher mit der Gesetzesbindung aus Art. 20 Abs. 3 GG vereinbar, wenn die Norm gegen das Gemeinschaftsrecht verstoßen würde. Eine autoritative Klärung durch den Europäischen Gerichtshof fehlt allerdings. Die Gemeinschaftsrechtskonformität der Norm ist lediglich umstritten. Dass sie tatsächlich gegen das Gemeinschaftsrecht verstößt und deshalb der Anwendungsvorrang des Gemeinschaftsrechts ihrer Anwendung entgegensteht, steht nicht fest. Sicher könnte davon ohne autoritative Klärung durch den Europäischen Gerichtshof nur dann ausgegangen werden, wenn sich Bundesregierung und Kommission in einem künftigen Fall erneut auf eine Nichtanwendung des § 40 Abs. 1 KWG verständigen würden und diese Abrede

291 So der Beschlussantrag der Fraktion DIE LINKE, in: BT-Drucks., 16/3797 v. 13.12.2006, S. 1 u. 3; in diesem Sinn auch *Wohltmann,* Auseinandersetzung um § 40 KWG vorerst beendet, in: Der Landkreis 2007, 7 (8); *ders.,* Die Auseinandersetzung um § 40 KWG, in: ZG 2007, 259 (271 ff.).

292 *EuGH,* Urt. v. 22.6.1989 – 103/88, in: Slg. 1989, 1861 ff. – Costanzo; *Jarass,* in: Jarass/Pieroth, Grundgesetz, Art. 23 Rn. 42; *Pernice,* in: Dreier, Grundgesetz, Art. 23 Rn. 31; *Kahl,* in: Calliess/Ruffert, EGV, Art. 10 Rn. 43; *Streinz/Herrmann,* Das apothekenrechtliche Mehr- und Fremdbesitzverbot aus der Perspektive des Gemeinschaftsrechts, in: EuZW 2006, 455 (458).

selbst als vorrangiges Gemeinschaftsrecht angesehen werden könnte, das einer innerstaatlichen Anwendung der Norm entgegensteht.

Von Rechtsverbindlichkeit wird bei Vereinbarungen zwischen der Kommission und einzelnen Mitgliedstaaten auf dem Gebiet des Beihilferechts ausgegangen.[293] Sie haben eine dem Sekundärrecht der Europäischen Gemeinschaft vergleichbare Wirkung[294] und bilden daher selbst vorrangiges Gemeinschaftsrecht. Das entnimmt der Europäische Gerichtshof dem Regelungszusammenhang der Art. 87 und 88 EGV: Nach Art. 88 Abs. 1 EGV ist die Kommission verpflichtet, fortlaufend und »in Zusammenarbeit mit den Mitgliedstaaten« die Beihilferegelungen in den Mitgliedstaaten zu überprüfen. Bei Bedarf schlägt sie »zweckdienliche Maßnahmen« vor, um die Vereinbarkeit der mitgliedstaatlichen Beihilferegelungen mit dem gemeinsamen Markt (Art. 87 EGV) sicherzustellen. Der EG Vertrag geht also für den Vollzug der beihilferechtlichen Vorgaben von einem besonderen Kooperationsverhältnis zwischen der Kommission und den einzelnen Mitgliedstaaten aus. Der Europäische Gerichtshof leitet daraus eine Verpflichtung »zu regelmäßiger und laufender Zusammenarbeit« ab, »von der sich weder die Kommission noch ein Mitgliedstaat für einen unbestimmten, allein vom Willen des einen oder des anderen Teils abhängigen Zeitraum freimachen können«. Vereinbarungen zwischen der Kommission und einem Mitgliedstaat über einzelne mitgliedstaatliche Beihilfen seien Ausdruck dieses Kooperationsverhältnisses und daher als verbindliche Konkretisierungen der beihilferechtlichen Vorgaben anzusehen.[295]

Die Verbindlichkeit beihilferechtlicher Absprachen beruht auf den Besonderheiten des Beihilferechts. Sie ist auf Absprachen auf anderen Gebieten des Gemeinschaftsrechts nicht übertragbar, die als politische Absprachen rechtlich unverbindlich bleiben. Eine Absprache zwischen Bundesregierung und Kommission, § 40 Abs. 1 KWG auf ein privatisiertes Institut mit Rücksicht auf das Gemeinschaftsrecht nicht anzuwenden, kann daher nicht selbst als vorrangiges Gemeinschaftsrecht angesehen werden, das geeignet

293 *EuGH,* Urt. v. 15.10.1996 – C-311/94, in: Slg. 1996, I-5023 ff., Rn. 35 ff. – IJssel-Vliet; *EuGH,* v. 24.3.1993 – C-313/90, in: Slg. 1993, I-1125 ff., Rn. 35 f. – CIRFS u. a./Kommission; *Geiger,* EUV/EGV, Art. 88 EGV Rn. 3; *Bär-Boussière,* in: Schwarze, EU-Kommentar, Art. 88 EGV Rn. 11; *v. Wallenberg,* in: Grabitz/Hilf, Das Recht der Europäischen Union, Art. 88 EGV Rn. 119; *Pautsch,* Privatisierung des öffentlichen Bankensektors, S. 105 f.

294 In diesem Sinn *Geiger,* EUV/EGV, Art. 88 EGV Rn. 3.

295 *EuGH,* Urt. v. 15.10.1996 – C-311/94, in: Slg. 1996, I-5023 ff., Rn. 36 f. – IJssel-Vliet.

wäre, § 40 Abs. 1 KWG innerstaatlich zu verdrängen. Speziell für eine »Nichtanwendungsabrede«, die mit dem Anwendungsvorrang des Gemeinschaftsrechts begründet wird, kommt hinzu, dass die inhaltliche Reichweite des Gemeinschaftsrechts nicht zur Disposition von Kommission und Mitgliedstaat steht, sondern allein vom Europäischen Gerichtshof verbindlich festgestellt werden kann. Will die Kommission über die Gemeinschaftsrechtskonformität des nationalen Rechts eine verbindliche Aussage herbeiführen, muss sie daher ein Vertragsverletzungsverfahren vor dem Europäischen Gerichtshof nach Art. 226 EGV einleiten. Ein solches Vorgehen kommt aus Sicht der Kommission insbesondere dann in Betracht, wenn die Bundesregierung eine politische Zusage, § 40 Abs. 1 KWG auf privatisierte Sparkassen nicht anzuwenden, im Innenverhältnis nicht einhalten kann, weil etwa politische Gründe oder die Bindung an Gesetz und Recht aus Art. 20 Abs. 3 GG entgegenstehen.

bb) Anwendungsvorrang bei umstrittener Gemeinschaftsrechtskonformität

Ist die Vereinbarkeit einer Norm mit dem Gemeinschaftsrecht umstritten, steht ein Verstoß gegen das Gemeinschaftsrecht aber nicht fest, kann ein möglicher Verstoß gegen das Gemeinschaftsrecht von vornherein vermieden werden, wenn eine entsprechende Auslegung der Norm möglich ist. Ein solches Vorgehen kann mit Rücksicht auf die Pflicht zur Gemeinschaftstreue (Art. 10 EGV) sogar geboten sein.[296] Eine Auslegung, die einem möglichen Konflikt mit dem Gemeinschaftsrecht zuvorkommt, ist allerdings mit der Bindung an Gesetz und Recht aus Art. 20 Abs. 3 GG nur vereinbar, wenn sie dem Gesetz mithilfe der anerkannten Methoden juristischer Auslegung entnommen werden kann. Nur dann läge der mit Rücksicht auf die umstrittene Gemeinschaftsrechtskonformität angenommene Norminhalt noch innerhalb des von der Gesetzesbindung tolerierten Auslegungsspielraums. § 40 Abs. 1 KWG lässt im Hinblick auf die Verwendung der Bezeichnung »Sparkasse« durch ein privatisiertes Institut keinen Auslegungsspielraum: Weder fällt das Institut, gleich welche Rechtskonstruktion zugrunde liegt, unter den Begriff der öffentlich-rechtlichen Sparkasse in § 40 Abs. 1 Nr. 1 KWG noch besteht Spielraum für eine unmittelbare oder entsprechende Anwendung des bezeichnungsrechtlichen Bestandsschutzes aus § 40 Abs. 1

---

296 *Wohltmann,* Die Auseinandersetzung um § 40 KWG, in: ZG 2007, 259 (273 f.) m. w. N.

Nr. 2 und 3 KWG.[297] Daher ist es nicht möglich, den Streit um die Gemeinschaftsrechtskonformität des § 40 Abs. 1 KWG zum Anlass zu nehmen, die Norm so auszulegen, dass ein möglicher Verstoß gegen das Gemeinschaftsrecht von vornherein vermieden würde. Eine solche »gemeinschaftsrechtskonforme« Auslegung würde, da ein entsprechender Auslegungsspielraum nicht besteht, gegen die Gesetzesbindung verstoßen.

Bestehen nach den anerkannten Auslegungsmethoden keine Interpretationsspielräume, die eine Berücksichtigung der Zweifel an der Gemeinschaftsrechtskonformität gestatten, dann fordert die Gesetzesbindung aus Art. 20 Abs. 3 GG eine strikte Befolgung der Norm durch die Exekutive. Der Gesetzgeber kann auf die Diskussion um die Gemeinschaftsrechtskonformität reagieren und die Norm »vorauseilend« anpassen. Im Übrigen bleibt die Exekutive an den Norminhalt gebunden. Bloße Zweifel an der Gemeinschaftsrechtskonformität berechtigen nicht dazu, eine Norm außer Acht zu lassen. Erst recht würde dies für die Absicht gelten, eine Auseinandersetzung auf europäischer Ebene im Vertragsverletzungsverfahren aus politischen Gründen zu meiden. Das anderenfalls schwer erträgliche und mit Art. 20 Abs. 3 GG nicht zu vereinbarende Ergebnis wäre eine »selektive Gesetzmäßigkeit« je nachdem, zu welchem Ergebnis die Verwaltung bei der Prüfung der Gemeinschaftsrechtskonformität eines Parlamentsgesetzes (oder aufgrund politischer Erwägungen) gelangen würde.[298] Eine Ausnahme wird im Schrifttum nur für den Fall angenommen, dass offenkundig ist, dass eine Norm gegen das Gemeinschaftsrecht verstößt.[299] Mit Rücksicht auf den Verfassungsrang der Gesetzesbindung ist allerdings ein enges Verständnis geboten: Von einer offenkundigen Gemeinschaftsrechtswidrigkeit kann nur ausgegangen werden, wenn es sich um einen klaren und evidenten Verstoß handelt und vernünftige Gründe, die für die Vereinbarkeit der Norm mit dem Gemeinschaftsrecht sprechen, nicht ersichtlich sind. Im Fall des

---

297 S. dazu oben § 4 III. 1. b) (S. 108 ff.) und § 4 IV. 3. (S. 140 ff.).

298 So kritisch zur Nichtanwendungskompetenz der Verwaltung *Schmidt-Aßmann,* Deutsches und Europäisches Verwaltungsrecht, in: DVBl. 1993, 924 (933); *M. Brenner,* Der Gestaltungsauftrag der Verwaltung in der Europäischen Union, S. 275; *Pietzcker,* Zur Nichtanwendung europarechtswidriger Gesetze seitens der Verwaltung, in: FS Everling, Bd. 2, S. 1095 (1100 ff.).

299 Vgl. *Kahl,* in: Calliess/Ruffert, EGV, Art. 10 Rn. 43; *Streinz/Herrmann,* Das apothekenrechtliche Mehr- und Fremdbesitzverbot aus der Perspektive des Gemeinschaftsrechts, in: EuZW 2006, 455 (458); *Semmroth,* DocMorris als Einfallstor für Normverwerfungskompetenz der Verwaltung, in: NVwZ 2006, 1378 (1380 f.); *Pietzcker,* Zur Nichtanwendung europarechtswidriger Gesetze seitens der Verwaltung, in: FS Everling, Bd. 2, S. 1095 (1109).

§ 40 Abs. 1 KWG ist die Gemeinschaftsrechtskonformität zwar umstritten, es sprechen aber gewichtige Gründe dafür, dass die Norm mit dem Gemeinschaftsrecht vereinbar ist.[300] Eine offenkundige Gemeinschaftsrechtswidrigkeit liegt daher nicht vor.

Die Bundesregierung muss sich also an der Entscheidung des Gesetzgebers festhalten lassen, dass privatisierte Institute die Bezeichnung »Sparkasse« nicht verwenden dürfen. Eine Weisung an die Bundesanstalt für Finanzdienstleistungsaufsicht, gegenüber dem Registergericht eine anderslautende Zweifelsfallentscheidung nach § 42 Satz 1 KWG zu treffen, würde gegen die Bindung der Exekutive an Gesetz und Recht aus Art. 20 Abs. 3 GG verstoßen. Es läge allein in der Kompetenz des Bundestags, einem möglichen Konflikt mit dem Gemeinschaftsrecht »vorauseilend« durch Änderung der Norm aus dem Weg zu gehen. Im Übrigen kann die Frage, ob der Anwendungsvorrang des Gemeinschaftsrechts der Anwendung des § 40 Abs. 1 KWG auf ein privatisiertes Institut entgegensteht, autoritativ nur durch den Europäischen Gerichtshof geklärt werden. Das Gericht könnte zum einen von der Kommission durch Einleitung eines Vertragsverletzungsverfahrens nach Art. 226 EGV angerufen werden. Zum anderen könnte auch die Bundesregierung selbst auf eine autoritative Klärung hinwirken, indem sie die Bundesanstalt für Finanzdienstleistungsaufsicht anweist, von ihrer Rechtsmittelberechtigung im registergerichtlichen Verfahren Gebrauch zu machen und so letztinstanzlich eine Vorlage des Gerichts an den Gerichtshof nach Art. 234 Abs. 3 GG zu erreichen.[301] Wollte die Bundesregierung Zweifeln an der Gemeinschaftsrechtskonformität der Norm Rechnung tragen, bliebe allein dieser Weg.

---

300 Zur Vereinbarkeit von § 40 Abs. 1 KWG mit dem Gemeinschaftsrecht oben § 4 VII. (S. 150 ff.).

301 Zur verfahrensrechtlichen Möglichkeit der Bundesregierung, selbst eine Vorlage an den Europäischen Gerichtshof zu erreichen, oben § 4 VII. 5. a) (S. 183 f.).

§ 5 Schutz der Marke Sparkasse durch das allgemeine Kennzeichenrecht

Neben den öffentlich-rechtlichen Schutz der Bezeichnung »Sparkasse« durch § 40 Abs. 1 KWG tritt der privatrechtliche Schutz der Marke Sparkasse durch das allgemeine Kennzeichenrecht. Da es sich bei der Bezeichnung »Sparkasse« und beim Sparkassen-S um geschäftlich verwendete Kennzeichen handelt, ist das Markengesetz maßgeblich, das in seinem Anwendungsbereich sowohl dem allgemeinen Wettbewerbsrecht als auch dem bürgerlich-rechtlichen Namensschutz vorgeht.[1] Das Markengesetz schützt nicht nur Marken, sondern auch andere geschäftlich verwendete Kennzeichen, wie bereits seine volle amtliche Überschrift (»Gesetz über den Schutz von Marken und sonstigen Kennzeichen«) zeigt. Zutreffender wäre es daher, von einem »Kennzeichengesetz« für geschäftlich verwendete Bezeichnungen zu sprechen.[2] § 40 Abs. 1 KWG ist eine Konkretisierung des Prinzips der Firmenwahrheit und bezweckt allein den objektiv-rechtlichen Schutz des Verkehrs vor einer irreführenden Verwendung der Bezeichnung »Sparkasse«.[3] Er hat damit eine ausschließlich formal-ordnungspolitische Zielsetzung und gewährt den Sparkassen selbst kein subjektives Schutzrecht an der Bezeichnung »Sparkasse«. Das Markengesetz befasst sich hingegen mit den Kennzeichen als materiellen Ausschließlichkeitsrechten und regelt die subjektiv-rechtliche Zuordnung der Kennzeichenrech-

---

1 St. Rspr., vgl. zum Vorrang des MarkenG vor dem UWG etwa *BGH,* Urt. v. 30.4.1998 – I ZR 268/95, in: BGHZ 138, 349 (351 f.) – MAC Dog; *BGH,* Urt. v. 2.7.1998 – I ZR 55/96, in: BGHZ 139, 138 (139 f.) – Warsteiner II; *BGH,* Urt. v. 29.4.1999 – I ZR 152/96, in: NJW-RR 1999, 1643 (1645) – SZENE; *BGH,* Urt. v. 1.3.2001 – I ZR 211/98, in: BGHZ 147, 56 (60 f.) – Tagesschau; *BGH,* Urt. v. 22.11.2001 – I ZR 138/99, in: BGHZ 149, 191 (195 f.) – shell.de. – Zum Vorrang vor § 12 BGB etwa *BGH,* Urt. v. 12.2.1998 – I ZR 241/95, in: NJW 1998, 2045 (2046) – Rolex-Uhr mit Diamanten; *BGH,* Urt. v. 22.11.2001 – I ZR 138/99, in: BGHZ 149, 191 (196) – shell.de; *BGH,* Urt. v. 11.4.2002 – I ZR 317/99, in: NJW 2002, 2096 (2097) – vossius.de; *BGH,* Urt. v. 3.11.2004 – I ZR 65/02, in: NJW 2005, 1196 (1196) – mho.de. – Ferner *Hacker,* in: Ströbele/Hacker, Markengesetz, § 2 Rn. 8 f. u. 50 m. w. N.; *Ingerl/Rohnke,* Markengesetz, § 2 Rn. 1, § 14 Rn. 880 u. nach § 15 Rn. 4; *Goldmann,* Der Schutz des Unternehmenskennzeichens, § 16 Rn. 3, 16 ff. – A. A. *Fezer,* Markenrecht, § 2 MarkenG Rn. 2 ff. u. § 14 MarkenG Rn. 441; *Klippel/Pahlow,* in: Ekey/Klippel, Markenrecht, § 2 MarkenG Rn. 3, 5, 7.

2 *Fezer,* Markenrecht, § 1 MarkenG Rn. 1.

3 Zum Verkehrsschutz als Regelungszweck des § 40 Abs. 1 KWG oben § 4 III. 1. b) dd) (S. 116).

te als vermögenswerte gewerbliche Schutzrechte.[4] Wegen dieser unterschiedlichen Schutzrichtung schließt § 40 Abs. 1 KWG die Anwendung des Markengesetzes auf die Bezeichnung »Sparkasse« nicht aus. Insofern gilt nichts anderes als für das Verhältnis des Firmenrechts zum Markenrecht im Allgemeinen.[5]

Inhaber kollektiver Schutzrechte an der Bezeichnung »Sparkasse« und am Sparkassen-S ist der Deutsche Sparkassen- und Giroverband (I.). Sparkassen und Landesbanken sind nach Maßgabe der Markensatzung berechtigt, die kollektiven Rechte zu nutzen (II.). Daneben treten die Kennzeichenrechte der einzelnen Sparkassen, die grundsätzlich unabhängig vom Kollektivrecht Bestand haben (III.). Der Schutzbereich dieser Kennzeichenrechte wird maßgeblich vom kennzeichenrechtlichen Begriff der Verwechslungsgefahr, der kennzeichenrechtlichen Prioritätslage und § 40 Abs. 1 KWG bestimmt (IV.).

I. Kollektivrechte des Deutschen Sparkassen- und Giroverbands

In den Jahren 2002 und 2004 wurden die Bezeichnung »Sparkasse« und das Sparkassen-S als so genannte »Kollektivmarken« nach den §§ 97 ff. MarkenG zugunsten des Deutschen Sparkassen- und Giroverbands eingetragen (1.). Im Verhältnis zu den einzelnen Sparkassen kommt es unter dem Gesichtspunkt der Priorität allerdings weiter darauf an, ob der Verband auch schon vor der Eintragung Inhaber entsprechender Kollektivrechte aufgrund tatsächlicher Benutzung gewesen ist (2.).

1. Kollektivmarkenrechte durch Registrierung

Nach § 98 Satz 1 MarkenG können Inhaber von Kollektivmarken nur »rechtsfähige Verbände« sein, »einschließlich der rechtsfähigen Dachverbände und Spitzenverbände, deren Mitglieder selbst Verbände sind«. Nach § 3 Abs. 1 der Satzung des Deutschen Sparkassen- und Giroverbands sind die ordentlichen Mitglieder des Verbandes vor allem »die für die deutschen

---

4 Vgl. auch *Hubmann/Götting,* Gewerblicher Rechtsschutz, § 4 Rn. 12, nach denen das Markengesetz in erster Linie die »Werbeleistung des Gewerbetreibenden« schützt.

5 Vgl. *Hacker,* in: Ströbele/Hacker, Markengesetz, § 2 Rn. 4; *Ingerl/Rohnke,* Markengesetz, Nach § 15 Rn. 164; *Klippel/Pahlow,* in: Ekey/Klippel, Markenrecht, § 2 MarkenG Rn. 6.

Länder oder Landesteile gebildeten rechtsfähigen Sparkassen- und Giroverbände«.[6] Der Deutsche Sparkassen- und Giroverband ist damit ein »Dachverband« im Sinne des § 98 Satz 1 MarkenG und daher fähig, Inhaber von Kollektivmarken zu sein. Im Jahr 2002 wurde die Bezeichnung »Sparkasse« als Wortmarke zugunsten des Deutschen Sparkassen- und Giroverbands in das Markenregister eingetragen, das beim Deutschen Patent- und Markenamt in München geführt wird. Im Jahr 2004 kam das Sparkassen-S als Bildmarke hinzu, das in den Farben rot und schwarz zugunsten des Verbandes eingetragen wurde. Daneben wurden weitere Wort-/Bildmarken eingetragen, die die Bezeichnung Sparkasse und/oder das Sparkassen-S in verschiedenen graphischen Aufmachungen und Farbkombinationen zeigen.[7] Bereits seit dem Jahr 1980 ist überdies eine ältere Form des Sparkassen-S als Kollektivmarke zugunsten des Deutschen Sparkassen- und Giroverbands registriert.[8]

Nach § 4 Nr. 1 MarkenG entsteht der Markenschutz »durch die Eintragung des Zeichens als Marke in das vom Patentamt geführte Register«. Der Erwerb eines Markenrechts setzt damit allein die Eintragung als solche voraus. Ein Gericht ist daher im Markenrechtsstreit an die Eintragung gebunden und prüft nicht, ob diese zu Recht erfolgt ist.[9] Mit der Eintragung der Bezeichnung »Sparkasse« und des Sparkassen-S ist der Deutsche Sparkassen- und Giroverband also Inhaber entsprechender Kollektivmarkenrechte geworden. Standen der Eintragung allerdings Schutzhindernisse entgegen, wird sie wieder gelöscht. Liegt ein »absolutes Schutzhindernis« (§ 8 MarkenG) vor, erfolgt die Löschung von Amts wegen und kann von »jeder Person« beantragt werden (§§ 50 und 54 MarkenG). Unter diesem Gesichtspunkt stellt sich für die Bezeichnung »Sparkasse« und das Sparkassen-S zum einen die Frage, ob sie überhaupt als »Marke« schutzfähig sind, da es sich in erster Linie um Unternehmenskennzeichen handelt (a.). Zum

---

6 Abdruck der Satzung des Deutschen Sparkassen- und Giroverbands in Auszügen im Anhang (S. 265 f.).

7 Im Einzelnen: 1. weißes Sparkassen-S auf rotem Grund – 2. weißes Sparkassen-S auf schwarzem Grund – 3. Sparkassen-S und Schriftzug »Sparkasse« in rot. – 4. Sparkassen-S und Schriftzug »Sparkasse« in weiß auf rotem Grund. – 5. Sparkassen-S und Schriftzug »Sparkasse« in weiß auf schwarzem Grund.

8 Für alles: *Deutsches Patent- und Markenamt* (Hrsg.), Markenblatt, unter: http://publikationen.dpma.de (Stand: 17.6.2008).

9 Vgl. nur *BGH,* Urt. v. 6.10.2001 – I ZR 136/99, in: GRUR 2002, 814 (815) – Festspielhaus; *BGH,* Urt. v. 8.11.2001 – I ZR 139/99, in: NJW-RR 2002, 1407 (1408) – IMS; *Ingerl/Rohnke,* Markengesetz, § 14 Rn. 15; *Fezer,* Markenrecht, § 8 MarkenG Rn. 21.

anderen hat ihre Eintragung auch dann keinen Bestand, wenn ein Freihaltebedürfnis des Verkehrs im Sinne von § 8 Abs. 2 Nr. 1 bis 3 MarkenG entgegenstand (b.). Das Bestehen ältere Rechte, die ein »relatives Schutzhindernis« (§§ 9 bis 13 MarkenG) bilden, wird von Amts wegen nicht überprüft. Es bleibt dem Inhaber überlassen, sie gegenüber der eingetragenen Marke durch Widerspruch (§ 42 MarkenG) oder Löschungsbewilligungsklage (§§ 51 und 55 MarkenG) zur Geltung zu bringen. Für die Bezeichnung »Sparkasse« und das Sparkassen-S kommen als Inhaber älterer Rechte die einzelnen Sparkassen in Betracht (c.).

a) Schutzfähigkeit von Unternehmenskennzeichen als Marken

Nach § 97 Abs. 1 MarkenG können als Kollektivmarken »alle als Marke schutzfähigen Zeichen« eingetragen werden.[10] Das Markengesetz definiert den Begriff der Marke nicht eigens, zeigt aber an verschiedenen Stellen, dass darunter nur Produktkennzeichen zu verstehen sind. Deutlich wird dies insbesondere an § 3 Abs. 1 MarkenG, der hinsichtlich der abstrakten Schutzfähigkeit eines Kennzeichens als »Marke« darauf abstellt, ob es geeignet ist, »Waren oder Dienstleistungen eines Unternehmens von denjenigen anderer Unternehmen zu unterscheiden«. Der Begriff der »Marke« ist also nicht im umgangssprachlichen Sinn als Synonym für den Begriff des »Kennzeichens« zu verstehen, sondern bezieht sich speziell auf die Kennzeichnung von Produkten. »Marke« ist demnach nur ein »produktidentifizierendes Unterscheidungszeichen«.[11] Wird hingegen das Unternehmen selbst bezeichnet, handelt es sich um ein »Unternehmenskennzeichen« (§ 5 Abs. 2 MarkenG). Das Markengesetz differenziert also im Ausgangspunkt je nach Kennzeichnungsobjekt zwischen Produktkennzeichen (»Marken«) und Unternehmenskennzeichen.

Die Bezeichnung »Sparkasse« und das Sparkassen-S sind in erster Linie Unternehmens- und nicht Produktkennzeichen. Einen kollektiven Unternehmenskennzeichenschutz sieht § 97 Abs. 1 MarkenG nicht vor. Das steht allerdings einer Registrierung der Bezeichnung »Sparkasse« als Kollektivmarke nicht entgegen, denn ein Unternehmenskennzeichen ist auch als »Marke« schutzfähig: Zwar unterscheidet das Markengesetz im Ausgangs-

10 Fehlt eine der Voraussetzungen des § 97 Abs. 1 MarkenG, liegt ein besonderes absolutes Schutzhindernis für Kollektivmarken vor, vgl. §§ 106 Satz 1, 103 MarkenG.

11 *Klippel/Eisfeld,* in: Ekey/Klippel, Markenrecht, § 1 MarkenG Rn. 2; vgl. auch *Fezer,* Markenrecht, § 1 MarkenG Rn. 6.

punkt Unternehmens- und Produktkennzeichen. Das bedeutet aber nicht, dass diese Kennzeichenarten in einem Exklusivitätsverhältnis stehen. Vielmehr kann ein Kennzeichen zugleich als Unternehmenskennzeichen und als Marke geschützt sein, wobei beide Schutzsysteme nach Voraussetzungen und Rechtsfolgen getrennt voneinander zu beurteilen sind.[12] In der Praxis kommt es häufig vor, dass ein Kennzeichen eine Doppelfunktion erfüllt und sowohl zur Kennzeichnung des Unternehmens selbst als auch zur Kennzeichnung seiner Produkte (gegebenenfalls versehen mit einem produktspezifischen Zusatz) verwendet wird.[13] Insbesondere bei Dienstleistungsunternehmen, zu denen auch die Sparkassen zählen, ist diese Vorgehensweise verbreitet.[14] Das dürfte zum einen darauf zurückzuführen sein, dass Dienstleistungen aufgrund ihrer Unkörperlichkeit einer eigenständigen Markierung nur schlecht zugänglich sind.[15] Zum anderen hat die Unkörperlichkeit von Dienstleistungen zur Folge, dass das Unternehmensimage für

---

12 *BGH,* Urt. v. 6.10.2001 – I ZR 136/99, in: GRUR 2002, 814 (815 f.) – Festspielhaus; *BGH,* Urt. v. 20.10.1999 – I ZR 110/97, in: NJW-RR 2000, 1202 (1203) – ARD-1; *BGH,* Urt. v. 22.2.2001 – I ZR 194/98, in: GRUR 2001, 1158 (1160) – Dorf MÜNSTERLAND; *BGH,* Urt. v. 22.10.1954 – I ZR 46/53, in: BGHZ 15, 107 (109) – Koma; insbesondere im Fall einer Kollektivmarke implizit *BGH,* Urt. v. 3.7.1956 – I ZR 137/54, in: BGHZ 21, 182 (197 ff.) – Ihr Funkberater; ebenfalls implizit *BGH,* Urt. v. 5.10.2000 – I ZR 166/98, in: BGHZ 145, 279 (282) – DB Immobilienfonds; ferner *Hacker,* in: Ströbele/Hacker, Markengesetz, § 5 Rn. 5; *Ingerl/Rohnke,* Markengesetz, Einleitung Rn. 16; *Fezer,* Markenrecht, Einleitung MarkenG Rn. 16; *Klippel/Eisfeld,* in: Ekey/Klippel, Markenrecht, § 1 MarkenG Rn. 2; *Pahlow,* Firma und Firmenmarke im Rechtsverkehr, in: GRUR 2005, 705 (710). – Für den speziellen (und zur hier in Rede stehenden Konstellation umgekehrten) Fall, dass ein Produktkennzeichen zur Marke »aufrückt«, auch *BGH,* Urt. v. 15.6.1956 – I ZR 149/54, in: NJW 1956, 1713 f. – Meisterbrand; *Ullmann,* Die Verwendung von Marke, Geschäftsbezeichnung und Firma im geschäftlichen Verkehr, in: NJW 1994, 1255 (1258); *Goldmann,* Der Schutz des Unternehmenskennzeichens, § 3 Rn. 54 m. w. N.

13 So auch *BGH,* Urt. v. 5.10.2000 – I ZR 166/98, in: BGHZ 145, 279 (282) – DB Immobilienfonds, nach dem »viele Unternehmen ... nicht selten dieselbe Bezeichnung nicht nur als Unternehmenskennzeichen ..., sondern auch als (eingetragene) Marke« verwenden. – Vgl. auch *Knaak,* Firma und Firmenschutz, S. 108, der (bezogen auf das Jahr 1986) feststellt, dass gut 60 % der markenführenden Unternehmen mindestens eine Marke angemeldet haben, die vollständig oder teilweise mit einem Bestandteil ihrer Firma übereinstimmt; s. auch *Pahlow,* Firma und Firmenmarke im Rechtsverkehr, in: GRUR 2005, 705 (710).

14 Vgl. *Knaak,* Firma und Firmenschutz, S. 108 f.; *Meffert,* Marketing, S. 862; *Burmann/Schleusener/Weers,* in: Meffert/Burmann/Koers (Hrsg.), Markenmanagement, S. 411 (412).

15 Näher zur Markierung von Dienstleistungen *Burmann/Schleusener/Weers,* in: Meffert/Burmann/Koers (Hrsg.), Markenmanagement, S. 411 (413 f.).

die Beurteilung der Produktqualität eine gesteigerte Bedeutung hat.[16] Es bietet sich daher an, die Unternehmenskennzeichen auch als Produktkennzeichen zu verwenden. Nach der praktischen Verwendung der Kennzeichen stellt sich daher die Unterscheidung, die das Markengesetz zwischen Unternehmens- und Produktkennzeichen vornimmt, als »reine Theorie« dar.[17] Im Ergebnis bestehen damit keine Bedenken gegen die Eintragung der Unternehmenskennzeichen »Sparkasse« und Sparkassen-S als »Marken«.

b) Freihaltebedürfnis des Verkehrs für die Bezeichnung »Sparkasse« und das Sparkassen-S

Von den in § 8 MarkenG genannten »absoluten Schutzhindernissen« konkretisieren die Schutzhindernisse in § 8 Abs. 2 Nr. 1 bis 3 MarkenG, wann ein Freihaltebedürfnis des Verkehrs besteht, das der Monopolisierung eines Kennzeichens durch seine Eintragung als Marke entgegensteht. Nach § 8 Abs. 2 Nr. 2 und 3 MarkenG können solche Kennzeichen nicht als Marke eingetragen werden, die ausschließlich bestimmte Produktmerkmale beschreiben (Nr. 2) oder im Verkehr zur Bezeichnung des Produkts üblich geworden sind (Nr. 3). Das ist bei der Bezeichnung »Sparkasse« und Sparkassen-S nicht der Fall, denn diese kennzeichnen und charakterisieren in erster Linie die Sparkassen selbst, nicht aber deren Produkte. Insofern unterscheidet sich die Bezeichnung »Sparkasse« von anderen Gattungsbegriffen wie »Post« oder »Bahn«, die unmittelbar produktbezogen sind und deren Eintragungsfähigkeit als Marke daher auch und insbesondere am Maßstab des § 8 Abs. 1 Nr. 2 und 3 MarkenG zu messen ist.[18]

Ein Freihaltebedürfnis, das der Eintragung eines Kennzeichens als Marke entgegensteht, besteht nach § 8 Abs. 2 Nr. 1 MarkenG auch dann, wenn dem Kennzeichen »jegliche Unterscheidungskraft« fehlt. Das Kennzeichen muss konkret geeignet sein, vom Verkehr als Unterscheidungsmittel für die mit ihm bezeichneten Waren oder Dienstleistungen aufgefasst zu werden

---

16 *Meffert,* Marketing, S. 1164 u. 1171.

17 So *Ullmann,* Die Verwendung von Marke, Geschäftsbezeichnung und Firma im geschäftlichen Verkehr, in: NJW 1994, 1255 (1258); vgl. auch *Kehl,* Wettbewerbsrecht, § 24 Rn. 6.

18 Vgl. dazu *Jänich/Schrader,* Markenrechte und ihre Durchsetzung nach dem Wegfall staatlicher Monopole – »Post«, »Telekom« und »Die Bahn« als Marken, in: WRP 2006, 656 (657 f.).

und diese so von solchen anderer Unternehmen abzugrenzen.[19] Nicht unterscheidungsgeeignet sind ausschließlich beschreibende Angaben: Der Europäische Gerichtshof, dessen Rechtsprechung für die richtlinienkonforme Auslegung des Markengesetzes maßgeblich ist, geht davon aus, dass ausschließlich beschreibenden Angaben die konkrete Unterscheidungseignung »zwangsläufig« fehlt.[20] Dementsprechend kann ein Kennzeichen nicht als Marke eingetragen werden, wenn ihm ein »für die fraglichen Waren oder Dienstleistungen im Vordergrund stehender beschreibender Begriffsgehalt zugeordnet werden kann« oder es sich um ein »gebräuchliches Wort der deutschen oder einer bekannten Fremdsprache handelt, das vom Verkehr stets nur als solches und nicht als Unterscheidungsmittel verstanden wird«.[21] Auf die Unterscheidungseignung im Sinne von § 8 Abs. 2 Nr. 1 MarkenG kommt es allerdings dann nicht an, wenn es sich um ein Kennzeichen handelt, dass sich im Verkehr bereits als Hinweis auf ein bestimmtes Produkt oder Unternehmen durchgesetzt hat (§ 8 Abs. 3 MarkenG): Dann ist das Kennzeichen nicht nur unterscheidungsgeeignet, sondern konkret unterscheidungskräftig, so dass es erst recht eintragungsfähig sein muss.

Ein Markenrecht, das durch Eintragung im Markenregister begründet wird, bezieht sich (unteilbar) auf das gesamte Bundesgebiet. In diesem Maßstab muss das Kennzeichen unterscheidungsgeeignet beziehungsweise unterscheidungskräftig sein. Die Bezeichnung »Sparkasse« ist ein Gattungsbegriff

19 St. Rspr., vgl. nur *BGH,* Beschl. v. 1.3.2001 – I ZB 42/98, in: GRUR 2001, 1151 (1152) – marktfrisch; *BGH,* Beschl. v. 19.12.2002 – I ZB 21/00, in: GRUR 2003, 343 (344) – Buchstabe »Z«; *BGH,* in: Beschl. v. 28.8.2003 – I ZB 6/03, in: GRUR 2003, 1050 (1050) – Cityservice; *Ströbele,* in: Ströbele/Hacker, Markengesetz, § 8 Rn. 38, 50; *Ingerl/Rohnke,* Markengesetz, § 8 Rn. 112 f., jeweils m. w. N.; *Fuchs-Wissemann,* in: Ekey/Klippel, Markenrecht, § 8 MarkenG Rn. 13.

20 So *EuGH,* Urt. v. 12.2.2004 – C-363/99, in: GRUR 2004, 674 ff., Rn. 86 – Postkantoor; *EuGH,* Urt. v. 12.2.2004 – C-265/00, in: GRUR 2004, 680 ff., Rn. 19 – BIOMILD (jeweils zu Art. 3 Abs. 1 lit. b und c MarkenRL = § 8 Abs. 2 Nr. 1 und 2 MarkenG).

21 So der BGH in st. Rspr., vgl. *BGH,* Beschl. v. 15.7.1999 – I ZB 16/97, in: GRUR 1999, 1089 (1091) – YES; *BGH,* Beschl. v. 22.9.1999, in: NJW-RR 2000, 345 (346) – Fünfer; *BGH,* Beschl. v. 28.6.2001 – I ZB 1/99, in: GRUR 2002, 64 (64 f.) – INDIVIDUELLE; *BGH,* Beschl. v. 13.6.2002 – I ZB 1/00, in: GRUR 2002, 1070 (1071) – Bar jeder Vernunft; *BGH,* Beschl. v. 28.8.2003 – I ZB 6/03, in: GRUR 2003, 1050 (1050) – Cityservice; *BGH,* Beschl. v. 19.12.2002 – I ZB 21/00, in: GRUR 2003, 343 (344) – Buchstabe »Z«; ferner *Ströbele,* in: Ströbele/Hacker, Markengesetz, § 8 Rn. 3; *Ingerl/Rohnke,* Markengesetz, § 8 Rn. 132; *Fuchs-Wissemann,* in: Ekey/Klippel, Markenrecht, § 8 MarkenG Rn. 13.

für eine bestimmte Art von Kreditinstituten, wie § 40 Abs. 1 KWG zeigt.[22] Bezogen auf das gesamte Bundesgebiet handelt es sich um eine ausschließlich beschreibende Angabe, die nicht geeignet ist, eine bestimmte Sparkasse zu individualisieren. Dasselbe gilt für das Sparkassen-S, das als Symbol für die Bezeichnung »Sparkasse« steht und deshalb nicht anders zu beurteilen ist. Beide Kennzeichen sind erst dann geeignet, im bundesweiten Maßstab eine bestimmte Sparkasse zu kennzeichnen, wenn individualisierende Zusätze hinzutreten wie beispielsweise ein Hinweis auf das jeweilige Sitzgebiet. Derartige Kombinationsmarken können durchaus zugunsten einer einzelnen Sparkasse mit bundesweiter Wirkung in das Markenregister eingetragen werden.[23] Daraus erschließt sich der Sinn des Kollektivmarkenschutzes: Dieser ermöglicht es erst, bundesweite Markenrechte an der Bezeichnung »Sparkasse« und am Sparkassen-S ohne weitere individualisierende Zusätze zu begründen. Für Kollektivmarken gilt das Kriterium der Unterscheidungseignung in modifizierter Form: Nach § 97 Abs. 1 MarkenG können als Kollektivmarken alle Kennzeichen eingetragen werden, »die geeignet sind, die Waren und Dienstleistungen der Mitglieder des Inhabers der Kollektivmarke von denjenigen anderer Unternehmen« zu unterscheiden. Erforderlich, aber auch ausreichend ist danach eine »kollektive Unterscheidungseignung«.[24] Der Begriff der »Sparkasse« und das Sparkassen-S werden im Verkehr allgemein als Hinweis auf die Gruppe der Sparkassen verstanden.[25] Sie sind daher nicht nur kollektiv unterscheidungsgeeignet, sondern haben sich, bezogen auf die Gruppe der Sparkassen, im Verkehr durchgesetzt und sind deshalb kollektiv unterscheidungskräftig. Bezogen auf die Gesamtheit der Sparkassen, die unter dem Dach des Deutschen Sparkassen- und Giroverbands zusammengefasst ist, stand daher ein Freihaltebedürfnis

---

22 So auch *BGH,* Urt. v. 2.7.1992 – I ZR 250/90, in: NJW-RR 1992, 1454 (1454 f.) – Volksbank, für die Bezeichnung »Volksbank« (unter Verweis auf § 39 Abs. 2 KWG); dem für die Bezeichnung »Sparkasse« folgend *OLG Schleswig,* Urt. v. 24.11.1992 – 6 U 56/92, in: SchlHA 1994, 15 (15). – Vgl. auch bereits *RG,* Urt. v. 13.11.1917 – II 269/17, in: RGZ 91, 210 (212), nach dem es sich bei der Bezeichnung »Sparkasse« um eine »im Allgemeinen Gebrauche stehende Bezeichnung« handeln soll; zum historischen Kontext dieser Aussage s. § 4 I. (S. 95 f.).

23 Zu den Markenrechten einzelner Sparkassen durch Registrierung unten § 5 III. 2. (S. 233 ff.).

24 Vgl. auch *BGH,* Beschl. v. 30.11.1995 – I ZB 32/93 in: NJW-RR 1996, 553 (554) – Madeira; *Ströbele,* in: Ströbele/Hacker, Markengesetz, § 103 Rn. 2; *Wüst,* in: Ekey/Klippel, Markenrecht, § 97 MarkenG Rn. 6; *Lange,* Marken- und Kennzeichenrecht, Rn. 895.

25 Zur Wahrnehmung der »Sparkassen« als zusammengehörige Gruppe s. bereits im Zusammenhang mit § 40 Abs. 1 KWG oben § 4 VII. 3. b) aa) (2) (S. 172).

im Sinne des § 8 Abs. 2 Nr. 1 MarkenG der Registrierung der Bezeichnung »Sparkasse« und des Sparkassen-S zugunsten des Deutschen Sparkassen- und Giroverbands nicht entgegen.

Maßgeblicher Zeitpunkt für die Beurteilung der Unterscheidungseignung ist allein der Zeitpunkt der Eintragung des Kennzeichens. Das zeigt § 50 Abs. 1 MarkenG, nach dem eine Marke wegen Nichtigkeit (nur dann) gelöscht wird, wenn sie entgegen § 8 MarkenG »eingetragen worden ist«.[26] Das nachträgliche Entstehen eines Freihaltebedürfnisses ist damit ausgeschlossen.[27] Nachträgliche Entwicklungen können daher die Löschungsreife einer Marke nicht begründen. Wenn also eine Sparkasse aus dem Kreis derjenigen ausscheiden würde, die zur Nutzung der Kollektivrechte berechtigt sind, würde dadurch ein (nachträgliches) Freihaltebedürfnis nicht entstehen und es könnte nicht im Nachhinein die Löschung der Kollektivrechte verlangt werden. Den Nutzungsinteressen der Sparkassen muss allerdings durch angemessene Ausgestaltung der Nutzungsbedingungen in der Markensatzung Rechnung getragen werden. Insbesondere darf der Kreis der Nutzungsberechtigten nicht zu eng gezogen werden. Insofern wirkt der beschreibende Charakter der Bezeichnung »Sparkasse« als Schranke für die Ausgestaltung der Markensatzung durch den Deutschen Sparkassen- und Giroverband nach.[28]

c) Priorität älterer Kennzeichenrechte der Sparkassen

Ältere und jüngere Kennzeichenrechte an demselben Kennzeichen können grundsätzlich nebeneinander bestehen. Im Konfliktfall gilt das kennzeichenrechtliche Prioritätsprinzip, nach dem sich das ältere Kennzeichenrecht gegen das jüngere durchsetzt.[29] Gegenüber eingetragenen Marken hat das Prioritätsprinzip allerdings eine spezielle Ausprägung gefunden: Der Inhaber eines älteren Kennzeichenrechts muss die jüngere Registermarke nicht dulden, sondern kann durch Widerspruch (§ 42 MarkenG) oder Löschungsbewilligungsklage (§§ 51 und 55 MarkenG) ihre Löschung verlangen, wenn

---

26 Vgl. auch *Kirschneck,* in: Ströbele/Hacker, Markengesetz, § 50 Rn. 6.

27 So auch für die Markenrichtlinie *EuGH,* Urt. v. 4.5.1999 – C-108/97, in: Slg. 1999 I-2779 ff., Rn. 37 – Chiemsee; für das deutsche Recht *BGH,* Beschl. v. 23.11.2000 – I ZB 34/98, in: GRUR 2001, 735 (737) – Test it; *BGH,* Beschl. v. 19.12.2002 – I ZB 21/00, in: GRUR 2003, 343 ff. – Buchstabe »Z«.

28 Zur Struktur des Kollektivmarkenrechts als Schranke für die Ausgestaltung der Markensatzung unten § 5 II. 1. b) (S. 209 f.).

29 Zum kennzeichenrechtlichen Prioritätsprinzip unten § 5 IV. 1. b) (S. 241 f.).

sein Recht ein »relatives Schutzhindernis« (§§ 9 bis 13 MarkenG) bildet. In Bezug auf Registrierung der Bezeichnung »Sparkasse« und des Sparkassen-S zugunsten des Deutschen Sparkassen- und Giroverbands kommen allein die Sparkassen selbst als Inhaber älterer Rechte in Betracht. Sie verfügen aufgrund tatsächlicher Benutzung über eigene Unternehmenskennzeichenrechte an der Bezeichnung »Sparkasse« und am Sparkassen-S, deren Geltung allerdings auf das jeweilige Geschäftsgebiet begrenzt ist.[30] Nach § 51 Abs. 1 und § 12 MarkenG kann die Löschung einer eingetragenen Marke aufgrund eines älteren Unternehmenskennzeichenrechts allerdings nur dann verlangt werden, wenn dieses seinen Inhaber berechtigt, die Benutzung der eingetragenen Marke »im gesamten Gebiet der Bundesrepublik Deutschland« zu untersagen. Diese Einschränkung beruht auf dem Gedanken, dass es unverhältnismäßig wäre, aufgrund eines nur regional begrenzten Kennzeichenrechts die Löschung einer bundesweit gültigen Registermarke verlangen zu können.[31] Dem Vorrang des älteren Kennzeichenrechts wird in diesen Fällen ohnehin bereits durch das kennzeichenrechtliche Prioritätsprinzip Rechnung getragen, nach dem sich das ältere Kennzeichenrecht, bezogen auf seinen örtlichen Geltungsbereich, gegen die jüngere Registermarke durchsetzt. Die älteren Unternehmenskennzeichenrechte der Sparkassen bilden also als lediglich örtlich begrenzte Rechte gegenüber den Kollektivrechten des Deutschen Sparkassen- und Giroverbands an der Bezeichnung »Sparkasse« und am Sparkassen-S kein »relatives Schutzhindernis«.

Im Übrigen stünden einem Löschungsbegehren auch die verbandrechtlichen Treuepflichten der einzelnen Sparkassen entgegen. Aus dem Verhältnis zwischen Verband und Mitglied ergeben sich (wie in jeder schuldrechtlichen Sonderverbindung) wechselseitige Treuepflichten.[32] Insbesondere ist das einzelne Mitglied zu Loyalität und Rücksichtnahme auf die berechtigten Interessen der anderen Mitglieder und des Gesamtverbands verpflichtet.[33] In der Gesamtheit haben die Sparkassen ein gewichtiges Interesse, für die

---

30 Zu den Unternehmenskennzeichenrechten der einzelnen Sparkassen an der Bezeichnung »Sparkasse« unten § 5 III. 1. (S. 228 ff.).

31 *Ingerl/Rohnke,* Markengesetz, § 12 Rn. 3.

32 *K. Schmidt,* Gesellschaftsrecht, § 20 IV. 1. (S. 587 ff.); *Grunewald,* Gesellschaftsrecht, S. 184 u. 12; *Hüffer,* Zur gesellschaftsrechtlichen Treupflicht als richterrechtlicher Generalklausel, in: FS Steindorff, S. 59 (64 ff., 75 u. durchg.); *Wiedemann,* Zu den Treuepflichten im Gesellschaftsrecht, in: FS Heinsius, S. 949 (950, 953 ff. u. durchg.); *ders.,* Gesellschaftsrecht, Bd. 1, S. 431 ff.

33 Speziell zur Rücksichtnahmepflicht des Verbandsmitglieds *Grunewald,* Gesellschaftsrecht, S. 13; *K. Schmidt,* Gesellschaftsrecht, § 20 IV. 1. c) (S. 589); *M. Lutter,* Theorie der Mitgliedschaft, in: AcP 180 (1980), S. 84 (110 ff.).

Bezeichnung »Sparkasse« und das Sparkassen-S einen bundesweiten kennzeichenrechtlichen Schutz zu erlangen. Dieses Ziel kann nur durch die Registrierung dieser Kennzeichen als Kollektivmarken zugunsten des Deutschen Sparkassen- und Giroverbands erreicht werden.[34] Ein dagegen sprechendes, überwiegendes Interesse einzelner Sparkassen besteht nicht: Soweit die Institute über eigene Kennzeichenrechte verfügen, werden diese bereits durch das kennzeichenrechtliche Prioritätsprinzip geschützt, nach dem die Berufung auf das ältere Recht gegenüber dem jüngeren Kollektivrecht im Kollisionsfall weiterhin möglich bleibt. Abgesehen davon, dass ein markenrechtliches Vorgehen gegen die Kollektivmarken des Deutschen Sparkassen- und Giroverbands ohnehin nicht möglich ist, ist die einzelne Sparkasse daher auch im Innenverhältnis verpflichtet, die kollektive Kennzeichenverwaltung zu dulden. Die Treupflichtbindung wirkt allerdings nicht nur einseitig zulasten der Sparkassen, sondern trifft auch den Deutschen Sparkassen- und Giroverband. Mit der Duldungspflicht der Sparkassen korrespondiert daher eine Rücksichtnahmepflicht des Verbands. Er darf mit den Kollektivmarkenrechten nicht nach Belieben verfahren, sondern ist bei der Ausgestaltung der Benutzungsbedingungen zur Rücksichtnahme auf die berechtigten Nutzungsinteressen der einzelnen Sparkassen verpflichtet.[35] Die Kollektivmarkenverwaltung stellt damit ein wechselseitiges Kooperations- und Austauschverhältnis dar.

Im Ergebnis standen der Begründung kollektiver Markenrechte an der Bezeichnung »Sparkasse« und am Sparkassen-S durch Eintragung zugunsten des Deutschen Sparkassen- und Giroverbands in den Jahren 2002 und 2004 Schutzhindernisse, insbesondere ein Freihaltebedürfnis des Verkehrs oder ältere Kennzeichenrechte der Sparkassen, nicht entgegen. Mit der Eintragung in das Markenregister ist der Verband damit dauerhaft Inhaber entsprechender Kollektivmarkenrechte geworden.

2. Kollektivmarkenrechte aufgrund tatsächlicher Benutzung

Unter dem Gesichtspunkt der Priorität setzen sich die Kollektivmarkenrechte des Deutschen Sparkassen- und Giroverbands an der Bezeichnung »Sparkasse« und am Sparkassen-S in einem möglichen Konfliktfall nur dann

---

34 Zur Notwendigkeit eines Kollektivmarkenschutzes unter dem Gesichtspunkt des Freihaltebedürfnis oben § 5 I. 1. b) (S. 198 f.).

35 Zur Treupflichtbindung des Deutschen Sparkassen- und Giroverbands als Schranke für die Ausgestaltung der Markensatzung näher unten § 5 II. 1. a) (S. 207 ff.).

gegen Kennzeichenrechte der Sparkassen durch, wenn sie älter sind. Bei einem kennzeichenrechtlichen Streit zwischen dem Verband und einer Sparkasse ist daher entscheidend, ob die Kollektivmarkenrechte des Verbands bereits vor der Registrierung in den Jahren 2002 und 2004 aufgrund tatsächlicher Benutzung bestanden haben (a.) und ob daraus eine Prioritätslage hergeleitet werden kann (b.).

a) Entstehen eines Kollektivmarkenrechts durch tatsächliche Benutzung

Nach § 4 Nr. 2 MarkenG entsteht ein Markenrecht durch tatsächliche Benutzung, »soweit das Kennzeichen innerhalb beteiligter Verkehrskreise als Marke Verkehrsgeltung erworben hat«. Auf diese Weise können auch Kollektivmarkenrechte entstehen, denn neben den Sonderregeln der §§ 97 ff. MarkenG gelten für diese nach § 97 Abs. 2 MarkenG die allgemeinen markenrechtlichen Vorschriften gleichermaßen.[36] Das Entstehen eines Kollektivmarkenrechts aufgrund tatsächlicher Benutzung setzt nach § 4 Nr. 2 und § 97 Abs. 1 MarkenG voraus, dass das Kennzeichen eine kollektive Unterscheidungskraft aufgrund tatsächlicher Verkehrsgeltung erlangt hat, weil es vom Verkehr als Hinweis auf einen Verbund mehrerer Unternehmen angesehen wird. Die Details der Verbindung müssen im Verkehr nicht reflektiert werden. Entscheidend ist, dass die Unternehmen als wirtschaftliche Einheit und nicht als miteinander konkurrierende Unternehmen aufgefasst werden.[37] Mit der Bezeichnung »Sparkasse« und dem Sparkassen-S verbindet sich die Vorstellung, dass es sich um einen zusammengehörigen Verbund von Banken handelt, der sich von den privaten Geschäftsbanken und den Genossenschaftsbanken unterscheidet

---

36 Allg. M., vgl. *BGH,* Urt. v. 11.10.2001 – I ZR 168/99, in: GRUR 2002, 616 ff. – Verbandsausstattungsrecht; *BGH,* Urt. v. 13.3.1964 – Ib ZR 119/62, in: GRUR 1964, 381 ff. – WKS-Möbel; *BGH,* Urt. v. 17.2.1961 – I ZR 115/59, in: BGHZ 34, 299 ff. – Almglocke; *BGH,* Urt. v. 3.7.1956 – I ZR 137/54, in: BGHZ 21, 182 ff. – Ihr Funkberater; *Fezer,* Markenrecht, § 97 MarkenG Rn. 12; *Ingerl/Rohnke,* Markengesetz, § 97 Rn. 17; *Hacker,* in: Ströbele/Hacker, Markengesetz, § 4 Rn. 66; *Wüst,* in: Ekey/Klippel, Markenrecht, § 97 MarkenG Rn. 20; *Lange,* Marken- und Kennzeichenrecht, Rn. 899.

37 *BGH,* Urt. v. 11.10.2001 – I ZR 168/99, in: GRUR 2002, 616 (617) – Verbandsausstattungsrecht; *BGH,* Urt. v. 13.3.1964 – Ib ZR 119/62, in: GRUR 1964, 381 (384) – WKS-Möbel; *BGH,* Urt. v. 17.2.1961 – I UR 115/59, in: BGHZ 34, 299 (308 f.) – Almglocke; *BGH,* Urt. v. 3.7.1956 – I ZR 137/54, in: BGHZ 21, 182 (191 f.) – Ihr Funkberater; vgl. auch *Hacker,* in: Ströbele/Hacker, Markengesetz, § 4 Rn. 49.

(»Drei-Säulen-System«).[38] Die Bezeichnung »Sparkasse« und das Sparkassen-S haben sich also im Verkehr als kollektive Kennzeichen durchgesetzt, so dass entsprechende kollektive Kennzeichenrechte aufgrund tatsächlicher Benutzung bestehen.

Ein kollektives Bezeichnungsrecht aufgrund tatsächlicher Benutzung wächst allerdings nicht automatisch dem Gesamtverband zu. Es kann auch den einzelnen Unternehmen zustehen, die dann jedes für sich befugt sind, das kollektive Kennzeichenrecht geltend zu machen. Dem Verband wächst das Kollektivrecht nur dann zu, wenn ihm gegenüber seinen Mitgliedern die »Zeichenhoheit« zukommt, weil er zumindest auch zu dem Zweck gebildet wurde, den Umsatz der einzelnen Mitglieder durch das Angebot ihrer Waren oder Dienstleistungen unter einem gemeinsamen Zeichen zu fördern.[39] Auf eine ausdrückliche Zuweisung der Zeichenhoheit in der Verbandssatzung kommt es nicht an, sondern es kann sich auch aus anderen Tatsachen ergeben, dass es Aufgabe des Verbandes ist, für eine einheitliche Zeichennutzung durch die Verbandsmitglieder zu sorgen. Das ist insbesondere dann anzunehmen, wenn dem Verband die Aufgabe zugewiesen ist, Öffentlichkeitsarbeit zu leisten und in diesem Rahmen die Zusammengehörigkeit der Unternehmen, die die gemeinsamen Zeichen benutzen, nach außen zu verdeutlichen.[40]

Der Deutsche Sparkassen- und Giroverband ging im Jahr 1924 aus einer Verschmelzung des bereits im Jahr 1884 gegründeten »Deutschen Sparkassenverbands« und des »Deutschen Zentralgiroverbands« hervor.[41] Eine der wesentlichen Aufgaben des Verbands bestand von Anfang an darin, die Öffentlichkeitsarbeit der Sparkassen zu koordinieren und diese als einheitliche Institutsgruppe wahrnehmbar zu machen: Bereits im Jahr 1924 wurde der (bis heute bestehende) »Zentrale Werbeausschuss« eingerichtet und die gemeinsame Sparkassenwerbung eingeführt. Zunächst wurde ein aus den Buchstaben »DSGV« stilisierter Hermeskopf als gemeinsames Erkennungszeichen verwendet. Dieser wurde nach dem Zweiten Weltkrieg durch das im Jahr 1938 im Auftrag des Verbandes entworfene Sparkassen-S abgelöst. Im

---

38 Zur Wahrnehmung der »Sparkassen« als zusammengehörige Gruppe s. bereits im Zusammenhang mit § 40 Abs. 1 KWG oben § 4 VII. 3. b) aa) (2) (S. 172).

39 *BGH,* Urt. v. 11.10.2001 – I ZR 168/99, in: GRUR 2002, 616 (617) – Verbandsausstattungsrecht; *BGH,* Urt. v. 13.3.1964 – Ib ZR 119/62, in: GRUR 1964, 381 (384) – WKS-Möbel; *Hacker,* in: Ströbele/Hacker, Markengesetz, § 4 Rn. 50.

40 *BGH,* Urt. v. 11.10.2001 – I ZR 168/99, in: GRUR 2002, 616 (617) – Verbandsausstattungsrecht.

41 *DSGV,* Porträt, unter: http://www.dsgv.de (Stand: 17.6.2008).

Jahr 1972 wurde das Sparkassen-S optisch überarbeitet und zugleich das sparkassentypische Rot als charakteristischer Farbton etabliert.[42] Bereits seit dem Jahr 1980 ist das Sparkassen-S zudem (in einer älteren Form) als Kollektivmarke zugunsten des Deutschen Sparkassen- und Giroverbands registriert.[43] Im Rahmen eines vom Deutschen Sparkassen- und Giroverband initiierten und mit Beginn des Jahres 2003 umgesetzten »Markenprojekts« wurde das »Corporate Design« der Sparkassen (einschließlich des Sparkassen-S) insgesamt erneut überarbeitet.[44] Diese Entwicklung zeigt, dass dem Deutschen Sparkassen- und Giroverband seit seiner Gründung im Jahr 1924 die Zeichenhoheit im Verhältnis zu den einzelnen Sparkassen zukam. Durch die tatsächliche Benutzung des Sparkassen-S und der Bezeichnung »Sparkasse« ist also der Verband Inhaber entsprechender Kollektivmarkenrechte geworden.

b) Kennzeichenrechtliche Prioritätslage

Teilweise wird angenommen, ein Kollektivrecht, das durch tatsächliche Benutzung erworben wird, stehe neben dem Gesamtverband in jedem Fall auch den einzelnen Unternehmen zu.[45] Nach dieser Auffassung wäre es prinzipiell ausgeschlossen, dass der Verband aufgrund tatsächlicher Benutzung ältere Rechte innehaben kann als das einzelne Unternehmen. Dagegen spricht allerdings, dass Rechtsträger bei einer Kollektivmarke nach § 98 Satz 1 MarkenG der »rechtsfähige Verband« (und nur dieser) ist. Wenn beim Erwerb eines Kollektivmarkenrechts durch tatsächliche Benutzung zusätzlich eine Kennzeichenhoheit des Verbands erforderlich ist, dann handelt es sich um eine einschränkende Voraussetzung, die allein der praktischen Notwendigkeit Rechnung trägt, dass der Verband faktisch in der Lage sein muss, eine koordinierende Funktion wahrzunehmen. Ist diese Voraussetzung erfüllt, dann ist nach der Regel des § 98 Satz 1 MarkenG von einer alleinigen Rechtsinhaberschaft des Verbandes auszugehen. Außerdem dient die Rechtsfigur der Kollektivmarke gerade der einheitlichen und wirksamen Wahrnehmung der Rechte aus den gemeinsam benutzten

---

42 Für alles: *Niemöhlmann,* Vom Spar-Appell zum Marken-Logo, in: Sparkasse Neuss (Hrsg.), 175 Jahre Sparkasse Neuss, S. 13.

43 *Deutsches Patent- und Markenamt* (Hrsg.), Markenblatt, abrufbar unter: http://publikationen.dpma.de (Stand: 17.6.2008).

44 Zur Rolle des Deutschen Sparkassen- und Giroverbands bei der Entwicklung der sparkassentypischen Symbolik s. auch bereits oben § 2 III. 2. (S. 52 f.).

45 *Lange,* Marken- und Kennzeichenrecht, Rn. 904; in diesem Sinn wohl auch noch *BGH,* Urt. v. 13.3.1964 – Ib ZR 119/62, in: GRUR 1964, 381 (384) – WKS-Möbel.

Zeichen. Dadurch soll auch verhindert werden, dass Dritte im Fall einer Markenverletzung einer Vielzahl von Rechtsinhabern gegenüberstehen, die jeder für sich klagebefugt sind. Daher wächst das Kollektivrecht nicht Verband und Unternehmen gleichermaßen zu, sondern nur dem Verband, wenn er Inhaber der »Zeichenhoheit« ist.[46]

Es ist damit nicht von vornherein ausgeschlossen, dass der Deutsche Sparkassen- und Giroverband aufgrund tatsächlicher Benutzung ältere Rechte an der Bezeichnung »Sparkasse« und am Sparkassen-S hat als die einzelnen Sparkassen bezogen auf ihr jeweiliges Geschäftsgebiet.[47] Der Zeitpunkt der Entstehung der Kollektivmarkenrechte des Verbands lässt sich allerdings nicht exakt datieren, sondern lediglich eingrenzen: Ein Kollektivbenutzungsrecht an der Bezeichnung »Sparkasse« ist in dem Zeitpunkt entstanden, in dem sich diese Bezeichnung im Verkehr als Hinweis auf die Sparkassen als zusammengehörige Gruppe durchgesetzt hatte und diese Wahrnehmung maßgeblich auf die koordinierenden Aktivitäten des Verbands zurückzuführen war. Das dürfte bereits kurz nach Gründung des Deutschen Sparkassen- und Giroverbands im Jahr 1924 der Fall gewesen sein, denn von Anfang an war es wesentliche Aufgabe des Verbands, den gemeinsamen Außenauftritt der Institute zu koordinieren und diese nach außen hin als Einheit wahrnehmbar zu machen. Soweit die Sparkassen allerdings bereits vor dem Jahr 1924 gegründet wurden und die Bezeichnung »Sparkasse« verwendet haben, verfügen sie in ihrem Geschäftsgebiet über ältere Unternehmenskennzeichenrechte an dieser Bezeichnung, so dass aus dem Kollektivrecht des Verbands eine Prioritätslage nicht hergeleitet werden kann. Anders als die Verwendung der Bezeichnung »Sparkasse« beruht die Einführung des Sparkassen-S von Anfang an auf den koordinierenden Aktivitäten des Deutschen Sparkassen- und Giroverbands. Ein Kollektivmarkenrecht des Verbands am Sparkassen-S ist in dem Zeitpunkt entstanden, in dem sich dieses Kennzeichen allgemein als Hinweis auf die Sparkassen durchgesetzt hat, was mit seiner flächendeckenden Einführung nach dem Zweiten Weltkrieg[48] anzunehmen ist. In der Regel dürften allerdings auch für das Sparkassen-S ältere Unternehmenskennzeichenrechte der einzelnen Sparkassen bestehen, denn die Verwendung durch die einzelnen Sparkassen und damit

---

46 Ebenso *BGH,* Urt. v. 11.10.2001 – I ZR 168/99, in: GRUR 2002, 616 (617) – Verbandsausstattungsrecht.

47 Zu den Unternehmenskennzeichenrechten der einzelnen Sparkassen an der Bezeichnung »Sparkasse« unten § 5 III. 1. (S. 228 ff.).

48 Vgl. dazu *Niemöhlmann,* Vom Spar-Appell zum Marken-Logo, in: Sparkasse Neuss (Hrsg.), 175 Jahre Sparkasse Neuss, S. 13.

auch das Entstehen entsprechender Unternehmenskennzeichenrechte ist dem Entstehen des Kollektivrechts notwendigerweise zeitlich vorgelagert. Im Einzelfall kann allerdings auch anderes gelten, wenn eine Sparkasse mit der Verwendung des Sparkassen-S erst begonnen hat, nachdem dieses bereits als Gruppenzeichen flächendeckend etabliert war.

Im Ergebnis bestehen Kollektivmarkenrechte des Deutschen Sparkassen- und Giroverbands an der Bezeichnung »Sparkasse« und am Sparkassen-S nicht erst seit der Eintragung dieser Kennzeichen zugunsten des Verbands in den Jahren 2002 und 2004, sondern aufgrund tatsächlicher Benutzung schon wesentlich länger. Im Verhältnis zu den einzelnen Sparkassen kann daher eine kennzeichenrechtliche Prioritätslage zugunsten des Verbandes bestehen. Da ältere Rechte im Verletzungsprozess einredeweise geltend gemacht werden müssen, ist es im Einzelfall Sache des jeweiligen Instituts, sich gegenüber den Kollektivmarkenrechten des Verbands auf die Existenz älterer Rechte zu berufen und diese zu beweisen.[49]

II. Nutzungsberechtigung am Kollektivrecht

Kollektivmarkenrechte sind ihrer Struktur nach nicht in erster Linie zur Nutzung durch den Markeninhaber, sondern zur Nutzung durch die einzelnen Unternehmen bestimmt. Der Kollektivmarkeninhaber selbst nimmt als zentraler Rechtsträger vor allem eine koordinierende Funktion wahr. Welche Unternehmen zur Nutzung der Kollektivrechte berechtigt sind, muss durch eine Markensatzung geregelt werden. Ohne Markensatzung wird ein Kennzeichen nicht als Kollektivmarke eingetragen (§§ 102 Abs. 1, 103 MarkenG). Auch für die Kollektivmarkenrechte des Deutschen Sparkassen- und Giroverbands gibt es eine entsprechende Markensatzung.[50] Der Verband darf die Benutzungsbedingungen allerdings nicht nach Belieben festlegen, sondern muss die berechtigten Nutzungsinteressen der einzelnen Sparkassen berücksichtigen (1.). Nach § 6 der Markensatzung sind insbesondere die Sparkassen (2.) und die Landesbanken (3.) zur Nutzung der Kollektivmarken berechtigt. Weitere Vorgaben für die Art und Weise der Nutzung ergeben sich aus § 8 der Markensatzung (4.).

---

49 Vgl. *BGH,* Urt. v. 28.2.2002 – I ZR 177/99, in: BGHZ 150, 82 (88 ff.) – Hotel Adlon; *BGH,* Urt. v. 9.10.2003 – I ZR 65/00, in: NJW-RR 2004, 1112 (1113) – Leysieffer.

50 Markensatzung des Deutschen Sparkassen- und Giroverbandes e. V., Bonn, nach § 102 MarkenG in der Fassung der Änderung vom 1.12.2005; abgedr. bei *Fischer/ Herbst* Nr. 5.2.11 (Anhang) sowie in Auszügen im Anhang (S. 266 ff.).

1. Schranken für die Ausgestaltung der Nutzungsberechtigung

Schranken für die Ausgestaltung der Markensatzung ergeben sich zum einen aus der verbandsrechtlichen Pflicht des Deutschen Sparkassen- und Giroverbands zur Rücksichtnahme auf die berechtigten Interessen der einzelnen Sparkassen (a.) und zum anderen aus der besonderen Struktur des Kollektivmarkenrechts, das in erster Linie den Interessen der Mitglieder zu dienen bestimmt ist (b.).

a) Verbandsrechtliche Rücksichtnahmepflicht als Schranke der Ausgestaltung

Aus dem Verhältnis zwischen Verband und Mitglied ergeben sich wechselseitige Treuepflichten.[51] Diese treffen einerseits die einzelnen Mitglieder, die deshalb auf die berechtigten Interessen der anderen Mitglieder und des Gesamtverbands Rücksicht nehmen müssen. Die einzelnen Sparkassen sind daher verpflichtet, die kollektive Markenverwaltung durch den Gesamtverband zu dulden, denn allein auf diesem Weg kann ein effektiver bundesweiter Schutz für die Bezeichnung »Sparkasse« und das Sparkassen-S erreicht werden.[52] Andererseits treffen die Rücksichtnahmepflichten auch den Gesamtverband: Er darf die berechtigten Einzelinteressen seiner Mitglieder nicht unangemessen beeinträchtigen. Insbesondere sind deshalb unangemessene Satzungsgestaltungen unzulässig.[53] Der Bundesgerichtshof geht davon aus, dass Verbandssatzungen jedenfalls dann einer Angemessenheitskontrolle unterliegen, wenn der Verband im wirtschaftlichen oder sozialen Bereich eine überragende Machtstellung hat.[54] In einem solchen

---

51 *K. Schmidt,* Gesellschaftsrecht, § 20 IV. 1. (S. 587 ff.); *Grunewald,* Gesellschaftsrecht, S. 184 u. 12; *Hüffer,* Zur gesellschaftsrechtlichen Treupflicht als richterrechtlicher Generalklausel, in: FS Steindorff, S. 59 (64 ff., 75 u. durchg.); *Wiedemann,* Zu den Treuepflichten im Gesellschaftsrecht, in: FS Heinsius, S. 949 (950, 953 ff. u. durchg.); *ders.,* Gesellschaftsrecht, Bd. 1, S. 431 ff.

52 S. dazu oben § 5 I. 1. c) (S. 198 f.).

53 Vgl. *Flume,* Allgemeiner Teil des Bürgerlichen Rechts, Bd. I/2, S. 320 f.; *Wiedemann,* Gesellschaftsrecht, Bd. 1, S. 172 ff.; *Nicklisch,* Inhaltskontrolle von Verbandsnormen, S. 23 ff., 45 ff.; *Möschel,* Monopolverband und Satzungskontrolle, S. 15 ff. – Für den Schutz gegen treuwidrige Gesellschafts- beziehungsweise Verbandsbeschlüsse im Allgemeinen *K. Schmidt,* Gesellschaftsrecht, S. 465; *Hüffer,* Zur gesellschaftsrechtlichen Treupflicht als richterrechtlicher Generalklausel, in: FS Steindorff, S. 59 (77 f.); *Wiedemann,* Zu den Treuepflichten im Gesellschaftsrecht, in: FS Heinsius, S. 949 (960 ff.); *Stöber,* Handbuch Vereinsrecht, Rn. 584.

54 *BGH,* Urt. v. 24.10.1988 – II ZR 311/87, in: BGHZ 105, 306 (318 f.) – Garantiefonds.

Fall ist das Mitglied aufgrund der Monopolstellung des Verbands faktisch auf die Mitgliedschaft angewiesen. Die Austrittsdrohung als Korrektiv gegen unbillige Satzungsgestaltungen, das der Privatautonomie immanent ist, fällt damit praktisch aus. Es liegt eine Störung der Vertragsparität vor, die nach einer besonderen gerichtlichen (Angemessenheits-)Kontrolle verlangt. Der Deutsche Sparkassen- und Giroverband ist im Verhältnis zur einzelnen Sparkasse ein Monopolverband, denn das einzelne Institut könnte außerhalb der Verbandsstrukturen kaum bestehen, sondern ist aus wirtschaftlichen Gründen auf die Mitgliedschaft angewiesen.[55] Daher unterliegen die Satzungsgestaltungen des Deutschen Sparkassen- und Giroverbands einer Angemessenheitskontrolle.

Die Verbandsstruktur der Sparkassen ist zweistufig ausgestaltet: Die einzelnen Sparkassen sind gemeinsam mit ihren Trägern in regionalen Sparkassen- und Giroverbänden zusammengefasst, bei denen es sich durchweg um Körperschaften des öffentlichen Rechts handelt.[56] Die regionalen Sparkassen- und Giroverbände sind wiederum nach § 3 Abs. 1 der Satzung des Deutschen Sparkassen- und Giroverbands ordentliche Mitglieder des Zentralverbands.[57] Es fehlt damit formal gesehen an einer unmittelbaren mitgliedschaftlichen Beziehung zwischen der einzelnen Sparkasse und dem Deutschen Sparkassen- und Giroverband. Für das Bestehen einer Treupflichtbindung ist das jedoch nicht ausschlaggebend: Diese wird in zweistufigen Verbandsstrukturen dadurch begründet, dass die Mitglieder der Unterverbände in einer konkreten organisatorischen Beziehung zum Zentralverband stehen, die über die Unterverbände vermittelt wird. Sie sind dem Zentralverband daher, wenn auch eine formale Mitgliedschaft aufgrund der Zweistufigkeit nicht besteht, organisatorisch zugeordnet. Der Zentralverband muss deswegen nicht nur auf die Unterverbände selbst, sondern auch auf

55 Ebenso *BGH,* Urt. v. 24.10.1988 – II ZR 311/87, in: BGHZ 105, 306 (319 f.) – Garantiefonds, für das Verhältnis der einzelnen Volksbank zum »Bundesverband der Volks- und Raiffeisenbanken« (insbesondere unter Verweis auf die gemeinsame Einrichtung zur Sicherung der Einlagen).

56 Vgl. § 36 SpkG NRW; § 25 Abs. 1 RhPfSpkG; § 28 Abs. 1 Satz 1 NdsSpkG; Art. 22 Abs. 1 Satz 1 BaySpkG; §§ 35 Satz 1, 37 SpkG BW; § 36 Abs. 1 SchlHSpkG; Art. 1 Abs. 1 StaatsV zwischen Hessen und Thüringen über die Bildung einer gemeinsamen Sparkassenorganisation (abgedr. bei *Fischer/Herbst* Nr. 6.14); § 1 Abs. 1 Satz 1 StaatsV über den Ostdeutschen Sparkassen- und Giroverband (abgedr. a. a. O. Nr. 6.13.1). – Die freien Sparkassen in Hamburg und Bremen bilden den »Hanseatischen Sparkassen- und Giroverband« (§ 1 Abs. 1 Satzung des Hanseatischen Sparkassen- und Giroverbands, abgedr. a. a. O. Nr. 6.4.11).

57 Abdruck im Anhang (S. 266).

deren Mitglieder Rücksicht nehmen und deren berechtigte Interessen an der Nutzung der Einrichtungen des Zentralverbands bei der Ausgestaltung der Benutzungsbedingungen berücksichtigen.[58] Im Verhältnis des Deutschen Sparkassen- und Giroverbands zu den einzelnen Sparkassen stellen die Kollektivmarkenrechte »Einrichtungen« des Zentralverbands dar. Bei der Ausgestaltung der Nutzungsbedingungen in der Markensatzung muss der Deutsche Sparkassen- und Giroverband daher auf die berechtigten Interessen der einzelnen Sparkassen an der Nutzung der Kollektivmarken Rücksicht nehmen. Er darf daher deren Verwendung nur so weit reglementieren, wie dies aus Gründen einer effektiven kollektiven Kennzeichenverwaltung erforderlich und angemessen ist.

b) Struktur des Kollektivmarkenrechts als Schranke der Ausgestaltung

Kollektivmarken sind ihrer Struktur nach in erster Line nicht zur Nutzung durch den Rechtsinhaber, sondern zur Nutzung durch die Verbandsmitglieder bestimmt. Anders als bei Einzelmarken fallen Rechtsinhaberschaft und Markennutzung auseinander. Der Kollektivmarkenschutz geht von gleichlaufenden Interessen mehrerer Unternehmen aus, die Mitglieder des Verbands sind.[59] Dem Verband kommt damit vor allem die Rolle zu, die gemeinsame Kennzeichenverwendung auf der Grundlage seiner Kollektivrechte zu koordinieren. Das Kollektivmarkenrecht hat daher »treuhänderischen« Charakter. Deshalb müssen bei der Ausgestaltung der Benutzungsbedingungen die Interessen der Mitglieder im Vordergrund stehen.

Eine weitere Grenze ergibt sich aus dem Zusammenhang zwischen kollektiver Monopolisierung und Freihaltebedürfnis: Nach § 8 Abs. 2 Nr. 1 MarkenG können Gattungsbegriffe grundsätzlich nicht als Marke eingetragen werden. Für Kollektivmarken wird dieser Grundsatz eingeschränkt. Für ihre Eintragung genügt nach § 97 Abs. 1 MarkenG eine kollektive Unterscheidungseignung. Ein Gattungsbegriff ist also dann als Kollektivmarke eintragungsfähig, wenn in der Markensatzung allen Unternehmen, die zur Gattung gehören, ein Nutzungsrecht eingeräumt wird.[60] Nur deshalb konnten die Bezeichnung »Sparkasse« und das Sparkassen-S überhaupt zugunsten des Deutschen Sparkassen- und Giroverbands in das Markenregister

58 Ebenso *BGH,* Urt. v. 13.7.1972 – II ZR 138/69, in: WM 1972, 1249 f.

59 *Ingerl/Rohnke,* Markengesetz, § 98 Rn. 6.

60 In diesem Sinn auch *Ingerl/Rohnke,* Markengesetz, § 97 Rn. 16.

eingetragen werden.[61] Nach der Systematik des Markengesetzes kommt es für die Unterscheidungseignung eines Kennzeichens auf den Zeitpunkt der Eintragung an.[62] Die Pflicht des Kollektivmarkeninhabers, allen Unternehmen, die zur Gattung gehören, ein Nutzungsrecht einzuräumen, wirkt allerdings über diesen Zeitpunkt hinaus: Nach dem Gedanken des § 8 Abs. 2 Nr. 1 MarkenG wäre es eine unzulässige Rechtsausübung, würde der Kollektivmarkeninhaber seine Rechtsmacht dazu benutzen, den Kreis der Nutzungsberechtigten nachträglich einzuengen. Mit der Eintragung eines Gattungsbegriffs als Kollektivmarke korrespondiert also eine Pflichtbindung bei der Ausgestaltung der Markensatzung. Sie darf nicht nachträglich in einer Weise vorgenommen werden, die dem ursprünglich zu berücksichtigenden Freihaltebedürfnis zuwider liefe.

Die Bezeichnung »Sparkasse« ist ein Gattungsbegriff: Sie steht für einen in § 40 Abs. 1 KWG näher bestimmten Typus von Kreditinstitut. Für alle Kreditinstitute, die unter § 40 Abs. 1 KWG fallen, besteht daher ein Freihaltebedürfnis an der Bezeichnung »Sparkasse«. Eine Monopolisierung zugunsten des Deutschen Sparkassen- und Giroverbands war nur zulässig, weil bei der Eintragung in den Jahren 2002 und 2004 alle Sparkassen im Sinne des § 40 Abs. 1 KWG nach der Markensatzung zur Nutzung des Kollektivmarkenrechts an der Bezeichnung »Sparkasse« berechtigt waren, so dass die Voraussetzung der kollektiven Unterscheidungseignung im Sinne von § 97 Abs. 1 MarkenG erfüllt war. Nachträgliche Einschränkungen wären unter dem Gesichtspunkt der unzulässigen Rechtsausübung unzulässig. Das bedeutet, dass die Markensatzung des Deutschen Sparkassen- und Giroverbands in jedem Fall so ausgestaltet sein muss, dass allen Instituten, die nach § 40 Abs. 1 KWG zur Verwendung der Bezeichnung »Sparkasse« öffentlich-rechtlich befugt sind, ihre Nutzung auch privatrechtlich gestattet sein muss. Maßgeblich ist die Fassung des § 40 Abs. 1 KWG, die im Zeitpunkt der Eintragung in den Jahren 2002 und 2004 galt (und bis heute gilt). Sollte es zu einem späteren Zeitpunkt zu einer Änderung des § 40 Abs. 1 KWG kommen, muss der Kreis der Bezeichnungsbefugten in der Markensatzung nicht nachträglich ausgeweitet und angepasst werden, denn das Kriterium der kollektiven Unterscheidungseignung bezieht sich nur auf den Zeitpunkt der Eintragung der Marke.

61 Zum Freihaltebedürfnis für Gattungsbegriffe und zum Kriterium der kollektiven Unterscheidungseignung näher oben § 5 I. 1. b) (S. 196 ff.).

62 Dazu bereits oben § 5 I. 1. b) (S. 199).

Im Ergebnis gelten damit für die Ausgestaltung der Markensatzung des Deutschen Sparkassen- und Giroverbands zwei Grenzen: Zum einen ergibt sich aus den verbandsrechtlichen Treuepflichten und dem treuhänderischen Charakter des Kollektivmarkenrechts, dass der Verband auf die berechtigten Nutzungsinteressen der einzelnen Sparkassen Rücksicht nehmen muss und die Verwendung der Kollektivzeichen nur so weit reglementieren darf, wie dies aus Gründen einer effektiven kollektiven Kennzeichenverwaltung erforderlich und angemessen ist. Zum anderen ergibt sich aus dem Zusammenhang zwischen kollektiver Monopolisierung und Freihaltebedürfnis, dass allen Sparkassen, die nach § 40 Abs. 1 KWG (in der bis heute gültigen Fassung) zur Verwendung der Bezeichnung »Sparkasse« öffentlich-rechtlich befugt sind, die Verwendung auch privatrechtlich gestattet sein muss.

2. Nutzungsrechte der Sparkassen

Nach § 6 lit. b der Markensatzung des Deutschen Sparkassen- und Giroverbands sind zur Nutzung der Kollektivmarken insbesondere die »Sparkassen« berechtigt, »die Mitglieder der regionalen Sparkassenverbände sind«.[63] Maßgeblich für das Recht der einzelnen Sparkasse, die Kollektivmarken zu nutzen, ist damit der Leitbegriff der »Sparkasse« (a.). Die Auslegung dieses Begriffs entscheidet auch darüber, ob eine Sparkasse auch im Privatisierungsfall weiter berechtigt wäre, die Kollektivmarken zu nutzen (b.).

a) Leitbegriff der Sparkasse

Der Begriff der Sparkasse in § 6 lit. b Markensatzung erfasst im Grundsatz jedes Institut, das nach den Sparkassengesetzen der Länder die Aufgaben einer Sparkasse wahrnimmt. Nach Sinn und Zweck des Kollektivmarkenschutzes muss aber ein Mindestmaß an einheitlichen Charakteristika vorausgesetzt sein, um einen effektiven Kollektivzeichenschutz gewährleisten zu können. Der Begriff der Sparkasse in § 6 lit. b Markensatzung muss also einen eigenständigen Kerngehalt aufweisen, der nicht zur Disposition der Sparkassengesetze der Länder steht. Seiner Struktur nach ist er mit dem Begriff der öffentlich-rechtlichen Sparkasse in § 40 Abs. 1 Nr. 1 KWG vergleichbar, der ebenfalls ausgehend von den Sparkassengesetzen der Länder zu bestimmen ist, aber aufgrund der besonderen Regelungszwecke

63 Abdruck im Anhang (S. 266 f.).

des öffentlich-rechtlichen Bezeichnungsschutzes einen nicht disponiblen bundesrechtlichen Kerngehalt haben muss.[64]

Der Begriff der »Sparkasse« steht nach der geschichtlichen Entwicklung des Sparkassensektors für ein staatlich getragenes Kreditinstitut, das nach den Sparkassengesetzen der Länder die Aufgabe hat, Bevölkerung und Wirtschaft im Gebiet des Trägers mit geld- und kreditwirtschaftlichen Leistungen aller Art zu versorgen.[65] Darüber hinausgehende Einschränkungen sind aus Gründen eines effektiven Kollektivmarkenschutzes nicht erforderlich und können dem Begriff der Sparkasse in § 6 lit. b Markensatzung daher nicht entnommen werden. Insbesondere kann es nicht darauf ankommen, ob es sich um eine Sparkasse in kommunaler oder anderer staatlicher Trägerschaft handelt. Auch nicht kommunale staatliche Träger (wie beispielsweise die Landesbanken) können daher Träger einer »Sparkasse« im Sinne von § 6 lit. b Markensatzung sein, wenn ihnen das Sparkassenrecht die Aufgabe zuweist, Träger von Sparkassen zu sein.[66] Die Rechtsform des Instituts ist ebenfalls nicht maßgeblich. Aus Sicht eines effektiven kollektiven Kennzeichenschutzes ist es nicht erforderlich, für die Verwendung der Bezeichnung »Sparkasse« eine öffentlich-rechtliche Organisationsform vorauszusetzen, denn die öffentlich-rechtliche Organisationsform hat für das Erscheinungsbild der Sparkassen als einheitliche Gruppe keine wesentliche Bedeutung.[67] Auch eine formell privatisierte Sparkasse ist daher als Sparkasse im Sinne von § 6 lit. b Markensatzung anzusehen.[68] Schließlich würde auch durch die teilweise Privatisierung einer Sparkasse die Befugnis zur Verwendung der Kollektivmarken nicht entfallen. Solange sich das Institut mehrheitlich in staatlicher Hand befindet, ist es der Gruppe der staatlichen

64 Zur Regelungsstruktur des Begriffs der öffentlich-rechtlichen Sparkasse in § 40 Abs. 1 Nr. 1 KWG oben § 4 III. vor 1. (S. 105 f.).

65 Zusammenfassend zum Sparkassenbegriff oben § 1 III. (S. 36); zur geschichtlichen Entwicklung näher oben § 1 II. 1. (S. 31 ff.).

66 Zur Fallgestaltung der Sparkasse in nicht kommunaler staatlicher Trägerschaft aus sparkassen- und verfassungsrechtlicher Sicht oben § 1 I. 1. (S. 9 ff.) und aus bezeichnungsrechtlicher Sicht im Hinblick auf § 40 Abs. 1 KWG oben § 4 III. 1. a) (S. 106 ff.).

67 Zur Bedeutung des Merkmals der öffentlich-rechtlichen Organisationsform im Zusammenhang mit § 40 Abs. 1 KWG oben § 4 III. 2. b) (S. 125 ff.).

68 Zur formellen Privatisierung von Sparkassen aus sparkassenrechtlicher Sicht oben § 3 II. 1. (S. 83 ff.) und aus bezeichnungsrechtlicher Sicht im Hinblick auf § 40 Abs. 1 KWG oben § 4 III. 2. (S. 121 ff.).

Sparkassen zuzurechnen, so dass das Gruppeninteresse an einem effektiven kollektiven Kennzeichenschutz nicht entscheidend beeinträchtigt ist. Es überwiegt daher auch im Fall einer privaten Minderheitsbeteiligung das berechtigte Interesse der einzelnen Sparkasse (und ihres Trägers), die Kollektivzeichen weiter nutzen zu können. Dementsprechend erfasst der Begriff der Sparkasse in § 6 lit. b Markensatzung auch staatliche Sparkassen mit privater Minderheitsbeteiligung.[69]

Diese Konstellationen sind in den Begriff der Sparkasse in § 6 lit. b Markensatzung auch deshalb einzubeziehen, weil sie vom Begriff der öffentlich-rechtlichen Sparkasse in § 40 Abs. 1 Nr. 1 KWG umfasst sind. Der Kreis derjenigen Institute, die nach der Markensatzung die Kollektivzeichen benutzen dürfen, darf nicht enger gezogen sein als der Kreis derjenigen Institute, die nach § 40 Abs. 1 KWG zur Verwendung der Bezeichnung »Sparkasse« befugt sind.[70] Eine »Sparkasse« im Sinne von § 40 Abs. 1 KWG muss daher auch als »Sparkasse« im Sinne von § 6 lit. b Markensatzung angesehen werden. In organisatorischer Hinsicht setzt der Begriff der öffentlich-rechtlichen Sparkasse weder eine kommunale Trägerschaft noch eine öffentlich-rechtliche Organisationsform voraus, sondern nur eine staatliche Trägerschaft. Außerdem ist er für private Minderheitsbeteiligungen offen. Enger darf auch der Begriff der Sparkasse in § 6 lit. b nicht verstanden werden. Neben den staatlichen umfasst er daher insbesondere auch die freien Sparkassen, die öffentlich-rechtlich nach § 40 Abs. 1 Nr. 2 und 3 KWG zur Verwendung der Bezeichnung »Sparkasse« befugt sind.[71]

b) Nutzungsrecht und Sparkassenprivatisierung

Wenn eine Sparkasse materiell privatisiert wird, verliert sie nach Maßgabe der Markensatzung das Recht zur Nutzung der Kollektivzeichen (aa.). Es stellt sich daher die Frage, ob ein Nutzungsanspruch aus der Monopolstellung des Deutschen Sparkassen- und Giroverbands (bb.) oder den Grundfreiheiten des europäischen Gemeinschaftsrechts (cc.) hergeleitet werden kann.

---

69 Zur materiellen Teilprivatisierung von Sparkassen aus sparkassenrechtlicher Sicht oben § 3 II. (S. 83 ff.) und aus bezeichnungsrechtlicher Sicht im Hinblick auf § 40 Abs. 1 KWG oben § 4 III. 1. c) (S. 118 ff.).

70 Zu § 40 Abs. 1 KWG als Schranke für die Ausgestaltung der Benutzungsberechtigung in der Markensatzung oben § 5 II. 1. b) (S. 209 ff.).

71 Zur Bezeichnungsbefugnis der freien Sparkassen nach § 40 Abs. 1 Nr. 2 und 3 KWG oben § 4 IV. (S. 134 ff.).

aa) Nutzungsberechtigung nach der Markensatzung

Nach § 40 Abs. 1 KWG entfällt bei einer Privatisierung die Befugnis zur Verwendung der Bezeichnung »Sparkasse«, denn ein privatisiertes Institut fällt unabhängig von der Rechtskonstruktion weder unter den Begriff der öffentlich-rechtlichen Sparkasse in § 40 Abs. 1 Nr. 1 KWG noch ist der bezeichnungsrechtliche Bestandsschutz nach § 40 Abs. 1 Nr. 2 und 3 KWG unmittelbar oder entsprechend anwendbar.[72] Ein privatisiertes Institut wäre also nicht mehr Sparkasse im Sinne des § 40 Abs. 1 KWG. Daher könnte es auch nicht mehr als Sparkasse im Sinne von § 6 lit. b Markensatzung angesehen werden.

Im Übrigen muss die Auslegung des Begriffs der Sparkasse in § 6 lit. b von der erkennbar zugrunde liegenden Interessenlage ausgehen: Wären auch private Geschäftsbanken, die in Konkurrenz zur Gruppe der Sparkassen stehen, als Investoren zur Verwendung der Kollektivzeichen berechtigt, wären das einheitliche Markenbild und die Wahrnehmung der Sparkassen als zusammengehörige Gruppe unmittelbar gefährdet. Das hätte eine Erosion des Wertes der Marke Sparkasse bis hin zu ihrer Unbrauchbarkeit als Marke im ökonomischen Sinn zur Folge.[73] Das ist bei der Auslegung zu berücksichtigen, denn der Kollektivmarkenschutz ist kein Selbstzweck, sondern dient dem Erhalt des ökonomischen Wertes der Marke Sparkasse. Nicht nur aus der Parallele zu § 40 Abs. 1 KWG, sondern auch aus der erkennbar zugrunde liegenden Interessenlage ergibt sich also, dass der Begriff der Sparkasse in § 6 lit. b Markensatzung privatisierte Institute nicht umfasst. Mit den verbandsrechtlichen Treuepflichten, die eine Rücksichtnahme auf die berechtigten Nutzungsinteressen der einzelnen Sparkassen verlangen,[74] ist dieses Verständnis vereinbar. An einem effektiven kollektiven Kennzeichenschutz besteht ein erhebliches Gruppeninteresse. Dieses würde schwerwiegend beeinträchtigt, wenn auch privatisierte Sparkassen zur Verwendung der Bezeichnung »Sparkasse« befugt wären, denn dann wären die Kollektivzeichen nicht mehr geeignet, die Sparkassen als zusammengehörige Gruppe wahrnehmbar zu machen. Die berechtigten Nutzungsinteressen der einzelnen Sparkassen werden daher nicht unangemessen

---

72 Dazu oben § 4 III. 1. b) (S. 108 ff.) und § 4 IV. 3. (S. 140 ff.).

73 Zur Bedeutung eines effektiven rechtlichen Schutzes für den wirtschaftlichen Wert der Marke Sparkasse oben § 2 IV. (S. 55 f.).

74 Zu den verbandsrechtlichen Treuepflichten als Schranke für die Ausgestaltung der Markensatzung oben § 5 II. 1. a) (S. 207 ff.).

beeinträchtigt, wenn ihnen für den Privatisierungsfall das Recht zur Nutzung der Kollektivzeichen abgesprochen wird.

Auf die Bestandsschutzregel in § 6 lit. d Markensatzung könnte sich ein privatisiertes Institut ebenfalls nicht berufen. Nach § 6 lit. d Markensatzung sind solche Unternehmen zur Nutzung der Kollektivmarken befugt, die die Marken bereits im Zeitpunkt des Inkrafttretens der Satzung geführt haben, »solange sie der Sparkassen-Finanzgruppe angehören«.[75] Die Bezeichnungsbefugnis der Sparkassen ist allerdings abschließend in § 6 lit. b Markensatzung geregelt. Auf eine privatisierte Sparkasse wäre die Bestandsschutzregel daher nach der Systematik des § 6 Markensatzung nicht anwendbar. Im Übrigen knüpft auch § 6 lit. b Markensatzung an den Begriff der Sparkasse an, denn er setzt voraus, dass das Unternehmen der »Sparkassen-Finanzgruppe« angehört. Mit dem Begriff der »Sparkassen-Finanzgruppe« wird üblicherweise die Gruppe der »Sparkassen« einschließlich der sonstigen Verbundunternehmen (wie Landesbanken, Landesbausparkassen und öffentliche Versicherer) bezeichnet.[76] Wenn eine privatisierte Sparkasse keine »Sparkasse« im Sinne von § 40 Abs. 1 KWG und § 6 lit. b Markensatzung mehr ist, dann kann sie daher ebenfalls nicht mehr als Teil der »Sparkassen-Finanzgruppe« angesehen werden. Auch aus der Bestandsschutzregel in § 6 lit. d Markensatzung kann daher eine Nutzungsberechtigung privatisierter Sparkassen nicht hergeleitet werden. Nach der Markensatzung des Deutschen Sparkassen- und Giroverbands geht also die Befugnis zur Verwendung der Kollektivzeichen verloren, wenn eine Sparkasse privatisiert wird.

bb) Nutzungsanspruch aus § 20 Abs. 6 GWB und § 826 BGB

Ein Anspruch auf Aufnahme in einen Kollektivmarkenverband, verbunden mit dem Recht zur Nutzung der Kollektivzeichen, kann sich auch aus höherrangigem Recht, insbesondere aus § 20 Abs. 6 GWB oder § 826 BGB, ergeben.[77] Nach § 20 Abs. 6 GWB dürfen »Wirtschafts- und Berufsvereinigungen« oder »Gütezeichengemeinschaften« die Aufnahme eines Unternehmens nicht ablehnen, wenn dies eine »sachlich nicht gerechtfertigte ungleiche Behandlung« darstellt und zu einer »unbilligen Benachteiligung

---

75 Abdruck im Anhang (S. 266 f.).

76 *Wittmann,* Der Sparkassenverbund, S. 2 ff.; *Langschied,* Der Sparkassenverbund, S. 5 ff.; *D. Schmidt,* Sparkassenwissen für Verwaltungsräte, S. 54 ff.

77 *Ströbele,* in: Ströbele/Hacker, Markengesetz, § 102 Rn. 10; *Wüst,* in: Ekey/Klippel, Markenrecht, § 102 MarkenG Rn. 23.

des Unternehmens im Wettbewerb« führen würde. Diese Vorschrift ist eine spezielle Ausprägung des allgemeinen Anspruchs auf Aufnahme in einen Verein, der aus § 826 BGB hergeleitet und angenommen wird, wenn der Verein eine »im wirtschaftlichen, politischen oder sozialen Bereich überragende Machtstellung« innehat und die Ablehnung der Aufnahme eine »sachlich nicht gerechtfertigte und unbillige Benachteiligung« darstellt.[78]

Die Bezeichnung »Sparkasse« und das Sparkassen-S können nicht schon deshalb als »Gütezeichen« im Sinne von § 20 Abs. 6 GWB angesehen werden, weil sie für eine bestimmte Institutscharakteristik stehen. Wäre jedes Kennzeichen, mit dem im Verkehr bestimmte Eigenschaften verbunden werden, ein »Gütezeichen«, müsste jede im Verkehr bekannte und profilierte Marke als Gütezeichen angesehen werden mit der sinnwidrigen Folge, dass sich der Markeninhaber stets einem möglichen Nutzungsanspruch Dritter aus § 20 Abs. 6 GWB ausgesetzt sähe. Unter den Begriff des »Gütezeichens« fallen daher nur solche Kennzeichen, die die Funktion haben, auf eine besondere Qualität (»Güte«) der mit ihm versehenen Produkte hinzuweisen.[79] Dementsprechend ist unter einer »Gütezeichengemeinschaft« ein Zusammenschluss von Unternehmen zu verstehen, der als Träger von Gütezeichen Qualitätsstandards für Waren oder Dienstleistungen definiert, deren Erfüllung durch die Mitglieder überwacht und aufgrund dessen das Recht zur Führung des Gütezeichens verleiht.[80] Der Deutsche Sparkassen- und Giroverband definiert keine produktbezogenen Qualitätsstandards. Er ist daher keine Gütezeichengemeinschaft im Sinne von § 20 Abs. 6 GWB.

Auch aus der anderen Alternative des § 20 Abs. 6 GWB, dem Anspruch auf Aufnahme in Wirtschafts- und Berufsvereinigungen, ergibt sich ein Nutzungsanspruch nicht. Der Deutsche Sparkassen- und Giroverband ist zwar

---

78 *BGH,* Urt. v. 2.12.1974 – II ZR 78/72, in: BGHZ 63, 282 (285) – Deutscher Sportbund; *BGH,* Urt. v. 10.12.1984 – II ZR 91/84, in: BGHZ 93, 151 (152 ff.); *BGH,* Urt. v. 19.10.1987 – II ZR 43/87, in: BGHZ 102, 265 (276 f.) – Gewerkschaftsfremde Liste; *K. Schmidt,* Gesellschaftsrecht, § 24 V. 2. b. (S. 708 f.); *Grunewald,* Gesellschaftsrecht, S. 214 f.; *Stöber,* Handbuch zum Vereinsrecht, Rn. 157.

79 *Traub/Dorß,* in: Lowenheim/Meesen/Riesenkampff, Kartellrecht, Bd. 2, § 20 GWB Rn. 166; *Markert,* in: Immenga/Mestmäcker, GWB, § 20 Rn. 337.

80 *OLG Frankfurt a. M.,* Urt. v. 27.6.1985 – 6 U (Kart) 122/84, in: NJW-RR 1986, 133 (134); *Emmerich,* Kartellrecht, § 30 Rn. 6; *Bechtold,* in: Bechtold/Otting, GWB, § 20 Rn. 93; *Markert,* in: Immenga/Mestmäcker, GWB, § 20 Rn. 337; *Traub/Dorß,* in: Lowenheim/Meesen/Riesenkampff, Kartellrecht, Bd. 2, § 20 GWB Rn. 166.

eine Wirtschaftsvereinigung im Sinne von § 20 Abs. 6 GWB.[81] Für eine privatisierte Sparkasse wäre er aber nicht mehr die »zuständige« Wirtschafts- und Berufsvereinigung. Würde eine private Geschäftsbank als Investor tätig, wäre der Bundesverband deutscher Banken als der Verband der privaten Banken die »zuständige« Wirtschaftsvereinigung im Sinne des § 20 Abs. 6 GWB.[82] Im Übrigen liegen auch die anderen Voraussetzungen nicht vor: Es stellt keine »sachlich nicht gerechtfertigte ungleiche Behandlung« dar, wenn einer privatisierten Sparkasse die Weiternutzung der Kollektivzeichen vorenthalten wird, weil in diesem Fall das Kollektivinteresse am Erhalt des ökonomischen Werts der Marke Sparkasse überwiegt.[83] Aus diesem Grund ergibt sich auch aus § 826 BGB kein Nutzungsanspruch. Im Ergebnis kann daher aus der Monopolstellung des Deutschen Sparkassen- und Giroverbands ein Anspruch auf Nutzung der Kollektivzeichen im Privatisierungsfall nicht hergeleitet werden.

cc) Nutzungsanspruch aus den Grundfreiheiten

Der Deutsche Sparkassen- und Giroverband ist als Spitzenverband der Sparkassen-Finanzgruppe eine staatliche Einrichtung, denn die Sparkassen sind (von den sechs freien Sparkassen abgesehen) staatliche Institute. Als staatliche Einrichtung ist der Verband an die Grundfreiheiten gebunden. Daran ändert sich nichts dadurch, dass er nach § 1 Abs. 1 der Verbandssatzung in Form eines eingetragenen Vereins organisiert ist und damit eine privatrechtliche Organisationsform aufweist,[84] denn die Grundfreiheiten verpflichten auch juristische Personen des Privatrechts, wenn sie unmittelbar oder mittelbar von juristischen Personen des öffentlichen Rechts getragen

---

81 Vgl. *BGH,* Urt. v. 24.10.1988 – II ZR 311/87, in: BGHZ 105, 306 (319 f.) – Garantiefonds, für den Bundesverband der Volks- und Raiffeisenbanken. – Zum Begriff der »Wirtschafts- und Berufsvereinigung« s. auch *Bechtold,* in: Bechtold/Otting, GWB, § 20 Rn. 90; *Traub/Dorß,* in: Lowenheim/Meesen/Riesenkampff, Kartellrecht, Bd. 2, § 20 GWB Rn. 161 f.; *Markert,* in: Immenga/Mestmäcker, GWB, § 20 Rn. 330; *Emmerich,* Kartellrecht, § 30 Rn. 3.

82 Zur Anwendbarkeit des § 20 Abs. 6 GWB auf den Bundesverband deutscher Banken, vgl. *Traub/Dorß,* in: Lowenheim/Meesen/Riesenkampff, Kartellrecht, Bd. 2, § 20 GWB Rn. 163.

83 Zum Vorrang des Kollektivinteresses am Erhalt des wirtschaftlichen Wertes der Marke Sparkasse im Fall der Privatisierung oben § 5 II. 2. b) aa) (S. 214 f.).

84 Abdruck im Anhang (S. 265).

werden.[85] Ebenso wie für den öffentlich-rechtlichen Schutz der Bezeichnung »Sparkasse« durch § 40 Abs. 1 KWG stellt sich daher für den privatrechtlichen Bezeichnungsschutz durch das Kollektivmarkenrecht die Frage, ob es mit Kapital- und Niederlassungsfreiheit (Art. 56 Abs. 1 und Art. 43 Abs. 1 EGV) vereinbar ist, dass ausländische Investoren im Privatisierungsfall von der Bezeichnung »Sparkasse« ausgeschlossen sind. Läge darin eine unzulässige Beeinträchtigung der Grundfreiheiten, würde sich daraus ein unmittelbarer Anspruch auf Aufnahme in den Kollektivmarkenverband ergeben.

Anders als § 40 Abs. 1 KWG ist die Ausgestaltung der Markensatzung keine hoheitliche Maßnahme. Der Verband handelt privatrechtlich und geht wie ein privater Unternehmer vor, der seine geschäftlichen Bezeichnungen schützt und dabei nicht an die Grundfreiheiten gebunden ist. Da die Interessenlage dieselbe ist, könnte argumentiert werden, dass der Deutsche Sparkassen- und Giroverband im Hinblick auf den Kollektivmarkenschutz und die Ausgestaltung der Markensatzung ebenfalls nicht an die Grundfreiheiten gebunden ist. In diesem Sinn wird für die deutschen Grundrechte teilweise die Auffassung vertreten, ein privatrechtliches beziehungsweise privatunternehmerisches Handeln des Staates sei nur dann an die Grundrechte gebunden, wenn unmittelbar öffentliche Aufgaben erfüllt würden. Im Übrigen unterliege privatrechtliches »fiskalisches« Staatshandeln keiner Grundrechtsbindung.[86] Das Kriterium der »unmittelbaren« Erfüllung öffentlicher Aufgaben führt für den Kollektivmarkenschutz und die Ausgestaltung der Markensatzung durch den Deutschen Sparkassen- und Giroverband nicht zu einem eindeutigen Ergebnis: Einerseits dient der Markenschutz der Erfüllung des öffentlichen Auftrags und damit einer öffentlichen Aufgabe.

---

85 *Ehlers,* in: ders. (Hrsg.), Europäische Grundrechte und Grundfreiheiten, § 7 Rn. 43; *Randelzhofer/Forsthoff,* in: Grabitz/Hilf, EGV, vor Art. 39-55 Rn. 63 f; vgl. auch für die deutschen Grundrechte *Jarass,* in: dens./Pieroth, Grundgesetz, Art. 1 Rn. 29 m. w. N.

86 Umfassend zum Streitstand *Ehlers,* Verwaltung in Privatrechtsform, S. 212 ff.; *Stern,* Staatsrecht, Bd. III/1, § 74 IV 4. c) (S. 1407 ff.); *Püttner,* Die öffentlichen Unternehmen, S. 85 ff.; differenzierend etwa *Wolff/Bachof/Stober,* Verwaltungsrecht, Bd. 1, § 23 Rn. 21 f., nach denen auf fiskalische Hilfsgeschäfte »mindestens Art. 3 und Art. 19 Abs. 4 GG« angewendet werden soll. – Insbesondere in der älteren Rspr. des BGH wird, was die Grundrechtsbindung angeht, zumeist mit dem Kriterium der »unmittelbaren Erfüllung öffentlicher Aufgaben« argumentiert; vgl. *BGH,* Urt. v. 23.9.1969 – VI ZR 19/68, in: BGHZ 52, 325 (327 ff.); *BGH,* Urt. v. 26.10.1961 – KZR 1/61, in: BGHZ 36, 91 (96); *BGH,* Urt. v. 26.10.1960 – V ZR 122/59, in: BGHZ 33, 230 (233); *BGH,* Urt. v. 10.12.1958 – V ZR 70/57, in: BGHZ 29, 76 (80).

Andererseits wird der öffentliche Auftrag in erster Linie durch die Erbringung der Bankdienstleistungen selbst erfüllt. Der Kollektivmarkenschutz hat demgegenüber nur eine Hilfsfunktion und dient insofern nur mittelbar öffentlichen Zwecken.

Aus der Perspektive der Grundfreiheiten, die die Mitgliedstaaten »von außen« als Einheit verpflichten,[87] kann es allerdings keinen Unterschied machen, ob der deutsche Staat privaten Investoren die Bezeichnung »Sparkasse« durch ein Parlamentsgesetz wie § 40 Abs. 1 KWG vorenthält, oder ob dies dadurch geschieht, dass eine staatliche Einrichtung sich insoweit die Mittel des Markengesetzes zunutze macht. Das Ergebnis ist das gleiche. Im Übrigen begegnet die Ausklammerung »fiskalischer Hilfsgeschäfte« aus der Bindung an die Grundrechte beziehungsweise Grundfreiheiten prinzipiellen Bedenken: Sie führt eine Differenzierung ein, die in ihnen nicht angelegt ist und zudem neue Abgrenzungsschwierigkeiten nach sich zieht, da das Kriterium der »unmittelbaren« Wahrnehmung öffentlicher Aufgaben – wie auch das Beispiel des Kollektivmarkenschutzes zeigt – begrifflich nicht ganz klar ist.[88] Zu Recht wird daher für die deutschen Grundrechte angenommen, dass ihr Geltungsanspruch ein umfassender ist, der sämtliche Formen des Staatshandelns ohne Ausnahme erfasst.[89] Auch für die Grundfreiheiten kommt eine Ausklammerung fiskalischen Staatshandelns nicht in Betracht.[90] Auf dieser Linie ist der Europäische Gerichtshof beispielsweise wie selbstverständlich davon ausgegangen, dass Universitäten in ihrer Rolle als Arbeitgeber an die Arbeitnehmerfreizügigkeit gebunden sind.[91]

Der Ausschluss privater Investoren von der Bezeichnung »Sparkasse« durch die Markensatzung des Deutschen Sparkassen- und Giroverbands ist daher

---

87 Zur gesamtstaatlichen Perspektive des Gemeinschaftsrechts s. bereits oben § 3 III. 2. (S. 93).

88 Für die deutschen Grundrechte vgl. *Dreier,* in: dens., Grundgesetz, Art. 1 Abs. 3 Rn. 49; *Rüfner,* in: Isensee/Kirchhof (Hrsg.), Handbuch des Staatsrechts, Bd. 5, § 117 Rn. 44; *Röhl,* Verwaltung und Privatrecht, in: VerwArch 86 (1995), 531 (574).

89 *Ehlers,* in: Erichsen/Ehlers (Hrsg.), Allgemeines Verwaltungsrecht, § 3 Rn. 81 m. w. N.; *Maurer,* Allgemeines Verwaltungsrecht, § 3 Rn. 7; *Jarass,* in: ders./Pieroth, Grundgesetz, Art. 1 Rn. 28 f.; *Dreier,* in: ders., Grundgesetz, Art. 1 Abs. 3 Rn. 49; *Rüfner,* in: Isensee/Kirchhof (Hrsg.), Handbuch des Staatsrechts, Bd. 5, § 117 Rn. 44 f.; *Röhl,* Verwaltung und Privatrecht, in: VerwArch 86 (1995), 531 (574, 577); *Erichsen/Ebber,* Die Grundrechtsbindung des privatrechtlich handelnden Staates, in: Jura 1999, 373 (375).

90 *Randelzhofer/Forsthoff,* in: Grabitz/Hilf, EGV, vor Art. 39-55 Rn. 63 f.

91 *EuGH,* Urt. v. 23.2.1994 – C-419/92, in: Slg. 1994, I-505 ff., Rn. 7 ff. – Scholz; vgl. auch *Randelzhofer/Forsthoff,* in: Grabitz/Hilf, EGV, vor Art. 39-55 Rn. 63.

an Kapital- und Niederlassungsfreiheit zu messen. Der Bezeichnungsschutz, gleich ob er auf § 40 Abs. 1 KWG oder dem privatrechtlichen Markenrecht des Deutschen Sparkassen- und Giroverbands beruht, beeinträchtigt allerdings die geschäftliche Autonomie als solche nicht und ist daher kein ernsthaftes Marktzugangshindernis. Deshalb fehlt es an sich bereits an einer rechtfertigungsbedürftigen Beschränkung.[92] Wenn man, im Hinblick auf die großzügige Rechtsprechung des Europäischen Gerichtshofs, dennoch eine Beeinträchtigung annehmen würde, müsste der privatrechtliche Markenschutz jedenfalls als gerechtfertigt angesehen werden. Der öffentlichrechtliche Bezeichnungsschutz durch § 40 Abs. 1 KWG ist durch das zugrunde liegende Verkehrsschutzinteresse gerechtfertigt, weil das Verkehrsbild der Sparkassen entscheidend durch ihre Staatlichkeit geprägt wird.[93] Auf den privatrechtlichen Markenschutz ist diese Überlegung allerdings nicht übertragbar, denn dieser dient nicht in erster Linie dem Schutz des Verkehrs, sondern vor allem dem Schutz des gewerblichen und kommerziellen Eigentums der Sparkassen.[94] Auch dieses Schutzinteresse ist aber in der Rechtsprechung des Europäischen Gerichtshofs ausdrücklich als »zwingender Grund des Gemeinwohls« anerkannt, der eine Beeinträchtigung der Grundfreiheiten rechtfertigt: Das Gericht geht davon aus, dass die nationalen Vorschriften des Kennzeichenschutzes, die (wie das deutsche Markengesetz) den Schutz des gewerblichen und kommerziellen Eigentums gewährleisten sollen, nicht gegen die Grundfreiheiten verstoßen.[95] Auf dieses Schutzinteresse kann sich auch der Deutsche Sparkassen- und Giroverband berufen. Der Kollektivmarkenschutz und die Ausgestaltung der Markensatzung dienen dem Erhalt des gewerblichen und kommerziellen Eigentums der Sparkassen, die in ihrer Gesamtheit ein erhebliches Interesse daran haben, die gruppeneigenen Kennzeichen als Unternehmenswerte zu schützen.[96] Unter diesem Gesichtspunkt sind die Sparkassen nicht anders zu behandeln als private Unternehmen.

---

92 Zum Erfordernis eines Marktzugangshindernisses und zur Einordnung des Bezeichnungsschutzes im Zusammenhang mit der Gemeinschaftsrechtskonformität des § 40 Abs. 1 KWG oben § 4 VII. 3. a) bb) (S. 162 ff.).

93 Zur Rechtfertigung von § 40 Abs. 1 KWG durch das zugrunde liegende Verkehrsschutzinteresse oben § 4 VII. 3. b) (S. 166 ff.).

94 Zur Unterschiedlichkeit der Schutzrichtungen von § 40 Abs. 1 KWG einerseits und privatrechtlichem Markenschutz andererseits oben § 5 vor 1. (S. 191 f.).

95 *EuGH,* Urt. v. 10.5.1999 – C-255/97, in: Slg. 1999, I-2835 ff., Rn. 21 f. – Pfeiffer.

96 Zum Gewicht des Kollektivschutzinteresses am Erhalt des wirtschaftlichen Wertes der Marke Sparkasse im Fall der Privatisierung oben § 5 II. 2. b) aa) (S. 214 f.).

Im Ergebnis werden also Kapital- und Niederlassungsfreiheit durch den Kollektivmarkenschutz und die Ausgestaltung der Markensatzung, die private Investoren von der Bezeichnung »Sparkasse« ausschließen, nicht unzulässig beeinträchtigt. Es bleibt dabei, dass eine Sparkasse im Fall ihrer Privatisierung das Recht zur Nutzung der Kollektivzeichen nach § 6 der Markensatzung verliert. Ein entgegenstehender Nutzungsanspruch ergibt sich weder aus § 20 Abs. 6 GWB oder § 826 BGB noch aus den Grundfreiheiten.

3. Nutzungsrechte der Landesbanken

Die Landesbanken sind nach § 6 lit. a Markensatzung zur Nutzung der Kollektivmarken berechtigt (a.), wobei sich die Berechtigung auf die Rolle als Landeszentralbank und das Großkundengeschäft beschränkt (b.). Das gilt allerdings nicht, soweit die Landesbanken nach den Sparkassengesetzen der Länder die Funktion einer Sparkasse wahrnehmen (c.).

a) Mitgliedschaft im Deutschen Sparkassen- und Giroverband

Neben den Sparkassen (§ 6 lit. b Markensatzung) sind auch die »ordentlichen Mitglieder des Verbandes« (§ 6 lit. a Markensatzung) zur Nutzung der Kollektivmarken berechtigt.[97] Ordentliche Mitglieder des Deutschen Sparkassen- und Giroverbands sind nach § 3 Abs. 1 Verbandssatzung die regionalen Sparkassen- und Giroverbände und die »Girozentralen«.[98] Damit sind die Landesbanken gemeint, denn die Begriffe »Landesbank« und »Girozentrale« werden grundsätzlich synonym verwendet.[99] Nach § 5 Abs. 1 lit. a Verbandssatzung endet die Mitgliedschaft im Verband allerdings »durch Fortfall der rechtlichen Voraussetzung für die Aufnahme des Mitglieds, insbesondere Auflösung oder Verlust seiner öffentlich-rechtlichen Eigenschaft«.[100] Eine Landesbank ist also zur Nutzung der Kollektivmarken nicht mehr berechtigt, wenn sie nicht mehr als »Girozentrale« angesehen werden kann (aa.) oder ihre »öffentlich-rechtliche Eigenschaft« verliert (bb.).

---

97 Abdruck im Anhang (S. 266).

98 Abdruck im Anhang (S. 266).

99 Exemplarisch *D. Schmidt,* Sparkassenwissen für Verwaltungsräte, S. 331 ff., der von »Landesbanken/Girozentralen« spricht.

100 Abdruck im Anhang (S. 266).

aa) Landesbanken als Girozentralen

Der Begriff der »Girozentrale« in § 3 Abs. 1 Verbandssatzung weist eine über den Begriff der »Landesbank« hinausgehende funktionale Komponente auf: Er bezeichnet die Landesbanken speziell in ihrer Funktion als Sparkassenzentralbanken.[101] In dieser Funktion ergänzen die Landesbanken die Tätigkeit der Sparkassen insbesondere durch die Abwicklung des Zahlungsverkehrs innerhalb des Gironetzes der Sparkassen-Finanzgruppe.[102] Das ist nur eine von mehreren Aufgaben, wie die Aufgabenkataloge der Landesbanken zeigen.[103] Aus dem Begriff »Girozentrale« in § 3 Abs. 1 Verbandssatzung folgt damit, dass die Landesbanken nur so lange Mitglied im Deutschen Sparkassen- und Giroverband sind, wie sie tatsächlich die Aufgabe einer Sparkassenzentralbank wahrnehmen. Die Qualifikation einer Landesbank als »Sparkassenzentralbank« hängt von der Qualifikation der ihr zugeordneten Institute als »Sparkassen« ab. Würden alle Sparkassen im Zuständigkeitsbereich einer Landesbank privatisiert, wären sie keine Sparkassen im Sinne der Verbands- und Markensatzung mehr.[104] Dann wäre auch die zugehörige Landesbank keine Sparkassenzentralbank (»Girozentrale«) mehr und deshalb nicht mehr berechtigt, die Kollektivmarken zu nutzen. Das wäre beispielsweise bei der Landesbank Berlin der Fall gewesen, wenn das Institut im Jahr 2007 nicht an den Deutschen Sparkassen- und Giroverband, sondern an einen privaten Investor veräußert worden wäre. Die einzige Sparkasse im Zuständigkeitsbereich der Landesbank Berlin ist die Berliner Sparkasse, die faktisch als unselbständige Abteilung der Landesbank Berlin geführt wird.[105] Bei einer Privatisierung wäre die Berliner Sparkasse nicht mehr Sparkasse und die Landesbank Berlin daher nicht mehr Sparkassenzentralbank gewesen. Mitgliedschaft und Nutzungsberechtigung wären damit im Privatisierungsfall nach § 5 Abs. 1 lit. a Verbandssatzung erloschen.

---

101 Besonders deutlich in diesem Sinn § 4 Abs. 3 des Staatsvertrags über die Norddeutsche Landesbank (abgedr. bei *Fischer/Herbst* Nr. 4.6.3): »Die Bank hat in den Ländern Niedersachsen, Sachsen-Anhalt und Mecklenburg-Vorpommern die Aufgaben einer Sparkassenzentralbank (Girozentrale).«

102 *D. Schmidt*, Sparkassenwissen für Verwaltungsräte, S. 339 f.

103 Vgl. etwa § 4 des Staatsvertrags über die Norddeutsche Landesbank (abgedr. bei *Fischer/Herbst* Nr. 4.6.3); § 2 des Landesbankgesetzes Sachsen (abgedr. bei Fischer/Herbst Nr. 4.13.1); § 2 der Satzung der WestLB (abgedr. a. a. O. Nr. 4.10.12).

104 Zum Begriff des Sparkasse im Sinne des Satzungsrechts im Zusammenhang mit § 6 lit. b Markensatzung oben § 5 II. 2. a) (S. 211 ff.).

105 Zur Veräußerung von Landesbank Berlin und Berliner Sparkassen und zu den konkreten Organisationsstrukturen oben § 3 I. 2. b) bb) (S. 66 ff.).

bb) Voraussetzung der öffentlich-rechtlichen Eigenschaft

Nach § 5 Abs. 1 lit. a Verbandssatzung endet die ordentliche Mitgliedschaft »durch Fortfall der rechtlichen Voraussetzungen für die Aufnahme des Mitglieds, insbesondere Verlust seiner öffentlich-rechtlichen Eigenschaft«. Wenn man den Begriff »öffentlich-rechtliche Eigenschaft« als »öffentlich-rechtliche Rechtsform« versteht, würden Mitgliedschaft und Nutzungsberechtigung mit der formellen Privatisierung einer Landesbank enden. In der Verbandspraxis wird diese Konsequenz nicht gezogen: WestLB, HSH Nordbank und Landesbank Berlin sind als Aktiengesellschaften privatrechtlich verfasst, werden aber dennoch als Mitglieder angesehen.[106] § 5 Abs. 1 lit. a Verbandssatzung nennt den Verlust der »öffentlich-rechtlichen Eigenschaft« nur als Beispiel (»insbesondere«) für die Grundregel, dass die Mitgliedschaft »durch Fortfall der rechtlichen Voraussetzungen für die Aufnahme des Mitglieds« endet. § 3 Abs. 1 Verbandssatzung setzt für die Aufnahme aber nur voraus, dass es sich um eine »Girozentrale« handelt, nicht aber, dass diese eine öffentlich-rechtliche Organisationsform haben muss. Der Begriff der öffentlich-rechtlichen Eigenschaft ist daher anders zu verstehen. Ebenso wie der Begriff der öffentlich-rechtlichen Sparkasse in § 40 Abs. 1 Nr. 1 KWG beruht er auf der stillschweigenden Gleichsetzung von öffentlich-rechtlicher Organisationsform und staatlicher Trägerschaft. Er setzt daher nicht eine öffentlich-rechtliche Organisationsform, sondern eine staatliche Trägerschaft voraus.[107] Nur bei diesem Verständnis wird die Regelung des § 5 Abs. 1 lit. a Halbs. 2 Verbandssatzung widerspruchsfrei, denn dann stellt sie tatsächlich lediglich dasjenige klar, was sich ohnehin schon aus dem Begriff der »Girozentrale« in § 3 Abs. 1 Verbandssatzung ergibt.

Allein diese Auslegung steht im Übrigen im Einklang mit den verbandsrechtlichen Treuepflichten: Das Verbandsverhältnis ist von wechselseitigen Rücksichtnahmepflichten geprägt, die unter anderem den Verband verpflichten, auf die Autonomie seiner Mitglieder Rücksicht zu nehmen und diese nicht weiter zu beschränken, als es das gemeinsame Verbandsinteresse

---

106 Zu WestLB und HSH Nordbank oben § 3 II. 1. (S. 83 f.).

107 Zum Begriff des »Öffentlich-Rechtlichen« im Zusammenhang mit dem Begriff der »öffentlich-rechtlichen Sparkasse« in § 40 Abs. 1 Nr. 1 KWG oben § 4 III. 2. a) (S. 123 ff.).

erforderlich macht.[108] Da der Deutsche Sparkassen- und Giroverband die Sparkassen-Finanzgruppe als einheitliche Gruppe staatlicher Kreditinstitute repräsentiert, ist es verbandsrechtlich zulässig, die Mitgliedschaft an die Voraussetzung der Staatlichkeit zu knüpfen. Es besteht aber kein Grund, darüber hinaus eine bestimmte Organisationsform vorauszusetzen. Mit Rücksicht auf die Autonomie der Mitglieder darf die Mitgliedschaft der Landesbanken im Deutschen Sparkassen- und Giroverband daher nicht von ihrer öffentlich-rechtlichen Organisationsform abhängen. Im Ergebnis ist § 5 Abs. 1 lit. a Verbandssatzung daher so zu verstehen, dass die Mitgliedschaft und damit auch die Berechtigung zur Nutzung der Kollektivmarken erst bei einer materiellen Privatisierung erlischt.

b) Sachliche Einschränkung der Nutzungsberechtigung

In der »Berliner Erklärung« der Sparkassen-Finanzgruppe aus dem Jahr 2005 wurde ausdrücklich festgehalten, dass »im Interesse der Sparkassen« verhindert werden müsse, »dass Landesbanken die wesentlich von den Sparkassen aufgebaute Wort- und Bildmarke ›Sparkasse‹ einmal selbst im Wettbewerb zu den Sparkassen einsetzen«.[109] Daraufhin wurden in § 6 lit. a Markensatzung die Sätze 2 und 3 eingefügt.[110] § 6 lit. a Satz 2 Halbs. 1 Markensatzung stellt klar, dass die Landesbanken die Kollektivmarken nur »in ihrer Funktion als Sparkassenzentralbanken« und »im Großkundengeschäft« verwenden dürfen. Diese Einschränkung ist eine verbandsrechtlich zulässige Maßnahme: Wie der Begriff der »Girozentrale« in § 3 Abs. 1 Verbandssatzung zeigt, beruht die Mitgliedschaft der Landesbanken im Deutschen Sparkassen- und Giroverband darauf, dass ihr Geschäft neben das Geschäft der Sparkassen tritt und es ergänzt. Ein berechtigtes Interesse der Landesbanken, die Bezeichnung »Sparkasse« und das Sparkassen-S selbst im Sparkassengeschäft zu nutzen, besteht daher nicht. Insofern hat § 6 lit. a Satz 2 Halbs. 1 Markensatzung eine lediglich klarstellende Funktion.

---

108 Zu den Rücksichtnahmepflichten des Verbandes als Schranke der Satzungsgestaltung näher oben § 5 II. 1. a) (S. 207).

109 *DSGV* (Hrsg.), 5-Punkte-Erklärung der deutschen Sparkassen und Landesbanken zur Verbundzusammenarbeit v. 7.11.2005 (»Berliner Erklärung«), II. 1., unter: http://www.dsgv.de (Stand: 17.6.2008).

110 Abdruck im Anhang (S. 266).

Nach § 6 lit. a Satz 3 Markensatzung sind diejenigen Landesbanken, die die Kollektivmarken bereits bei Inkrafttreten der Änderung im Sparkassengeschäft verwendet haben, auch weiterhin dazu berechtigt. Das betrifft zum einen die Norddeutsche Landesbank, die (historisch bedingt) im Raum Braunschweig die Funktion einer Sparkasse wahrnimmt und dabei als »Braunschweigische Landessparkasse« firmiert.[111] Zum anderen fällt die Landesbank Berlin unter die Bestandsschutzklausel: Seit ihrer Gründung im Jahr 1990 nimmt sie die Aufgaben der Berliner Sparkasse wahr, die als unselbständige Abteilung geführt wird.[112] Bezeichnungsrechtlicher Bestandsschutz besteht allerdings nur, solange ein Unternehmen zur »Sparkassen-Finanzgruppe« gehört (§ 6 lit. d Markensatzung). Bei einer materiellen Privatisierung von Landesbank Berlin und Berliner Sparkasse im Jahr 2007 wäre die Nutzungsberechtigung daher erloschen, denn dann wäre die Berliner Sparkasse nicht mehr Sparkasse und deshalb die Landesbank nicht mehr Teil der Sparkassen-Finanzgruppe gewesen.

c) Sonderfall: Landesbank als Sparkasse

Der Begriff der »Sparkasse« in § 6 lit. b Markensatzung ist nicht auf kommunale Sparkassen begrenzt, sondern erfasst auch Sparkassen in anderer staatlicher Trägerschaft und bezieht damit insbesondere die Landesbanken als Sparkassenträger ein.[113] Soweit die Landesbanken nach den Sparkassengesetzen der Länder die Aufgaben einer Sparkasse wahrnehmen, sind sie also nach § 6 lit. b grundsätzlich zur Nutzung der Kollektivmarken berechtigt. Es ist allerdings eine Frage des Einzelfalls, ob die weitere Voraussetzung des § 6 lit. b Markensatzung, die Mitgliedschaft der Sparkasse im regionalen Sparkassen- und Giroverband, erfüllt ist: Die Berliner Sparkasse und die Braunschweigische Landessparkasse werden als unselbständige Abteilungen der Landesbank Berlin beziehungsweise der Norddeutschen Landesbank geführt. Sie sind also nicht selbst Mitglied eines Sparkassenverbands, so dass die Nutzungsberechtigung nicht aus § 6 lit. b Markensatzung hergeleitet werden kann. Anders ist die Rechtskonstruktion im Fall der

---

111 Zur Wahrnehmung der Aufgaben der Braunschweigischen Landessparkasse durch die Norddeutsche Landesbank oben § 1. I. 1. a) aa) (S. 9 f.).

112 Zur Gründung der Landesbank Berlin im Jahr 1990 und zur Eingliederung der Berliner Sparkasse oben § 1 I. 1. a) aa) (S. 10 f.); zur Umstrukturierung durch das Berliner Sparkassengesetz oben § 3 I. 2. b) bb) (S. 66 ff.).

113 Zum Begriff der Sparkasse in § 6 lit. b Markensatzung oben § 5 II. 2. a) (S. 211 ff.).

Landesbank Hessen Thüringen: Nach § 20a Abs. 1 HessSpkG kann die Landesbank die Anteile an einer kommunalen Sparkasse erwerben und wird damit deren Trägerin. Die Sparkasse bleibt allerdings rechtlich selbständig und damit selbst Mitglied im Sparkassenverband Hessen Thüringen, so dass sich die Nutzungsberechtigung weiterhin aus § 6 lit. b Markensatzung ergibt.[114]

Unabhängig von der Rechtskonstruktion kann die Nutzungsberechtigung aber in jedem Fall aus § 6 lit. a Markensatzung hergeleitet werden. Zwar wird die Nutzung im Sparkassengeschäft durch § 6 lit. a Satz 2 Halbs. 1 Markensatzung grundsätzlich ausgeschlossen. Die Beschränkung soll allerdings nur verhindern, dass die Landesbanken den Sparkassen mit deren eigenen Kennzeichen Konkurrenz machen. Soweit eine Landesbank selbst die Funktion einer Sparkasse hat, besteht die von § 6 lit. a Satz 2 Halbs. 1 Markensatzung vorausgesetzte Konkurrenzlage nicht, so dass es bei der Grundregel in § 6 lit. a Satz 1 Markensatzung bleibt. Im Ergebnis ist eine Landesbank damit (unabhängig von der konkreten Rechtskonstruktion) in jedem Fall nach § 6 lit. a Markensatzung zur Verwendung der Kollektivmarken befugt, soweit sie nach den Sparkassengesetzen der Länder die Aufgaben einer Sparkasse anstelle anderer Träger wahrnimmt.

4. Bedingungen für die Art und Weise der Markennutzung

Nach § 102 Abs. 2 Nr. 5 MarkenG kann der Inhaber einer Kollektivmarke Regelungen zur Art und Weise der Markennutzung treffen. Für die Kollektivmarken des Deutschen Sparkassen- und Giroverbands verweist § 8 Abs. 2 Satz 1 Markensatzung auf die im Anhang zur Markensatzung definierten Gestaltungsregeln.[115] Bei einem Verstoß sieht § 9 Markensatzung ein dreistufiges Sanktionssystem vor: Zunächst spricht der »Zentrale Werbeausschuss« eine »Empfehlung« gegenüber demjenigen aus, »dem der Verstoß

---

114 Zur Landesbank Hessen-Thüringen als Trägerin von Sparkassen oben § 1 I. 1. a) bb) (S. 11 ff.); zu verfassungsrechtlichen Grenzen einer Übertragung der Sparkassenträgerschaft auf nicht kommunale staatliche Träger § 1 I. 1. b) (S. 13).

115 Die Gestaltungsregeln betreffen insbesondere die Typographie: Es muss ein eigener Schrifttyp verwendet werden (»Sparkassen-Schrift«). Das Sparkassen-S darf nur in seiner zum 1.1.2002 überarbeiteten Form in den Farbkombinationen »rot auf weiß« oder »weiß auf rot« eingesetzt werden und muss durch einen räumlichen Mindestabstand (»Markenschutzraum«) von seiner Umgebung abgesetzt sein. Genau geregelt ist außerdem die typographische Verbindung von Sparkassen-S und Institutsname. – Vgl. dazu den Anhang zur Markensatzung des DSGV, abgedr. bei *Fischer/Herbst* Nr. 5.2.11.

zur Last gelegt wird« (erste Stufe). Wird dem nicht Folge geleistet, sind – »je nach Bedeutung und Schwere des Falles« – zwei weitere Stufen vorgesehen, denen jeweils eine Anhörung des zuständigen regionalen Sparkassen- und Giroverbands vorausgehen muss. Bleibt eine Rüge durch den Verbandsvorstand (zweite Stufe) fruchtlos, kann die Mitgliederversammlung des Deutschen Sparkassen- und Giroverbands schließlich die Benutzungsberechtigung entziehen (dritte Stufe). Das setzt allerdings voraus, dass es sich um einen »wesentlichen Fall« handelt, der nach der Markensatzung »insbesondere« dann vorliegt, wenn die Kollektivzeichen abgewandelt oder mit anderen Zeichen vermengt werden (§ 9 Satz 2 lit. b Satz 2 Markensatzung).[116]

Daneben besteht die Möglichkeit, auf markenrechtlichem Weg vorzugehen. Ein markenrechtlicher Kollisionsfall liegt allerdings an sich nicht vor: Eine »Verwechslungsgefahr« (§ 14 Abs. 2 Nr. 2 MarkenG) besteht nur, wenn aufgrund der Ähnlichkeit der Kennzeichen im Verkehr unrichtige Schlussfolgerungen über die Herkunft gezogen werden.[117] Bei Kollektivmarken ist das nur der Fall, wenn eine Berechtigung zur Nutzung überhaupt nicht besteht, nicht aber schon dann, wenn lediglich die Art und Weise der Verwendung unzulässig ist. Das Markengesetz lässt allerdings erkennen, dass der Markeninhaber auch gegenüber dem »Nicht-so-Berechtigten« nicht schutzlos gestellt sein soll. Nach § 30 Abs. 2 Nr. 2 MarkenG kann ein Lizenzgeber (Markeninhaber) gegen den Lizenznehmer (Markennutzer) seine Rechte aus der Marke auch dann geltend machen, wenn dieser nur »hinsichtlich der von der Eintragung erfassten Form, in der die Marke benutzt werden darf«, gegen eine Bestimmung des Lizenzvertrages verstößt. Bei einem Auseinanderfallen von Markeninhaberschaft und Markennutzung, wie es auch für die Kollektivmarke charakteristisch ist, soll also die Möglichkeit eines markenrechtlichen Vorgehens auch im Innenverhältnis eröffnet sein.[118] § 30 Abs. 2 Nr. 2 MarkenG ist daher entsprechend auf das Verhältnis von Kollektivmarkeninhaber und Kollektivmarkennutzer anzuwenden.[119]

116 Abdruck von § 9 Markensatzung im Anhang (S. 267).

117 Vgl. *EuGH,* Urt. v. 29.9.1998 – C-39/97, in: Slg. 1998, I-5507 ff., Rn. 28 – Canon; *Ingerl/Rohnke,* Markenrecht, § 14 Rn. 232; *Hacker,* in: Ströbele/Hacker, Markengesetz, § 9 Rn. 47, jeweils m. w. N.

118 Zur Charakteristik des Kollektivmarkenrechts s. bereits oben § 5 II. 1. b) (S. 209).

119 *BGH,* Urt. v. 31.10.2002 – I ZR 207/00, in: BGHZ 152, 268 (276 f.) – Dresdner Christstollen; *Fezer,* Markenrecht, § 102 MarkenG Rn. 8; *Lange,* Marken- und Kennzeichenrecht, Rn. 2385.

Im Ergebnis hat der Deutsche Sparkassen- und Giroverband die Wahl, ob er gegen eine Sparkasse, die die Benutzungsbedingungen nicht einhält, nach § 9 Markensatzung oder nach § 30 Abs. 2 Nr. 2 MarkenG analog vorgeht. Aus markenrechtlicher Sicht ist das Vorgehen im Innenverhältnis nicht vorrangig.[120] Im Innenverhältnis muss der Deutsche Sparkassen- und Giroverband allerdings seine verbandsrechtliche Treuepflicht gegenüber den Sparkassen beachten.[121] Er ist daher grundsätzlich auf die ersten beiden Sanktionsstufen in § 9 Markensatzung verwiesen, die gegenüber einer sofortigen Klage das mildere Mittel darstellen. Die markenrechtliche Klage ist allerdings die mildere Alternative zur dritten Sanktionsstufe des § 9 Markensatzung, dem völligen Entzug der Nutzungsberechtigung. Ihr ist daher grundsätzlich der Vorrang einzuräumen, wenn nicht die Schwere des Verstoßes den sofortigen Entzug der Nutzungsberechtigung rechtfertigt.

III. Kennzeichenrechte der Sparkassen

Nach dem kennzeichenrechtlichen Grundsatz der Unabhängigkeit der Schutzrechte können an einem Kennzeichen mehrere Schutzrechte verschiedener Inhaber gleichzeitig bestehen.[122] Im Kollisionsfall bestimmt sich die Rangfolge nach dem kennzeichenrechtlichen Prioritätsprinzip.[123] Durch ein Kollektivmarkenrecht werden daher eigene Kennzeichenrechte der Kollektivmarkennutzer nicht ausgeschlossen.[124] Eigene Rechte der Sparkassen an der Bezeichnung »Sparkasse« und am Sparkassen-S können unter dem Gesichtspunkt des Unternehmenskennzeichenschutzes (1.) und durch eine Eintragung als Marke im Markenregister (2.) bestehen.

1. Unternehmenskennzeichenrechte der Sparkassen

Nach § 5 Abs. 2 Satz 1 MarkenG hat jedes Unternehmen ein Schutzrecht an den Zeichen, die es im geschäftlichen Verkehr als »Name«, »Firma« oder sonstige »besondere Bezeichnung des Geschäftsbetriebs« benutzt. Es genügt, dass ein Kennzeichen verwendet wird, das konkret geeignet ist, im Verkehr

120 *BGH,* Urt. v. 31.10.2002 – I ZR 207/00, in: BGHZ 152, 268 (276 f.) – Dresdner Christstollen.

121 Zur verbandsrechtlichen Treuepflicht des Deutschen Sparkassen- und Giroverbands bei der Kollektivmarkenverwaltung oben § 5 II. 1. a) (S. 207 ff.).

122 *Ingerl/Rohnke,* Markengesetz, Einleitung Rn. 7.

123 Zum kennzeichenrechtlichen Prioritätsprinzip unten § 5 IV. 1. b) (S. 241 f.).

124 *BGH,* Urt. v. 3.7.1956 – I ZR 137/54, in: BGHZ 21, 182 ff. – Ihr Funkberater.

als Name für das mit ihm bezeichnete Unternehmen aufgefasst zu werden. Dann entsteht der Unternehmenskennzeichenschutz bereits mit Aufnahme der Benutzung.[125] Wenn das Kennzeichen hingegen für sich gesehen nicht unterscheidungsgeeignet ist, entsteht der Unternehmenskennzeichenschutz erst, wenn es sich als Name des Unternehmens im Verkehr durchgesetzt hat.[126] Nach diesen Kriterien bestehen Unternehmenskennzeichenrechte der Sparkassen sowohl an der Bezeichnung »Sparkasse« (a.) als auch am Sparkassen-S (b.).

a) Unternehmenskennzeichenrecht an der Bezeichnung »Sparkasse«

Die Bezeichnung »Sparkasse« kennzeichnet einen bestimmten, in § 40 Abs. 1 KWG näher umschriebenen Typus von Kreditinstitut und ist damit eine beschreibende Angabe.[127] Im Unternehmenskennzeichenrecht gilt ebenso wie im Markenrecht, dass beschreibende Angaben als solche nicht geeignet sind, ein bestimmtes Unternehmen von anderen Unternehmen zu unterscheiden.[128] Sie sind daher erst dann als Unternehmenskennzeichen

---

125 St. Rspr., vgl. *BGH,* Urt. v. 16.4.2004 – I ZR 69/02, in: NJW 2005, 1503 (1504) – Literaturhaus; *BGH,* Urt. v. 21.2.2002 – I ZR 230/99, in: NJW 2002, 3551 (3552) – defacto; *BGH,* Urt. v. 5.10.2000 – I ZR 166/98, in: BGHZ 145, 279 (280 ff.) – DB Immobilienfonds; *BGH,* Urt. v. 28.1.1999 – I ZR 178/96, in: NJW-RR 1999, 1202 (1202 f.) – Altberliner; *BGH,* Urt. v. 12.3.1992 – I ZR 110/90, in: NJW-RR 1992, 935 (935) – ac-pharma; *BGH,* Urt. v. 8.12.1953 – I ZR 199/52, in: BGHZ 11, 214 (217) – KfA; *Hacker,* in: Ströbele/Hacker, Markengesetz, § 5 Rn. 27; *Goldmann,* Der Schutz des Unternehmenskennzeichens, § 2 Rn. 21; *Fezer,* Markenrecht, § 5 MarkenG Rn. 3; *Teplitzky,* in: Jacobs/Lindacher/Teplitzky, UWG Großkommentar, § 16 Rn. 83.

126 *BGH,* Urt. v. 16.4.2004 – I ZR 69/02, in: NJW 2005, 1503 (1504) – Literaturhaus; *BGH,* Urt. v. 27.11.2003 – I ZR 79/01, in: GRUR 2004, 514 (515) – Telekom; *BGH,* Urt. v. 8.12.1953 – I ZR 199/52, in: BGHZ 11, 214 (217) – KfA; *Hacker,* in: Ströbele/Hacker, § 5 Rn. 27, 42; *Goldmann,* Der Schutz des Unternehmenskennzeichens, § 8 Rn. 28; *Fezer,* Markenrecht, § 5 MarkenG Rn. 3; *Teplitzky,* in: Jacobs/Lindacher/Teplitzky, UWG Großkommentar, § 16 Rn. 103.

127 Zur Einordnung der Bezeichnung »Sparkasse« als Gattungsbegriff und zum Kriterium der Unterscheidungseignung s. bereits im Zusammenhang mit der Schutzfähigkeit der Bezeichnung »Sparkasse« als Marke oben § 5 I. 1. b) (S. 197 ff.).

128 Vgl. etwa *BGH,* Urt. v. 6.12.2001 – I ZR 136/99, in: GRUR 2002, 814 (816) – Festspielhaus; *BGH,* Urt. v. 24.2.1994 – I ZR 230/91, in: NJW-RR 1994, 1255 (1255) – Schwarzwald-Sprudel; *BGH,* Urt. v. 27.9.1995 – I ZR 199/93, in: NJW-RR 1996, 230 (230) – Cotton line; *BGH,* Urt. v. 15.02.2001 – I ZR 232/98, in: GRUR 2001, 1161 (1162) – CompuNet/ComNet; *BGH,* Urt. v. 28.1.1999 – I ZR 178/96, in: NJW-RR 1999, 1202 (1203) – Altberliner; *BGH,* Urt. v. 7.3.1991 – I ZR 148/89, in: NJW-RR 1991, 1190 – Leasing Partner; *BGH,* Urt. v. 12.6.1986 – I ZR 70/84, in: NJW 1987, 438 f. – Video-Rent; *BGH,* Urt. v. 31.10.1975 – I ZR 89/74, in: GRUR 1976, 254 (255) – Management-Seminare; *Hacker,* in: Ströbele/Hacker,

geschützt, wenn sie sich im Verkehr als Hinweis auf ein bestimmtes Unternehmen durchgesetzt haben. Geht man vom beschreibenden Charakter des Begriffs »Sparkasse« aus, würde das Unternehmenskennzeichenrecht daher Verkehrsgeltung voraussetzen. Einen ausschließlich beschreibenden Charakter hat die Bezeichnung »Sparkasse« allerdings nur im bundesweiten Maßstab. Unternehmenskennzeichenrechte können jedoch auch örtlich begrenzt bestehen. Dafür genügt es, wenn eine Bezeichnung im jeweiligen Geschäftsgebiet geeignet ist, als Hinweis auf ein bestimmtes Unternehmen wahrgenommen zu werden. Das hat der Bundesgerichtshof für die Bezeichnung »Volksbank« verneint: Der Begriff »Volksbank« sei als bloßer Gattungsbegriff nicht geeignet, eine bestimmte Volksbank zu kennzeichnen.[129] Auch ein örtlich begrenztes Schutzrecht bestehe nur, wenn ein auf die einzelne Volksbank hinweisender Zusatz hinzutrete oder wenn sich die Bezeichnung »Volksbank« im jeweiligen Geschäftsgebiet als Hinweis auf eine bestimmte Volksbank im Verkehr durchgesetzt habe. Da es sich um eine unmittelbar beschreibende und deshalb stark freihaltebedürftige Bezeichnung handele, sei dazu aber eine »nahezu einhellige« Verkehrsdurchsetzung erforderlich.[130] Für die Bezeichnung »Sparkasse« liegt eine entsprechende Betrachtungsweise nahe, da sie mit der Bezeichnung »Volksbank« strukturell vergleichbar ist.[131]

Innerhalb eines begrenzten örtlichen Bereichs ist ein Gattungsbegriff allerdings dann als unterscheidungsgeeignet anzusehen, wenn »dem Verkehr aufgrund allgemeiner Übung bekannt ist, dass es in dem betreffenden Geschäftszweig regelmäßig nur ein Unternehmen mit dieser Bezeichnung gibt«.[132] Das hat der Bundesgerichtshof für die Bezeichnung »Volksbank«

Markengesetz, § 5 Rn. 32; *Goldmann,* Der Schutz des Unternehmenskennzeichens, § 5 Rn. 20 ff.

129 *BGH,* Urt. v. 2.7.1992 – I ZR 250/90, in: NJW-RR 1992, 1454 (1454 f.) – Volksbank; *OLG Celle,* Urt. v. 9.11.1994 – 13 U 75/94, in: OLGR 1995, 55 f.; *OLG Hamm,* Urt. v. 10.9.1981 – 4 U 77/91, in: ZIP 1981, 1320 (1321); *LG Krefeld,* Beschl. v. 25.2.1981 – 7 T 1/80, in: JZ 1981, 401 (402); *Großfeld/Neumann,* Zur Zulässigkeit der Umfirmierung einer Genossenschaftsbank in »Volksbank eG«, in: ZfgG 30 (1980), 171 (173 f.).

130 *BGH,* Urt. v. 2.7.1992 – I ZR 250/90, in: NJW-RR 1992, 1454 (1454 f.) – Volksbank.

131 Dafür *OLG Schleswig,* Urt. v. 24.11.1992 – 6 U 56/92, in: SchlHA 1994, 15 (15 f.).

132 *BGH,* Urt. v. 30.3.1995 – I ZR 60/93, in: NJW-RR 1995, 1002 (1002) – City-Hotel; vgl. auch *BGH,* Urt v. 7.7.1976 – I ZR 113/75, in: GRUR 1977, 165 (166) – Parkhotel; *OLG Nürnberg,* Urt. v. 7.11.1995 – 3 U 1227/95, in: WRP 1996, 242 (244) – Hotel am Stadtpark; *Goldmann,* Der Schutz des Unternehmenskennzeichens,

mit der Begründung abgelehnt, das genossenschaftliche Ortsprinzip sei eine lediglich freiwillige Übereinkunft ohne Rechtsverbindlichkeit.[133] Im Gegensatz dazu ist das sparkassenrechtliche Regionalprinzip sparkassen- und verfassungsrechtlich verbindlich.[134] Es entspricht daher nicht nur »allgemeiner Übung«, sondern ist rechtlich zwingend, dass es pro Geschäftsgebiet nur eine »Sparkasse« gibt. Ist also im Verkehr von einer »Sparkasse« die Rede, kann damit nur das im jeweiligen Geschäftsgebiet ansässige Institut gemeint sein. Die Rechtsverbindlichkeit des sparkassenrechtlichen Regionalprinzips ist also ausschlaggebend dafür, dass die Bezeichnung »Sparkasse«, anders als die Bezeichnung »Volksbank«, unabhängig von einer Verkehrsgeltung von vornherein geeignet ist, in einem begrenzten Geschäftsgebiet ein bestimmtes Unternehmen, die jeweilige Sparkasse, zu kennzeichnen. Die Sparkassen sind damit Inhaber eigener Unternehmenskennzeichenrechte an der Bezeichnung »Sparkasse«.

Eine geschäftliche Konkurrenz von Sparkassen gibt es nur in Ausnahmefällen: Die sechs freien Sparkassen sind an das Regionalprinzip nicht gebunden. Außerdem gibt es vereinzelt historisch bedingte Überschneidungen.[135] Soweit eine solche Gemengelage besteht, ist die Bezeichnung »Sparkasse« nur dann geeignet, eines der Institute zu bezeichnen, wenn ein individualisierender Zusatz hinzutritt. Das Unternehmenskennzeichenrecht erstreckt sich in diesem Fall also nicht auf die Bezeichnung »Sparkasse« als solche, sondern nur auf die jeweilige Kombinationsbezeichnung (»Sparkasse X-Stadt«).

b) Unternehmenskennzeichenrecht am Sparkassen-S

Ob Bildzeichen als »Name«, »Firma« oder sonstige »besondere Bezeichnung des Geschäftsbetriebs« nach § 5 Abs. 2 Satz 1 MarkenG geschützt sein können, ist umstritten. Weit verbreitet ist das Argument, Bildzeichen fehle die erforderliche Namensqualität, die nur bei aussprechbaren Bezeich-

---

§ 5 Rn. 138 ff.; *Hacker,* in: Ströbele/Hacker, Markengesetz, § 5 Rn. 33; *Teplitzky,* in: Jacobs/Lindacher/Teplitzky, UWG Großkommentar, § 16 Rn. 209.

133 *BGH,* Urt. v. 2.7.1992 – I ZR 250/90, in: NJW-RR 1992, 1454 (1454 f.) – Volksbank.

134 Zu den sparkassenrechtlichen und den verfassungsrechtlichen Grundlagen des Regionalprinzips oben § 1 I. 3. (S. 23 ff.).

135 Zu möglichen Überschneidungen in den Geschäftsgebieten der Sparkassen oben § 3 III. 1. (S. 89 f.).

nungen gegeben sei.[136] Unbestritten ist das allerdings nicht.[137] Insbesondere der Bundesgerichtshof ist mittlerweile vom engen Namensbegriff abgerückt und hat auch nicht aussprechbaren Buchstabenkombinationen Namensqualität zuerkannt.[138] Das liegt für das Sparkassen-S ebenfalls nahe, weil es im Verkehr als bildhafter Ausdruck der Bezeichnung »Sparkasse« angesehen und mit ihr unmittelbar identifiziert wird. In diesem Sinn ist das Sparkassen-S durchaus ein »aussprechbares« Bildzeichen. Unabhängig von der Namensqualität können Unternehmenskennzeichenrechte an Bildzeichen aber jedenfalls nach § 5 Abs. 2 Satz 2 MarkenG bestehen. Danach sind »Geschäftsabzeichen« und »sonstige zur Unterscheidung des Geschäftsbetriebs bestimmte Zeichen« als Unternehmenskennzeichen geschützt, wenn sie sich im Verkehr als Hinweis auf ein bestimmtes Unternehmen durchgesetzt haben. Aufgrund des sparkassenrechtlichen Regionalprinzips ist im Verkehr bekannt, dass es pro Geschäftsgebiet nur eine Sparkasse gibt. Diese »verkehrsbekannte Einmaligkeit« bewirkt eine »vorweggenommene Verkehrsgeltung«: Ebenso wie die Bezeichnung »Sparkasse« wird das Sparkassen-S im Verkehr als Hinweis auf das ansässige Institut aufgefasst. Im Ergebnis sind die Sparkassen damit jedenfalls aufgrund von Verkehrsgeltung nach § 5 Abs. 2 Nr. 2 MarkenG Inhaber von Unternehmenskennzeichenrechten am Sparkassen-S. Soweit ausnahmsweise eine geschäftliche Gemengelage besteht, gilt dasselbe wie für die Bezeichnung »Sparkasse«. Das Unternehmenskennzeichenrecht erstreckt sich in diesem Fall nur auf das Kombinationszeichen, nicht aber auf das Sparkassen-S allein.

---

136 *BGH,* Urt. v. 6.7.1954 – I ZR 167/52, in: BGHZ 14, 155 (160) – Farina Rote Marke; vgl. auch *BGH,* Urt. v. 8.12.1953 – I ZR 199/52, in: BGHZ 11, 214 (217 f.) – KfA; *Hacker,* in: Ströbele/Hacker, Markengesetz, § 5 Rn. 13, 38; *Goldmann,* Der Schutz des Unternehmenskennzeichens, § 3 Rn. 76 f.; *Klippel/Eisfeld,* in: Ekey/Klippel, Markengesetz, § 5 Rn. 20, jeweils m. w. N.; *Teplitzky,* in: Jacobs/Lindacher/Teplitzky, UWG Großkommentar, § 16 Rn. 57; *Hefermehl,* Der namensrechtliche Schutz geschäftlicher Kennzeichen, in: FS Hueck, S. 519 (534).

137 Für die Einbeziehung von Bildzeichen in § 5 Abs. 2 Satz 1 MarkenG etwa *Ingerl/Rohnke,* Markenrecht, § 5 Rn. 16; *Fezer,* Markenrecht, § 15 MarkenG Rn. 122a, 125; *Schricker,* Zum Schutz bildlicher Unternehmenskennzeichen, in: GRUR 1998, 310 (312); *Baronikians,* Buchstabenkombinationen als Unternehmenskennzeichen, in: GRUR 2001, 795 (797).

138 *BGH,* Urt. v. 5.10.2000 – I ZR 166/98, in: BGHZ 145, 279 (280 ff.) – DB Immobilienfonds.

2. Markenrechte der Sparkassen durch Registrierung

Die Bezeichnung »Sparkasse« und das Sparkassen-S sind nicht nur Unternehmenskennzeichen im Sinne von § 5 MarkenG, sondern können auch als Marken durch Eintragung gemäß § 4 Nr. 1 MarkenG geschützt werden.[139] Dadurch entsteht ein unteilbares bundesweites Schutzrecht. Einzelne Sparkassen können die Bezeichnung »Sparkasse« und das Sparkassen-S nicht für sich eintragen lassen, denn im bundesweiten Maßstab sind diese Kennzeichen ohne weitere Zusätze nicht geeignet, eine bestimmte Sparkasse zu individualisieren, so dass das Schutzhindernis des § 8 Abs. 2 Nr. 1 MarkenG entgegensteht.[140] Möglich ist aber die Registrierung von Kombinationsmarken, die aus der Bezeichnung »Sparkasse« oder dem Sparkassen-S und einem individualisierenden unternehmens- oder produktbezogenen Zusatz bestehen. Von dieser Möglichkeit haben einige Sparkassen Gebrauch gemacht.[141] Aus der Sicht eines effektiven Kollektivzeichenschutzes besteht allerdings ein erhebliches Interesse, die Registrierung von Kombinationsmarken durch einzelne Sparkassen zu verhindern, denn dadurch wird ein Schutzrecht begründet, das vom Kollektivrecht unabhängig ist. Kombinationsmarken einzelner Sparkassen unterlaufen damit den Kollektivzeichenschutz. Es droht eine Entwertung des Kollektivrechts, die im äußersten Fall seine Bedeutungslosigkeit zur Folge hat. Daher untersagt die Markensatzung des Deutschen Sparkassen- und Giroverbands den Sparkassen die Registrierung einzelner Kombinationsmarken (a.). Außerdem kommt ein Vorgehen auf der Grundlage des allgemeinen Markenrechts in Betracht (b.).

---

139 Zur parallelen Anwendbarkeit von Markenschutz und Unternehmenskennzeichenschutz oben § 5 I. 1. a) (S. 194 ff.).

140 Zum Freihaltebedürfnis für die Bezeichnung »Sparkasse« und das Sparkassen-S oben § 5 I. 1. b) (S. 198).

141 Insbesondere: 1. Hamburger Sparkasse: Sparkassen-S in Kombination mit dem Schriftzug »Haspa/Hamburger Sparkasse« als Wort-/Bildmarke (registriert 1994; verlängert 2003). – 2. Nassauische Sparkasse: Schriftzug »Naspa/Naussauische Sparkasse« als Wort-/Bildmarke (registriert 1995; verlängert 2005). – 3. Sparkasse Bremerhaven: Schriftzug »Städtische Sparkasse Bremerhaven« als Wort-/Bildmarke (registriert 2002). – 4. Sparkasse Neumarkt in der Oberpfalz: »Sparkasse Direkt« als Wortmarke und Sparkassen-S in Kombination mit dem Schriftzug »Sparkasse Direkt« als Wort-/Bildmarke (registriert 1996; verlängert 2006). – 5. Sparkasse Bamberg: Sparkassen-S und Schriftzug »Sparkasse Bamberg« als Wort-/Bildmarke (registriert 2006; Widerspruch erhoben). – Beispiele nach Deutsches Patent- und Markenamt (Hrsg.), Markenblatt, unter: http://publikationen.dpma.de (Stand: 22.2.2007).

a) Verbandsrechtliche Zulässigkeit von Kombinationsmarken

Nach § 9 lit. b Satz 1 Markensatzung kann die Berechtigung zur Nutzung der Kollektivzeichen »in wesentlichen Fällen« entzogen werden. Ein »wesentlicher Fall« liegt nach Satz 2 insbesondere dann vor, wenn eine Sparkasse die Bezeichnung »Sparkasse« oder das Sparkassen-S »in identischer oder abgewandelter Form oder als Bestandteil eines anderen Kennzeichens bei einem Amt für gewerbliche Schutzrechte anmeldet oder verlängert oder trotz Aufforderung zur Abgabe an einem entsprechenden Schutzrecht festhält«.[142] Aus der Markensatzung ergibt sich damit ein ausdrückliches Verbot für die Registrierung von Kombinationsmarken. Der Deutsche Sparkassen- und Giroverband hat im Innenverhältnis einen Anspruch gegen die Sparkassen, die Registrierung von Kombinationsmarken zu unterlassen. Kommt es dennoch zur Eintragung, richtet sich dieser darauf, die erlangte Markenrechtsposition wieder aufzugeben. Markenrechtlich geschieht dies entweder durch eine Verzichtserklärung gemäß § 48 Abs. 1 MarkenG oder dadurch, dass nach Ablauf der regelmäßigen Schutzfrist von 10 Jahren die Verlängerungsgebühr nicht gezahlt wird, so dass die Marke gemäß § 47 Abs. 6 MarkenG von Amts wegen gelöscht wird.

Das Verbot von Kombinationsmarken ist nur dann wirksam, wenn es mit den verbandsrechtlichen Treuepflichten des Deutschen Sparkassen- und Giroverbands vereinbar ist. Es darf die berechtigten Interessen der Sparkassen daher nicht unangemessen beeinträchtigen.[143] Die Kollektivmarkenverwaltung durch den Deutschen Sparkassen- und Giroverband ist die einzige rechtliche Möglichkeit, im Interesse der Gruppe der Sparkassen ein effektives bundesweites Schutzrecht an der Bezeichnung »Sparkasse« und am Sparkassen-S zu begründen, die ohne weitere Zusätze zugunsten einer einzelnen Sparkasse nicht registriert werden können. Die einzelnen Sparkassen sind daher verbandsrechtlich verpflichtet, die Kollektivmarkenverwaltung durch den Deutschen Sparkassen- und Giroverband zu dulden.[144] Es besteht ein gewichtiges Kollektivinteresse, die Registrierung von Kombinationsmarken einzelner Sparkassen zu verhindern, weil diese unabhängig vom Kollektivrecht sind und es dadurch unterlaufen. Es liegt in der Natur des Kollektivrechts, dass Markenrechte einzelner Unternehmen neben

142 Abdruck im Anhang (S. 267).

143 Zur verbandsrechtlichen Treupflichtbindung des Deutschen Sparkassen- und Giroverbands bei der Ausgestaltung der Markensatzung oben § 5 II. 1. a) (S. 207 ff.).

144 Zur Duldungspflicht der Sparkassen in Bezug auf die Kollektivmarkenverwaltung oben § 5 I. 1. b) (S. 198 f.).

diesem nicht bestehen, sondern die gemeinsamen Kennzeichen gemeinsam (»kollektiv«) verwaltet werden. Der einzelne Nutzer ist gehalten, seine berechtigten Interessen in die kollektive Verwaltung einzubringen. Damit korrespondiert eine Pflicht des Verbandes und der anderen Nutzer, auf seine berechtigten Interessen in angemessener Weise Rücksicht zu nehmen. Mit dieser Systematik der kollektiven Zeichenverwaltung ist es nicht vereinbar, wenn die Nutzer außerhalb des Kollektivrechts eigene Rechte an den Kollektivzeichen begründen. Den Einzelinteressen der Sparkassen ist daher nicht durch einzelne Markenrechte, sondern innerhalb der kollektiven Verwaltung Raum zu geben. Durch das Verbot von Kombinationsmarken werden sie nicht unangemessen beeinträchtigt.

§ 9 lit. b Satz 2 Markensatzung untersagt nicht nur die Neubegründung von Kombinationsmarken, sondern fordert auch die Abgabe von Altrechten. Das Kollektivmarkenrecht wurde zwar erst in den Jahren 2002 und 2004 in das Markenregister eingetragen, besteht aber aufgrund tatsächlicher Benutzung schon wesentlich länger.[145] Durch Registrierung begründete Markenrechte einzelner Sparkassen gibt es demgegenüber erst seit einigen Jahren.[146] Das Kollektivmarkenrecht geht diesen Rechten damit zeitlich gesehen vor.[147] Dem Bestandsschutzinteresse der Altrechtsinhaber ist daher kein hohes Gewicht beizumessen. Zudem wurde der Entschluss, die gemeinsamen Kennzeichen gemeinsam zu verwalten, innerhalb der Verbandsstrukturen getroffen, denen auch die Altrechtsinhaber angehören. Sie müssen sich daher an der Kollektivierung festhalten lassen und ihre Einzelrechte in das Kollektivrecht einbringen. Daher werden auch die Interessen der Altrechtsinhaber durch § 9 lit. b Satz 2 Markensatzung nicht unangemessen beeinträchtigt, solange der Rechtsverzicht durch eine angemessene Teilhabe am Kollektivrecht kompensiert wird und die Ausgestaltung der Benutzungsbedingungen Rücksicht auf die berechtigten Einzelinteressen der Sparkassen nimmt.

145 Zur Begründung von Kollektivmarkenrechten an der Bezeichnung »Sparkasse« und am Sparkassen-S durch tatsächliche Benutzung oben § 5 I. 2. (S. 201 ff.).

146 Zum Registrierungszeitpunkt der Kombinationsmarken der einzelnen Sparkassen s. die Beispiele oben Fn. 142.

147 Dem Kollektivmarkenrecht gehen wiederum die Unternehmenskennzeichenrechte der einzelnen Sparkassen (jedenfalls im Regelfall) vor; vgl. dazu oben § 5 I. 2. b) (S. 204 ff.). Darauf kommt es jedoch in Bezug auf die erst wesentlich später durch Registrierung begründeten Markenrechte einzelner Sparkassen nicht an.

b) Markenrechtliche Zulässigkeit von Kombinationsmarken

Ein markenrechtliches Vorgehen durch Widerspruch (§ 42 MarkenG) oder Löschungsbewilligungsklage (§ 51, 55 MarkenG) setzt gemäß § 9 Abs. 1 Nr. 2 MarkenG voraus, dass eine Verwechslungsgefahr besteht. Solange die Sparkassen nach Maßgabe der Markensatzung zur Verwendung der Kollektivzeichen berechtigt sind, führt ihre Registrierung als Einzelmarke allerdings nicht zu einer Irreführung des Verkehrs. Die für den Begriff der Verwechslung konstitutive Herkunftstäuschung fehlt also. Damit scheint die Nutzungsberechtigung widersinnigerweise die Begründung eines von ihr selbst unabhängigen Schutzrechts zu ermöglichen. Darin liegt eine planwidrige Regelungslücke im System der Kollektivmarke. Bei einem Verstoß gegen Gestaltungsbestimmungen ist § 30 Abs. 2 Nr. 2 MarkenG auf die Kollektivmarke entsprechend anzuwenden, so dass der Kollektivmarkeninhaber auch im Innenverhältnis gegenüber den Nutzern markenrechtlich nicht schutzlos gestellt ist.[148] Dass dies auch für die unzulässige Registrierung einer Kollektivmarke als Einzelmarke gelten muss, zeigt § 11 MarkenG. Danach kann die Eintragung einer Marke gelöscht werden, wenn sie »ohne Zustimmung des Inhabers der Marke für dessen Agenten oder Vertreter eingetragen worden ist«. Dem liegt der Rechtsgedanke zugrunde, dass der Inhaber eines Markenrechts sein Recht auch gegenüber dem Nutzungsberechtigten (Agenten, Vertreter) zur Geltung bringen können soll, wenn dieser sich eine unabhängige Rechtsposition verschaffen will, indem er die Marke auch für sich registriert. Dieser Rechtsgedanke ist auf das Verhältnis von Kollektivmarkeninhaber und Kollektivmarkennutzer übertragbar. Im Ergebnis kann der Deutsche Sparkassen- und Giroverband daher gegen Kombinationsmarken der Sparkassen entweder den Anspruch aus § 9 lit. b Satz 2 Markensatzung geltend machen oder auf der Grundlage seines Kollektivmarkenrechts durch Widerspruch oder Löschungsbewilligungsklage analog § 11 MarkenG vorgehen.

IV. Schutzbereich der Kollektivrechte des Deutschen Sparkassen- und Giroverbands

Wenn die Kollektivmarken verwendet werden, obwohl eine Berechtigung zur Nutzung nicht besteht, stellt sich die Frage, ob der Deutsche Sparkassen- und Giroverband die Verwendung der Bezeichnung »Sparkasse« und

148 Zur parallelen markenrechtlichen Kollisionslage bei einem Verstoß gegen Gestaltungsbestimmungen und zu § 30 Abs. 2 Nr. 2 MarkenG oben § 5 II. 4. (S. 227).

des Sparkassen-S untersagen kann. Das betrifft zum einen den Fall der materiellen Privatisierung einer Sparkasse (1.) und zum anderen die Tätigkeit ausländischer Sparkassen in der Bundesrepublik als »Sparkasse« (2.).

1. Reichweite der Kollektivrechte bei einer materiellen Sparkassenprivatisierung

Wenn eine Sparkasse materiell privatisiert wird, entfällt das Recht zur Nutzung der Kollektivzeichen.[149] Der Deutsche Sparkassen- und Giroverband kann daher unter den Voraussetzungen des § 14 Abs. 2 MarkenG die weitere Verwendung der Bezeichnung »Sparkasse« und des Sparkassen-S untersagen (a.), wenn nicht ältere Kennzeichenrechte der Sparkasse entgegenstehen (b.).

a) Kollision mit dem Kollektivrecht

§ 14 Abs. 2 Nr. 1 MarkenG schützt den Inhaber eines Markenrechts gegen die Verwendung von Kennzeichen, die mit der Marke identisch sind. Identität liegt im kennzeichenrechtlichen Sinn allerdings nur dann vor, wenn das Kennzeichen genau in der Form benutzt wird, in der es zugunsten des Markeninhabers geschützt ist. Erforderlich ist also eine Wiedergabe aller Markenelemente ohne Änderungen, Auslassungen oder Erweiterungen.[150] Der Deutsche Sparkassen- und Giroverband kann daher die Verwendung der Bezeichnung »Sparkasse« und des Sparkassen-S unter dem Gesichtspunkt des Identitätsschutzes nur untersagen, wenn sie ohne Zusätze verwendet werden. Eine Markenidentität im Sinne von § 14 Abs. 2 Nr. 1 MarkenG ist beispielsweise ausgeschlossen, wenn ein Hinweis auf das Sitzgebiet hinzutritt (»Sparkasse X-Stadt«). In Betracht kommt auch ein Hinweis auf die private Trägerschaft wie die im Zusammenhang mit § 40 Abs. 1 KWG

149 Zum Entfallen der Nutzungsberechtigung im Fall der Sparkassenprivatisierung oben § 5 II. 2. b) (S. 213 ff.).

150 *EuGH,* Urt. v. 20.3.2003 – C-291/00, in: Slg. 2003, I-2799 ff., Rn. 50 – Arthur/Arthur et Félicie; *Hacker,* in: Ströbele/Hacker, Markengesetz, § 14 Rn. 140; *Wüst,* in: Ekey/Klippel, Markenrecht, § 9 Rn. 21; *Lange,* Marken- und Kennzeichenrecht, Rn. 1891. – Unbeachtlich sind lediglich völlig unbedeutende Abweichungen, die aus Sicht der angesprochenen Verkehrskreise den identischen Gesamteindruck nicht in Frage stellen (*EuGH* a. a. O. Rn. 52 f.).

diskutierten Bezeichnungen »Sparkasse AG« oder »private« beziehungsweise »privatisierte Sparkasse«.[151]

Werden solche Zusätze verwendet, besteht ein Unterlassungsanspruch nur, wenn eine Verwechslungsgefahr gegeben ist (§ 14 Abs. 2 Nr. 2 MarkenG). Eine Verwechslung liegt vor, wenn aufgrund der Ähnlichkeit der Zeichen die irrige Vorstellung hervorgerufen wird, es handele sich um dasselbe Unternehmen (»Verwechslung im engen Sinn«).[152] Diese Fehlvorstellung kann entweder darauf beruhen, dass die Kennzeichen aufgrund ihrer Ähnlichkeit selbst miteinander verwechselt werden (»unmittelbare Verwechslung«),[153] oder darauf, dass sie zwar als unterschiedlich erkannt werden, aber aufgrund übereinstimmender Bestandteile irrig demselben Unternehmen zugeordnet werden (»mittelbare Verwechslung«).[154] Daneben umfasst der Begriff der Verwechslung auch den Fall, dass die Kennzeichen wegen ihrer Verschiedenheit zwar richtig unterschiedlichen Unternehmen zugeordnet werden, wegen der Übereinstimmungen aber unrichtig angenommen wird, es bestehe ein wirtschaftlicher oder organisatorischer Zusammenhang

151 Zu den Bezeichnungen »Sparkasse AG« und »private« bzw. »privatisierte Sparkasse« im Zusammenhang mit der Gemeinschaftsrechtskonformität des § 40 Abs. 1 KWG oben § 4 VII. 3. b) bb) (S. 177 ff.).

152 *BGH,* Urt. v. 25.1.1957 – I ZR 158/55, in: GRUR 1957, 281 (283) – karo-as; *Goldmann,* Der Schutz des Unternehmenskennzeichens, § 13 Rn. 55; *Teplitzky,* in: Jacobs/Lindacher/Teplitzky, UWG Großkommentar, § 16 Rn. 315; *Baumbach/Hefermehl,* Wettbewerbsrecht, § 16 UWG Rn. 58; *v. Gamm,* UWG, § 16 Rn. 47; *Kehl,* Wettbewerbsrecht, § 12 Rn. 8; *Gast,* Der Schutz der besonderen Geschäftsbezeichnung und des Geschäftsabzeichens, S. 83 f.

153 *BGH,* Beschl. v. 16.3.2000 – I ZB 43/97, in: GRUR 2000, 886 (887) – Bayer/BeiChem; *BGH,* Urt. v. 29.10.1998 – I ZR 125/96, in: NJW-RR 1999, 1055 (1056) – Cefallone; *BGH,* Beschl. v. 25.6.1998 – I ZB 10/96, in: NJW-RR 1999, 113 (113) – Stephanskrone I; *Hacker,* in: Ströbele/Hacker, Markengesetz, § 9 Rn. 28; *Ingerl/Rohnke,* Markengesetz, § 14 Rn. 250; *Wüst,* in: Ekey/Klippel, Markenrecht, § 9 MarkenG Rn. 42; *Kehl,* Wettbewerbsrecht, § 12 Rn. 8; *Gast,* Der Schutz der besonderen Geschäftsbezeichnung und des Geschäftsabzeichens, S. 84.

154 *BGH,* Urt. v. 24.1.2002 – I ZR 156/99, in: NJW-RR 2002, 829 (832) – Bank 24; *BGH,* Beschl. v. 22.11.2001 – I ZR 111/99; in: GRUR 2002, 542 (544) – BIG; *BGH,* Beschl. v. 16.3.2000 – I ZB 43/97, in: GRUR 2000, 886 (887) – Bayer/BeiChem; *BGH,* Urt. v. 29.10.1998 – I ZR 125/96, in: NJW-RR 1999, 1055 (1056) – Cefallone; *BGH,* Beschl. v. 25.6.1998 – I ZB 10/96, in: NJW-RR 1999, 113 (113) – Stephanskrone I; *Hacker,* in: Ströbele/Hacker, Markengesetz, § 9 Rn. 318; *Ingerl/Rohnke,* Markengesetz, § 14 Rn. 250 m. w. N.; *Wüst,* in: Ekey/Klippel, Markenrecht, § 9 MarkenG Rn. 43; *Goldmann,* Der Schutz des Unternehmenskennzeichens, § 13 Rn. 95; *v. Gamm,* UWG, § 16 Rn. 47; *Kehl,* Wettbewerbsrecht, § 12 Rn. 8; *Gast,* Der Schutz der besonderen Geschäftsbezeichnung und des Geschäftsabzeichens, S. 84 f.

zwischen den Unternehmen (»Verwechslung im weiten Sinn«).[155] Geht es um die Verwechslung mit einer Kollektivmarke, kommt es nicht auf die Verwechslung mit einem einzelnen Unternehmen, sondern auf die Verwechslung mit der Gruppe der Kollektivmarkennutzer an.[156] Bei der Verwendung der Bezeichnung »Sparkasse« oder des Sparkassen-S durch ein privatisiertes Institut ist also eine Verwechslung gegeben, wenn das Institut irrig der Gruppe der Sparkassen zugeordnet wird (Verwechslung im engen Sinn) oder zumindest unrichtigerweise angenommen wird, es bestehe ein wirtschaftlicher oder organisatorischer Zusammenhang zur Gruppe der Sparkassen (Verwechslung im weiten Sinn).

Ob Zusätze geeignet sind, Verwechslungsgefahren auszuschließen, beurteilt sich nach dem Gesamteindruck der Kennzeichen.[157] Maßgeblich ist ihre praktische Verwendung im Verkehr. Dabei ist davon auszugehen, dass übereinstimmende Merkmale stärker ins Gewicht fallen als Unterschiede, weil die Kennzeichen in der Regel nicht unmittelbar miteinander verglichen werden, sondern der Verkehr seine Auffassung aufgrund eines eher undeutlichen Erinnerungsbilds gewinnt.[158] Insbesondere Unternehmenskennzei-

---

155 *BGH,* Urt. v. 22.7.2004 – I ZR 204/01, in: NJW-RR 2004, 1491 (1493) – Mustang; *BGH,* Urt. v. 21.2.2002 – I ZR 230/99, in: NJW-RR 2002, 3551 (3553) – defacto; *BGH,* Urt. v. 28.1.1999 – I ZR 178/96, in: NJW-RR 1999, 1202 (1203) – Altberliner; *BGH,* Urt. v. 29.6.1995 – I ZR 24/93, in: BGHZ 130, 134 (138) – Altenburger Spielkartenfabrik; *Hacker,* in: Ströbele/Hacker, Markengesetz, § 9 Rn. 338; *Ingerl/Rohnke,* Markengesetz, § 14 Rn. 250 u. 752; *Wüst,* in: Ekey/Klippel, Markenrecht, § 9 Rn.43; *Goldmann,* Der Schutz des Unternehmenskennzeichens, § 13 Rn. 66; *Teplitzky,* in: Jacobs/Lindacher/Teplitzky, UWG Großkommentar, § 16 Rn. 315; *Baumbach/Hefermehl,* Wettbewerbsrecht, § 16 UWG Rn. 58; *v. Gamm,* Wettbewerbsrecht, § 16 UWG Rn. 47; *Gast,* Der Schutz der besonderen Geschäftsbezeichnung und des Geschäftsabzeichens, S. 86 ff., 93 f.

156 *Ingerl/Rohnke,* Markengesetz, § 97 Rn. 14; *Fezer,* Markenrecht, § 97 MarkenG Rn. 27.

157 *EuGH,* Urt. v. 11.11.1997 – C-251/95, in: Slg. 1997, I-6191 ff., Rn. 23 – Sabèl/Puma; *EuGH,* in: Urt. v. 22.6.1999 – C-342/97, in: Slg. 1999, I-3819 ff., Rn. 25 – LLoyd; st. Rspr. des BGH, vgl. nur *BGH* Beschl. v. 25.10.1995 – I ZB 33/93, in: BGHZ 131, 122 (124) – Innovadiclophlont; *BGH,* Beschl. v. 2.4.1998 – I ZB 25/96, in: NJW-RR 1998, 1414 (1414) – Compo-Sana; *Hacker,* in: Ströbele/Hacker, Markengesetz, § 9 Rn. 111 m. w. N.; *Ingerl/Rohnke,* Markengesetz, § 14 Rn. 634 m. w. N.; *Wüst,* in: Ekey/Klippel, Markenrecht, § 9 MarkenG Rn. 118; *Teplitzky,* in: Jacobs/Lindacher/Teplitzky, UWG Großkommentar, § 16 Rn. 324; *Goldmann,* Der Schutz des Unternehmenskennzeichens, § 13 Rn. 109.

158 *EuGH,* in: Urt. v. 22.6.1999 – C-342/97, in: Slg. 1999, I-3819 ff., Rn. 26 – LLoyd; *BGH,* Urt. v. 13.1.2000 – I ZR 223/97, in: NJW-RR 2000, 856 (857) – Attaché/Tisserand; *BGH,* Urt. v. 29.10.1998 – I ZR 125/96, in: NJW-RR 1999, 1055 (1056) – Cefallone; *Goldmann,* Der Schutz des Unternehmenskennzeichens, § 13 Rn. 109 m. w. N.

chen werden in der Regel in einer die Aussprechbarkeit und Merkbarkeit erleichternden Weise auf die aus Sicht des Verkehrs wesentlichen Bestandteile verkürzt.[159] Außerdem hängt das Bestehen einer Verwechslungsgefahr nicht nur von der Ähnlichkeit der Kennzeichen, sondern auch von ihrer Kennzeichnungskraft ab. Je länger und umfassender ein bestimmtes Kennzeichen als Hinweis für ein Unternehmen verwendet wird, desto eher ist anzunehmen, dass ein anderes, ähnliches Kennzeichen mit ihm verwechselt wird.[160] Dem Verkehr wird in diesem Fall in erster Linie der ihm bekannte Bestandteil ins Auge fallen.[161]

Ein geographischer Zusatz (»Sparkasse X-Stadt«) oder die Bezeichnung als »Sparkasse AG« sind nicht geeignet, eine Verwechslung mit der Gruppe der Sparkassen auszuschließen, denn diese Zusätze sagen über die Gruppenzugehörigkeit nichts aus.[162] Allein die Bezeichnung »private« oder »privatisierte Sparkasse« kommt als Hinweis auf die private Trägerschaft in Betracht. Allerdings sind die Bezeichnung »Sparkasse« und das Sparkassen-S im Verkehr seit langem als Hinweis auf die Gruppe der Sparkassen bekannt. Sie besitzen daher eine hohe Kennzeichnungskraft, so dass ihnen ein weitreichender Schutzbereich zuzubilligen ist. Auf der anderen Seite steht mit dem Begriff »privat« oder »privatisiert« eine lediglich allgemein beschreibende Angabe, die als solche kennzeichnungsschwach und daher nicht geeignet ist, den Gesamteindruck mit zu prägen.[163] Wegen der hohen

---

159 *BGH,* Urt. v. 8.11.2001 – I ZR 139/99, in: NJW-RR 2002, 1407 (1409) – IMS; *BGH,* Urt. v. 30.3.1995 – I ZR 60/93, in: NJW-RR 1995, 1002 (1002) – City-Hotel; *Ingerl/Rohnke,* Markengesetz, § 15 Rn. 46 m. w. N.; *Hacker,* in: Ströbele/Hacker, Markengesetz, § 15 Rn. 35.

160 *EuGH,* Urt. v. 11.11.1997 – C-251/95, in: Slg. 1997, I-6191 ff., Rn. 24 – Sabèl/Puma; *EuGH,* in: Urt. v. 22.6.1999 – C-342/97, in: Slg. 1999, I-3819 ff., Rn. 20 – LLoyd; *EuGH,* Urt. v. 29.9.1998 – C-39/97, in: Slg. 1998, I-5507 ff., Rn. 18 – Canon; *BGH,* Urt. v. 29.4.2004 – I ZR 191/01, in: GRUR 2004, 779 (781) – Zwilling/Zweibrüder; *BGH,* Beschl. v. 29.6.1995 – I ZB 22/93, in: GRUR 1996, 198 (199) – Springende Raubkatze I; *BGH,* Urt. v. 28.10.1987 – I ZR 165/85, in: NJW-RR 1988, 553 (553) – Grundcommerz; *Hacker,* in: Ströbele/Hacker, § 9 Rn. 182 m. w. N.

161 *BGH,* Urt. v. 13.3.2003 – I ZR 122/00, in: NJW 2003, 3562 (3563) – City Plus; *BGH,* Beschl. v. 24.2.2005 – I ZB 2/04, in: GRUR 2005, 513 (514) – MEY/Ella May; *BGH,* Beschl. v. 22.9.2005 – I ZB 40/03, in: GRUR 2006, 60 (61) – coccodrillo; *Hacker,* in: Ströbele/Hacker, Markengesetz, § 9 Rn. 242.

162 Zur fehlenden Unterscheidungseignung des Zusatzes »AG« s. bereits im Zusammenhang mit § 40 Abs. 1 KWG oben § 4 VII. 3. b) bb) (S. 177 f.).

163 Vgl. zur mangelnden Unterscheidungseignung beschreibender Zusätze *BGH,* Urt. v. 22.4.2004 – I ZR 189/01, in: NJW-RR 2004, 1412 (1413) – URLAUB DIREKT; *BGH,* Urt. v. 28.8.2003 – I ZR 257/00, in: BGHZ 156, 112 (123) – Kinder; *BGH,*

Kennzeichnungskraft der Bezeichnung »Sparkasse« und des Sparkassen-S einerseits und der Kennzeichnungsschwäche des Zusatzes »privat« oder »privatisiert« andererseits ist davon auszugehen, dass es sich bei der Bezeichnung »Sparkasse« oder dem Sparkassen-S um die aus Sicht des Verkehrs wesentlichen Kennzeichenbestandteile handelt und eine »private« oder »privatisierte Sparkasse« deshalb praktisch einfach nur als »Sparkasse« bezeichnet würde. Das Institut würde damit irrig der Gruppe der Sparkassen zugeordnet (Verwechslung im engen Sinn). Jedenfalls aber würde unrichtigerweise eine organisatorische oder wirtschaftliche Verbindung zur Gruppe der Sparkassen angenommen (Verwechslung im weiten Sinn), denn die Sparkassen werden im Verkehr als zusammengehörige Gruppe wahrgenommen, die sich von den Genossenschaftsbanken und den privaten Geschäftsbanken unterscheidet (»Drei-Säulen-System«).[164] Im Ergebnis können also Verwechslungsgefahren durch Zusätze nicht ausgeschlossen werden, so dass grundsätzlich ein Unterlassungsanspruch gemäß § 14 Abs. 2 Nr. 2 MarkenG besteht.

b) Kennzeichenrechtliches Prioritätsprinzip und Vorbehalt der befugten Benutzung

Der Inhaber einer Marke muss Verwechslungsgefahren allerdings dulden, wenn für das kollidierende Kennzeichen ältere Kennzeichenrechte bestehen.[165] Dieses kennzeichenrechtliche Prioritätsprinzip ist so grundlegend,

---

Urt. v. 6.12.2001 – I ZR 136/99, in: GRUR 2002, 814 (815) – Festspielhaus I; *BGH,* Beschl. v. 2.4.1998 – I ZB 25/96, in: NJW-RR 1998, 1414 (1415) – Compo-Sana; *Hacker,* in: Ströbele/Hacker, § 9 Rn. 276; *Ingerl/Rohnke,* Markengesetz, § 14 Rn. 677, jeweils m. w. N.; *Teplitzky,* in: Jacobs/Lindacher/Teplitzky, Großkommentar UWG, § 16 Rn. 356.

164 Zu der mit der Bezeichnung »Sparkasse« verbundenen Wahrnehmung der Sparkassen als zusammengehörige Gruppe im Zusammenhang mit § 40 Abs. 1 KWG oben § 4 VII. 3. b) aa) (2) (S. 172).

165 *BGH,* Urt. v. 28.2.2002 – I ZR 177/99, in: BGHZ 150, 82 (88 ff.) – Hotel Adlon; *BGH,* Urt. v. 9.10.2003 – I ZR 65/00, in: NJW-RR 2004, 1112 (1113) – Leysieffer; vgl. auch *BGH,* Urt. v. 22.10.1954 – I ZR 46/53, in: BGHZ 15, 107 (110) – Koma; *Ingerl/Rohnke,* Markengesetz, § 6 Rn. 1 f.; *Hacker,* in: Ströbele/Hacker, Markengesetz, § 6 Rn. 1 u. § 14 Rn. 23; *Fezer,* Markenrecht, § 6 MarkenG Rn. 1; *Fuchs-Wissemann,* in: Ekey/Klippel, Markenrecht, § 6 MarkenG Rn. 1; *Berlit,* Markenrecht, Rn. 23; *Teplitzky,* in: Jacobs/Lindacher/Teplitzky, UWG Großkommentar, § 16 Rn. 247; *v. Gamm,* UWG, § 16 Rn. 8; *Kehl,* Wettbewerbsrecht, § 24 Rn. 9; *Schöne/Wüllrich,* Das Prioritätsprinzip im Markenrecht, in: WRP 1997, 514 (514); *Schmieder,* Grundzüge des Rechts an der Bezeichnung, in: JuS 1995, 119 (121). – Speziell für den hier in Rede stehenden Fall, dass eine jüngere, bundesweit gültige

dass es im Markengesetz nicht eigens geregelt ist, sondern stillschweigend vorausgesetzt wird. Das wird insbesondere an § 6 MarkenG deutlich, der Regelungen für die Bestimmung des zeitlichen Rangs enthält. Die Sparkassen sind Inhaber von Unternehmenskennzeichenrechten an der Bezeichnung »Sparkasse« und am Sparkassen-S.[166] Diese sind im Regelfall älter als die Kollektivrechte des Deutschen Sparkassen- und Giroverbands. Die Kollektivrechte bestehen allerdings nicht erst seit der Registrierung in den Jahren 2002 und 2004, sondern aufgrund tatsächlicher Benutzung schon wesentlich länger.[167] Es kann daher durchaus sein, dass ein prioritätsälteres Unternehmenskennzeichenrecht nicht besteht.[168] Im Einzelfall muss die Sparkasse ältere Rechte darlegen und beweisen, denn ein älteres Recht wird im Verletzungsprozess einredeweise geltend gemacht.[169] Die Veräußerung stünde dem nicht prinzipiell entgegen, denn dadurch geht eine Priorität nicht verloren.[170]

Allerdings stehen die Kennzeichenrechte unter dem Vorbehalt der befugten Benutzung. Für eingetragene Marken (§ 4 Nr. 1 MarkenG) gilt § 8 Abs. 2 Nr. 9 MarkenG, nach dem ein Kennzeichen nicht als Marke eingetragen oder wieder gelöscht wird, wenn seine Benutzung »ersichtlich nach sonstigen Vorschriften im öffentlichen Interesse untersagt werden kann«. Für den Erwerb eines Markenrechts durch Verkehrsgeltung (§ 4 Nr. 2 MarkenG) und für den Erwerb von Unternehmenskennzeichenrechten (§ 5 Abs. 2 MarkenG) fehlt eine entsprechende Regelung. Wenn ein Kennzeichenrecht aber selbst durch Eintragung nicht begründet werden kann, muss dies erst recht für den Erwerb durch tatsächliche Benutzung gelten. Dementsprechend ist § 8 Abs. 2 Nr. 9 MarkenG auf den Erwerb von Markenrechten durch Verkehrsgeltung analog anzuwenden.[171] Ebenso steht das Unternehmens-

---

Registermarke mit einem älteren, geographisch begrenzten Unternehmenskennzeichenrecht zusammentrifft *Ingerl/Rohnke* a. a. O. § 9 Rn. 6.

166 Zu den Unternehmenskennzeichenrechten der Sparkassen an der Bezeichnung »Sparkasse« und am Sparkassen-S oben § 5 III. 1. (S. 228 ff.).

167 Zum Kollektivmarkenrecht aufgrund tatsächlicher Benutzung oben § 5 I. 2. a) (S. 201 ff.).

168 Zur Prioritätslage von Kollektivrecht und Unternehmenskennzeichenrechten im Einzelnen oben § 5 I. 2. b) (S. 204 ff.).

169 Vgl. *BGH,* Urt. v. 28.2.2002 – I ZR 177/99, in: BGHZ 150, 82 (88 ff.) – Hotel Adlon; *BGH,* Urt. v. 9.10.2003 – I ZR 65/00, in: NJW-RR 2004, 1112 (1113) – Leysieffer.

170 Vgl. *Goldmann,* Der Schutz des Unternehmenskennzeichens, § 9 Rn. 17 m. w. N.

171 *Hacker,* in: Ströbele/Hacker, Markengesetz, § 4 Rn. 13; *Ingerl/Rohnke,* Markenrecht, § 4 Rn. 8; *Fezer,* Markengesetz, § 4 MarkenG Rn. 100.

kennzeichenrecht unter dem Vorbehalt der befugten Benutzung.[172] Bis zum Jahr 1995 war das in der Vorgängerbestimmung des heutigen § 5 Abs. 2 MarkenG (§ 16 UWG a. F.) ausdrücklich klargestellt.[173] Diese Klarstellung ist zwar entfallen. Mit der Integration des Unternehmenskennzeichenschutzes in das Markengesetz war eine Änderung in der Sache aber nicht beabsichtigt.[174]

Eine unbefugte Benutzung, die zu einer Versagung des kennzeichenrechtlichen Schutzes führt, liegt insbesondere bei einem Verstoß gegen die Grundsätze des Firmenrechts (§§ 18 ff. HGB) vor.[175] Daher ist auch § 40 Abs. 1 KWG zu beachten, der eine Ausprägung des in § 18 Abs. 2 Satz 1 HGB geregelten Grundsatzes der Firmenwahrheit ist.[176] Mit der Privatisierung geht die Befugnis zur Verwendung der Bezeichnung »Sparkasse« verloren, denn ein privatisiertes Institut fällt, unabhängig von der Rechtskonstruktion, weder unter den Begriff der öffentlich-rechtlichen Sparkasse in § 40 Abs. 1 Nr. 1 KWG noch ist der bezeichnungsrechtliche Bestandsschutz nach § 40 Abs. 1 Nr. 2 und 3 KWG unmittelbar oder entsprechend anwendbar.[177] Mit der Privatisierung erlischt daher zugleich das prioritätsältere Unternehmenskennzeichenrecht an der Bezeichnung »Sparkasse«. Für das Sparkassen-S muss dasselbe gelten, denn es wird im Verkehr als bildhafter Ausdruck der Bezeichnung »Sparkasse« angesehen und mit ihr unmittelbar gleichgesetzt. Die Wertung des § 40 Abs. 1 KWG ist daher auf

---

172 *BGH,* Urt. v. 2.10.1997 – I ZR 105/95, in: NJW-RR 1998, 1150 (1151) – Dr. St. Nachf.; *BGH,* Urt. v. 11.4.2002 – I ZR 317/99, in: NJW 2002, 2096 (2097) – vossius.de; *BGH,* Urt. v. 9.10.2003 – I ZR 65/00, in: NJW-RR 2004, 1112 (1113) – Leysieffer; *Hacker,* in: Ströbele/Hacker, Markengesetz, § 5 Rn. 43; *Ingerl/Rohnke,* Markenrecht, § 5 Rn. 52; *Fezer,* Markengesetz, § 15 MarkenG Rn. 81; *Klippel/Pahlow,* in: Ekey/Klippel, Markenrecht, § 15 MarkenG Rn. 18; *Goldmann,* Der Schutz des Unternehmenskennzeichens, § 7 Rn. 8 f.; *Schmieder,* Grundzüge des Rechts an der Bezeichnung, in: JuS 1995, 119 (121).

173 Vgl. *Teplitzky,* in: Jacobs/Lindacher/Teplitzky, UWG Großkommentar, § 16 Rn. 238 ff.; *v. Gamm,* UWG, § 16 Rn. 41.

174 Regierungsbegründung zum Entwurf eines Gesetzes zur Reform des Markenrechts, in: BT-Drucks., 12/6581 v. 14.1.1994, S. 53 (67).

175 *BGH,* Urt. v. 2.10.1997 – I ZR 105/95, in: NJW-RR 1998, 1150 (1151) – Dr. St. Nachf., für einen Verstoß gegen § 22 HGB; *Hacker,* in: Ströbele/Hacker, Markengesetz, § 5 Rn. 15; *Klippel/Pahlow,* in: Ekey/Klippel, Markenrecht, § 15 Rn. 19; *Goldmann,* Der Schutz des Unternehmenskennzeichens, § 7 Rn. 34; *Schmieder,* Grundzüge des Rechts an der Bezeichnung, in: JuS 1995, 119 (121); vgl. auch *Teplitzky,* in: Großkommentar UWG, § 16 Rn. 243 f.; *v. Gamm,* UWG, § 16 Rn. 41.

176 Zu § 40 Abs. 1 KWG als Ausprägung des Grundsatzes der Firmenwahrheit oben § 4 III. 1. b) dd) (S. 116).

177 Dazu oben § 4 III. 1. b) (S. 108 ff.) und § 4 IV. 3. (S. 140 ff.).

das Sparkassen-S entsprechend anzuwenden. Im Ergebnis kann der Deutsche Sparkassen- und Giroverband damit einer privatisierten Sparkasse die weitere Verwendung der Bezeichnung »Sparkasse« und des Sparkassen-S untersagen.

Liegt der Privatisierung ein grenzüberschreitender Erwerb zugrunde, ist der Anwendungsbereich der Grundfreiheiten eröffnet.[178] Dann wird die umstrittene Frage nach der Vereinbarkeit von § 40 Abs. 1 KWG mit Kapital- und Niederlassungsfreiheit entscheidungserheblich. Das zuständige Gericht muss daher die Gemeinschaftsrechtskonformität prüfen.[179] Durch Einleitung eines Vorabentscheidungsverfahrens nach Art. 234 EGV kann es auch eine autoritative Klärung durch den Europäischen Gerichtshof herbeiführen. Eine Pflicht zur Vorlage besteht nach Art. 234 Abs. 3 EGV allerdings erst in letzter Instanz. Auf diesem Weg könnte ein privater Investor eine Klärung erreichen, indem er den Rechtsweg ausschöpft.

2. Grenzüberschreitende Tätigkeit ausländischer Sparkassen

Wenn ausländische Sparkassen in der Bundesrepublik unter der Bezeichnung »Sparkasse« tätig werden wollen,[180] können Verwechslungsgefahren durch einen Zusatz, der auf das Herkunftsland hinweist, nicht vollständig ausgeschlossen werden (a.). Die deutschen Sparkassen sind allerdings nach den Grundsätzen des Rechts der Gleichnamigen verpflichtet, einen Rest an Verwechslungsgefahr zu dulden, wenn diese nach der konkreten Gestaltung so gering wie möglich gehalten wird (b.).

a) Kennzeichenrechtliche Kollisionslage

Ausländische Sparkassen sind in der Bundesrepublik nach § 41 Satz 2 KWG öffentlich-rechtlich zur Verwendung der Bezeichnung »Sparkasse« befugt, wenn sie »einen auf ihren Sitzstaat hinweisenden Zusatz« hinzufügen. Eine Schutzschranke für das privatrechtliche Markenrecht des Deutschen Sparkassen- und Giroverbands ergibt sich daraus allerdings nicht: § 41 Satz 2 KWG bezieht sich seinem Wortlaut nach ausdrücklich nur auf

178 Zum Erfordernis eines grenzüberschreitenden Erwerbs als Anwendungsvoraussetzung der Grundfreiheiten oben § 4 VII. 3. vor a) (S. 158).

179 Zur Vereinbarkeit des § 40 Abs. 1 KWG mit dem Gemeinschaftsrecht oben § 4 VII. (S. 150 ff.).

180 Zur grenzüberschreitenden Tätigkeit ausländischer Sparkassen in der Bundesrepublik oben § 3 III. 2. (S. 90 ff.).

die »in § 40 KWG genannte Bezeichnung«. Seine systematische Stellung zeigt ebenfalls, dass er allein als Ausnahme zu § 40 Abs. 1 KWG konzipiert ist, sich aber nicht zur markenrechtlichen Rechtslage verhält. Dasselbe gilt für den zugrunde liegenden Art. 18 der Bankenrichtlinie (RL 2006/48/EG). Danach können ausländische Sparkassen »ungeachtet der Vorschriften über die Verwendung des Wortes ›Sparkasse‹ im Aufnahmeland denselben Namen wie in ihrem Sitzland« verwenden (Satz 1), wobei ein klarstellender Zusatz vorgeschrieben werden kann (Satz 2). Auch Art. 18 Bankenrichtlinie bezieht sich damit nur auf Vorschriften »über« die Bezeichnung »Sparkasse«, also nicht auf das allgemeine Kennzeichenrecht, sondern nur auf solche Vorschriften, die wie § 40 Abs. 1 KWG speziell die Verwendung der Bezeichnung »Sparkasse« zum Gegenstand haben.[181]

Es bleibt damit bei den allgemeinen markenrechtlichen Grundsätzen. Der Deutsche Sparkassen- und Giroverband kann einer ausländischen Sparkasse die Verwendung der Bezeichnung »Sparkasse« nach § 14 Abs. 2 Nr. 2 MarkenG untersagen, wenn trotz des Hinweises auf die ausländische Herkunft Verwechslungsgefahren bestehen. Da der Begriff »Sparkasse« eine hohe Kennzeichnungskraft für die Gruppe der (deutschen) Sparkassen hat, ist ihm grundsätzlich ein weitreichender Schutzbereich zuzubilligen. Das führt insbesondere dazu, dass bei einer privatisierten Sparkasse Zusätze wie »privat« oder »privatisiert« nicht geeignet sind, Verwechslungsgefahren auszuschließen.[182] Wird eine ausländische Sparkasse in der Bundesrepublik tätig und weist dabei auf das Herkunftsland hin, sind die Verwechslungsgefahren allerdings geringer. Der Hinweis auf einen ausländischen Sitz ist auffälliger und daher eher geeignet, im Verkehr wahrgenommen zu werden, als ein Zusatz wie »privat« oder »privatisiert«. Außerdem tritt die ausländische Sparkasse schon dem äußeren Erscheinungsbild nach als neues Unternehmen am Markt in Erscheinung, während ein privatisiertes Institut äußerlich gesehen unverändert bleibt.[183] Wegen der hohen Kennzeichnungskraft des Begriffs »Sparkasse« ist es allerdings nicht ausgeschlossen, dass der Verkehr zumindest unrichtigerweise organisatorische oder wirtschaftliche Verbindungen zwischen dem ausländischen Institut und den

181 Zu Art. 18 Bankenrichtlinie und § 41 Satz 2 KWG näher oben § 4 V. (S. 145 ff.).

182 Zum Begriff der »Verwechslungsgefahr« und zur Verwechslungsfähigkeit der Bezeichnungen »Sparkasse« und »private« bzw. »privatisierte Sparkasse« oben § 5 IV. 1. a) (S. 237 ff.).

183 Zu den Unterschieden in der bezeichnungsrechtlichen Interessenlage oben § 4 VII. 3. b) bb) (S. 180).

deutschen Sparkassen annimmt und damit einer »Verwechslung im weiten Sinn« unterliegt. Trotz des Hinweises auf das Herkunftsland bleibt damit ein Rest an Verwechslungsgefahr.

b) Duldungspflicht nach den Grundsätzen des Rechts der Gleichnamigen

Ausländische Sparkassen, die in der Bundesrepublik tätig werden, können sich auf die Niederlassungsfreiheit (Art. 43 Abs. 1 EGV) oder die Dienstleistungsfreiheit (Art. 49 Abs. 1 EGV) berufen. Deren Gewährleistungsgehalt wird in Bezug auf das Bezeichnungsrecht sekundärrechtlich durch Art. 18 Bankenrichtlinie konkretisiert.[184] Der mitgliedstaatliche Schutz gewerblicher Kennzeichen bildet allerdings eine Schranke der Grundfreiheiten, weil er aus »zwingenden Gründen des Gemeinwohls zum Schutz des gewerblichen und kommerziellen Eigentums« gerechtfertigt ist.[185] Das Kollektivmarkenrecht des Deutschen Sparkassen- und Giroverbands ist also geeignet, dem Grundfreiheitsanspruch ausländischer Sparkassen Schranken zu ziehen.[186] Gewährleistung und Schranke stehen allerdings in Wechselwirkung. Das heißt das schrankenziehende Gesetz muss im Lichte der Gewährleistung konkretisiert werden, soweit es Auslegungsspielräume lässt. Der Schutzbereich des Kollektivmarkenrechts des Deutschen Sparkassen- und Giroverbands muss daher im Lichte des Art. 18 Bankenrichtlinie bestimmt werden.

Es bedarf allerdings eines markenrechtlichen »Einfallstors«, das Auslegungsspielräume eröffnet, über die die Wertung des Art. 18 Bankenrichtlinie zur Geltung gebracht werden könnte. In Betracht kommt der Begriff der »Verwechslungsgefahr« in § 14 Abs. 2 Nr. 2 MarkenG. Allerdings kann die Einwirkung der Grundfreiheiten nichts an den üblichen Maßstäben ändern, die für die Beurteilung der Verwechslungsgefahr gelten. Insoweit besteht ein Auslegungsspielraum nicht, innerhalb dessen die Wertung des Art. 18 Bankenrichtlinie berücksichtigt werden könnte. Die Einwirkung der Grund-

---

184 Zum Verhältnis des Sekundärrechts zu den Gewährleistungen der Grundfreiheiten näher oben § 4 VII. 2. (S. 155 f.).

185 *EuGH,* Urt. v. 11.5.1999 – C- 255/97, in: Slg. 1999, I-2835 ff., Rn. 21 ff. – Pfeiffer; *EuGH,* Urt. v. 18.3.1980 – 62/79, in: Slg. 1980, 881 ff., Rn. 15 – Coditel; *EuGH,* Urt. v. 30.11.1993 – C-317/91, in Slg. 1993, I-6227 ff., Rn. 37 – Deutsche Renault.

186 Zur Vereinbarkeit des Kollektivmarkenrechts des Deutschen Sparkassen- und Giroverbands mit dem Gemeinschaftsrecht oben § 5 II. 2. b) cc) (S. 217 ff.).

freiheiten ändert daher nichts daran, dass durch den Hinweis auf den ausländischen Sitz Verwechslungsgefahren nicht vollständig ausgeschlossen werden können. Möglich ist aber eine Heranziehung der Grundsätze des Rechts der Gleichnamigen. Diese besagen in ihrem ursprünglichen Anwendungsbereich, dass es demjenigen, der ein berechtigtes Interesse an der Verwendung seines Namens im geschäftlichen Verkehr hat, aus persönlichkeitsrechtlichen Gründen grundsätzlich nicht verwehrt sein darf, in redlicher Weise mit seinem Namen eine Firma zu bilden. Führt dies zu namensrechtlichen Kollisionen, ist der Prioritätsjüngere jedoch gehalten, alles Erforderliche und Zumutbare zu tun, um eine Verwechslungsgefahr auszuschließen oder auf ein hinnehmbares Maß zu reduzieren.[187] Zwar wurzeln die Grundsätze des Rechts der Gleichnamigen damit im Ausgangspunkt im allgemeinen Persönlichkeitsrecht der natürlichen Person. Es ist jedoch anerkannt, dass sie nicht nur auf die Kollision zweier bürgerlich-rechtlicher Namen angewendet werden können, sondern auch bei sonstigen kennzeichenrechtlichen »Koexistenzsituationen« heranzuziehen sind.[188] Nach dieser Ausgangslage besteht ein Auslegungsspielraum, der es gestattet, die Wertung des Art. 18 Bankenrichtlinie markenrechtlich zu berücksichtigen. Nach der Bankenrichtlinie haben ausländische Sparkassen ein berechtigtes Interesse, sich in Deutschland als »Sparkasse« zu erkennen zu geben und so ihre Zugehörigkeit zum Kreis der europäischen Sparkassen zu verdeutlichen. Unter Berücksichtigung der Einwirkung der Grundfreiheiten ist damit von einer kennzeichenrechtlichen Koexistenzsituation auszugehen. Im Verhältnis von ausländischen und deutschen Sparkassen sind daher die Grundsätze des Rechts der Gleichnamigen zur Anwendung zu bringen.

---

187 St. Rspr., vgl. *BGH,* Urt v. 29.6.1995 – I ZR 24/94, in: BGHZ 130, 134 (148) – Altenburger Spielkartenfabrik; *BGH,* Urt. v. 1.4.1993 – I ZR 85/91, in: NJW-RR 1993, 934 (935) – Römer GmbH; *BGH,* Urt. v. 22.11.1990 – I ZR 14/89, in: NJW 1991, 1353 (1353 f.) – Ott International; *BGH,* Urt. v. 14.12.1989 – I ZR 1/88, in: NJW-RR 1990, 618 (620) – Baelz; *BGH,* Urt. v. 22.11.1984 – I ZR 101/82, in: NJW 1986, 57 (58) – Familienname; *BGH,* Urt. v. 6.7.1954 – I ZR 167/52, in: BGHZ 14, 155 (159) – Farina Rote Marke; ferner *Hacker,* in: Ströbele/Hacker, Markengesetz, § 15 Rn. 60, 66; *Lange,* Marken- und Kennzeichenrecht, Rn. 2619 ff.; *Goldmann,* Der Schutz des Unternehmenskennzeichens, § 17 Rn. 20, 34; *Teplitzky,* in: Jacobs/Lindacher/Teplitzky, UWG Großkommentar, § 16 Rn. 382 ff.; *v. Gamm,* UWG, § 16 Rn. 54 ff.

188 *Lange,* Marken- und Kennzeichenrecht, Rn. 2620; *Teplitzky,* in: Jacobs/Lindacher/Teplitzky, UWG Großkommentar, § 16 Rn. 382. – Vgl. etwa *BGH,* Urt v. 29.6.1995 – I ZR 24/94, in: BGHZ 130, 134 (139, 143, 147 f.) – Altenburger Spielkartenfabrik (zu einer Firmenkollision infolge der deutschen Wiedervereinigung).

Danach darf eine ausländische Sparkasse in der Bundesrepublik die Bezeichnung »Sparkasse« verwenden, soweit ihr schutzwertes Interesse daran reicht, muss aber alles Erforderliche und Zumutbare tun, um Verwechslungsgefahren möglichst auszuschließen. Das berechtigte Interesse besteht in erster Linie darin, sich in der Bundesrepublik als »Sparkasse« zu erkennen zu geben. Die Bezeichnung »Sparkasse« darf daher in der Firma und in der Markensymbolik des ausländischen Instituts nur eine erläuternde Funktion haben. Da nur ein unvermeidlicher Rest an Verwechslungsgefahren hingenommen werden muss, wäre eine Annäherung an den Markenauftritt der deutschen Sparkassen, etwa durch Einsatz des charakteristischen Sparkassen-Rot, unzulässig. Im Übrigen regelt Art. 18 Bankenrichtlinie nur die grenzüberschreitende Verwendung der Bezeichnung »Sparkasse«, gestattet aber nicht eine Verwendung des Sparkassen-S. Aus Sinn und Zweck ergibt sich nichts anderes, denn das Sparkassen-S ist nicht erforderlich, um sich als »Sparkasse« in der Bundesrepublik zu erkennen zu geben. Insoweit besteht daher eine kennzeichenrechtliche Koexistenzlage nicht. Eine Anwendung der Grundsätze des Rechts der Gleichnamigen auf das Sparkassen-S kommt daher nicht in Betracht, zumal durch seine Verwendung die Verwechslungsgefahren mehr als unbedingt nötig erhöht würden. Für das Sparkassen-S bleibt es daher bei den allgemeinen kennzeichenrechtlichen Grundsätzen der Verwechslungsgefahr, so dass der Deutsche Sparkassen- und Giroverband ausländischen Sparkassen seine Verwendung in der Bundesrepublik untersagen kann.[189]

V. Schutzbereich der Unternehmenskennzeichenrechte der Sparkassen

Neben den Kollektivrechten des Deutschen Sparkassen- und Giroverbands bestehen eigene Unternehmenskennzeichenrechte der Sparkassen an der Bezeichnung »Sparkasse« und am Sparkassen-S.[190] Diese spielen vor allem bei einer kennzeichenrechtlichen Auseinandersetzung mit dem Verband unter dem Gesichtspunkt der Priorität eine entscheidende Rolle.[191] Selbständige Bedeutung als Anspruchsgrundlage haben die Unternehmenskenn-

189 Das würde beispielsweise die österreichischen Sparkassen betreffen, die ebenfalls unter dem roten Sparkassen-S firmieren; vgl. zu diesen oben § 3 III. 2. (S. 91 f.).

190 Zu Unternehmenskennzeichenrechten der Sparkassen oben § 5 III. 1. (S. 228 ff.).

191 Zum kennzeichenrechtlichen Prioritätsprinzip im Zusammenhang mit dem Fall der Sparkassenprivatisierung oben § 5 IV. 1. b) (S. 241 ff.); zur Prioritätslage oben § 5 I. 2. b) (S. 204 ff.).

zeichenrechte nur bei einer kennzeichenrechtlichen Auseinandersetzung von Sparkassen untereinander. Eine geschäftliche Konkurrenz wird durch das sparkassenrechtliche Regionalprinzip zwar grundsätzlich ausgeschlossen.[192] Dennoch sind in Einzelfällen Überschneidungen möglich, etwa weil eine historisch bedingte Ausnahmesituation vorliegt, das Regionalprinzip außer Acht gelassen wird, oder – im Fall der freien Sparkassen – weil eine Bindung an das Regionalprinzip nicht besteht.[193] Unter den Voraussetzungen des § 15 Abs. 2 MarkenG kann die ansässige Sparkasse auf der Grundlage ihres Unternehmenskennzeichenrechts der gebietsfremden Sparkasse die Verwendung der Bezeichnung »Sparkasse« und des Sparkassen-S untersagen (1.), wenn nicht eine Duldungspflicht nach den Grundsätzen des Rechts der Gleichnamigen besteht (2.).

1. Kennzeichenrechtliche Kollisionslage

Nach § 15 Abs. 2 MarkenG kann der Inhaber eines Unternehmenskennzeichenrechts anderen Unternehmen die Verwendung eines identischen Kennzeichens untersagen (Identitätsschutz). Identität ist nach dem kennzeichenrechtlichen Identitätsbegriff allerdings nur gegeben, wenn das Kennzeichen genau in der Form verwendet wird, wie es geschützt ist, und zwar ohne Abwandlungen oder Zusätze.[194] Im Regelfall erstreckt sich das Unternehmenskennzeichenrecht der Sparkassen auf die Bezeichnung »Sparkasse« und das Sparkassen-S als solche, weil diese auch ohne weitere individualisierende Zusätze aufgrund des sparkassenrechtlichen Regionalprinzips geeignet sind, die im jeweiligen Geschäftsgebiet ansässige Sparkasse zu kennzeichnen.[195] Daher kommt für das gebietsfremde Institut unter dem Gesichtspunkt des Identitätsschutzes von vornherein nur eine Verwendung der Bezeichnung »Sparkasse« und des Sparkassen-S in Kombination mit einem Hinweis auf das andere Sitzgebiet in Betracht. Das kann die ansässige Sparkasse nach § 15 Abs. 2 MarkenG nur untersagen, wenn trotz dieses Hinweises Verwechslungsgefahren bestehen (Verwechslungsschutz). Innerhalb der Gruppe der Sparkassen kann eine bestimmte Sparkas-

---

192 Zu den verfassungsrechtlichen und den sparkassenrechtlichen Grundlagen des Regionalprinzips oben § 1 I. 3. (S. 23 f.).

193 Zu den Fällen einer möglichen geschäftlichen Konkurrenz von Sparkassen oben § 3 III. 1. (S. 89).

194 Zum kennzeichenrechtlichen Identitätsbegriff oben § 5 IV. 1. a) (S. 237).

195 Zur Bedeutung des sparkassenrechtlichen Regionalprinzips für das Unternehmenskennzeichenrecht der Sparkassen oben § 5 III. 1. (S. 230 f.).

se von den anderen Sparkassen von vornherein nur durch den Regionalzusatz unterschieden werden. Es ist daher grundsätzlich davon auszugehen, dass der Verkehr gerade den Regionalzusätzen besondere Aufmerksamkeit schenkt.[196] Andererseits sind aufgrund des sparkassenrechtlichen Regionalprinzips innerhalb eines bestimmten Geschäftsgebiets schon die Bezeichnung »Sparkasse« und das Sparkassen-S als solche geeignet, ein bestimmtes Institut zu kennzeichnen. Da diese Kennzeichen bereits aus sich heraus kennzeichnungskräftig sind, kann nicht unterstellt werden, dass ein abweichender Regionalzusatz tatsächlich beachtet würde. Entscheidend ist die praktische Verwendung: Da im Verkehr bezogen auf ein bestimmtes Geschäftsgebiet schon der Begriff »Sparkasse« und das Sparkassen-S als solche als kennzeichnungskräftig angesehen werden, ist es nicht auszuschließen, dass einfach nur von »der Sparkasse« gesprochen wird, so dass durch den Hinweis auf ein anderes Sitzgebiet Verwechslungsgefahren nicht vollständig ausgeschlossen werden können.[197]

Im Gegensatz dazu sind in historisch bedingten Gemengelagen die Bezeichnung »Sparkasse« und das Sparkassen-S als solche nicht geeignet, eine der Sparkassen zu individualisieren. Das Unternehmenskennzeichenrecht der einzelnen Sparkasse erstreckt sich daher von vornherein nur auf die Bezeichnung »Sparkasse« und das Sparkassen-S in Kombination mit einem individualisierenden Zusatz.[198] Allgemein gilt, dass die Übereinstimmung eines Kennzeichens mit einem nicht schutzfähigen Bestandteil eines anderen Kennzeichens nicht zu Verwechslungsgefahren führt.[199] Bezogen auf die historisch bedingte Koexistenz von Sparkassen bedeutet dies, dass durch die übereinstimmende Verwendung der Bezeichnung »Sparkasse« und des Sparkassen-S eine Verwechslungsgefahr nicht begründet wird, weil diese Kennzeichen im Verkehr für sich gesehen nicht als Hinweis auf ein bestimmtes Institut verstanden werden. Da für den Verkehr von vornherein

196 In diesem Sinn für Zusätze zum Begriff »Bank« *LG Krefeld,* Beschl. v. 25.2.1981 – 7 T 1/80, in: JZ 1981, 401 (402).

197 Vgl. dazu bereits oben § 5 IV. 1. a) (S. 239 ff.).

198 Zum Umfang des Unternehmenskennzeichenrechts in historisch bedingten Gemengelagen oben § 5 III. 1. (S. 231 f.).

199 Vgl. *BGH,* Urt. v. 8.3.1990 – I ZR 65/00, in: NJW-RR 1990, 1194 (1195) – Schwarzer Krauser; *BGH,* Urt. v. 20.10.1999 – I ZR 110/97, in: NJW-RR 2000, 1202 (1203) – ARD-1; *BGH,* Urt. v. 28.8.2003 – I ZR 257/00, in: BGHZ 156, 112 (123) – Kinder; *Hacker,* in: Ströbele/Hacker, Markengesetz, § 9 Rn. 221; *Wüst,* in: Ekey/Klippel, Markenrecht, § 9 MarkenG Rn. 121.

nur der individualisierende Zusatz entscheidend ist, besteht eine kennzeichenrechtliche Kollisionslage nicht.[200]

2. Duldungspflicht nach den Grundsätzen des Rechts der Gleichnamigen

Außerhalb historisch bedingter Koexistenzsituationen kann wegen der »Einmaligkeitserwartung«, die der Verkehr mit der Bezeichnung »Sparkasse« und dem Sparkassen-S verbindet, ein Rest an Verwechslungsgefahr durch den Hinweis auf das andere Sitzgebiet nicht ausgeschlossen werden. Zugunsten des gebietsfremden Instituts kommt allerdings eine Anwendung der Grundsätze des Rechts der Gleichnamigen in Betracht. Danach muss der Inhaber eines Kennzeichenrechts eine kennzeichenrechtliche Kollision hinnehmen, wenn das andere Unternehmen ein unabweisbares berechtigtes Interesse an der Verwendung des Kennzeichens hat und alle erforderlichen und zumutbaren Maßnahmen trifft, um Verwechslungsgefahren so weit wie möglich zu vermeiden. Eine Anwendung dieser Grundsätze auf das Verhältnis der Volksbanken untereinander wird mit dem Argument befürwortet, die Bezeichnung »Volksbank« habe eine »persönlichkeitsbeschreibende Funktion«, so dass ihr ein ähnlicher Stellenwert wie dem Namensrecht natürlicher Personen zukomme.[201]

Einer so weit reichenden Analogie bedarf es nicht. Zwar wurzeln die Grundsätze des Rechts der Gleichnamigen im Ausgangspunkt im allgemeinen Persönlichkeitsrecht der natürlichen Person. Es ist jedoch anerkannt, dass sie nicht nur auf die Kollision zweier bürgerlich-rechtlicher Namen angewendet werden können, sondern auch bei sonstigen kennzeichenrechtlichen »Koexistenzsituationen« ohne unmittelbaren Persönlichkeitsbezug heranzuziehen sind.[202] Das unabweisbare berechtigte Interesse einer Sparkasse, sich im Verkehr als solche zu kennzeichnen, ergibt sich aus § 40 Abs. 1 KWG. Nach dessen Wertung steht die Bezeichnung »Sparkasse«

200 Für den Bezeichnungsstreit zweier Volksbanken: *BGH,* Urt. v. 2.7.1992 – I ZR 250/90, in: NJW-RR 1992, 1454 (1455) – Volksbank; *LG Krefeld,* Beschl. v. 25.2.1981 – 7 T 1/80, in: JZ 1981, 401 (402); *Großfeld/Neumann,* Zur Zulässigkeit der Umfirmierung einer Genossenschaftsbank in »Volksbank eG«, in: ZfgG 30 (1980), 171 (177). – Für den Bezeichnungsstreit zweier Sparkassen *OLG Schleswig,* Urt. v. 24.11.1992 – 6 U 56/92, in: SchlHA 1994, 15 (16 f.).

201 *Großfeld/Neumann,* Zur Zulässigkeit der Umfirmierung einer Genossenschaftsbank in »Volksbank eG«, in: ZfgG 30 (1980), 171 (178).

202 Zu den Grundsätzen des Rechts der Gleichnamigen und ihrem Anwendungsbereich oben § 5 IV. 2. b) (S. 247).

(auch in Symbolform) für eine bestimmte, im Verkehr relevante Institutscharakteristik, so dass ihre Verwendung unverzichtbar ist, um das Institut seiner Art nach zu kennzeichnen. Im Verhältnis der Sparkassen untereinander sind daher die Grundsätze des Rechts der Gleichnamigen anzuwenden. Das gilt auch, wenn die gebietsfremde Tätigkeit gegen das Regionalprinzip verstoßen sollte. Zwar besteht dann ein berechtigtes Interesse an der Tätigkeit im fremden Geschäftsgebiet aus sparkassenrechtlicher Sicht nicht. Das unabweisbare berechtigte Interesse im kennzeichenrechtlichen Sinn, also das Interesse der Sparkassen, sich im Verkehr als solche zu kennzeichnen, leitet sich aber aus § 40 Abs. 1 KWG her und besteht abstrakt-generell. Es ist daher nicht von der sparkassenrechtlichen Rechtslage abhängig. Im Ergebnis kann das ansässige Institut der gebietsfremden Sparkasse die Verwendung der Bezeichnung »Sparkasse« und des Sparkassen-S nicht untersagen, gleich ob die gebietsfremde Tätigkeit im Einklang mit dem Regionalprinzip steht oder nicht. Das gebietsfremde Institut ist allerdings nach den Grundsätzen des Rechts der Gleichnamigen verpflichtet, Verwechslungsgefahren möglichst gering zu halten, und muss sich daher durch konsequenten Hinweis auf das andere Sitzgebiet so weit wie möglich abgrenzen.

VI. Internationaler Kennzeichenschutz

Im internationalen Kennzeichenrecht gilt das Territorialitätsprinzip, das heißt aus den deutschen Schutzrechten können Unterlassungsansprüche nur hergeleitet werden, wenn die Verletzungshandlung im Inland liegt.[203] Der Deutsche Sparkassen- und Giroverband kann daher gegen eine Verwendung der Bezeichnung »Sparkasse« oder des Sparkassen-S im Ausland nur auf der Grundlage internationaler Schutzrechte vorgehen, wenn diese Kennzeichen als »Gemeinschaftsmarke« (1.) oder durch internationale Registrierung als »IR-Marke« (2.) geschützt werden können.

---

203 *BGH,* Urt. v. 13.10.2004 – I ZR 163/02, in: NJW 2005, 1435 (1436) – Hotel Maritime; *Fezer,* Markenrecht, Einleitung Rn. 80, 158 ff.; *Ingerl/Rohnke,* Markengesetz, Einleitung Rn. 15; *Lange,* Marken- und Kennzeichenrecht, Rn. 1879; *Bettinger/Thum,* Territoriales Markenrecht im Global Village, in: GRUR Int. 1999, 659 (670); *Kur,* Kennzeichenkonflikte im Internet, in: WRP 2000, 935 (936).

1. Schutz als Gemeinschaftsmarke

Nach der europäischen Gemeinschaftsmarkenverordnung (GMV) kann ein Kennzeichen als Gemeinschaftsmarke eingetragen werden.[204] Dadurch wird ein eigenständiges supranationales Schutzrecht begründet, das neben die nationalen Markenrechte in den Mitgliedstaaten tritt.[205] Für das Gemeinschaftsmarkenrecht gilt das Prinzip der Einheitlichkeit, das heißt das Gemeinschaftsmarkenrecht ist nicht teilbar, sondern kann nur mit Wirkung für das gesamte Gebiet der Gemeinschaft erworben werden (Art. 1 Abs. 2 GMV).[206] Der Erwerb erfolgt ausschließlich durch Eintragung (Art. 6 GMV). Zuständig ist nach Art. 2 GMV das »Harmonisierungsamt für den Binnenmarkt (HABM)« mit Sitz in Alicante (Spanien).[207] Die Gemeinschaftsmarkenverordnung ist in ihren Strukturen der europäischen Markenrichtlinie vergleichbar, durch die die Markenrechtsordnungen in den einzelnen Mitgliedstaaten harmonisiert wurden. Ebenso wie das deutsche Markenrecht kennt die Gemeinschaftsmarkenverordnung die Möglichkeit, ein Kennzeichen als Kollektivmarke zu schützen (Art. 64 ff. GMV). Der Deutsche Sparkassen- und Giroverband hat im Jahr 2002 die Eintragung der Bezeichnung »Sparkasse« als Gemeinschaftskollektivmarke zunächst beantragt, den Antrag dann aber wieder zurückgenommen.[208]

Nach Art. 7 Abs. 1 lit. b GMV können »Marken, die keine Unterscheidungskraft haben«, nicht als Gemeinschaftsmarke eingetragen werden. Diese Bestimmung entspricht wörtlich Art. 3 Abs. 1 lit. b der Markenrichtlinie (RL 89/104/EWG), der im deutschen Markenrecht durch § 8 Abs. 2 Nr. 1 MarkenG umgesetzt wurde, nach dem auch in der Bundesrepublik von der Eintragung als Marke solche Kennzeichen ausgeschlossen sind, denen »jegliche Unterscheidungskraft« fehlt. Im deutschen Recht wie auch im Gemeinschaftsrecht fehlt die Unterscheidungskraft insbesondere solchen Bezeichnungen, die rein beschreibend oder im allgemeinen Sprachgebrauch üblich sind.[209] Für das deutsche Recht verneint der Bundesgerichtshof die

204 Verordnung (EG) Nr. 40/94 des Rates v. 20.12.1993 über die Gemeinschaftsmarke, in: ABl. Nr. L v. 14.1.1994, S. 1 ff.; zuletzt geändert durch Verordnung (EG) Nr. 422/2004 v. 19.2.2004, in: ABl. EU Nr. L 70 v. 9.3.2004, S. 1.

205 *Lange,* Marken- und Kennzeichenrecht, Rn. 153.

206 *Hubmann/Götting,* Gewerblicher Rechtsschutz, § 60 Rn. 2.

207 Vgl. zu dessen Rechtsstellung Art. 111 ff. GMV. – Zum Sitz ABl. Nr. L v. 14.1.1994, S. 1 (39).

208 Markennr. 2812402, vgl. *HABM,* Markenrecherche, unter: http://oami.europa.eu/de/db.htm (Stand: 17.6.2008).

209 *Hubmann/Götting,* Gewerblicher Rechtsschutz, § 60 Rn. 7.

Unterscheidungskraft in ständiger Rechtsprechung für solche Begriffe, bei denen es sich um ein »gebräuchliches Wort der deutschen oder einer bekannten Fremdsprache handelt, das vom Verkehr stets nur als solches und nicht als Unterscheidungsmittel verstanden wird«.[210] Für die Gemeinschaftsmarke gilt dasselbe, nur ist insoweit nach dem Grundsatz der Einheitlichkeit der Gemeinschaftsmarke ein europäischer Maßstab anzulegen. Die Eintragung wird also schon dann nicht vorgenommen, wenn es sich um einen Begriff handelt, der in einem der Mitgliedsländer zum allgemeinen Wortschatz gehört.[211] Bestätigt wird das durch Art. 7 Abs. 2 GMV, der das Prinzip der Einheitlichkeit der Gemeinschaftsmarke bezogen auf die absoluten Schutzhindernisse konkretisiert und ausdrücklich festhält, dass die Eintragung auch dann ausgeschlossen ist, wenn das Eintragungshindernis nur in einem Teil der Gemeinschaft vorliegt.

Die Bezeichnung »Sparkasse« wird nicht nur von den deutschen Sparkassen verwendet, sondern auch im europäischen Ausland. Insbesondere die österreichischen Sparkassen firmieren sowohl unter der Bezeichnung »Sparkasse« als auch unter dem Sparkassen-S.[212] Einer gemeinschaftsweiten Monopolisierung zugunsten der deutschen Sparkassen steht also im europaweiten Maßstab ein Freihaltebedürfnis im Sinne von Art. 7 Abs. 1 lit. b GMV entgegen. Der Deutsche Sparkassen- und Giroverband kann daher die Bezeichnung »Sparkasse« und das Sparkassen-S nicht als Gemeinschaftsmarke für sich schützen lassen.

2. Schutz als international registrierte Marke

Es bleibt nur die Möglichkeit, die Bezeichnung »Sparkasse« oder das Sparkassen-S nach dem Madrider Abkommen über die internationale Registrierung von Marken (MMA) international registrieren zu lassen.[213] Das Madrider Abkommen ist ein völkerrechtlicher Vertrag, der dem Markeninhaber die Möglichkeit gibt, für seine im Heimatland eingetragene Marke

---

210 Zur Unterscheidungseignung des Begriffs »Sparkasse« im innerdeutschen Maßstab oben § 5 I. 1. b) (S. 196 ff.).

211 Vgl. *Bender,* in: Ekey/Klippel, Markenrecht, Art. 7 GMV Rn. 22 f.; *Fezer,* Markenrecht, Einl. MarkenG Rn. 94; ferner das *Harmonisierungsamt für den Binnenmarkt,* unter: http://oami.europa.eu/de/mark/marque/faq/faq01.htm#1500 (Stand: 17.6.2008), Nr. 1.16.

212 Zu den europäischen Sparkassen oben § 3 III. 2. (S. 90 ff.).

213 Madrider Abkommen über die internationale Registrierung von Marken (in der Fassung der Revision von Stockholm v. 14.7.1967, in: BGBl. 1970 II S. 418; geändert am 2.10.1979, BGBl. 1984 II S. 799).

Schutz in den anderen Vertragsstaaten zu erlangen, indem er eine auf seiner Heimatmarke basierende international registrierte Marke (»IR-Marke«) anmeldet.[214] Nach Art. 4 Abs. 1 Satz 1 MMA ist die nationale Marke in den anderen Vertragsstaaten durch ihre internationale Registrierung ebenso geschützt, wie wenn sie im Zeitpunkt ihrer internationalen Registrierung dort hinterlegt worden wäre. Die internationale Registrierung begründet also kein supranationales Schutzrecht, sondern lediglich ein Bündel nationaler Markenrechte. Es handelt sich um eine rein verfahrensmäßige Erleichterung, die dem Markenanmelder die Mühe abnimmt, seine Marke in jedem der Vertragsstaaten einzeln anzumelden.[215] Sie ersetzt damit lediglich die Anmeldung als solche.

Die Anmeldung einer nationalen Marke zur internationalen Registrierung muss über das Deutsche Patent- und Markenamt an das »Internationale Büro« mit Sitz in Genf (Schweiz) gerichtet werden, das eine von der »Weltorganisation für Geistiges Eigentum« (WIPO) getragene Einrichtung ist.[216] Dabei muss der Markenanmelder angeben, in welchen Ländern die internationale Registrierung Gültigkeit haben soll.[217] Der Deutsche Sparkassen- und Giroverband hat die Bezeichnung »Sparkasse« im Jahr 2002 zu seinen Gunsten international mit Wirkung für eine Reihe osteuropäische und einige außereuropäische Länder registrieren lassen.[218] Ob und in welchem Umfang dadurch tatsächlich ein Schutzrecht entstanden ist, richtet sich allerdings allein nach der Rechtsordnung des jeweiligen Bestimmungslandes. Nach Art. 5 Abs. 1 Satz 1 MMA sind die nationalen Behörden zu der Erklärung befugt (jedoch nicht verpflichtet), dass einer mit Wirkung für ihr

---

214 *Nordemann,* Markenrecht, Rn. 2581.

215 Vgl. auch *BGH,* Urt. v. 7.6.1955 – I ZR 64/53, in: BGHZ 18, 1 (13) – Hückel; *Fezer,* Markenrecht, Vorb. MMA Rn. 1; *Lange,* Marken- und Kennzeichenrecht, Rn. 124.

216 Vgl. dazu die Verfahrensvorschriften in den §§ 107 ff. MarkenG.

217 *Nordemann,* Markenrecht, Rn. 2581. – Nach dem Grundprinzip des Art. 4 Abs. 1 Satz 1 MMA gilt die internationale Registrierung an sich automatisch für alle Vertragsstaaten. Dieses Prinzip wird jedoch durch Art. 3bis Abs. 1 MMA eingeschränkt, nach dem die Vertragsstaaten erklären können, »dass sich der Schutz aus der internationalen Registrierung auf dieses Land nur dann erstreckt, wenn der Inhaber der Marke es ausdrücklich beantragt«. Mittlerweile haben alle Vertragsstaaten eine entsprechende Erklärung abgegeben (vgl. *Fezer,* Markenrecht, Art. 3bis MMA Rn. 1), so dass nur noch die ausdrücklich benannten Länder maßgeblich sind.

218 In alphabetischer Reihenfolge: Ägypten, Algerien, Bosnien-Herzegowina, Bulgarien, China, Lettland, Litauen, Liechtenstein, Marokko, Mazedonien, Norwegen, Polen, Rumänien, Slowakische Republik, Slowenien, Tschechische Republik und Ungarn. – Vgl. *WIPO,* Internationales Markenregister, Markennr. 793231, recherchierbar unter: http://www.wipo.int/ipdl/en/search/madrid/search-struct.jsp (Stand: 17.6.2007).

Land international angemeldeten Marke ein Schutz nach nationalem Recht nicht gewährt werden könne. Auf dieser Grundlage wurde die internationale Registrierung der Bezeichnung »Sparkasse« von Ägypten, China, Polen, der Tschechischen Republik und Ungarn ausdrücklich zurückgewiesen.[219]

Im Ergebnis ist es also nicht möglich, die Bezeichnung »Sparkasse« und das Sparkassen-S effektiv zugunsten der deutschen Sparkassen international zu schützen. Die Bedeutung internationaler Schutzrechte ist allerdings begrenzt, weil die deutschen Sparkassen durch das sparkassenrechtliche Regionalprinzip von Verfassungs wegen an einer Expansion ins Ausland gehindert sind.[220] Wichtig sind daher in erster Linie die deutschen Schutzrechte, insbesondere das Kollektivmarkenrecht des Deutschen Sparkassen- und Giroverbands. Dessen Bestand ist durch die internationale Markensystematik nicht berührt. Die »IR-Marke« ist keine echte internationale Marke, sondern nur ein Bündel nationaler Markenrechte, so dass das kennzeichenrechtliche Prioritätsprinzip nach Maßgabe des nationalen Rechts zur Anwendung kommt.[221] Auch gegenüber einer Gemeinschaftsmarke bilden ältere nationale Markenrechte nach Art. 8 Abs. 2 und Abs. 4 GMV ein relatives Schutzhindernis. Macht der Inhaber sein nationales Recht durch Widerspruch geltend, ist dadurch die Eintragung des Kennzeichens als Gemeinschaftsmarke ausgeschlossen (Art. 8 Abs. 1 GMV). Es ist daher nicht zu befürchten, dass die innerstaatlichen Kollektivrechte des Deutschen Sparkassen- und Giroverbands an der Bezeichnung »Sparkasse« und am Sparkassen-S bezogen auf das Gebiet der Bundesrepublik durch andere internationale Marken unterlaufen werden.

---

219 Vgl. *WIPO,* Internationales Markenregister, a. a. O.

220 Zu den Auslandsaktivitäten der Sparkassen und ihren rechtlichen Grenzen oben § 3 II. 2. (S. 92 ff.).

221 Zum kennzeichenrechtlichen Prioritätsprinzip oben § 5 I. 1. c) (S. 199 f.).

§ 6 Ergebnisse der Untersuchung

1. Die Sparkassen sind staatlich getragene Kreditinstitute mit der Aufgabe, die Versorgung mit kreditwirtschaftlichen Leistungen aller Art im Gebiet des Trägers zu gewährleisten. Die freien Sparkassen sind historisch bedingte Sondererscheinungen. Sie sind als »Sparkasse« anzusehen, weil sie im Sparkassensektor verwurzelt sind und die sparkassenrechtlichen Prinzipien freiwillig weitgehend befolgen (S. 7 ff.).

2. Es gibt kommunale und andere staatliche Sparkassen. Verfassungsrechtliche Grenzen für eine Entkommunalisierung, gleich ob freiwillig oder unfreiwillig, ergeben sich aus der Garantie der kommunalen Selbstverwaltung (Art. 28 Abs. 2 Satz 1 GG). Aus verfassungsrechtlicher Sicht sind kommunale Sparkassen daher der Regelfall und Sparkassen anderer staatlicher Träger die rechtfertigungsbedürftige Ausnahme. Da aber die Übertragung der Sparkassenträgerschaft auf andere staatliche Träger verfassungsrechtlich nicht ausgeschlossen ist, kann der Begriff der »Sparkasse« nicht auf kommunale Träger begrenzt werden, auch wenn dieser Typus ganz vorherrschend ist (S. 8 ff.).

3. Der öffentliche Auftrag ist die verfassungsrechtlich notwendige Legitimationsgrundlage der Sparkassen, denn staatliche Wirtschaftstätigkeit ist von Verfassungs wegen nur zulässig, wenn sie besonderen öffentlichen Sachzwecken dient. In den Sparkassengesetzen der Länder ist der öffentliche Auftrag in seinen Einzelheiten nicht einheitlich ausgestaltet. Historischer Kern und gemeinsames Merkmal ist die Aufgabe, örtliche Bevölkerung und Wirtschaft mit kreditwirtschaftlichen Leistungen aller Art zu versorgen (S. 16 ff.).

4. Die Sparkassengewinne kommen aufgrund der Staatlichkeit öffentlichen Zwecken, einschließlich der Verwendung als allgemeines Deckungsmittel im Haushalt des Trägers, zugute. Das ergibt sich aus der Staatlichkeit als solcher, so dass es sich zwar um ein Sparkassencharakteristikum, nicht aber um ein eigenständiges Element des Sparkassenbegriffs handelt. Kein allgemeingültiges Gemeinnützigkeitsmerkmal sind die freiwilligen Aufwandsspenden während des Geschäftsjahres und die Verwendung der Gewinne für besondere öffentliche Zwecke im Sinne des steuerrechtlichen Gemeinnützigkeitsbegriffs (§ 52 Abs. 1 AO), denn entsprechende Bindungen sind weder verfassungsrechtlich vorgegeben noch den Sparkassengesetzen einheitlich zu entnehmen (S. 19 ff.).

5. Das sparkassenrechtliche Regionalprinzip ist Ausdruck der verfassungsrechtlichen Bindungen der staatlichen Träger. Es steht nicht zur Disposition des Gesetzgebers und verstößt daher auch nicht gegen das europäische Kartellrecht (S. 23 ff.).

6. Die freien Sparkassen gehen auf die Anfänge des Sparkassengedankens im ausgehenden 18. Jahrhundert zurück. Da den staatlichen Sparkassenträgern das größere Vertrauen in die Sicherheit der Einlagen entgegengebracht wurde, ging die Zahl der privaten Sparkassen bereits in der ersten Hälfte des 19. Jahrhunderts stark zurück, so dass sich der Sparkassensektor als staatlicher Sektor herausgebildet hat. Die übrig gebliebenen sechs freien Sparkassen sind als private Unternehmen den Bindungen des Sparkassenrechts nicht unterworfen, denn die Kompetenz der Länder zur Regelung des Sparkassenrechts leitet sich aus ihrer Kompetenz zur Regelung der Organisation der öffentlichen Verwaltung her. Die freien Sparkassen fügen sich aufgrund ihrer traditionellen Verwurzelung in den Sparkassensektor ein. Unterschiede werden aber vor allem bei der Handhabung des Regionalprinzips erkennbar (S. 31 ff.).

7. Die Sparkassen werden im Verkehr als besonders vertrauenswürdig angesehen. Mit dem Wegfall von Anstaltslast und Gewährträgerhaftung im Jahr 2005 ist die Vertrauensgrundlage nicht entfallen, denn aus heutiger Sicht lässt sich die Vertrauensstellung nicht auf den Gesichtspunkt der Einlagensicherheit reduzieren. Sie wurde historisch in einem längeren Prozess erworben und hat sich unabhängig von einzelnen Ursachen verfestigt. Aus wirtschaftswissenschaftlicher Sicht ist das Vertrauen Ausdruck der inhaltlichen Kernkompetenzen der Sparkassen, das heißt ihrer regionalen und gemeinwohlbezogenen Ausrichtung. In dieser Hinsicht ist die Staatlichkeit wesentliche Vertrauensgrundlage, denn sie verleiht diesen Merkmalen erst die ihnen eigene Differenzierungskraft, weil sie sich dadurch als institutionell verfestigte Sparkasseneigenschaften darstellen. Außerdem ist mit der Staatlichkeit die Erwartung einer demokratischen Legitimation und Kontrolle verbunden, die die Sparkassen als besonders »solide« Einrichtungen erscheinen lässt (S. 46 ff.).

8. Die Privatisierung von Sparkassen ist in erster Linie eine politische Entscheidung. Nationalem Recht und Gemeinschaftsrecht lässt sich weder ein Privatisierungsgebot noch ein Privatisierungsverbot entnehmen (S. 57 ff.). Die Privatisierung einer öffentlich-rechtlichen Sparkasse durch die Beleihung eines Privaten mit der Trägerschaft (»Holding-

Beleihungsmodell«) verstößt aber gegen das Demokratieprinzip. Die Übertragung hoheitlicher Befugnisse auf Private geht mit einer Einbuße an demokratischer Legitimation einher, die nur gerechtfertigt ist, wenn die Aufgabe von Privaten wegen größerer Sachnähe oder Sachkunde besser oder effektiver wahrgenommen werden kann und nach der Aufgabenstruktur ein öffentlich-rechtliches Handeln erforderlich ist. Die Anstaltsträgerschaft ist als solche keine Befugnis, die von einem Privaten besser oder effizienter wahrgenommen werden kann. Es kommt daher auf die Anstaltsaufgabe an. Nur wenn diese ihrer Struktur nach ein öffentlich-rechtliches Handeln verlangt, kann es gerechtfertigt sein, im Privatisierungsfall die öffentlich-rechtliche Organisationsform beizubehalten. Der öffentliche Auftrag der Sparkassen erfordert ein öffentlich-rechtliches Handeln nicht. Aus seiner Struktur ergibt sich daher kein Grund, an der öffentlich-rechtlichen Rechtsform im Privatisierungsfall festzuhalten, so dass die damit einhergehende Einbuße an demokratischer Legitimation nicht gerechtfertigt ist (S. 76 ff.).

9. Der Bund ist befugt, die Verwendung der Bezeichnung »Sparkasse« unter dem Gesichtspunkt des Verkehrsschutzes zu regeln. Er muss jedoch auf das berechtigte Interesse der Länder an der Wahrnehmung ihrer Sparkassenhoheit Rücksicht nehmen und darf daher nur Bezeichnungsvoraussetzungen aufstellen, die aus Gründen des Verkehrsschutzes erforderlich und angemessen sind, wobei ihm bei der Verkehrsbildkonkretisierung eine Einschätzungsprärogative zuzubilligen ist (S. 99 ff.).

10. Der Begriff der öffentlich-rechtlichen Sparkasse in § 40 Abs. 1 Nr. 1 KWG setzt eine staatliche Trägerschaft, nicht aber eine öffentlich-rechtliche Organisationsform voraus. Eine privatisierte Sparkasse kann daher auch dann nicht als öffentlich-rechtliche Sparkasse angesehen werden, wenn die öffentlich-rechtliche Organisationsform durch Beleihung beibehalten wurde (S. 108 ff.). Umgekehrt ist eine staatliche Sparkasse auch dann dem Begriff der öffentlich-rechtlichen Sparkasse zuzuordnen, wenn sie formell privatisiert wird (S. 121 ff.).

11. Der Begriff der öffentlich-rechtlichen Sparkasse setzt eine kommunale Trägerschaft nicht voraus, sondern ist auch auf andere staatliche Sparkassenträger anwendbar (S. 106 ff.). Außerdem ist er mit Rücksicht auf die Gestaltungshoheit der Länder für private Minderheitsbeteiligungen offen, weil diese den staatlichen Charakter nicht grundlegend in Frage stellen (S. 118 ff.).

12. In inhaltlicher Hinsicht setzt der Begriff der öffentlich-rechtlichen Sparkasse voraus, dass das Institut die Aufgabe hat, Bevölkerung und Wirtschaft mit kreditwirtschaftlichen Leistungen aller Art zu versorgen, und dass die Tätigkeit auf das Gebiet des staatlichen Trägers bezogen ist. Besondere, über die Staatlichkeit als solche hinausgehende Anforderungen an die Gewinnverwendung ergeben sich aus dem Begriff der öffentlich-rechtlichen Sparkasse nicht (S. 128 ff.).

13. Der bezeichnungsrechtliche Bestandsschutz in § 40 Abs. 1 Nr. 2 und 3 KWG bezieht sich nur auf die freien Sparkassen. Öffentlich-rechtliche Sparkassen fallen allein unter § 40 Abs. 1 Nr. 1 KWG. Auf eine privatisierte Sparkasse ist die Bestandsschutzregelung daher weder unmittelbar noch entsprechend anwendbar (S. 134 ff.).

14. Ausländische Sparkassen sind nach § 41 Satz 2 KWG, dem Art. 18 der Bankenrichtlinie (RL 2006/48/EG) zugrunde liegt, zur Verwendung der Bezeichnung »Sparkasse« in Deutschland befugt, wenn sie einen auf ihr Herkunftsland hinweisenden Zusatz hinzufügen. Das Bezeichnungsprivileg bezieht sich nicht nur auf die fremdsprachlichen Äquivalente, sondern auf den deutschen Begriff »Sparkasse« (S. 145 ff.).

15. Wenn ein Unternehmen die Bezeichnung »Sparkasse« nach § 40 Abs. 1 KWG unbefugt führt, muss das zuständige Registergericht nach § 43 Abs. 2 KWG die Firma von Amts wegen löschen und die weitere Verwendung untersagen. Die Bundesanstalt für Finanzdienstleistungsaufsicht kann nicht selbst unmittelbar gegenüber dem Unternehmen tätig werden. Sie kann aber nach § 42 KWG in Zweifelsfällen darüber entscheiden, ob die Verwendung der Bezeichnung »Sparkasse« mit § 40 Abs. 1 KWG vereinbar ist. Eine solche Zweifelsfallentscheidung ist ein feststellender Verwaltungsakt, der das Registergericht im Innenverhältnis bindet (S. 147 ff.).

16. Art. 295 EGV, nach dem das Gemeinschaftsrecht auf die Eigentumsordnungen der Mitgliedstaaten nicht anwendbar ist, bezieht sich nur auf politische Entscheidungen über den Umfang der öffentlichen Wirtschaftstätigkeit. § 40 Abs. 1 KWG regelt die Verwendung der Bezeichnung »Sparkasse« allein unter dem Gesichtspunkt des Verkehrsschutzes und ist dem Anwendungsbereich des Gemeinschaftsrechts daher nicht entzogen (S. 151 ff.).

17. Art. 18 Bankenrichtlinie (RL 2006/48/EG) ist zu entnehmen, dass es mit dem Gemeinschaftsrecht grundsätzlich vereinbar ist, die Verwendung

der Bezeichnung »Sparkasse« unter dem Gesichtspunkt des Verkehrsschutzes zu reglementieren. Der Bankenrichtlinie kann aber nicht entnommen werden, dass die Bezeichnungsvoraussetzung der Staatlichkeit mit dem Gemeinschaftsrecht vereinbar ist (S. 155 ff.).

18. § 40 Abs. 1 KWG ist mit Kapital- und Niederlassungsfreiheit vereinbar. Der Bezeichnungsschutz beeinträchtigt die geschäftliche Autonomie als solche nicht und ist deshalb kein ernsthaftes Marktzugangshindernis. Daher liegt eine rechtfertigungsbedürftige Beschränkung von Kapital- und Niederlassungsfreiheit nicht vor (S. 160 ff.). Jedenfalls ist es wegen der bestimmenden Wirkung des Merkmals der Staatlichkeit für das Verkehrsbild der Sparkassen aus Gründen des Verkehrsschutzes erforderlich und angemessen, die Bezeichnung »Sparkasse« staatlichen Trägern vorzubehalten. Zusätze wie »privat« oder »privatisiert« kommen als mildere Mittel des Verkehrsschutzes nicht in Betracht, weil durch sie aufgrund der hohen Kennzeichnungskraft des Begriffs »Sparkasse« Verwechslungen mit der Gruppe der Sparkassen nicht ausgeschlossen werden können (S. 166 ff.).

19. Solange die Gemeinschaftsrechtswidrigkeit einer Rechtsnorm nicht durch den Europäischen Gerichtshof autoritativ festgestellt wurde und deshalb nicht feststeht, ob überhaupt eine Kollision mit dem Gemeinschaftsrecht vorliegt, darf die Norm nicht unter Berufung auf den Anwendungsvorrang des Gemeinschaftsrechts außer Acht gelassen werden. Eine Auslegung, die einem möglichen Konflikt mit dem Gemeinschaftsrecht »vorauseilend« zuvorkommt, ist mit der Bindung an Gesetz und Recht aus Art. 20 Abs. 3 GG nur vereinbar, wenn sie dem Gesetz mithilfe der anerkannten Methoden juristischer Auslegung entnommen werden kann. Für § 40 Abs. 1 KWG besteht ein solcher Auslegungsspielraum nicht. Die Bundesregierung würde daher gegen Art. 20 Abs. 3 GG verstoßen, wenn sie ihre Zusage an die EG-Kommission, die Norm gegebenenfalls auf künftige Privatisierungsfälle nicht anzuwenden, im Innenverhältnis umsetzen würde (S. 181 ff.).

20. Der Deutsche Sparkassen- und Giroverband ist Inhaber von Kollektivmarkenrechten an der Bezeichnung »Sparkasse« und am Sparkassen-S, die in den Jahren 2002 und 2004 zugunsten des Verbandes in das Markenregister eingetragen wurden (S. 192 ff.). Aufgrund tatsächlicher Benutzung bestehen die Kollektivmarkenrechte allerdings schon wesentlich länger (S. 201 ff.).

21. Das Markengesetz unterscheidet zwischen dem Begriff der »Marke«, mit dem nur Produktkennzeichen gemeint sind, und dem Begriff des »Unternehmenskennzeichens«. Die Bezeichnung »Sparkasse« und das Sparkassen-S sind ihrer Funktion nach in erster Linie Unternehmensbezeichnungen. Dennoch können sie als »Marke« im Rechtssinn geschützt sein, denn ein kennzeichenrechtliches Exklusivitätsverhältnis besteht zwischen den Kennzeichenformen nicht (S. 194 ff.).

22. Einer Monopolisierung der Bezeichnung »Sparkasse« und des Sparkassen-S zugunsten des Deutschen Sparkassen- und Giroverbands steht ein Freihaltebedürfnis der einzelnen Sparkassen nicht entgegen, weil diese in ihrer Gesamtheit durch den Verband repräsentiert werden. Die einzelnen Sparkassen sind außerdem verbandsrechtlich verpflichtet, die Kollektivmarkenverwaltung zu dulden, weil sie die einzige rechtliche Möglichkeit ist, die Bezeichnung »Sparkasse« und das Sparkassen-S zugunsten der Gruppe der Sparkassen effektiv bundesweit zu schützen (S. 196 ff.). Der Deutsche Sparkassen- und Giroverband muss aber bei der Ausgestaltung der Nutzungsbedingungen auf die berechtigten Interessen der Sparkassen Rücksicht nehmen und darf die Nutzung der gemeinsamen Kennzeichen daher nur so weit reglementieren, wie dies aus Gründen eines effektiven kollektiven Zeichenschutzes erforderlich ist. Wegen des Zusammenhangs von kollektiver Monopolisierung und Freihaltebedürfnis muss außerdem allen »Sparkassen« im Sinne des § 40 Abs. 1 KWG die Nutzung der entsprechenden Kollektivbezeichnung möglich sein, wobei allein die Fassung der Norm im Eintragungszeitpunkt maßgeblich ist (S. 207 ff.).

23. Entsprechend § 40 Abs. 1 KWG und unter Berücksichtigung der berechtigten Nutzungsinteressen der Sparkassen setzt die Nutzungsberechtigung weder eine kommunale Trägerschaft noch eine öffentlich-rechtliche Organisationsform voraus und besteht auch bei einer privaten Minderheitsbeteiligung fort, weil dadurch die Zugehörigkeit zur Gruppe der Sparkassen nicht grundlegend in Frage gestellt ist (S. 211 ff.). Auch die Landesbanken können die Kollektivmarken nutzen, soweit sie nach den Sparkassengesetzen der Länder die Aufgaben einer Sparkasse im Sinne des § 40 Abs. 1 KWG wahrnehmen (S. 221 ff.). Demgegenüber erlischt die Berechtigung zur Nutzung der Kollektivmarken, wenn eine Sparkasse materiell privatisiert wird. Darin liegt keine unangemessene Beeinträchtigung des berechtigten Nutzungsinteresses, weil in diesem Fall das Gruppeninteresse an einem effektiven Kollektivzeichenschutz

überwiegt. Auch aus höherrangigem Recht, insbesondere den Grundfreiheiten des europäischen Gemeinschaftsrechts, ergibt sich ein Nutzungsanspruch nicht (S. 213 ff.).

24. Eigene Rechte der Sparkassen an der Bezeichnung »Sparkasse« und am Sparkassen-S werden durch das Kollektivrecht nach dem kennzeichenrechtlichen Grundsatz der Unabhängigkeit der Schutzrechte nicht ausgeschlossen. Durch tatsächliche Benutzung verfügen die Sparkassen jeweils über ein örtlich begrenztes Unternehmenskennzeichenrecht an der Bezeichnung »Sparkasse« und am Sparkassen-S (S. 228 ff.). Die Sparkassen dürfen die Kollektivzeichen allerdings nicht, versehen mit individualisierenden Zusätzen, mit bundesweiter Wirkung als eigene Marken zur Eintragung bringen, weil dadurch ein unabhängiges Schutzrecht begründet und das Kollektivrecht unterlaufen wird. Der Verband kann gegen solche Kombinationsmarken einzelner Sparkassen durch Widerspruch oder Löschungsbewilligungsklage vorgehen (S. 233 ff.).

25. Der Deutsche Sparkassen- und Giroverband kann auf der Grundlage seiner Kollektivrechte einer privatisierten Sparkasse die weitere Verwendung der Bezeichnung »Sparkasse« und des Sparkassen-S untersagen. Wegen der hohen Kennzeichnungskraft des Begriffs »Sparkasse« bestünde eine Verwechslungsgefahr auch dann, wenn das Institut sich als »private« oder »privatisierte Sparkasse« bezeichnen würde (S. 237 ff.). Nach dem kennzeichenrechtlichen Prioritätsprinzip setzt sich im Kollisionsfall allerdings das ältere Kennzeichenrecht gegen das jüngere durch. Die Sparkassen verfügen über örtlich begrenzte Unternehmenskennzeichenrechte an der Bezeichnung »Sparkasse« und am Sparkassen-S, die in der Regel älter sind als die Kollektivrechte des Verbands. Die Kennzeichenrechte stehen jedoch unter dem Vorbehalt der befugten Benutzung, so dass ältere Rechte einer Sparkasse im Privatisierungsfall nach § 40 Abs. 1 KWG erlöschen würden (S. 241 ff.).

26. Der Deutsche Sparkassen- und Giroverband kann ausländischen Sparkassen die Verwendung der Bezeichnung »Sparkasse« nicht vollständig untersagen. Zwar können durch den von § 41 Satz 2 KWG geforderten Hinweis auf das Herkunftsland Verwechslungsgefahren nicht völlig ausgeschlossen werden. Es sind aber im Lichte des Art. 18 Bankenrichtlinie, der den Gewährleistungsgehalt der Grundfreiheiten in Bezug auf die grenzüberschreitende Verwendung der Bezeichnung »Sparkasse« konkretisiert, die Grundsätze des Rechts der Gleichnamigen heranzuziehen. Der Verband ist daher verpflichtet, einen Rest an Verwechslungs-

gefahr zu dulden, wenn die Bezeichnung »Sparkasse« in der Markensymbolik des ausländischen Instituts nur eine erläuternde Funktion hat und eine Annäherung an den Markenauftritt der deutschen Sparkassen unterbleibt (S. 244 ff.).

27. Wird eine Sparkasse auf dem Gebiet einer anderen Sparkasse tätig, weil das Regionalprinzip ausnahmsweise nicht gilt oder nicht beachtet wird (S. 89 f.), kann das ansässige Institut dem gebietsfremden Institut die Verwendung der Bezeichnung »Sparkasse« und des Sparkassen-S nicht untersagen, wenn sich dieses durch konsequenten Hinweis auf das andere Sitzgebiet abgrenzt. Da der Verkehr gewohnt ist, die Sparkassen im Verhältnis untereinander anhand des geographischen Zusatzes zu unterscheiden, bleiben nur geringe Verwechslungsgefahren, die das ansässige Institut nach den Grundsätzen des Rechts der Gleichnamigen hinnehmen muss (S. 248 ff.).

28. Liegt die Verletzungshandlung nicht im Inland, kann die Verwendung eines Kennzeichens nur auf der Grundlage internationaler Schutzrechte untersagt werden. Eine Eintragung der Bezeichnung »Sparkasse« und des Sparkassen-S als Gemeinschaftsmarke ist allerdings nicht möglich, denn diese Kennzeichen werden auch in anderen europäischen Ländern verwendet, so dass im gemeinschaftsweiten Maßstab ein Freihaltebedürfnis entgegensteht. In Betracht kommt nur eine internationale Registrierung als »IR-Marke«, wodurch aber ein eigenständiges supranationales Schutzrecht nicht begründet wird, sondern nur ein Bündel von Markenrechten nach Maßgabe der jeweiligen nationalen Markenrechtsordnung entsteht (S. 252 ff.).

Anhang: Rechtsgrundlagen

Im Folgenden werden die wesentlichen Rechtsgrundlagen wiedergegeben, darunter die Satzung und die Markensatzung des Deutschen Sparkassen- und Giroverbands auszugsweise, soweit es auf die entsprechenden Bestimmungen in dieser Untersuchung ankommt.

I. Kreditwesengesetz

§ 40 Bezeichnung »Sparkasse«. (1) Die Bezeichnung »Sparkasse« oder eine Bezeichnung, in der das Wort »Sparkasse« enthalten ist, dürfen in der Firma, als Zusatz zur Firma, zur Bezeichnung des Geschäftszwecks oder zu Werbezwecken nur führen

1. öffentlich-rechtliche Sparkassen, die eine Erlaubnis nach § 32 besitzen;
2. andere Unternehmen, die bei Inkrafttreten dieses Gesetzes eine solche Bezeichnung nach den bisherigen Vorschriften befugt geführt haben;
3. Unternehmen, die durch Umwandlung der in Nummer 2 bezeichneten Unternehmen neu gegründet werden, solange sie aufgrund ihrer Satzung besondere Merkmale, insbesondere eine am Gemeinwohl orientierte Aufgabenstellung und eine Beschränkung der wesentlichen Geschäftstätigkeit auf den Wirtschaftsraum, in dem das Unternehmen seinen Sitz hat, in dem Umfang wie vor der Umwandlung aufweisen.

(2) (...)

II. Satzung des Deutschen Sparkassen- und Giroverbands (Auszug)

Satzung des Deutschen Sparkassen- und Giroverbandes e. V., Bonn, in der Fassung v. 12.12.1985, zuletzt geändert durch Beschluss der Mitgliederversammlung v. 18.12.2003 (vollständig abgedr. bei *Fischer/Herbst,* Recht der Sparkassenpraxis, Teil B, Nr. 5.2.11)

§ 1 Name, Rechtsnatur, Sitz (1) Der Deutsche Sparkassen- und Giroverband, weiterhin »Verband« genannt, ist ein auf freiwilliger Grundlage beruhender rechtsfähiger Verein im Sinne des § 21 BGB; er soll in das Vereinsregister des zuständigen Amtsgerichts eingetragen werden.

(2) Der Verband hat seinen Sitz in Bonn.

§ 3 Mitgliedschaft (1) Die Aufnahme als ordentliche Mitglieder können die für die deutschen Länder oder Landesteile gebildeten rechtsfähigen Sparkassen- und Giroverbände sowie die Girozentralen beim Vorstand des Verbandes unter ausdrücklicher Anerkennung der Satzung schriftlich beantragen.

(...)

§ 5 Erlöschen der Mitgliedschaft (1) Die ordentliche Mitgliedschaft erlischt:

a) durch Fortfall der rechtlichen Voraussetzungen für die Aufnahme des Mitgliedes, insbesondere Auflösung oder Verlust seiner öffentlich-rechtlichen Eigenschaft bzw. seiner juristischen Selbständigkeit (§ 3),

b) (...)

III. Markensatzung des Deutschen Sparkassen- und Giroverbands (Auszug)

Markensatzung des Deutschen Sparkassen- und Giroverbandes e. V., Bonn, in der Fassung der Änderung v. 1.12.2005 (vollständig abgedr. bei *Fischer/ Herbst,* Recht der Sparkassenpraxis, Teil B, Nr. 5.2.11)

§ 6 Benutzungsberechtigte Zur Benutzung der vom Verband als Kollektivmarken zur Eintragung gebrachten nationalen und internationalen Marken sind folgende Institute, Unternehmen und Einrichtungen der Sparkassen-Finanzgruppe berechtigt:

a) Die ordentlichen Mitglieder des Verbandes. Landesbanken dürfen die Kollektivmarken in ihrer Funktion als Sparkassenzentralbank sowie im Großkundengeschäft verwenden; für andere Verwendungen gilt die Regelung des Buchstaben c) entsprechend. Landesbanken, welche die Marken zum 1. Dezember 2005 berechtigt führen, genießen Bestandsschutz entsprechend Buchstabe d);

b) Sparkassen, die Mitglieder der regionalen Sparkassenverbände sind, und Unternehmen mit Sitz im Inland, die von einer Sparkasse abhängig i. S. d. § 17 AktG sind und deren Tätigkeit im Rahmen der sparkassenrechtlichen Regelungen erfolgt. Gleiches gilt für Gemeinschaftsunternehmen mehrerer Sparkassen mit Sitz im Inland, sofern deren Tätigkeit im Rahmen der sparkassenrechtlichen Regelungen erfolgt;

c) auf Beschluss des Vorstandes des Verbandes: Verbundunternehmen, sonstige Unternehmen und Einrichtungen der Sparkassen-Finanzgruppe;

d) Unternehmen und Einrichtungen, welche die Marken im Zeitpunkt des Inkrafttretens dieser Satzung berechtigt führen, solange sie der Sparkassen-Finanzgruppe angehören.

§ 8 Allgemeine Benutzungsbedingungen (1) (...)

(2) Die Benutzungsberechtigung an den Marken besteht ausschließlich gemäß den Gestaltungsregeln, die dieser Satzung als Anlage beigefügt sind. Innerhalb einer Frist von zehn Jahren ab Inkrafttreten dieser Satzung sind abweichende Gestaltungen in der Außenwerbung an diese Gestaltungsregeln anzupassen; für übrige Kommunikationsmittel gilt eine Frist von fünf Jahren.

(3) (...)

§ 9 Verstöße Bei Verstößen gegen diese Satzung, insbesondere gegen Gestaltungsregeln des § 8 Abs. 2, kann der Zentrale Werbeausschuss (ZWA) eine Empfehlung gegenüber dem Benutzungsberechtigten, dem der Verstoß zur Last gelegt wird, aussprechen. Sofern der Benutzungsberechtigte dieser Empfehlung nicht nachkommt, können je nach Bedeutung und Schwere des Falles folgende Sanktionen verhängt werden:

a) Rüge durch den Vorstand;

b) in wesentlichen Fällen Entzug der Benutzungsberechtigung durch die Mitgliederversammlung nach erfolgter Rüge gemäß Buchstabe a. Ein wesentlicher Fall liegt insbesondere vor, wenn der Benutzungsberechtigte das Zeichen zugleich für sich als Bestandteil anderer Kennzeichen oder in Abwandlungen benutzt oder wenn der Benutzungsberechtigte das Zeichen in identischer oder abgewandelter Form oder als Bestandteil eines anderen Kennzeichens oder eines Musters bei einem Amt für gewerbliche Schutzrechte anmeldet oder ein entsprechendes Schutzrecht verlängert, oder trotz Aufforderung zur Abgabe an einem entsprechenden Schutzrecht festhält.

Vor Verhängung einer Sanktion ist der jeweils zuständige Regionalverband zu hören.

§ 11 Vorstand (1) Der Vorstand bestimmt die Ausrichtung der Markenstrategie. Er ist für Verwaltung, Pflege und Fortentwicklung eines gemeinsamen Bestandes an Marken und sonstigen Kennzeichen zuständig, welche nach einheitlichen Vorschriften genutzt werden sollen (§ 2 Abs. 1 lit. h). Er beschließt über die Änderung der Gestaltungsregeln (§ 8 Abs. 2) und visuelle Veränderungen von bestehenden Markenelementen. Er kann einzelne Kompetenzen generell oder einzelfallbezogen an den ZWA oder die Geschäftsstelle delegieren.

(2) (...)

§ 12 Zentraler Werbeausschuss (ZWA) Der ZWA beschließt im Rahmen der ihm durch den Vorstand zugewiesenen Kompetenzen über Art und Umfang des Einsatzes der Marken. Er spricht Empfehlungen hinsichtlich des Einsatzes der Marken aus (§ 9 Abs. 1).

Literaturverzeichnis

Ashauer, Günter, Von der Ersparungscasse zur Sparkassenfinanzgruppe. Die deutsche Sparkassenorganisation in Geschichte und Gegenwart, Stuttgart 1991.

Bähre/Schneider, KWG-Kommentar, begr. von Johannes Consbruch u. Annemarie Möller, fortgef. v. Inge-Lore Bähre u. Manfred Schneider, neu bearb. v. Manfred Schneider, 3. Aufl., München 1986.

Baronikians, Patrick, Buchstabenkombinationen als Unternehmenskennzeichen, in: GRUR 2001, S. 795-797.

Bauer, Hartmut, Die Bundestreue, Tübingen 1992; zugl. Habil. Augsburg 1991.

Baumann, Diethelm, Die sachlichen und räumlichen Grenzen der Verbandskompetenz öffentlich-rechtlicher Kreditinstitute, München 2000; zugl. Diss. München 2000.

Baumbach/Hefermehl, Wettbewerbsrecht, Kommentar, begr. v. Adolf Baumbach, fortgef. v. Wolfgang Hefermehl, 17. Aufl., München 1993.

Baumbach/Hopt, Handelsgesetzbuch, Kommentar, begr. v. Adolf Baumbach, bearb. v. Klaus J. Hopt u. Hanno Merkt, 32. Aufl., München 2006.

Baumgarth, Carsten, Markenpolitik, 2. Aufl., Wiesbaden 2004.

Bea, Franz Xaver/*Haas,* Jürgen, Strategisches Management, 4. Aufl., Stuttgart 2005.

Bechtold, Rainer/*Otting,* Olaf, Kartellgesetz. Gesetz gegen Wettbewerbsbeschränkungen, Kommentar, 4. Aufl., München 2006.

Bechtolsheim, Caroline v./*Abend,* Kerstin, Teilprivatisierung der Berliner Wasserbetriebe, in: LKV 2000, S. 337-339.

Beck/Samm, Gesetz über das Kreditwesen, Kommentar, begr. von Heinz Beck, hrsg. v. Carl Theodor Samm, Loseblatt, Heidelberg, Stand: Dezember 2004.

Becker, Florian, Die Vernetzung der Landesbanken. Eine Untersuchung über verfassungsrechtliche Bedingungen und Grenzen der Kapitalisierung und partiellen Übernahme von Landesbanken/Girozentralen sowie der Einrichtung länderübergreifender Institute, Berlin 1998; zugl. Diss. Köln 1997.

Becker, Florian, Die landesrechtliche »Kapitalgesellschaft des öffentlichen Rechts« in der bundesstaatlichen Kompetenzordnung, in: DÖV 1998, S. 97-106.

Becker, Florian, Die Neuordnung der sächsischen Sparkassenorganisation, in: LKV 2001, S. 201-203.

Becker, Florian, Zu den verfassungs- und verwaltungsrechtlichen Problemen eines staatlich-kommunalen Kondominiums: Der Sachsen-Finanzverband, in: SächsVBl. 2001, S. 109-116.

Becker, Florian, Perspektiven für eine organisatorische Verflechtung der Bankgesellschaft Berlin und der Norddeutschen Landesbank, in: NdsVBl. 2002, S. 57-63.

Beisel/Klumpp, Der Unternehmenskauf, begr. v. Wilhelm Beisel u. Hans-Hermann Klumpp, bearb. v. Daniel Beisel, Hans-Hermann Klumpp u. Jutta Theysohn-Wadle, 5. Aufl., München 2006.

Berg, Wilfried, Die öffentlichrechtliche Anstalt, in: NJW 1985, S. 2294-2301.

Berndt, Holger, Die gegenwärtige und die künftige Funktion des öffentlichen Sparkassenwesens in Deutschland, in: Kommunale Aufgabenerfüllung in Anstaltsform, Professorengespräch 2000 des Deutschen Landkreistages, hrsg. v. Hans-Günter Henneke, Stuttgart u. a. 2000, S. 77-85.

Bettinger, Torsten/*Thum,* Dorothee, Territoriales Markenrecht im Global Village. Überlegungen zu internationaler Tatortzuständigkeit, Kollisionsrecht und materiellem Recht bei Kennzeichenkonflikten im Internet, in: GRUR Int. 1999, S. 659-681.

Beuthien, Volker, Öffentliche Kreditwirtschaft zwischen Marktanpassung und Strukturwandel, in: WM 2004, S. 1467-1475.

Bezzenberger, Gerold/*Schuster,* Detlev, Die öffentliche Anstalt als abhängiges Konzernunternehmen, in: ZGR 1996, S. 481-499.

Blume, Heiko Hubertus, Sparkassen im Spannungsfeld zwischen öffentlichem Auftrag und kreditwirtschaftlichem Wettbewerb. Eine Untersuchung am Beispiel des niedersächsischen Sparkassenrechts, Baden-Baden 2000; zugl. Diss. Osnabrück 2000.

Böckenförde, Ernst-Wolfgang, Demokratie als Verfassungsprinzip, in: Handbuch des Staatsrechts der Bundesrepublik Deutschland, hrsg. v. Josef Isensee u. Paul Kirchhof, Bd. I: Grundlagen von Staat und Verfassung, Heidelberg 1987, § 22 (S. 887-952).

Börner, Christoph J., Strategisches Bankmanagement: ressourcen- und marktorientierte Strategien von Universalbanken, München 2000.

Bogdandy, Armin v., Grundrechtsgemeinschaft als Integrationsziel?, in: JZ 2001, S. 157-171.

Bonner Kommentar zum Grundgesetz, hrsg. v. Rudolf Dolzer, Klaus Vogel u. Karin Graßhof, Loseblatt, Heidelberg, Stand: Dezember 2006.

Boos, Karl-Heinz/*Fischer,* Reinfrid/*Schulte-Mattler,* Hermann (Hrsg.), Kreditwesengesetz, Kommentar zu KWG und Ausführungsvorschriften, 2. Aufl., München 2004.

Brecht, Walter, »Erlebnis Marke Sparkasse« als durchgängiges Konzept, in: Sparkasse 2003, Sonderheft »Markenprojekt«, S. 6-9.

Bredow, Günther M./*Schick,* Manfred R./*Liebscher,* Finn-Michael, Privatisierung öffentlich-rechtlicher Sparkassen – Gegenwärtige Gestaltungsoptionen, insbesondere das Modell »Stralsund«, in: BKR 2004, S. 102-107.

Brenncke, Martin, Nomen est omen? – Zur Europarechtskonformität des Bezeichnungssschutzes für Sparkassen, in: ZBB 2007, S. 1-22.

Brenner, Michael, Der Gestaltungsauftrag der Verwaltung in der Europäischen Union, Tübingen 1996; zugl. Habil. München 1994.

Britz, Gabriele, Die Mitwirkung Privater an der Wahrnehmung öffentlicher Aufgaben durch Einrichtungen des öffentlichen Rechts. Verwaltungsorganisation zwischen Legitimationserfordernis und Rationalisierungswunsch, in: VerwArch 91 (2000), S. 418-437.

Bröcher, Julia/*Hoffmann,* Marie-Louise/*Sabel,* Tatjana, Der Schutzbereich des Markenrechts unter besonderer Berücksichtigung ökonomischer Aspekte, Arbeitsbericht Nr. 14 des Kompetenzzentrums für Internetökonomie und Hybridität an der Universität Münster, 2005, unter: http://www.wi.uni-muenster.de (Stand: 2.1.2007).

Brümmerhoff, Dieter/*Lehmann,* Erik, Öffentlich-rechtliche Sparkassen oder wie gemeinnützig ist der öffentliche Auftrag?, in: ZögU 2000, S. 131-148.

Bruhn, Manfred, Begriffsabrenzungen und Erscheinungsformen von Marken, in: Handbuch Markenführung, hrsg. v. dems., Bd. 1, 2. Aufl., Wiesbaden 2004, S. 3-49.

Bruhn, Manfred, Marketing, 7. Aufl., Wiesbaden 2004.

Brzoska, Thomas, Die öffentlich-rechtlichen Sparkassen zwischen Staat und Kommunen. Zum Standort der Sparkassen unter besonderer Berücksichtigung des sparkassentypischen Regionalprinzips, Berlin 1976; zugl. Diss. Frankfurt a. M., 1975.

Burg, Peter, Freiherr vom Stein – europäische und nationale Aspekte der Reform von Staat und Gesellschaft zu Beginn des 19. Jahrhunderts, in: VerwArch 86 (1995), S. 495-510.

Burghardt, Günter, Die Eigentumsordnungen in den Mitgliedstaaten und der EWG-Vertrag. Zur Auslegung von Art. 222 EWGV, Hamburg 1969; zugl. Diss. Hamburg 1969.

Burmann, Christoph/*Blinda,* Lars/*Nitschke,* Axel, Konzeptionelle Grundlagen des identitätsbasierten Markenmanagements. Universität Bremen, Lehrstuhl für innovatives Markenmanagement, Arbeitspapier Nr. 1, 2003, unter: http://www.lim.uni-bremen.de (Stand: 10.1.2007).

Burmeister, Joachim, Die Sparkassen zwischen öffentlicher Aufgabe und kreditwirtschaftlichem Wettbewerb, in: Sparkassen im Wandel, 3. Bad Iburger Gespräche, hrsg. v. Jörn Ipsen, Köln u. a. 1993, S. 23-47.

Calliess, Christian/*Ruffert,* Matthias (Hrsg.), Kommentar des Vertrags über die Europäische Union und des Vertrags zur Gründung der Europäischen Gemeinschaft, 2. Aufl., Neuwied u. a. 2002.

Claussen, Bernd, Teilprivatisierung kommunaler Sparkassen? Ökonomische und rechtliche Rahmenbedingungen für eine Beteiligung Privater an den kommunalen Kreditinstituten, Baden-Baden 1990; zugl. Diss. Kiel 1989.

Claussen, Carsten Peter, Gesellschaftsrecht und Sparkassenrecht, in: Festschrift für Ernst Steindorff zum 70. Geburtstag, hrsg. v. Jürgen F. Baur, Klaus J. Hopt, K. Peter Mailänder u. a., Berlin u. a. 1990, S. 323-340.

Cremer, Wolfram, Gewinnstreben als öffentliche Unternehmen legitimierender Zweck. Die Antwort des Grundgesetzes, in: DÖV 2003, S. 921-932.

Deckert, Martina R./Schroeder, Werner, Anm. zu EuGH, Urt. v. 27.1.2000, C-190/98–Graf, in: JZ 2001, S. 88-91.

Deutscher Sparkassen- und Giroverband (Hrsg.), Die Marke Sparkasse, Stuttgart 2001.

Dietlein, Johannes, Ist der Bundesstaat kartellrechtswidrig? – Das lotterierechtliche Regionalitätsprinzip vor dem Bundeskartellamt –, in: ZfWG 2006, S. 197-202.

Dreier, Horst (Hrsg.), Grundgesetz, Kommentar, 2. Aufl., Bd. 2: Art. 20-82, Tübingen 2006.

Ehlers, Dirk, Verwaltung in Privatrechtsform, Berlin 1984; zugl. Habil. Erlangen-Nürnberg 1981.

Ehlers, Dirk, Die Entscheidung der Kommunen für eine öffentlich-rechtliche oder privatrechtliche Organisationsform ihrer Einrichtungen und Unternehmen, in: DÖV 1986, S. 897-905.

Ehlers, Dirk, Rechtsprobleme der Kommunalwirtschaft, in: DVBl. 1998, S. 497-508.

Ehlers, Dirk, Die Lehre von der Teilrechtsfähigkeit juristischer Personen des öffentlichen Rechts und die Ultra-vires-Doktrin des öffentlichen Rechts, Berlin 2000.

Ehlers, Dirk, Die verfassungsrechtliche Garantie der kommunalen Selbstverwaltung, in: DVBl. 2000, S. 1301-1310.

Ehlers, Dirk, Empfiehlt es sich, das Recht der öffentlichen Unternehmen im Spannungsfeld von öffentlichem Auftrag und Wettbewerb national und gemeinschaftsrechtlich neu zu regeln?, Gutachten E für den 64. Deutschen Juristentag, hrsg. v. der Ständigen Deputation des Deutschen Juristentages, München 2002.

Ehlers, Dirk, Die Staatsgewalt in Ketten. Zum Demokratiegebot im Sinne des Grundgesetzes, in: Demokratie in Staat und Wirtschaft, Festschrift für Ekkehart Stein zum 70. Geburtstag, hrsg. v. Heiko Faber u. Götz Frank, Tübingen 2002, S. 125-142.

Ehlers, Dirk, Europa- und verfassungsrechtliche Vorgaben, in: Rechtspraxis der kommunalen Unternehmen, hrsg. v. Gabriele Wurzel, Alexander Schraml u. Ralph Becker, München 2005, Teil B (S. 11-32).

Ehlers, Dirk (Hrsg.), Europäische Grundrechte und Grundfreiheiten, 2. Aufl., Berlin 2005.

Ehlers, Dirk, Kollisionsrecht, in: Europarecht. Handbuch für die deutsche Rechtspraxis, hrsg. v. Reiner Schulze u. Manfred Zuleeg, Baden-Baden 2006, § 11.

Ekey, Friedrich L./*Klippel,* Diethelm (Hrsg.), Heidelberger Kommentar zum Markenrecht. MarkenG, GMV und Markenrecht ausgewählter Staaten, Heidelberg 2003.

Emmerich, Volker, Kartellrecht, 10. Aufl., München 2006.

Erbguth, Wilfried/*Stollmann,* Frank, Erfüllung öffentlicher Aufgaben durch private Rechtssubjekte? Zu den Kriterien bei der Wahl der Rechtsform, in: DÖV 1993, S. 798-809.

Erichsen, Hans-Uwe, Kommunalrecht des Landes Nordrhein-Westfalen, 2. Aufl., Siegburg 1997.

Erichsen, Hans-Uwe/*Ebber,* Bodo, Die Grundrechtsbindung des privatrechtlich handelnden Staates, in: Jura 1999, S. 373-378.

Erichsen, Hans-Uwe/*Ehlers,* Dirk (Hrsg.), Allgemeines Verwaltungsrecht, 13. Aufl. 2005.

Erman, Bürgerliches Gesetzbuch, Kommentar, hrsg. v. Harm Peter Westermann, Bd. 2, 11. Aufl., Münster, Köln 2004.

Esch, Franz-Rudolf, Strategie und Technik der Markenführung, 3. Aufl., München 2005.

Esch, Franz-Rudolf, Moderne Markenführung, 4. Aufl., Wiesbaden 2005.

Feess, Eberhard/*Hege,* Ulrich, Regulierungsbedarf für privatisierte Sparkassen, in: Der Landkreis 2006, S. 803-807.

Fett, Torsten, Öffentlich-rechtliche Anstalten als abhängige Konzernunternehmen. Dargestellt unter besonderer Berücksichtigung des »Berliner Modells« zur Konzernierung der Landesbank Berlin, Berlin 2000; zugl. Diss. Berlin 2000.

Fezer, Karl-Heinz, Markenrecht. Kommentar zum Markengesetz, zur Pariser Verbandsübereinkunft und zum Madrider Markenabkommen, 3. Aufl., München 2001.

Finzel, Frank/*Thuy,* Peter, Privatisierung der Sparkassen – tagespolitische Modeerscheinung oder ordnungspolitische Notwendigkeit?, in: ORDO 47 (1996), S. 241-261.

Fischer, Reinfrid, Anm. zu HessVGH, Urt. v. 13.7.1989, 6 UE 2124/85, in: WuB III A. § 1 HessSparG 1.90.

Fischer, Reinfrid, Struktur und Strukturänderungen in der Sparkassenorganisation, in: Sparkassen im Wandel, 3. Bad Iburger Gespräche, Symposium des Instituts für Kommunalrecht der Universität Osnabrück, hrsg. v. Jörn Ipsen, Köln u. a. 1993, S. 133-148.

Fischer, Reinfrid/*Herbst,* Gerhard (Hrsg.), Recht der Sparkassenpraxis, Teil B: Recht der Sparkassenorganisation, Loseblatt, Stuttgart, Stand: Dezember 2006.

Fischer, Thomas R., Der Weg nach vorn – Strategien von Landesbanken und Sparkassen nach dem Wegfall von Anstaltslast und Gewährträgerhaftung, in: Der Landkreis 2005, S. 539-541.

Flume, Werner, Allgemeiner Teil des Bürgerlichen Rechts, Bd. 1, Zweiter Teil: Die juristische Person, Berlin u. a. 1983.

Gärtner, Bertolt-D., Finanzielle Beteiligung Privater an Anstalten des öffentlichen Rechts, Diss. Tübingen 1994.

Gamm, Otto-Friedrich v., Gesetz gegen den unlauteren Wettbewerb, Kommentar, 3. Aufl., Köln u. a. 1993.

Gast, Wolfgang, Der Schutz der besonderen Geschäftsbezeichnung und des Geschäftsabzeichens, Diss. Erlangen-Nürnberg 1968.

Geerlings, Jörg, Sparkasse Stralsund – Trojanisches Pferd des deutschen Sparkassenwesens?, in: NordÖR 2004, S. 181-187.

Geiger, Helmut, Die öffentliche Rechtsform als Grundlage des deutschen Sparkassenwesens, in: Kommunalwirtschaft 1978, S. 313-318.

Geiger, Rudolf, EUV/EGV, Kommentar, 4. Aufl., München 2004.

Georgi, Hanspeter, Gedanken zur (Neu-)Gestaltung des Sparkassenrechts im Saarland, in: Kreditwesen 2002, S. 745-747.

Gerlach, Rolf, Moderne Finanzierungsstrategie für einen Sparkassenverband, in: Kreditwesen 2005, S. 125-128.

Geschwandtner, Marcus/*Bach,* Melissa, Bezeichnungsschutz für Sparkassen, quo vadis?, in: NJW 2007, S. 129-133.

Gimple, Manuel, Das Regionalprinzip der Deutschen kommunalen Sparkassen bei der Zweigstellenerrichtung im EG-Ausland, Konstanz 1990; zugl. Diss. Konstanz 1990.

Goldmann, Michael, Der Schutz des Unternehmenskennzeichens, 2. Aufl., Köln, Berlin, München 2005.

Grabitz/Hilf, Das Recht der Europäischen Union, Kommentar, begr. v. Eberhard Grabitz, hrsg. v. Meinhard Hilf, Loseblatt, München, Stand: Juni 2006.

Grawert, Rolf, Zuständigkeitsgrenzen der Kommunalwirtschaft, in: Planung – Recht – Rechtsschutz, Festschrift für Willi Blümel zum 70. Geburtstag, hrsg. v. Klaus Grupp u. Michael Ronellenfitsch, Berlin 1999, S. 119-138.

Grawert, Rolf, Kommunale Wirtschaftsbetätigung im System eines unverfälschten Wettbewerbs, in: Kommunen am Markt. Aktuelle Fragen der wirtschaftlichen Betätigung von Kommunen, hrsg. v. Christoph Reichard, Berlin 2001, S. 9-44.

Grichnik, Dietmar/*Börner,* Christoph J., Bankwirtschaftliche Verbundsysteme als strategische Netzwerke zwischen Markt und Hierarchie. Verbände als fokale Organisationen im Finanzverbund, in: Mitteilungen und Berichte des Instituts für Bankwirtschaft und Bankrecht an der Universität zu Köln, hrsg. v. Thomas Hartmann-Wendels u. Hans E. Büschgen, 1999, unter: http://www.uni-koeln.de (Stand: 2.1.2007).

Großfeld, Bernhard/*Neumann,* Renate, Zur Zulässigkeit der Umfirmierung einer Genossenschaftsbank in »Volksbank eG«, in: ZfgG 30 (1980), S. 171-179.

Grunewald, Barbara, Gesellschaftsrecht, 6. Aufl., Tübingen 2005.

Güde, Udo, Geschäftspolitik der Sparkassen. Grundlagen und aktuelle Probleme, 6. Aufl., Stuttgart 1995.

Habeck, Inka, Sparkassen als Universalbanken. Rechtliche Möglichkeiten und Grenzen allgemeiner Bankgeschäfte im Sparkassenbereich, Frankfurt a. M. u. a. 2001; zugl. Diss. Hannover 2000.

Hecker, Jan, Privatisierung unternehmenstragender Anstalten des öffentlichen Rechts. Anstaltsrechtliche, demokratiestaatliche und privatisierungstheoretische Überlegungen am Beispiel der Teilprivatisierung der Berliner Wasserbetriebe, in: VerwArch 92 (2001), S. 261-291.

Hedrich, Carl-Christoph, Die Privatisierung der Sparkassen. Ein Beitrag zu den institutionellen Problemen der Deregulierung, Baden-Baden 1993; zugl. Diss. Hohenheim 1992.

Hefermehl, Wolfgang, Der namensrechtliche Schutz geschäftlicher Kennzeichen, in: Beiträge zum Arbeits-, Handels- und Wirtschaftsrecht, Festschrift für Alfred Hueck zum 70. Geburtstag, hrsg. v. Rolf Dietz, Hans C. Nipperdey u. Eugen Ulmer, München, Berlin 1959, S. 519-542.

Hefermehl/Köhler/Bornkamm, Wettbewerbsrecht, Kommentar, begr. v. Adolf Baumbach, fortgef. v. Wolfgang Hefermehl, bearb. v. Helmut Köhler u. Joachim Bornkamm, 24. Aufl., München 2006.

Heilshorn, Torsten, Gebietsbezug der Kommunalwirtschaft, Stuttgart u. a. 2003; zugl. Diss. Freiburg 2002.

Heinevetter, Klaus, Sparkassengesetz Nordrhein-Westfalen, Kommentar, 2. Aufl., Loseblatt, Köln u. a.,Stand: August 1992.

Heinevetter/Engau/Menking, Sparkassengesetz Nordrhein-Westfalen, Kommentar, begr. v. Klaus Heinevetter, neu bearb. v. Herwigh Engau u. Rainer Menking, 3. Aufl., Loseblatt, Köln, Stand: Juli 1999.

Heintzen, Markus, Zur Tätigkeit kommunaler (Energieversorgungs-)Unternehmen außerhalb der kommunalen Gebietsgrenzen, in: NVwZ 2000, S. 743-746.

Hellermann, Johannes, Örtliche Daseinsvorsorge und gemeindliche Selbstverwaltung. Zum kommunalen Betätigungs- und Gestaltungsspielraum unter den Bedingungen europäischer und staatlicher Privatisierungs- und Deregulierungspolitik, Tübingen 2000; zugl. Habil. Bielefeld 1998.

Helmrich, Klaus/*Schick,* Olaf, Die beliehene Sparkassen-Holding AG – Ein Modell für die Zukunft, in: BKR 2003, S. 882-888.

Henneke, Hans-Günter, Gewinnerzielung und Arbeitsplatzsicherung als Legitimation kommunalwirtschaftlicher Betätigung?, in: NdsVBl. 1998, S. 273-283.

Henneke, Hans-Günter, Entwicklungsperspektiven der kommunalen Sparkassen im Zentrum der rechts- und ordnungspolitischen Diskussion, in: Der Landkreis 2004, S. 13-18.

Henneke, Hans-Günter/*Wohltmann,* Matthias, Grundsätzliches zur aktuellen Diskussion um § 40 KWG, in: Der Landkreis 2006, S. 790-802.

Heusch, Andreas, Der Grundsatz der Verhältnismäßigkeit im Staatsorganisationsrecht, Berlin 2003; zugl. Diss. Halle-Wittenberg 2002.

Hösch, Ulrich, Die kommunale Wirtschaftstätigkeit. Teilnahme am wirtschaftlichen Wettbewerb oder Daseinsvorsorge?, Tübingen 2000.

Hoffmann, Josef, Kommunales Sparkassenwesen, in: Handbuch der kommunalen Wissenschaft und Praxis, 1. Aufl., hrsg. v. Hans Peters, Bd. 3: Kommunale Finanzen und kommunale Wirtschaft, Berlin 1959, S. 741-790.

Hoppe, Werner, Zur Diskussion um den Haftungszuschlag für die kommunalen Sparkassen, in: DVBl. 1982, S. 45-51.

Hoppe, Werner/*Uechtritz,* Michael (Hrsg.), Handbuch Kommunale Unternehmen, Köln 2004.

Huber, Peter M., Öffentlich-rechtliche Sparkassen in Privatrechtsform?, in: Festschrift für Reiner Schmidt zum 70. Geburtstag, hrsg. v. Hartmut Bauer, Detlef Czybulka, Wolfgang Kahl u. a, München 2006.

Hubmann/Götting, Gewerblicher Rechtsschutz, begr. v. Heinrich Hubmann, fortgef. v. Horst Peter Götting, 7. Aufl., München 2002.

Hüffer, Uwe, Zur gesellschaftsrechtlichen Treupflicht als richterrechtlicher Generalklausel, in: Festschrift für Ernst Steindorff zum 70. Geburtstag, hrsg. v. Jürgen F. Baur, Klaus J. Hopt, K. Peter Mailänder u. a., Berlin u. a. 1990, S. 59-78.

Immenga, Ulrich/*Mestmäcker,* Ernst-Joachim (Hrsg.): Gesetz gegen Wettbewerbsbeschränkungen (GWB), Kommentar, 3. Aufl., München 2001.

Impelmann, Norbert, Abgrenzung der Gesetzgebungskompetenzen zwischen Bund und Ländern auf dem Gebiet des Kredit- und Sparkassenwesens. Unter besonderer Berücksichtigung der Eigenkapitalregelung, Diss. Köln 1990.

Ingerl, Reinhard/*Rohnke,* Christian, Markengesetz. Gesetz über den Schutz von Marken und sonstigen Kennzeichen, Kommentar, 2. Aufl., München 2003.

Isensee, Josef, Idee und Gestalt des Föderalismus im Grundgesetz, in: Handbuch des Staatsrechts der Bundesrepublik Deutschland, hrsg. v. dems. u. Paul Kirchhof, Bd. 4: Finanzverfassung – Bundesstaatliche Ordnung, Heidelberg 1990, § 98 (S. 517-691).

Jacob, Wolfgang/*Schubert,* Frank, Bankenmarkt im Umbruch. Markenbildung als Voraussetzung für zukünftigen Erfolg, in: Consart Management Consultants (Hrsg.), Strategisches Marken-Management für Banken, Wiesbaden 2001, S. 13-26.

Jacobs, Rainer/*Lindacher,* Walter F./*Teplitzky,* Otto (Hrsg.): UWG Großkommentar, Berlin 1991 ff.

Jänich, Volker Michael/*Schrader,* Paul T., Markenrechte und ihre Durchsetzung nach dem Wegfall staatlicher Monopole – »Post«, »Telekom« und »Die Bahn« als Marken, in: WRP 2006, S. 656-663.

Jakob, Wolfgang, Die Sparkassen und der Einfluss des Bundesgesetzgebers – insbesondere auf Vorstandsbesetzungen, Stuttgart, München, Hannover 1990.

Jarass, Hans D., Elemente einer Dogmatik der Grundfreiheiten II, in: EuR 2000, S. 705-723.

Jarass, Hans D., Kommunale Wirtschaftsunternehmen im Wettbewerb. Eine Analyse aktueller verfassungsrechtlicher und kommunalrechtlicher Probleme sowie ein Reformvorschlag, Stuttgart 2002.

Jarass, Hans D., Kommunale Wirtschaftsunternehmen und Verfassungsrecht, in: DÖV 2002, S. 489-500.

Jarass, Hans D./*Pieroth,* Bodo, Grundgesetz für die Bundesrepublik Deutschland, Kommentar, 8. Aufl., München 2006.

Kehl, Dieter, Wettbewerbsrecht, Köln u. a. 1990.

Kemmler, Iris, Keine Anstalt ohne Anstaltslast. Zur Abschaffung der Anstaltslast für Landesbanken und Sparkassen, in: DVBl. 2003, S. 100-107.

Kirchhof, Ferdinand/Henneke, Hans-Günter, Entwicklungsperspektiven kommunaler Sparkassen in Deutschland, Stuttgart u. a. 2000.

Kirchhof, Paul, Zur Diskussion um den Haftungszuschlag für kommunale Sparkassen, in: DVBl. 1983, S. 921-926.

Kirchhof, Paul, Die Rechtspflicht zur Übertragung von Zweigstellen nach einer kommunalen Neugliederung. Voraussetzungen und Inhalt der Übertragungspflicht, dargestellt am Beispiel des Sparkassengesetzes Nordrhein-Westfalen, Heidelberg 1984.

Kittinger-Rosanelli, Christine/*Baminger,* Barbara, Markenmanagement in österreichischen Banken, in: ÖBA 2006, S. 11-16.

Klein, Jochen, Das Sparkassenwesen in Deutschland und Frankreich. Entwicklungen, aktuelle Rechtsstrukturen und Möglichkeiten einer Annäherung, Berlin 2003; zugl. Diss. Köln 2001.

Kleiner, Ernst-Eberhard, Das Recht der öffentlichen Sparkassen. Die öffentlichen Sparkassen als private Unternehmungen, als unselbständige und als selbständige öffentliche Anstalten, Berlin 1930; zugl. Diss. Heidelberg 1929.

Klüpfel, Wolfgang, Entwicklungslinien im Sparkassenrecht, in: Standortbestimmung. Entwicklungslinien der Kreditwirtschaft, hrsg. v. Deutschen Sparkassen- und Giroverband anlässlich seines hundertjährigen Bestehens, Stuttgart 1984, S. 112-132.

Kluth, Winfried, Das Selbstverwaltungsrecht der Kammern und sein verfassungsrechtlicher Schutz, in: DÖV 2005, S. 368-376.

Knaak, Roland, Firma und Firmenschutz. Eine rechtstatsächliche Untersuchung zur Praxis des Kennzeichenrechts, Köln u. a. 1986.

Knaese, Birgit, Kernkompetenzen im strategischen Management von Banken. Der »Resource-based-view« in Kreditinstituten, Wiesbaden 1996.

Knauff, Matthias, Globale Kommunalwirtschaft?, in: VR 2005, S. 145-152.

Koch, Thorsten, Kommunale Finanzkrise und Verkauf kommunaler Sparkassen, in: NVwZ 2004, S. 578-580.

Koenig, Christian, Begründen Anstaltslast und Gewährträgerhaftung unabhängig von ihrer Kodifizierung tragfähige Merkmale öffentlicher Finanzinstitute?, in: WM 1995, S. 821-828.

Kolarik, Wolfgang, Private Banking – eine Positionierung der Sparkassen im Geschäft mit den wohlhabenden Kunden und zukünftige Chancen, in: Kommunalwirtschaft 2005, Sonderausgabe »Sparkassen im kommunalen Raum«, S. 76-81.

Kost, Sebastian/*Geerling,* Tobias, Rechtliche Vorgaben für Restrukturierungen im Sparkassensektor, in: BKR 2003, S. 690-696.

Krebs, Walter, Die öffentlichrechtliche Anstalt, in: NVwZ 1985, S. 609-616.

Krebs, Walter, Verwaltungsorganisation, in: Handbuch des Staatsrechts der Bundesrepublik Deutschland, hrsg. v. Josef Isensee u. Paul Kirchhof, Bd. 3: Das Handeln des Staates, Heidelberg 1988, § 69 (S. 567-622).

Kühling, Jürgen, Verfassungs- und kommunalrechtliche Probleme grenzüberschreitender Wirtschaftsbetätigung der Gemeinden, in: NJW 2001, S. 177-182.

Kümpel, Siegfried, Bank- und Kapitalmarktrecht, 3. Aufl., Köln 2004.

Kuhr, Wolfgang, Die kommunalen Sparkassen in der Bundesrepublik Deutschland und die Liberalisierung der Europäischen Finanzdienste im Rahmen der Vollendung des Binnenmarktes 1992. Ein Beitrag zum Verhältnis der kommunalen Selbstverwaltung zur Europäisierung des Politikprozesses, Diss. Münster 1991.

Kur, Annette, Territorialität versus Globalität – Kennzeichenkonflikte im Internet, in: WRP 2000, S. 935-940.

Kurze, Thomas, Probleme und Verbesserungsmöglichkeiten der Eigenkapitalausstattung kommunaler Sparkassen, Diss. Aachen 1977.

Lackhoff, Klaus, Die Niederlassungsfreiheit des EGV – nur ein Gleichheits- oder auch ein Freiheitsrecht?, Berlin 2000; zugl. Diss. Münster 1997/98.

Lange, Paul, Marken- und Kennzeichenrecht, München 2006.

Langschied, Jürgen, Der Sparkassenverbund. Entwicklung und Gegenwartsprobleme, Wiesbaden 1993; zugl. Diss. Frankfurt a. M. 1992.

Larenz/Canaris, Methodenlehre der Rechtswissenschaft, begr. v. Karl Larenz, fortgef. v. Claus-Wilhelm Canaris, 3. Aufl., Berlin u. a. 1995.

Laudenbach, Hans-Jörg, Organisationsform Aktiengesellschaft für kommunale Sparkassen – (k)eine Alternative zur Lösung der Eigenkapitalprobleme der bei öffentlich-rechtlichen Sparkassen, Diss. Heidelberg 1994.

Leisner-Egensperger, Anna, Direktive Beratung durch die Aufsicht: Gefahren für Autonomie und Rechtsschutz?, in: DÖV 2006, S. 761-770.

Lenz, Carl Otto/*Borchardt,* Klaus Dieter (Hrsg.), Kommentar zu dem Vertrag über die Europäische Union und zu dem Vertrag zur Gründung der Europäischen Gemeinschaft, 3. Aufl., Köln 2003.

Lepper, Markus, Die Verwendung und insbesondere die Ausschüttung von Sparkassengewinnen, Baden-Baden 2003; zugl. Diss. Düsseldorf 2002.

Loewenheim, Ulrich/*Meesen,* Karl M./*Riesenkampff,* Alexander (Hrsg.), Kartellrecht, Kommentar, Bd. 2: Gesetz gegen Wettbewerbsbeschränkungen (GWB), München 2006.

Löwer, Wolfgang, Die Stellung der Kommunen im liberalisierten Strommarkt, in: NWVBl. 2000, S. 241-245.

Lohmiller, Raphael, Kapitalbeteiligungsgesellschaften der Sparkassen. Eine Untersuchung über die Rechtsgrundlagen der Beteiligungsfinanzierung durch kommunale Sparkassen, Köln u. a. 2000; zugl.: Diss. Münster 2000.

Lüttmann, Peter, Aufgaben und Zusammensetzung der Verwaltungsräte der kommunalen Sparkassen, Köln 2002; zugl. Diss. Münster 2002.

Lutter, Marcus, Theorie der Mitgliedschaft. Prolegomena zu einem Allgemeinen Teil des Kooperationsrechts, in: AcP 180 (1980), S. 84-159.

Maag, Bruno, Die neue Schrift Sparkasse schafft Einzigartigkeit und Identifikation, in: Sparkasse 2003, Sonderheft Markenprojekt, S. 20-23.

Mann, Thomas, Öffentliche Unternehmen im Spannungsfeld von öffentlichem Auftrag und Wettbewerb, in: JZ 2002, S. 819-826.

Manthey, Nikolaus Vincent, Bindung und Schutz öffentlicher Unternehmen durch die Grundfreiheiten des Europäischen Gemeinschaftsrechts, Frankfurt a. M. 2001; zugl. Diss. Münster 2001.

Martens, Wolfgang, Öffentlich als Rechtsbegriff, Bad Homburg u. a. 1969; zugl. Habil. Münster 1968.

Maurer, Hartmut, Allgemeines Verwaltungsrecht, 16. Aufl., München 2006.

Maunz/Dürig, Grundgesetz, Kommentar, begr. v. Theodor Maunz u. Günter Dürig, hrsg. v. Roman Herzog, Rupert Scholz, Matthias Herdegen u. a., Loseblatt, München, Stand: Juni 2006.

Meffert, Heribert, Marketing, 9. Aufl., Wiesbaden 2000.

Meffert, Heribert/*Burmann,* Christoph/*Koers,* Martin (Hrsg.), Markenmanagement, 2. Aufl., Wiesbaden 2005.

Meier, Norbert, Ist der Verkauf einer Sparkasse rechtlich zulässig?, in: VR 2006, S. 193-196.

Menger, Christian-Friedrich, Entwicklung der Selbstverwaltung im Verfassungsstaat der Neuzeit, in: Selbstverwaltung im Staat der Industriegesellschaft, Festgabe zum 70. Geburtstag v. Georg Christoph v. Unruh, hrsg. v. Albert v. Mutius, Heidelberg 1983, S. 25-40.

Merten, Detlef, Sparkassenrechtliches Regionalprinzip und kommunale Neugliederung, in: DVBl. 1983, S. 1140-1144.

Meyer, Hubert, Stralsund und das Sparkassenrecht, in: NJW 2004, S. 1700-1704.

Möschel, Wernhard, Monopolverband und Satzungskontrolle am Beispiel des Einlagensicherungsfonds des Bundesverbandes deutscher Banken e. V., Tübingen 1978.

Möschel, Wernhard, Privatisierung der Sparkassen. Zu den jüngsten Vorschlägen der Monopolkommission, in: WM 1993, S. 93-99.

Möschel, Wernhard, Die Privatisierung der öffentlich-rechtlichen Kreditinstitute im Streit der Meinungen, in: Festschrift für Wolfgang Fikentscher zum 70. Geburtstag, hrsg. v. Bernhard Großfeld, Rolf Sack, Thomas M. J. Möllers u. a., Tübingen 1998, S. 574-585.

Möschel, Wernhard, Privatisierung öffentlich-rechtlicher Kreditinstitute, in: WM 1999, S. 1455.

Moraing, Markus, Kommunales Wirtschaftsrecht vor dem Hintergrund der Liberalisierung der Märkte. Handlungsbedarf und Handlungsmöglichkeiten aus Sicht der Kommunalwirtschaft, in: WiVerw 1998, S. 233-263.

Moraing, Markus, Kommunale Wirtschaft zwischen Wettbewerb und Gemeindewirtschaftsrecht, in: Zur Reform des Gemeindewirtschaftsrechts, hrsg. v. Günter Püttner, Baden-Baden 2002, S. 41-84.

Müller, Horst, Fortentwicklung des Sparkassensektors. Notwendigkeit – Bedingungen – Gestaltungsmuster, in: ZögU 2005, S. 327-357.

Münchener Kommentar zum Bürgerlichen Gesetzbuch, Bd. 8: §§ 1589-1921, 4. Aufl., München 2002.

Mura, Jürgen, Entwicklungslinien der deutschen Sparkassengeschichte, 2. Aufl., Stuttgart 1994.

Mutius, Albert v., Die kommunalen Sparkassen, in: Handbuch der kommunalen Wissenschaft und Praxis, 2. Aufl., hrsg. v. Günter Püttner, Bd. 5: Kommunale Wirtschaft, Berlin u. a. 1984, § 105 (S. 453-477).

Nagel, Bernhard, Gemeindeordnung als Hürde? Zur Reichweite der Betätigung von kommunalen Unternehmen nach § 107 der nordrhein-westfälischen Gemeindeordnung vor dem Hintergrund des europäischen Gemeinschaftsrechts und des Grundgesetzes, Baden-Baden 1999.

Nagel, Bernhard, Die Veräußerung der Berliner Sparkasse und die Vereinbarkeit von § 40 KWG mit dem europäischen Gemeinschaftsrecht, Gutachten für die

Hans-Böckler-Stiftung, 2006, unter: http://sparkassen.verdi.de (Stand: 23.1.2007).

Neuberger, Doris/*Schindler,* Michael, Nutzen und Kosten des öffentlichen Auftrags bei Sparkassen und Landesbanken, in: ZögU, Beiheft 27 (2001) »Öffentliche Banken«, S. 86-117.

Neumann, Manfred J./*Rux,* Johannes, Einbindung öffentlich-rechtlicher Einrichtungen in einen privatrechtlichen Konzern?, in: DB 1996, S. 1659-1662.

Nicklisch, Fritz, Inhaltskontrolle von Verbandsnormen, Heidelberg 1982.

Niemeyer, Bruno, Genussrechtskapital von Privaten bei Sparkassen und Landesbanken/Girozentralen, Diss. Bonn 1990.

Niemöhlmann, Susanne, Vom Spar-Appell zum Markenlogo, in: 175 Jahre Sparkasse Neuss, hrsg. v. der Sparkasse Neuss, S. 13, unter: http://www.sparkasse-neuss.de (Stand: 9.1.2007).

Nierhaus, Michael, Zur kommunalen Bindung und Aufgabenstellung der Sparkassen, in: DÖV 1984, S. 662-671.

Nierhaus, Michael, Rechtsprobleme der Gründung einer kommunalen Sparkasse, Potsdam 2006.

Nierhaus, Michael/*Stern,* Klaus, Regionalprinzip und Sparkassenhoheit im europäischen Bankenbinnenmarkt, Frankfurt a. M. 1992.

Niggemeyer, Jörg, Zulässigkeit und Grenzen von Sparkassenfusionen. Eine Untersuchung am Beispiel von Zusammenschlüssen nordrhein-westfälischer Sparkassen, Stuttgart 2005; zugl. Diss. Münster 2005.

Nordemann, Markenrecht, bearb. v. Axel Nordemann, Bernd Nordemann u. Wilhelm Nordemann, 10. Aufl., Baden-Baden 2004.

Oebbecke, Janbernd, Rechtsfragen der Eigenkapitalausstattung der kommunalen Sparkassen, Siegburg 1980; zugl. Diss. Münster 1979.

Oebbecke, Janbernd, Zweckverbandsbildung und Selbstverwaltungsgarantie, Köln u. a. 1982.

Oebbecke, Janbernd, Weisungs- und unterrichtungsfreie Räume in der Verwaltung, Köln u. a. 1986; zugl. Habil. Münster 1986.

Oebbecke, Janbernd, Die örtliche Begrenzung kommunaler Wirtschaftstätigkeit, in: ZHR 164 (2000), S. 375-393.

Oebbecke, Janbernd, Bürger, Kommune, Sparkasse – Entwicklungsperspektiven, in: Perspektiven der kommunalen Sparkassen, Symposium des Freiherr-vom-Stein-Instituts am 24.2.2000, hrsg. v. dems., Joachim Bauer u. Hermann Pünder, Köln 2000, S. 109-120.

Oebbecke, Janbernd, Brauchen wir noch Sparkassen?, Überlegungen zur Zukunft des kommunalen Sparkassenwesens, in: Der Gemeindehaushalt 2001, S. 169-176.

Oebbecke, Janbernd, Das Europarecht als Katalysator der Sparkassenpolitik, in: VerwArch 93 (2002), S. 278-294.

Oebbecke, Janbernd, Sparkassen und Sparkassenrecht nach der Einigung im Beihilfestreit, in: Zukunft der Sparkassen – Sparkasse der Zukunft, 14. Bad Iburger Gespräche, hrsg. v. Jörn Ipsen, Osnabrück 2004, S. 109-132.

Oebbecke, Janbernd, Sparkassentätigkeit als kommunale Selbstverwaltungsaufgabe, in: LKV 2006, S. 145-149.

Ossenbühl, Fritz, Grundfragen zum Rechtsstatus der Freien Sparkassen, Berlin 1979.

Otting, Olaf, Neues Steuerungsmodell und rechtliche Betätigungsspielräume der Kommunen, Stuttgart 1997; zugl.: Diss. Münster 1997.

Pache, Eckhard, Der Grundsatz der Verhältnismäßigkeit in der Rechtsprechung der Gerichte der Europäischen Gemeinschaften, in: NVwZ 1999, S. 1033-1040.

Pahlow, Louis, Firma und Firmenmarke im Rechtsverkehr. Zum Verhältnis von § 23 HGB zu den §§ 27 ff. MarkenG, in: GRUR 2005, S. 705-712.

Palandt, Bürgerliches Gesetzbuch, Kommentar, 66. Aufl., München 2007.

Papier, Hans-Jürgen, Kommunale Daseinsvorsorge im Spannungsfeld zwischen nationalem und Gemeinschaftsrecht, in: DVBl. 2003, S. 686-697.

Pautsch, Arne, Privatisierung des öffentlichen Bankensektors. Eine Untersuchung zur Rolle des Staates in der Kreditwirtschaft unter Berücksichtigung aktueller Entwicklungen im nationalen und europäischen Recht, München 2003; zugl. Diss. Göttingen 2002.

Pautsch, Arne, Zur rechtlichen Zulässigkeit des Verkaufs kommunaler Sparkassen, in: DÖV 2005, S. 990-994.

Pehla, Inken, Der Haftungsverbund der Sparkassen-Finanzgruppe. Eine Untersuchung der Institutssicherung der Sparkassen und Landesbanken unter besonderer Berücksichtigung des Einlagensicherungs- und Anlegerentschädigungsgesetzes, Stuttgart 2006; zugl. Diss. Münster 2006.

Perdelwitz, Johannes/*Fabricius,* Paulus/*Kleiner,* Ernst Eberhard, Das Preußische Sparkassenrecht, 2. Aufl., Berlin, Köln 1937 (unveränderter Nachdruck 1955).

Pieper, Bernhard, Ist das Drei-Säulen-System des Bankensektors nicht mehr zeitgemäß?, in: Der Landkreis 2006, S. 811-817.

Pielow, Johann-Christian, Gemeindewirtschaft im Gegenwind?, in: NWVBl. 1999, S. 369-380.

Pielow, Johann-Christian, Zwischen Flexibilität und demokratischer Legitimität: Neue Rechtsformen für kommunale Unternehmen, in: Festschrift für Knut Ipsen zum 65. Geburtstag, hrsg. v. Volker Epping, Horst Fischer u. Wolff Heintschel v. Heinegg, München 2000, S. 725-753.

Pietzcker, Jost, Zur Nichtanwendung europarechtswidriger Gesetze seitens der Verwaltung, in: Festschrift für Ulrich Everling, Bd. 2, hrsg. v. Ole Due, Marcus Lutter u. Jürgen Schwarze, Baden-Baden 1995, S. 1095-1111.

Pollems, Helmuth, Verwendung der Bezeichnung »Bank« oder »Bankier« in der Firma, in: BB 1955, S. 677-679.

Pontzen, Martin, Die deutsche Bankenkrise 1931. Gründe, Ursachen, Auslöser, in: Kreditwesen 1999, S. 77 f.

Preussner, Joachim, Der Gesetzentwurf über die Berliner Sparkasse und die Umwandlung der Landesbank Berlin – Girozentrale – in eine Aktiengesellschaft (Berliner Sparkassengesetz). Zur Neuordnung des Konzerns der Bankgesellschaft Berlin, in: BKR 2005, S. 309-315.

Pröhl, Hans, Reichsgesetz über das Kreditwesen, Kommentar, 2. Aufl., Berlin 1939.

Püttner, Günter, Die öffentlichen Unternehmen. Ein Handbuch zu Verfassungs- und Rechtsfragen der öffentlichen Wirtschaft, 2. Aufl., Stuttgart u. a. 1985.

Quardt, Gabriele, Zur Abschaffung von Anstaltslast und Gewährträgerhaftung, in: EuZW 2002, S. 424-428.

Raskin, Peter, Das Regionalprinzip und (neue) elektronische Vertriebswege im Retailbanking, Berlin 2001; zugl. Diss. Darmstadt 2000.

Rechel, Janine, Das deutsche Sparkassenwesen durch den Wegfall von Anstaltslast und Gewährträgerhaftung im Umbruch?, in: NordÖR 2003, S. 451-457.

Rehm, Hannes, Öffentlich-rechtliche Sparkassen: Privatisierung, weil erfolgreich im Wettbewerb?, in: WM 1993, S. 133-139.

Reichardt, Wolfgang, Das Gesetz über das Kreditwesen vom 25.9.1939, Kommentar, Berlin 1942.

Reinelt, Iris, Der Beitrag der kommunalen Sparkassen zum Gemeinwohl, Diss. Mannheim 1990.

Reischauer/Kleinhans, Kreditwesengesetz, Kommentar, begr. v. Friedrich Reischauer u. Joachim Kleinhans, bearb. v. Egon Becker, Manfred Bitterwolf, Frank A. Brogl u. a., Loseblatt, Berlin, Stand: August 2004.

Rengeling, Hans-Werner, Gesetzgebungszuständigkeit, in: Handbuch des Staatsrechts der Bundesrepublik Deutschland, hrsg. v. Josef Isensee u. Paul Kirchhof, Bd. 4: Finanzverfassung/Bundesstaatliche Ordnung, Heidelberg 1990, § 100 (S. 723-856).

Rennert, Klaus, Der Selbstverwaltungsgedanke im kommunalen Wirtschaftsrecht, in: JZ 2003, S. 385-396.

Ristelhuber, Johannes/*Schmitt,* Christian, »Lotto im Internet« – Das Recht oder die Pflicht zum Wettbewerb, in: ZfWG 2007, S. 261-268.

Röhl, Hans-Christian, Verwaltung und Privatrecht – Verwaltungsprivatrecht?, in: VerwArch 86 (1995), S. 531-578.

Röper, Burkhardt, Die Wettbewerbsfunktion der deutschen Sparkassen und das Subsidiaritätsprinzip. Eine wettbewerbspolitische Analyse, Berlin 1973.

Rose, Mathew D., Eine ehrenwerte Gesellschaft. Die Bankgesellschaft Berlin, Berlin 2003.

Rost-Haigis, Barbara/*Hohmann,* Frank-Peter, Auswirkungen der Gebietsreform auf das Sparkassenwesen, Baden-Baden 1981.

Rüfner, Wolfgang, Grundrechtsadressaten, in: Handbuch des Staatsrechts der Bundesrepublik Deutschland, hrsg. von Josef Isensee u. Paul Kirchhof, Bd. 5: Allgemeine Grundrechtslehren, 2. Aufl., Heidelberg 2000, § 117 (S. 525-562).

Ruffert, Matthias, Grundlagen und Maßstäbe einer wirkungsvollen Aufsicht über die kommunale wirtschaftliche Betätigung, in: VerwArch 92 (2001), S. 27-57.

Sachs, Michael (Hrsg.), Grundgesetz, Kommentar, 3. Aufl., München 2003.

Scharpf, Christian, Die Konkretisierung des öffentlichen Zwecks, in: VerwArch 96 (2005), S. 485-512.

Scheike, Alexander, Rechtliche Voraussetzungen für die materielle Privatisierung kommunaler Sparkassen. Eine Untersuchung unter besonderer Berücksichtigung der Rechtsform der eingetragenen Genossenschaft, Frankfurt a. M. 2004; zugl. Diss. Osnabrück 2004.

Schepers, Volker, Internet-Banking und sparkassenrechtliches Regionalprinzip, Stuttgart 2003; zugl. Diss. Münster 2003.

Schink, Alexander, Gesetzliche Kreiszuständigkeiten und Subsidiaritätsprinzip, in: Edzard Schmidt-Jortzig u. Alexander Schink, Subsidiaritätsprinzip und Kommunalordnung, Köln u. a. 1982, S. 25-126.

Schink, Alexander, Wirtschaftliche Betätigung kommunaler Unternehmen, in: NVwZ 2002, S. 129-140.

Schladebach, Marcus, Die Neuordnung des sächsischen Sparkassenrechts, in: LKV 2000, S. 389-391.

Schlierbach, Helmut/*Püttner,* Günter, Das Sparkassenrecht in der Bundesrepublik Deutschland, begr. v. Helmut Schlierbach, fortgef. v. Günter Püttner, 5. Aufl., Stuttgart 2003.

Schmidt, Dirk, Das Regionalprinzip im Sparkassenwesen, insbesondere die Errichtung von Zweigstellen der Kreissparkassen im Gewährträgerbereich kreisangehöriger Gemeinde- und Amtssparkassen, in: VerwArch 51 (1960), S. 315-342.

Schmidt, Dirk, Gesetzgebungskompetenz des Bundes für das Sparkassenrecht?, in: Recht und Wirtschaft in Geschichte und Gegenwart, Festschrift für Johannes Bärmann zum 70. Geburtstag, hrsg. v. Marcus Lutter u. a., München 1975, S. 837-856.

Schmidt, Dirk, Sparkassenwissen für Verwaltungsräte, 8. Aufl., Stuttgart 2002.

Schmidt, Karsten, Gesellschaftsrecht, 4. Aufl., Köln u. a. 2002.

Schmidt, Manfred, Der Genetische Code der Marke, in: Der Wert der Marke. Markenbewertungsverfahren für ein erfolgreiches Markenmanagement, hrsg. v. Alexander Schimansky, München 2004, S. 312-329.

Schmidt, Olaf, Das DSL-Bank-Modell. Privatisierung eines öffentlichen Unternehmens bei fortbestehenden öffentlichen Interessen, Berlin 1992; zugl. Diss. Saarbrücken 1991.

Schmidt-Aßmann, Eberhard, Verwaltungslegitimation als Rechtsbegriff, in: AöR 116 (1991), S. 329-390.

Schmidt-Aßmann, Eberhard, Deutsches und Europäisches Verwaltungsrecht. Wechselseitige Einwirkungen, in: DVBl. 1993, S. 924-936.

Schmidt-Aßmann, Eberhard, Die Garantie der kommunalen Selbstverwaltung, in: Festschrift 50 Jahre Bundesverfassungsgericht, hrsg. v. Peter Badura u. Horst Dreier, Bd. 2, Tübingen 2001, S. 803-825.

Schmidt-Aßmann, Eberhard, Verfassungsschranken der Kommunalwirtschaft, in: Festschrift für Peter Ulmer zum 70. Geburtstag, hrsg. v. Matthias Habersack u. a., Berlin 2003, S. 1015-1030.

Schmidt-Aßmann, Eberhard (Hrsg.), Besonderes Verwaltungsrecht, 13. Aufl., Berlin 2005.

Schmieder, Hans-Heinrich, Grundzüge des Rechts an der Bezeichnung, in: JuS 1995, S. 119-123.

Schmitt-Wellbrock, Wolfgang, Freie Sparkassen und Regionalprinzip. Zugleich ein Beitrag zur Rechtsstellung der Freien Sparkassen als freigemeinwirtschaftliche Unternehmen, Berlin 1979; zugl. Diss. Frankfurt a. M. 1979.

Schöne, Thomas/*Wüllrich,* Michael, Das Prioritätsprinzip im Markenrecht am Beispiel der Kollision von älterer Marke und jüngerer geschäftlicher Bezeichnung, in: WRP 1997, S. 514-517.

Scholz, Rupert/*Pitschas,* Rainer, Kriterien für die Wahl der Rechtsform, in: Handbuch der kommunalen Wissenschaft und Praxis, hrsg. v. Günter Püttner, 2. Aufl., Berlin u. a. 1984, Bd. 5, S. 128-152.

Schreiner, Rupert, Die Dienstleistungsmarke. Typus, Rechtsschutz und Funktion. Eine rechtstatsächliche und rechtsvergleichende Untersuchung aus Anlass der Einführung des Formalschutzes der Dienstleistungszeichen im deutschen Recht. Köln 1983.

Schricker, Gerhard, Zum Schutz bildlicher Unternehmenskennzeichen, in: GRUR 1998, S. 310-314.

Schröcker, Stefan, Unternehmenskauf nach der Schuldrechtsreform, in: ZGR 2005, S. 63-100.

Schröder, Gustav Adolf, Lokalität als Differenzierungsmerkmal und Kundenbindungsinstrument für Sparkassen, in: Kommunalwirtschaft 2005, Sonderausgabe »Sparkassen im kommunalen Raum«, S. 102-104.

Schröder, Hendrik, Neuere Entwicklungen des Markenschutzes. Markenschutz-Controlling vor dem Hintergrund des Markengesetzes, in: Erfolgsfaktor Marke. Neue Strategien des Markenmanagements, hrsg. v. Richard Köhler, Wolfgang Majer u. Heinz Wiezorek, München 2001, S. 309-322.

Schulz, Christoph/*Weissenberger,* Lothar, Ein neuer Markenauftritt für die Sparkassen, in: Sparkasse 2003, Sonderheft »Markenprojekt«, S. 3-6.

Schuster, Detlev/*Sohns,* Marcus, Zur Veräußerung von Sparkassen, in: ZBB 2006, S. 342-354.

Schwarze, Jürgen (Hrsg.), EU-Kommentar, Baden-Baden 2000.

Schwintowski, Hans-Peter, Corporate Governance im öffentlichen Unternehmen, in: NVwZ 2001, S. 607-612.

Semmroth, Wolfgang, DocMorris als Einfallstor für Normverwerfungskompetenz der Verwaltung, in: NVwZ 2006, S. 1378-1382.

Sichtermann, Siegfried, Das Recht der Mündelsicherheit, 3. Aufl., Stuttgart 1980.

Siekmann, Helmut, Die verwaltungsrechtliche Anstalt – eine Kapitalgesellschaft des öffentlichen Rechts?, in: NWVBl. 1993, S. 361-370.

Sprengel, Hans-Erhard, Sparkassenrecht – Bundes- oder Landesrecht?, in: DÖV 1952, S. 69-74.

Staudinger, Kommentar zum Bürgerlichen Gesetzbuch, Vormundschaftsrecht (§§ 1773-1895), Neubearbeitung, Berlin 2004.

Stern, Klaus, Das Staatsrecht der Bundesrepublik Deutschland, Bd. 3: Allgemeine Lehren der Grundrechte, Erster Halbband, München 1988.

Stern, Klaus, Anstaltslast und Gewährträgerhaftung im Sparkassenrecht, in: Staat – Kirche – Verwaltung, Festschrift für Hartmut Maurer zum 70. Geburtstag, hrsg. v. Max-Emanuel Geis u. Dieter Lorenz, München 2001, S. 815-825.

Stern, Klaus/*Burmeister,* Michael, Die kommunalen Sparkassen. Verfassungs- und verwaltungsrechtliche Probleme, Stuttgart u. a. 1972.

Stern, Klaus/*Nierhaus,* Michael, Das Regionalprinzip im öffentlich-rechtlichen Sparkassenwesen. Seine Geltung und Reichweite im Sparkassenorganisations- und Sparkassengeschäftsrecht, Heidelberg 1991.

Stöber, Kurt, Handbuch zum Vereinsrecht, 9. Aufl., Köln 2004.

Stolzenburg, Günter E. H., Die rechtliche Sonderstellung der Freien Sparkassen im deutschen Sparkassenwesen, Diss. Hamburg 1956.

Streinz, Rudolf (Hrsg.), Vertrag über die Europäische Union und Vertrag zur Gründung der Europäischen Gemeinschaft, Kommentar, München 2003.

Streinz, Rudolf/*Herrmann,* Christoph, Und wieder Doc Morris: Das apothekenrechtliche Mehr- und Fremdbesitzverbot aus der Perspektive des Gemeinschaftsrechts, in: EuZW 2006, S. 455-459.

Ströbele, Paul/*Hacker,* Franz/*Kirschneck,* Irmgard, Markengesetz, Kommentar, 8. Aufl., Köln, Berlin, München 2006.

Szagunn/Haug/Ergenzinger, Gesetz über das Kreditwesen, Kommentar, begr. v. Volkhard Szagunn, neu bearb. v. Ulrich Haug u. Wilhelm Ergenzinger, 6. Aufl., Stuttgart, Berlin, Köln 1996.

Szallies, Rüdiger, Der Markenstatus der Sparkasse im Zeichen der Sympathie, in: Sparkasse 2003, Sonderheft »Markenprojekt«, S. 10-14.

Thiemann, Christian, Die Sparkassen zwischen öffentlichem Auftrag und Wettbewerb, in: Perspektiven für Sparkassen und Genossenschaftsbanken, Wissenschaftliche Fachtagung des Freiherr-vom-Stein-Instituts und des Instituts für Genossenschaftswesen der Universität Münster am 17.10.2005, hrsg. v. Janbernd Oebbecke, Dirk Ehlers, Martin Klein u. a., S. 5-16.

Thode, Bernd, Veräußerung öffentlich-rechtlicher Versicherungsunternehmen in der Bundesrepublik Deutschland unter Berücksichtigung vergleichbarer Probleme bei öffentlich-rechtlichen Sparkassen und Landesbanken, Diss. Hamburg, 1994.

Thode, Bernd, Sächsische Verbundlösung. Neuordnung der Sparkassen, der Landesbank Sachsen Girozentrale und der Sächsischen Aufbaubank im Freistaat Sachsen, in: FiWi 1998, S. 274-280.

Thode, Bernd, Künftige Struktur des öffentlich-rechtlichen Kreditwesens im Freistaat Sachsen, in: ZKF 2003, S. 329-336.

Thode, Bernd/*Peres,* Holger, Anstalten des öffentlichen Rechts im Spannungsfeld zwischen deutschem und europäischem Recht, in: VerwArch 89 (1998), S. 439-466.

Trende, Adolf, Geschichte der deutschen Sparkassen bis zum Anfang des 20. Jahrhunderts, Stuttgart 1957.

Tscheulin, Dieter K./*Römer,* Sylvie, Zur Bedeutung von Vertrauen bei öffentlichen Dienstleistungen, in: ZögU 2006, S. 442-458.

Ullmann, Eike, Die Verwendung von Marke, Geschäftsbezeichnung und Firma im geschäftlichen Verkehr, insbesondere des Franchising, in: NJW 1994, S. 1255-1262.

Verband der Deutschen Freien Öffentlichen Sparkassen (Hrsg.), Jahresbericht 2005, unter: http://www.verband-freier-sparkassen.de (Stand: 28.12.2006).

Vogel, Hans-Gert, Schutz der Bezeichnung »Sparkasse« und europäische Grundfreiheiten, in: ZBB 2007, S. 130-139.

von der Groeben, Hans/*Schwarze,* Jürgen (Hrsg.), Kommentar zum Vertrag über die Europäische Union und zur Gründung der Europäischen Gemeinschaft, Bd. 4: Art. 189-314 EGV, 6. Aufl., Baden-Baden 2004.

von Mangoldt/Klein/Starck, Kommentar zum Grundgesetz, begr. v. Hermann v. Mangoldt, fortgef. v. Friedrich Klein, hrsg. v. Christian Starck, Bd. 2: Art. 20-82, 5. Aufl., München 2005.

von Münch/Kunig, Grundgesetz-Kommentar, begr. v. Ingo v. Münch, hrsg. v. Philip Kunig, Bd. 2: Art. 20-69, 4./5. Aufl., München 2001; Bd. 3: Art. 70-146, 4./5. Aufl., München 2003.

Weides, Peter, Kreissparkassen und Gebietsreform. Rechtsprobleme des Betriebs von Kreissparkassenzweigstellen in kreisangehörigen Gemeinden mit eigenen Sparkassen, Köln u. a. 1983.

Weides, Peter/*Bosse,* Burkhard Roderich (Hrsg.), Rechtsprechung zum Sparkassenrecht, Erste Folge, Berlin 1981.

Weiß, Wolfgang, Kommunale Energieversorger und EG-Recht: Fordert das EG-Recht die Beseitigung der Beschränkungen für die kommunale Wirtschaft? Ein Beitrag zum Grundfreiheitsstatus öffentlicher Unternehmen, in: DVBl. 2003, S. 564-574.

Welge, Martin K./*Al-Laham,* Andreas, Strategisches Management, 3. Aufl., Wiesbaden 2001.

Wesseling, Matthias, Die Sparkassen Private Banking Agenda 2005 ff., in: Kreditwesen 2005, S. 583-586.

Wesseling, Sabine, Öffentliche Unternehmen im Allfinanzverbund. Zur Kooperation von Sparkassen, Bausparkassen und Versicherungen, Baden-Baden 1997; zugl.: Diss. Mannheim 1996.

Wiedemann, Herbert, Gesellschaftsrecht, Bd. 1: Grundlagen, München 1980.

Wiedemann, Herbert, Zu den Treuepflichten im Gesellschaftsrecht, in: Festschrift für Theodor Heinsius zum 65. Geburtstag, hrsg. v. Friedrich Kübler, Hans-Joachim Mertens u. Winfried Werner, Berlin u. a. 1991, S. 949-966.

Wieland, Joachim, Kommunalwirtschaftliche Betätigung unter veränderten Wettbewerbsbedingungen, in: Optimale Aufgabenerfüllung im Kreisgebiet?, Professorengespräch 1998 des Deutschen Landkreistages, hrsg. v. Hans-Günter Henneke, Stuttgart u. a. 1999.

Wiesel, Ernst, Sparkassen und Landesbanken auf dem Prüfstand des europäischen Wettbewerbsrechts. Chancen und Risiken für die Sparkassenfinanzgruppe, in: ZBB 2002, S. 288-299.

Wissenschaftsförderung der Sparkassenorganisation (Hrsg.), Europäische Sparkassengeschichte, Bd. 1, Stuttgart 1995; Bd. 2, Stuttgart 1998.

Witte, Jürgen J./*Rafiqpoor,* Parwätz, Privatisierung öffentlich-rechtlicher Kreditinstitute, in: WM 2003, S. 1885-1891.

Witte, Jürgen J./*Gregoritza,* Anna, Der Bezeichnungsschutz öffentlich-rechtlicher Sparkassen nach § 40 KWG auf dem Prüfstand des Europarechts – unter besonderer Berücksichtigung der geplanten Veräußerung der Landesbank Berlin Holding AG (vormals Bankgesellschaft Berlin AG) –, in: WM 2007, S. 151-157.

Wittmann, Antje, Der Sparkassenverbund, Stuttgart 2004; zugl. Diss. Münster 2004.

Wohltmann, Matthias, Auseinandersetzung um § 40 KWG vorerst beendet, in: Der Landkreis 2007, S. 7 f.

Wohltmann, Matthias, Die Auseinandersetzung um § 40 KWG, in: ZG 2007, S. 259-286.

Wolf, Jens, Anstalt des öffentlichen Rechts als Wettbewerbsunternehmen, Köln u. a. 2002; zugl. Diss. Hamburg 2002.

Wolfers, Benedikt, Privatisierung unter Wahrung der Rechtsform: Der Modellfall Berliner Wasserbetriebe, in: NVwZ 2000, S. 765-768.

Wolfers, Benedikt/*Kaufmann,* Marcel, Private als Anstaltsträger, in: DVBl. 2002, S. 507-514.

Wolff/Bachof/Stober, Verwaltungsrecht, begr. v. Hans J. Wolff, fortgef. v. Otto Bachof, neu bearb. v. Rolf Stober u. a., Bd. 3, 5. Aufl., München 2004.

Wysocki, Josef, Untersuchungen zur Wirtschafts- und Sozialgeschichte der deutschen Sparkassen im 19. Jahrhundert, Stuttgart 1980.

Zmunda, Piotr/*Börner,* Christoph J., Kernkompetenzmanagement bei Sparkassen, in: Mitteilungen und Berichte des Instituts für Bankwirtschaft und Bankrecht an der Universität zu Köln, hrsg. v. Thomas Hartmann-Wendels u. Hans E. Büschgen, 2001, S. 39-68, unter: http://www.uni-koeln.de (Stand: 2.1.2007).

Zuber, Hubert, Der Gemeinnützigkeitsbegriff im deutschen Sparkassenrecht, Diss. Mainz 1968.

Zügel, Walther, Sparkassenrecht im Wandel, in: WM 1992, S. 1934.

Sachverzeichnis

Schriftenreihe des Freiherr-vom-Stein-Instituts im Deutschen Gemeindeverlag, Verlag W. Kohlhammer

Band 1 Janbernd *Oebbecke,* Zweckverbandsbildung und Selbstverwaltungsgarantie, 1982, 104 Seiten, kartoniert, € 10,50.
ISBN 3-555-00530-8

Band 2 Edzard *Schmidt-Jortzig* und Alexander *Schink,* Subsidiaritätsprinzip und Kommunalordnung, 1982, 168 Seiten, kartoniert, € 14,50.
ISBN 3-555-00535-9

Band 3 Ingolf *Deubel,* Der kommunale Finanzausgleich in Nordrhein-Westfalen, 1984, 264 Seiten, kartoniert, € 17,90.
ISBN 3-555-00592-8

Band 4 Alexander *Schink,* Rechtsnachfolge bei Zuständigkeitsveränderungen in der öffentlichen Verwaltung, 1984, 340 Seiten, kartoniert, € 18,40.
ISBN 3-555-00593-6

Band 5 Janbernd *Oebbecke,* Gemeindeverbandsrecht Nordrhein-Westfalen, Eine systematische Darstellung, 1984, 168 Seiten, kartoniert, € 15,50.
ISBN 3-555-00623-1

Band 6 Hans-Jürgen *Fischedick,* Die Wahl der Benutzungsform kommunaler Einrichtungen, 1986, 121 Seiten, kartoniert, € 15,50.
ISBN 3-555-00689-4

Band 7 Janbernd *Oebbecke,* Weisungs- und unterrichtungsfreie Räume in der Verwaltung, 1986, 324 Seiten, kartoniert, € 19,50.
ISBN 3-555-00693-2

Band 8 Werner *Hauser,* Die Wahl der Organisationsform kommunaler Einrichtungen, Kriterien für die Entscheidung zwischen möglichen Organisationsformen, 1987, 300 Seiten, kartoniert (vergriffen).

Band 9 Elke *Bartels,* Abfallrecht – Eine systematische Darstellung, 1987, 224 Seiten, kartoniert (vergriffen).

Band 10 Ansgar *Müller,* Schulorganisationsrecht Nordrhein-Westfalen – Eine systematische Darstellung, 1988, 174 Seiten, kartoniert, € 23,00.
ISBN 3-555-00766-1

Band 11 Hans-Uwe *Erichsen,* Werner *Hoppe* und Adalbert *Leidinger* (Hrsg.), Kommunalverfassungen in Europa, 1988, 182 Seiten, kartoniert, € 25,50.
ISBN 3-555-00780-7

Band 12 Alexander *Schink,* Naturschutz- und Landschaftspflegerecht Nordrhein-Westfalen, 1989, 563 Seiten, kartoniert (vergriffen).

Band 13 H. Jürgen *Wolff,* Bedarfsgerechte Struktur der Kreiseinnahmen, 1990, 388 Seiten, kartoniert, € 20,35.
ISBN 3-555-00799-8

Band 14 Hans-Uwe *Erichsen,* Die Vertretung der Kommunen in den Mitgliederorganen von juristischen Personen des Privatrechts, 1990, 184 Seiten, kartoniert, € 20,35.
ISBN 3-555-00832-3

Band 15 Paul-Peter *Humpert,* Genehmigungsvorbehalte im Kommunalverfassungsrecht, 1990, 276 Seiten, kartoniert, € 22,90.
ISBN 3-555-00833-1

Band 16 Werner *Hoppe* und Alexander *Schink* (Hrsg.), Kommunale Selbstverwaltung und europäische Integration, 1990, 145 Seiten, kartoniert, € 20,35.
ISBN 3-555-00857-9

Band 17 Werner *Hoppe* / Hans-Uwe *Erichsen* / Adalbert *Leidinger* (Hrsg.), Aktuelle Probleme der kommunalen Selbstverwaltung - 10 Jahre Freiherr-vom-Stein-Institut -, 1991, 210 Seiten, kartoniert, € 20,35.
ISBN 3-555-00910-9

Band 18 Hans *Vietmeier,* Die staatlichen Aufgaben der Kommunen und ihrer Organe - Auftragsverwaltung und Organleihe in Nordrhein-Westfalen - 1992, 378 Seiten, kartoniert, € 25,50.
ISBN 3-555-00913-3

Band 19 Angela *Faber,* Europarechtliche Grenzen kommunaler Wirtschaftsförderung - Die Bedeutung der Art. 92 - 94 EWGV für die kommunale Selbstverwaltung - 1992, 260 Seiten, kartoniert (vergriffen)

Band 20 Werner *Hoppe* und Martin *Schulte,* Rechtsschutz der Länder in Planfeststellungsverfahren des Bundes – Dargestellt am Beispiel des Denkmalschutzes in Nordrhein-Westfalen – 1993, 101 Seiten, kartoniert, € 12,70.
ISBN 3-555-00994-X

Band 21 Jan *Bodanowitz,* Organisationsformen für die kommunale Abwasserbeseitigung, 1993, 196 Seiten, kartoniert, € 20,35.
ISBN 3-555-00995-8

Band 22 Jürgen *Brügge,* Bodendenkmalrecht unter besonderer Berücksichtigung der Paläontologie, 1993, 222 Seiten, kartoniert, € 22,50.
ISBN 3-555-01015-8

Band 23 Ute *Adam,* Veterinärrecht – Eine systematische Darstellung unter besonderer Berücksichtigung der Rechtslage in Nordrhein-Westfalen, 1993, 284 Seiten, kartoniert, € 23,00.
ISBN 3-555-01024-7

Band 24 Werner *Hoppe* / Joachim *Bauer* / Angela *Faber* / Alexander *Schink* (Hrsg.), Rechts- und Anwendungsprobleme der neuen Bauordnung NW, 1996, 170 Seiten, kartoniert, € 15,30.
ISBN 3-555-01095-6

Band 25 Andrea *Krebs,* Rechtliche Grundlagen und Grenzen kommunaler Elektrizitätsversorgung, 1996, 370 Seiten, kartoniert, € 25,50.
ISBN 3-555-01102-2

Band 26 Margit *Twehues,* Rechtsfragen kommunaler Stiftungen, 1996, 366 Seiten, kartoniert, € 23,60.
ISBN 3-555-01107-3

Band 27 Werner *Hoppe* / Joachim *Bauer* / Angela *Faber* / Alexander *Schink* (Hrsg.), Auswirkungen des Kreislaufwirtschafts- und Abfallgesetzes auf die öffentlich-rechtlichen Entsorgungsträger, 1996, 220 Seiten, kartoniert, € 18,00.
ISBN 3-555-01120-0

Band 28 Olaf *Otting,* Neues Steuerungsmodell und rechtliche Betätigungsspielräume der Kommunen, 1997, 333 Seiten, kartoniert, € 22,50.
ISBN 3-555-01134-0

Band 29 Heidrun *Schnell,* Freie Meinungsäußerung und Rederecht der kommunalen Mandatsträger unter verfassungsrechtlichen, kommunalrechtlichen und haftungsrechtlichen Aspekten, 1997, 250 Seiten, kartoniert, € 20,35.
ISBN 3-555-01159-6

Band 30 Janbernd *Oebbecke* / Joachim *Bauer* / Angela *Faber* (Hrsg.), Umweltrecht und Kommunalrecht – Kolloquium aus Anlaß des Ausscheidens von Werner Hoppe als Geschäftsführender Direktor des Freiherr-vom-Stein-Instituts, 1998, 161 Seiten, kartoniert, € 10,20.
ISBN 3-555-01166-9

Band 31 Anke *Freisburger,* Public Private Partnership in der kommunalen Museumsarbeit, 2000, 296 Seiten, kartoniert, € 20,35.
ISBN 3-555-01210-X

Band 32 Janbernd *Oebbecke* / Joachim *Bauer* / Hermann *Pünder* (Hrsg.), Perspektiven der kommunalen Sparkassen – Symposium des Freiherr-vom-Stein-Instituts und des Westfälisch-Lippischen Sparkassen- und Giroverbandes am 24. Februar 2000, 2000, 121 Seiten, kartoniert, € 10,20.
ISBN 3-555-01228-2

Band 33 Holger *Obermann,* Die kommunale Bindung der Sparkassen – Verfassungsrechtliche Möglichkeiten und Grenzen ihrer Ausgestaltung, 2000, 224 Seiten, kartoniert, € 19,40.
ISBN 3-555-01229-0

Band 34 Raphael *Lohmiller,* Kapitalbeteiligungsgesellschaften der Sparkassen – Eine Untersuchung über die Rechtsgrundlagen der Beteiligungsfinanzierung durch kommunale Sparkassen, 2000, 318 Seiten, kartoniert, € 20,20.
ISBN 3-555-01231-2

Band 35 Olaf *Schefzyk,* Der kommunale Beteiligungsbericht - Ein Instrument zur verbesserten Berichterstattung über die Unternehmenstätigkeit der Kommunen, 2000, 391 Seiten, kartoniert, € 21,45.
ISBN 3-555-01234-7

Band 36 Angela *Faber,* Gesellschaftliche Selbstregulierungssysteme im Umweltrecht – unter besonderer Berücksichtigung der Selbstverpflichtungen, 2001, 501 Seiten, kartoniert, € 29,65.
ISBN 3-555-01240-1

Band 37 Klaus *Schulenburg,* Die Kommunalpolitik in den Kreisen Nordrhein-Westfalens: Eine empirische Bestandsaufnahme, 2001, 484 S., kartoniert, € 25,10.
ISBN 3-555-01250-9

Band 38 Janbernd *Oebbecke* / Dirk *Ehlers* / Alexander *Schink* / Hermann *Pünder* (Hrsg.), Kommunalfinanzen, Symposium aus Anlaß des 75. Geburtstages von Adalbert Leidinger am 8. März 2001 in Münster, 2001, 155 S., kartoniert, € 13,75.
ISBN 3-555-01251-7

Band 39 Janbernd *Oebbecke* / Dirk *Ehlers* / Alexander *Schink* / Hermann *Pünder* (Hrsg.), Die nordrhein-westfälische Gemeindeprüfung in der Diskussion / Kolloquium des Freiherr-vom-Stein-Instituts und des Innenministeriums Nordrhein-Westfalen am 2. Februar 2001, 2001, 79 S., kartoniert, € 11,22.
ISBN 3-555-01252-5

Band 40 Peter *Lüttmann,* Aufgaben und Zusammensetzung der Verwaltungsräte der kommunalen Sparkassen, 2002, 407 S., kartoniert, € 24,85.
ISBN 3-555-01274-6

Band 41 Janbernd *Oebbecke* / Dirk *Ehlers* / Alexander *Schink* / Hermann *Pünder* (Hrsg.), Aktuelle Fragen der Sparkassenpolitik / Wissenschaftliches Kolloquium des Freiherr-vom-Stein-Instituts am 8. März 2002 zu Ehren von Herrn Dr. Kuhr anlässlich seines Ausscheidens als Vorsitzender des Kuratoriums des Freiherr-vom-Stein-Instituts, 2002, 70 S., kartoniert, € 7,85.
ISBN 3-555-01278-9

Band 42 Ansgar *Hörster,* Die Wahrnehmung der Sozialhilfeaufgaben im kreisangehörigen Raum in Nordrhein-Westfalen, 2002, 342 S., kartoniert, € 23,85.
ISBN 3-555-01279-7

Band 43 Hermann *Pünder,* Haushaltsrecht im Umbruch – eine Untersuchung der Erfordernisse einer sowohl demokratisch legitimierten als auch effektiven und effizienten Haushaltswirtschaft am Beispiel der Kommunalverwaltung, 2003, 665 S., kartoniert, € 29,85.
ISBN 3-555-01289-4

Band 44 Thomas *Harks*, Kommunale Arbeitsmarktpolitik – Rechtliche Vorgaben und Grenzen, 2003, 295 S., kartoniert, € 19,80.
ISBN 3-555-01302-5

Band 45 Volker *Schepers,* Internet-Banking und sparkassenrechtliches Regionalprinzip, 2003, 275 S., kartoniert, € 19,80.
ISBN 3-555-01308-4

Band 46 Marco *Kulosa,* Die Steuerung wirtschaftlicher Aktivitäten von Kommunen – eine betriebswirtschaftliche Analyse, 2003, 290 S., kartoniert, € 20,20.
ISBN 3-555-01316-5

Band 47 Frank *Placke,* Interkommunale Produktvergleiche als Basis für den kommunalen Finanzausgleich, 2003, 433 S., kartoniert, € 24,60.
ISBN 3-555-01321-1

Band 48 Antje *Wittmann,* Der Sparkassenverbund, 2004, 294 S., kartoniert, € 22,00.
ISBN 3-555-01328-9

Band 49 Barbara *Lübbecke,* Das Kommunalunternehmen – neue Organisationsform im kommunalen Wirtschaftsrecht von Nordrhein-Westfalen, 2004, 343 S., kartoniert, € 24,80.
ISBN 3-555-01329-7

Band 50 Sven Oliver *Hoffmann,* Gewässerschutzrecht Nordrhein-Westfalen – eine systematische Darstellung unter besonderer Berücksichtigung der europarechtlichen und bundesrechtlichen Vorgaben, 2004, 500 S., kartoniert, € 26,80.
ISBN 3-555-01330-0

Band 51 Janbernd *Oebbecke* / Dirk *Ehlers* / Alexander *Schink* / Dörte *Diemert* (Hrsg.), Kommunalverwaltung in der Reform / Wissenschaftliche Fachtagung des Freiherr-vom-Stein-Instituts am 2. Juli 2004 in Münster, 2004, 165 S., kartoniert, € 14,20.
ISBN 3-555-01339-4

Band 52 Hans *Lühmann,* Die Zusammenführung von Arbeitslosen- und Sozialhilfe im Sozialgesetzbuch II (SGB II) – Sozial- und organisationsrechtliche Aspekte des Hartz IV-Gesetzes für die kommunale Sozialpolitik, 2005, 223 S., kartoniert, € 17,80.
ISBN 3-555-01349-1

Band 53 Jörg *Niggemeyer,* Zulässigkeit und Grenzen von Sparkassenfusionen – eine Untersuchung am Beispiel von Zusammenschlüssen nordrhein-westfälischer Sparkassen, 2005, 476 S., kartoniert, € 26,80.
ISBN 3-555-01350-5

Band 54 Dörte *Diemert,* Das Haushaltssicherungskonzept – Verfassungs- und haushaltsrechtliche Grundlagen in NRW unter Berücksichtigung des Neuen Kommunalen Finanzmanagements, 2005, 555 S., kartoniert, € 28,80.
ISBN 3-555-01370-X

Band 55 Andrea *Becker,* Die Entwicklung des Personalvertretungsrechts in Nordrhein-Westfalen – eine Untersuchung der wesentlichen Einflussfaktoren auf die Gesetzgebung am Beispiel des LPVG NRW, 2006, 495 S., kartoniert, € 29,00.
ISBN 3-555-01371-8

Band 56 Janbernd *Oebbecke* / Dirk *Ehlers* / Martin *Klein* / Theresia *Theurl* / Dörte *Diemert* (Hrsg.), Perspektiven für Sparkassen und Genossenschaftsbanken – Wissenschaftliche Fachtagung des Freiherr-vom-Stein-Instituts und des Instituts für Genossenschaftswesen der Universität Münster am 17. Oktober 2005 in Münster, 2006, 128 S., kartoniert, € 10,20.
ISBN 3-555-01385-5

Band 57 Inken *Pehla,* Der Haftungsverbund der Sparkassen-Finanzgruppe – eine Untersuchung der Institutssicherung der Sparkassen und Landesbanken unter besonderer Berücksichtigung des Einlagensicherungs- und Anlegerentschädigungsgesetzes, 2006, 240 S., kartoniert, € 20,80.
ISBN 3-555-01372-6

Band 58 Janbernd *Oebbecke* / Dirk *Ehlers* / Martin *Klein* / Dörte *Diemert* (Hrsg.), Zwischen kommunaler Kooperation und Verwaltungsreform – Fachtagung aus Anlass des 25-jährigen Bestehens des Freiherr- vom-Stein-Instituts am 12. Mai 2006 in Münster, 2006, 127 S., kartoniert, € 12,80.
ISBN 3-555-01391-2

Band 59 Simone *Schütte-Leifels,* Die Grundsätze der Sozialhilfe nach der Reform, 2007, 345 S., kartoniert, € 24,80.
ISBN 978-3-555-01399-2

Band 60 Christian *Thiemann,* Rechtsprobleme der Marke Sparkasse, 2008, 314 S., kartoniert, € 24,00.
ISBN 978-3-555-01451-7